S. FISCHER

Elmar Schenkel

Unterwegs nach Xanadu

Begegnungen zwischen Ost und West

S. FISCHER

Originalausgabe
Erschienen bei S. FISCHER
© 2021 S. Fischer Verlag GmbH, Hedderichstr. 114,
D-60596 Frankfurt am Main

Satz: Dörlemann Satz, Lemförde
Druck und Bindung: GGP Media GmbH, Pößneck
Printed in Germany
ISBN 978-3-10-397378-5

Inhaltsverzeichnis

Vorwort:
Unterwegs nach Xanadu

Als Marco Polo, wie es heißt, seinem Mitgefangenen Rustichello seinen Reisebericht über China und Asien diktierte, vergaß er, die Große Mauer, Essstäbchen, die Einschnürung der Frauenfüße und die Schrift zu erwähnen. Einige Leser haben daraus geschlossen, dass der venezianische Kaufmann nie in China war. Jahrhunderte später wurde der Portugiese Vasco da Gama, der den Seeweg nach Indien entdeckte, in Kalikut in einen Tempel geführt. Er glaubte, er befände sich in einer katholischen Kirche, denn er entdeckte die Statue einer Frau, die sie »Mari« nannten. Ihr dankte er für seine heil überstandene Fahrt. Dass es sich allerdings um Mari Ama, die Göttin Kali, handelte, sollte er nicht erfahren. Das war vielleicht besser so, denn sie wird unter anderem als die Mutter aller Epidemien angesehen. Als Kolumbus Kuba erreichte, suchte er vergeblich nach den goldenen Tempeln und Palästen, die er bei Marco Polo gefunden hatte, der ein Zipangu oder Japan beschrieb, das er selbst nie gesehen hatte.

Missverständnisse und Auslassungen, vorgefertigte Ansichten, Ausblendungen und Übertreibungen charakterisieren das Verhältnis der Kulturen untereinander, generell, aber insbesondere wohl zwischen Asien und dem Westen. Wie viel wurde hier hineinprojiziert und hineingeträumt, verworfen, kritisiert, bewundert. Ein Traumreich tat sich auf, spätestens seit der Romantik:

In Xanadu did Kubla Khan
A stately pleasure-dome decree
In Xanadu schuf Kubla Khan
Ein Lustschloß, stolz und kuppelschwer
(Übers. W. Breitwieser)

So beginnt eines der berühmtesten Gedichte der englischen
Romantik, Samuel Taylor Coleridges »Kubla Khan«. Es ist eine
Collage verschiedener Bewusstseinszustände zwischen Wild-
nis, Himalaya, Musik, Paradies und Opiumrausch. Coleridge
hatte nach der Einnahme von Laudanum und beeinflusst von
Lektüre ein langes Gedicht geträumt. Der Argentinier Borges
sollte später berichten, dass Kubla Khan selbst seinen Palast erträumt habe – doch das konnte der Engländer Coleridge 1797
noch nicht wissen. Und natürlich war er nie in Asien. So also
entsteht die Phantasie eines Reiches, das sowohl real als auch
irreal, sowohl eine politische Größe und historische Wirklichkeit war als auch Halluzination und Orient der westlichen Seele.

Xanadu ist die damals geläufige Umschreibung für Shangdu,
die kaiserliche Sommerresidenz und einstweilige Hauptstadt
von China, bevor diese ins heutige Beijing verlegt wurde. Wie
im Gedicht des englischen Romantikers stoßen wir hier nur
noch auf Fragmente: Ruinen, zerbrochene Statuen, Mauer-
reste. Kubla Khan sah sich zwar als chinesischer Kaiser, lebte
aber inmitten seiner Paläste in einer Jurte, als sei es ihm nie
gelungen, in seinen Traum einzuziehen. Nehmen wir das als
Symbol für die vielen Versuche, die in diesem Buch beschrieben werden, von einer Kultur in die andere überzuwechseln.

Inzwischen steht der Name Xanadu für alles Mögliche: für
ein Schloss voller Antiquitäten in Orson Welles' *Citizen Kane*,
luxuriöses Wohnen in den USA, ein Einkaufszentrum in Madrid, einen Schlager oder eine Disco. Bis zum 20. Jahrhundert
aber verband sich mit den klangvollen Silben, die wie ein Vo-
gelruf daherkommen, ein mysteriöser Ort irgendwo in Asien,
den man nur unter großen Mühen oder (im Falle Coleridges

und seiner Nachfolger Allen Ginsberg, Timothy Leary oder Jack Kerouac) mit Hilfe von Rauschmitteln erreichen konnte. Andere redeten von Shambhala, einem mythischen buddhistischen Königreich in Asien, auch Shangri-la, einem verlorenen Paradies oder dem unterirdischen Agartha. Mit solchen Phantasien wurde eine Asiamanie (Sloterdijk) gefüttert, die sich kolonialistischen Herrschaftsideen ebenso verdankt wie romantischer Sehnsucht. Seit die Religiosität im Abwind war, seit den Erfolgen der Naturwissenschaften und der Rationalisierung aller Lebensverhältnisse befand sich der Westen auf Sinnsuche; Esoteriker, Künstler, Sinnsuchende aller Schattierungen zogen nach Asien oder schrieben zumindest darüber, wie dieses verlorene Paradies wiederzufinden sei.

Im Diskurs des Orientalismus (Edward Said) verkam die Welt jedoch zu einer Dichotomie. Bei der Lektüre von Reiseberichten, anthropologischen und philosophischen Studien über Asien – von Hegel bis zu C. G. Jung oder Jean Gebser – stößt man auf Grundkoordinaten der Stereotypie, die sich bis heute gehalten haben: Der Westen sei materialistisch, der Osten spirituell; der Westen das Bewusstsein und äußerlich, der Osten das Unbewusste und innerlich; der aktive Westen habe Geschichte, der passive Osten sei statisch. Gegensatzpaare wie Yin und Yang, weiblich und männlich werden zur Beschreibung dieser ungleichen Beziehung genutzt. Nicht erst seit der neueren Globalisierung sind diese Kategorien zweifelhaft geworden. Dem »Denken ohne Logik«, das etwa Lily Abegg 1949 in *Ostasien denkt anders* konstatierte, sollte man Amartya Sens *The Argumentative Indian* (2005) entgegensetzen – die uralte indische Tradition aufklärenden Denkens und Argumentierens.

Zudem hat »Asien« als Oberbegriff nur eingeschränkten Nutzen; es gilt die Vielzahl von Traditionen und Kulturen zu beachten, die sich untereinander teils völlig fremd sind. Wenn ich trotzdem hier die Interaktion des Westens mit Indien, China und Japan beleuchte, so weil sie aus europäischer Sicht einen Verbund bilden, der allerdings auf unterschiedliche Art und Weise das westliche Bewusstsein erreicht hat. Japan hat durch seine Ästhetik und sein Zen gewirkt, China durch seine Philosophie, Indien durch seine Spiritualität. Die Auseinandersetzung mit diesem Verbund der östlichen Kulturen bleibt ein Thema der Selbstanalyse westlicher Kultur. Wenn ich mich auf diese Aspekte hier beschränke, so ist das meinem Beruf als Literaturwissenschaftler geschuldet. Die großen politischen und ökonomischen Zusammenhänge kann ich nur streifen. Ebenso kann ich die Begegnungen mit der islamischen Welt hier nicht berücksichtigen, weil dies den Rahmen sprengen würde.

Das vorliegende Buch zeichnet einige Wege nach, von Westen nach Osten und umgekehrt. In welcher Form, mit welchen Inhalten und unter welchen Bedingungen fanden Begegnungen zwischen beiden Weltteilen statt? Ich bin mir bewusst, dass es sich um ein essayistisches Unterfangen handelt. »Essay« heißt erst einmal Versuch, sodann bewegt sich das Genre zwischen verschiedenen Annäherungen an historische Realitäten: Dialog ebenso wie Erzählung und Sachbericht.

Dabei sollen auch asiatische Stimmen als Kontrapunkt zu Wort kommen. Was haben aber Japanerinnen oder Inder in Chicago mit Xanadu zu tun? Ich denke, alle Bewegungen zwischen Osten und Westen nähren sich an Idealen, die jeweils auf die andere Kultur projiziert oder von ihr abgelehnt werden. Was für Romantiker ihr Shangri-la ist, ist für Asiaten der westliche Individualismus und der technisch-wissenschaftliche Erfolg, manchmal auch das Christentum, die Menschenrechte und die Demokratie. Manche Asiaten, wie etwa Gandhi, haben ihre eigenen Wurzeln erst durch einen Aufenthalt in Europa kennengelernt; das Gleiche gilt für westliche Yoga-Pilger, Guru-Adepten und Selbstsucher, die durch eine Reise nach Indien auf ihre christlichen oder jüdischen Wurzeln gestoßen wurden. So entdeckte C. G. Jung auf seiner Indienreise die eigenen europäischen Ursprünge. Oft bieten die Fremden einer Kultur patente Formen des Selbstbildes an, wie es etwa Lafcadio Hearn für Japan geschafft hat.

Das vorliegende Buch stellt keine lineare Geschichte der Beziehungen zwischen Asien und dem Westen dar. Dafür gibt es kompetentere Historiker, auf die ich gerne zurückgegriffen habe. Ich wollte lieber Momente dieser Geschichte erzählen, Historie als Geschichten von Begegnungen – weder komplett noch kontinuierlich, eher als aufleuchtende Augenblicke, in denen etwas sichtbar wird, was mit den Mitteln der Historiographie nicht ganz zu fassen ist: das Erlebnis der Begegnung, um es etwas pathetisch zu formulieren. Es ging mir um Überraschung, nicht weil ich diese suchte, sondern weil sie sich immer wieder einstellte bei der Betrachtung von Lebensläufen, die sich miteinander verknoteten. Und es ging mir darum, wie Überraschungen Stereotypen auflösten und in Frage stellten. Eine Französin, die zu einer Halbgöttin in Indien wird? Eine Griechin, die im Sari verkleidet den Faschismus predigt? Ein Franzose, der Formosa *erfindet*? Ein Japaner, der in London das Radfahren lernen will? Der Ausgräber von Troja an der Großen Mauer? Der niederländische Diplomat, der chinesische Krimis schreibt? Der irisch-griechische Amerikaner, der zu einem Japaner wird und Japans alte Kultur erstehen lässt? Der indische Yogi, der das Weltparlament der Religionen 1893 zum Rocken brachte? Begegnungen zwischen Alexandra David-Néel und Sri Aurobindo, Suzuki und Ginsberg, Madame Blavatsky und den okkulten Meistern des Himalaya, zwischen Tim, Struppi und dem Chinesen Tchang?

Weitere Fragezeichen kamen auf. Die Bibel meines Vaters war Eugen Herrigels *Zen in der Kunst des Bogenschießens*. Von Heinrich Harrer schenkte er mir ein signiertes Exemplar *Sieben Jahre in Tibet*. Von Graf Dürckheim stand die *Wunderbare Katze* in seinem Regal. Wer stand hinter diesen Namen? Und wer war Daisetz T. Suzuki, wer dieser Richard Wilhelm, der so viele chinesische Klassiker übersetzt hatte, wer Okakura, der Autor des *Buches vom Tee*? Viele Namen in aller Munde, oft bewundernd geraunt, doch niemand wusste etwas über deren Biographien und wie es zu diesen Büchern kam, die doch zeitweise auch Kultobjekte waren. Wie nicht anders zu erwarten, waren die Bücher und die Lebensläufe tief verwoben mit der Geschichte und Politik ihrer Zeit, mit dem Nationalsozialismus vor allem, mit den ideologischen Einstellungen aufseiten der Autoren und mit den gesellschaftlichen Bedingungen, die zum Erfolg dieser Bücher führten, der in vielen Fällen bis heute anhält. Für mich war die historisch-biographisch einbettende Lektüre Teil eines Reifungsprozesses. Es galt sich auseinanderzusetzen mit den Bedingungen und Begründungen der eigenen Ideologie, sich zu distanzieren und zu differenzieren, Ideale aufzugeben und doch durch reflektierte Übernahme wichtige Elemente zu bewahren. Was bleibt weiterhin wertvoll, auch wenn es von politisch fragwürdigen Personen praktiziert oder eingeführt wurde? Muss ich die Politik mit der Lebenstechnik in einem Paket einkaufen? Die Fragen müssen immer wieder gestellt werden zwischen den Generationen.

Kultureller Transfer lebt davon, dass Inhalte aus ihren ursprünglichen Kontexten (die selbst gar nicht so ursprünglich waren) entnommen und mit neuen Bedeutungen aufgeladen werden. Einerseits mag man das bedauern als Verlust des Authentischen, andererseits ist es Teil eines kreativen Prozesses von Aneignungen, für Asien und den Westen in beide Richtungen gültig.

Nehmen wir uns als Vorbild wieder Marco Polo, aber diesmal einen erfundenen, jenen Venezianer nämlich, der in Italo Calvinos *Die unsichtbaren Städte* (1972) dem neugierigen Kaiser Kubla Khan alles Erdenkliche über die Welten zwischen Asien und Europa erzählt. Auch hier wird deutlich, dass die Geschichte dieser Beziehung keine lineare ist. Sie ist von Brüchen gekennzeichnet, Sprüngen, Rück- und Zufällen, von bornierten Einfältigkeiten bis zu weltfreundlicher Vielfalt – also doch eher ein Mosaik. Ich könnte mir ein ähnliches Buch vorstellen mit den vielen Figuren, die ich hier nicht behandeln konnte, und es würde mindestens genauso dick: Odorich von Portenau wäre darin zu finden, Mutter Teresa, Pol Pot, Mao Tse Tung, Junichiro

Tanizaki, Alexandra David-Néel, Mata Hari, Yoko Ono, Somerset Maugham, Ernst Jünger, Ravi Shankar, Steve Jobs oder Ai Weiwei, der Baron von Keyserling und Marguerite Duras. Die hier geschilderten Begegnungen reichen nur bis knapp an das Jahr 2000 – das Bild wird im 21. Jahrhundert wegen der zunehmenden Verflechtung von Ost und West schlicht zu komplex. Da braucht es andere Ansätze als das Prinzip »Begegnung«, denn der Weg geht nicht mehr von A nach B, wenn B schon in A ist und umgekehrt. Diese Ansätze finden sich inzwischen bereits bei Autoren, die Asien und den Westen reflektieren, aber doch von einer umfassenden Gesamtsicht ausgehen, etwa bei Pankaj Mishra, Sam Miller, Sudhir Kakar oder Parag Khanna. Hier wären auch die Erfahrungen von Menschen aufzunehmen, die in der jeweilig anderen Kultur aufgewachsen sind.

Es gibt also noch viel zu schreiben und noch mehr zu vergessen natürlich. Als Coleridge sein nächtlich geträumtes, sehr langes Gedicht von Xanadu morgens aufschreiben wollte, klopfte es an seine Tür; ein Besucher aus dem nächsten Dorf unterbrach ihn (herrliche Ausrede aller, die an Schreibblockaden leiden). So blieb sein Gedicht Fragment. Warum sollte das bei diesem Buch nicht genauso sein? »Wenn ich dir sage«, so Marco Polo in Calvinos Buch, »dass die Stadt, der meine Reise gilt, keine Kontinuität in Raum und Zeit besitzt, einmal lockerer und einmal dichter ist, so darfst du nicht meinen, dass man mit dem Suchen aufhören könnte.«

Bei dieser Suche haben mir mit vielen Gesprächen und Hinweisen so manche Menschen geholfen, Fachleute wie Freunde: indische Dinge betreffend Rangaia Babu (Pondicherry), Poppo und Mona Doctor-Pingel, Martina Ghosh-Schellhorn, Oliver Hahn, Walter Hahn, Martin Kämpchen, Sadananda Das, Claudia Wenner und Harald Wiese (Leipzig).

China: Philip Clart, Dai Xianmei, Gabriele Goldfuß, Jens Krautheim, Minwen Huang und Dirk Vanderbeke.

Japan: Ulrike Döpfner, Bernard Dupas und Finn Harder.

Begleitet haben das Projekt durch Diskussionen und Hinweise Bernadette Bigalke, Stephen Brodsky, Richard Ellguth, Alexander Rauch, Reiner Tetzner und Norbert Weitz.

Ich danke auch den Mitgliedern des Leipziger Eranos-Kreises sowie den Studierenden in meinen Seminaren über East/West, den Teilnehmern an unserer Konferenz »The Guru Challenge« in Leipzig 2016 und den Freunden aus dem *Arbeitskreis Vergleichende Mythologie* für zahlreiche Anregungen und Gespräche. Da das Buch weit in meine Vergangenheit zurückreicht, möchte ich auch derer gedenken, die mich zu ihren Lebzeiten auf diese Bahn gebracht haben: zuallererst meines Vaters Heinrich Schenkel, weiterhin Dr. Julius Karoff (Oestinghausen), Ursula Bartning, Herbert Geuter, Gladys und Alec Morison (Sunfield/Hagley) sowie Michael Hamburger und Anne Beresford (Saxmundham/Suffolk), schließlich auch des Leipziger Religionsgeschichtlers Heinz Mürmel, der mir immer mit reichhaltigem Material zur Seite stand. Katja Brunsch hat wie schon oft zuvor als erste Leserin und Redakteurin, Theresa von Saldern als Lektorin beste Arbeit geleistet. Daher gilt ihnen mein besonderer Dank. Und natürlich meiner Frau Ulrike Loos, die sich so manche Merkwürdigkeit anhören musste und mich immer wieder ermunterte, noch mehr davon aufzuschreiben.

Anmerkungen zur Schreibweise von Namen
Ich habe bei der Schreibung indischer, japanischer und chinesischer Namen auf diakritische Zeichen (Längungen usw.) verzichtet, um die Lektüre für ein Laienpublikum zu erleichtern. Für die Romanisierung chinesischer Namen benutze ich die Pinyin-Schreibweise als Standard. Bei Buchtiteln und Zitaten musste ich teilweise die alte Schreibweise beibehalten:
Dschuang Tse für Zhuangzi
Lao Tse für Laozi
»Konfuzius« als latinisierte Form von Kong Fuzi wurde beibehalten, da diese Form schon bei uns Teil des Lexikons geworden ist.

Einleitung: Chicago 1893
Das Weltparlament der Religionen tagt

Auf seinem Weg nach Asien stieß Kolumbus auf einen anderen Kontinent, ohne es zu merken. 400 Jahre später wollte man diesen Zufall auf einer Weltausstellung feiern, der Columbia Exhibition in Chicago. Natürlich sollte damit auch dem rasanten und unvorhersehbaren Aufstieg einer Kultur und politischen Macht gehuldigt werden. Die Beiträge schwarzer Amerikaner und indianischer Ureinwohner ließ man unter den Tisch fallen. Im Mittelpunkt der Ausstellung lag ein Teich, eben der »Große Teich«, über den der Entdecker gekommen war, ein künstlicher See vor neoklassizistischer Architektur. Es war, als sollte eine neue Antike eingeweiht werden, doch diesmal mit der Ausstrahlung der Moderne, der alles möglich war. Auf gut 2,4 Quadratkilometern waren um die 200 Gebäude zu bewundern. In der Mitte prangte White City, eine alabasterweiße, marmorartige Stadt, die möglicherweise den ehemaligen Geflügelzüchter Frank L. Baum zu seiner Phantasie *Der Zauberer von Oz* (1900) inspirierte. Die Eröffnung war noch 1892 zelebriert worden, um dem Dezimalsystem Genüge zu tun. Erst im folgenden Jahr wurde die Weltausstellung für das Publikum geöffnet, das sich nun sechs Monate lang an den Errungenschaften von Technik, Design, Kultur und Wissenschaft berauschen konnte. 27 Millionen Besucher wurden gezählt. Unter ihnen war Helen Keller, die berühmte Autorin der Autobiographie *Die Geschichte meines Lebens* (1903). Helen erhielt vom Präsidenten der Weltausstellung die persönliche Erlaubnis, alle Gegenstände zu berühren. Auch der künftige Begründer der modernen Olympischen Spiele, Pierre de Coubertin und der persische Reiseautor Mirza Mohammad Ali Mo'in ol-Saltaneh waren unter den Besuchern, ebenso wie der Serienmörder Herman Mudgett, der mit zweien seiner künftigen Opfer zur Messe anreiste.

Chicago wollte sich mit der Pariser Weltausstellung von 1889 messen. Eiffels Turm wuchs zum Erkennungssymbol einer Weltstadt heran. Wie könnte man den grazil-baumförmigen Stahlturm übertrumpfen? Ein junger Eisenbahningenieur namens Ferris entwickelte für die Ausstellung in Chicago ihr zentrales Symbol: das Ferris-Wheel. Wir nennen es hierzulande »Riesenrad«.

Das Rad könnte sehr wohl als Logo für die gesamte Ausstellung dienen, denn es ging hier nicht allein um die Schau des technischen Fortschritts, sondern auch um etwas, das verschiedene Bestrebungen politischer und sozialer Art in der ganzen Welt zu einem Kreis zu versammeln suchte. Das zeigte sich an den vielen Kongressen, die an die Ausstellung angegliedert wurden, zu den Themen Frauen, Mathematik, Anthropologie und Religion. Für die Begegnung zwischen Ost und West wurde dieser letztere Kongress, das Weltparlament der Religionen, zum entscheidenden Forum. Alle wichtigen Glaubensformen der Welt sollten sich wie in einem Kreis versammeln, jede sollte Gelegenheit haben, sich und ihr Verhältnis zu den anderen Religionen darzustellen. Die Idee eines Dialogs zwischen den Religionen war geboren.

Geleitet und durchgeführt wurde die große und bislang einmalige Veranstaltung von einem amerikanischen Swedenborgianer namens Charles Carroll Bonney (1831–1903), der der New Jerusalem Church angehörte, ebenso wie übrigens auch Helen Keller. Hinter ihm standen amerikanische Protestanten, die einen zunächst ökumenischen Dialog suchten. Zwischen all den Christen traf man jedoch auch eine Reihe von Asiaten. Einige stieß die Idee eines demokratischen Parlamentes für Religionen ab. Religion war für die Gegner des Treffens keine Sache von Diskussionen oder Mehrheitsbeschlüssen. Der Islam wurde nur durch einen amerikanischen Konvertiten vertreten;

weil der türkische Sultan sich gegen das Parlament ausgesprochen hatte, gab es keine muslimische Delegation. Auch der Erzbischof von Canterbury war nicht mit von der Partie. Die Japaner wollten ihren Zen-Abt nicht gehen lassen, er sollte sich nicht mit dem unzivilisierten Boden Amerikas beschmutzen. Er ging trotzdem und ein junger Buddhist namens Daisetz T. Suzuki hatte für ihn einen Brief auf Englisch geschrieben, in dem er die Teilnahme zusagte. Dieser Suzuki sollte später einer der größten Vermittler der japanischen Zen-Kultur im Westen werden (Eck 25).

Vivekananda bringt den Hinduismus in den Westen

Zur Eröffnung des Parlaments schlug die Liberty Bell zehnmal, einen Schlag für jede vertretene Religion. Die Stimmung war großartig, ein großes Band der Liebe schien die Welt zu umspannen. So lautete auch die Botschaft vieler Ansprachen. Bonney begrüßte die »Worshippers of God and Lovers of Man«. Aber die zweiminütige Ovation von den gut 7000 Hörern war einem Inder vergönnt. Der junge, schöne und durchgeistigte Swami Vivekananda wurde zum Mittelpunkt der gesamten Veranstaltung. Er war es, der zum ersten Mal die Lehren des Hinduismus, insbesondere die Lehre des Wissens und der Befreiung durch Vedanta im Westen vorstellte. Donnernder Beifall galt schon seiner Anrede: »Sisters and Brothers of America!« Damit schien für die Mehrheit der Hörer alles gesagt: Alle Religionen, die des Ostens wie des Westens, stehen geschwisterlich zusammen, sie verfolgen dasselbe Ziel auf verschiedenen Wegen. So lautete auch die Botschaft Vivekanandas. Er hatte diese Erkenntnis für sich gewonnen, nachdem er durch seinen Guru, Sri Ramakrishna, darauf vorbereitet worden war. Für diesen waren Religionen nämlich nur Leitern, um auf denselben Turm zu gelangen. Vivekananda,

Abb. 1: Vivekananda auf dem Weltparlament der Religionen in Chicago 1893 (vorne, von rechts nach links: Nikola Tesla, Vivekananda, Anagarika Dharmapala)

der Charismatiker, sprach zudem eine Sprache, die ins Halbbewusste zielte, in die Träume der Menschen auf ihrer Suche nach einer spirituellen Heimat.

Er redete von dem einen heiligen Licht, das durch das Prisma der Religionen geht und verschiedene Farben annimmt. Krishna ist überall, der Eine, die Perlenkette, auf die die Glaubensformen dieser Welt gereiht sind: »und wenn immer du das außergewöhnliche Heilige siehst [...], dann weißt du: ich bin da.« (Eck 26) Die Mutter aller Religionen aber sei der Hinduismus, sie nehme alle ihre Kinder mit Toleranz und Liebe in sich auf. So ging seine Rede am 11. September 1893, und sie überwältigte das Auditorium. Es sollten noch weitere Reden von ihm folgen, über den Hinduismus, den Buddhismus und die vordringlichen Probleme Indiens. Der Hinduismus sei die einzige vorgeschichtliche Religion, die heute noch praktiziert würde, sagte er. Warum gab es immer die

Zwistigkeiten zwischen den Glaubensformen auf dieser Welt? Jede Religion sei überzeugt, die beste zu sein. Den christlichen Missionaren warf er vor, zwar die Seelen der Inder retten zu wollen, sich aber nicht um deren irdisches Wohl zu kümmern. Religion habe man genug im Osten, man brauche vielmehr Brot und Reis.

Einmal unterbrach er seinen Vortrag und forderte diejenigen auf, ihre Hand zu heben, die den Hinduismus aus erster Hand kannten. Aus den vielen Hundert Händen erhoben sich drei. Da wurde er zornig und sagte, wie könnt ihr euch erlauben, bei solcher Ignoranz Urteile über uns zu fällen! Das Christentum ist so wohlhabend geworden, weil es so viele Köpfe abgeschnitten hat, rief er. Doch die Hindus wollen solchen Wohlstand nicht, nicht um diesen Preis. Die Presse war tief beeindruckt. Unter den Hörern und Rednern war auch eine britische Theosophin namens Annie Besant. Sie sah in Vivekananda einen Evangelisten des Ostens, ein leuchtendes Licht für den materialistischen Westen: Ex oriente lux! Was?, sagte ein Hörer, zu diesen Menschen schicken wir Missionare? Die sollten lieber ihre Missionare zu uns schicken!

Ein fulminanter erster Auftritt des Hinduismus im Westen also! Schon als Kind war Vivekananda aufgefallen. Er hatte ein enormes Gedächtnis und konnte ein Buch auswendig, wenn er es nur einmal gelesen hatte, eine Fähigkeit, die man auch Sri Aurobindo zuschrieb. Mathematik war nicht sein Gebiet, dafür Stockfechten (*lathi*), Reiten, Kochen und Zaubern. Er hielt nichts vom Aberglauben und verabscheute das Kastensystem. Das Singen wurde seine Form des Betens und es brachte ihn zu Sri Ramakrishna, der bis heute weithin als Heiliger verehrt wird.

»Hast Du je den Namen Rama Krishna gehört?« fragt der Briefeschreiber in Hugo von Hofmannsthals *Die Briefe des Zurückgekehrten* (1901). »Als ich nach Asien kam, war sein Name noch überall lebendig.« (Hofmannsthal 498 f.)

Das Unnennbare Eine – Vedanta

Meist werden Vivekananda und Ramakrishna in einem Atemzug genannt. Ramakrishna erkannte bald die besonderen Fähigkeiten seines Schülers und sah ihn als Erlöser von Seelen, als Heilsbringer. Der Schüler war ihm allerdings nicht bedingungslos ergeben, sondern prüfte die Lehre des Meisters mit Vernunft und Herz. Eines Tages erkannte er, dass der Meister Teil der göttlichen Mutter war. Das Mütterliche blieb die wichtigste Komponente in der Lehre Vivekanandas, der auch mit westlicher Philosophie sehr vertraut war. Er konnte Kant und Hegel im Vergleich mit indischen Mystikern diskutieren, auch die moderne Wissenschaft war ihm nicht fremd.

Als Ramakrishna starb, setzte Vivekananda sein Werk fort, reiste jahrelang über den gesamten Subkontinent und wurde allmählich als großer Philosoph und Guru anerkannt, wiewohl der 1863 Geborene noch keine 30 Jahre alt war. Oft kamen Hunderte, ja Tausende zu seinen Vorträgen. Mit großer Ehrfurcht empfing und verabschiedete man den Meister an Bahnhöfen. Da er mit allen west-östlichen Wassern gewaschen und sein Englisch perfekt war, machte er sich Gedanken, wie man den Hinduismus nach Westen tragen könnte. Als er von der geplanten Weltkonferenz der Religionen in Chicago hörte, reifte der Wunsch in ihm, dorthin zu gehen. Aber das war eine Frage des Geldes, wenn auch nicht so sehr für ihn selbst. Ihm war es wichtiger, dass die Reise göttlich abgesegnet, von der heiligen Mutter gewollt war. So lehnte er zunächst große Sponsoren ab und ließ lieber seine Schüler kleine Beiträge von seinen vielen Anhängern einsammeln. Die Graswurzelbewegung war ihm ein sichereres Zeichen, dass die Mutter seine Reise billigte. Aber auch als sehr viel Geld hereinkam, reichte ihm dies nicht als Zeichen. In Haiderabad sprach er über seine Botschaft für den Westen vor den Adligen und Reichen, dem Premierminister und Politikern, auch viele Europäer waren anwesend. Wieder wurde eine große Summe aufgebracht. Immer noch aber wartete er auf ein göttliches Zeichen. Da endlich meldete sich die heilige Mutter selbst und zwar in Gestalt von Sarada Devi (1853–1920), der Witwe von Ramakrishna. Sie hatte nach dem Tod die Ramakrishna Mission geleitet, und wurde schon zu Lebzeiten ihres Gatten hoch verehrt als Holy Mother. Sie war ihm mit fünf Jahren angetraut worden und 34 Jahre lang, bis zu ihrem Tod, verwaltete sie das Werk der Mission. Als Vivekananda ihr von seinen westlichen Plänen schrieb, gab ihm ihren Segen.

Nun konnte das Abenteuer also beginnen. Während seiner Reisen durch Indien hatte er eine Vision verfolgt: die Einheit des Hinduismus und letztlich aller Religionen. Jainismus und Buddhismus, die verschiedenen Formen des Yoga, die Sikh-Religion, der Islam, schließlich Christentum und Judentum, alles war ihm vertraut, er fand mit allen ernsthaften Vertretern dieser Glaubensrichtungen eine gemeinsame Ebene. Zugleich war er sich des sozialen Elends in Indien bewusst, er beklagte das Kastensystem und die Ausbeutung, insbesondere durch die Kolonialherren; er sah sich durchaus als Sozialisten. Mit der Flagge des Friedens und der Liebe kam Vivekananda nach Chicago, schreibt sein Biograph Gautam Ghosh, und als Vertreter seiner Nation und seiner Religion.

Die Brahmanen von Boston

Der Abschied von seinen Anhängern im Hafen von Bombay (Mumbai) war überwältigend. Über Penang, Singapur, Hongkong und Kanton ging es nach Nagasaki, Japan, das ihn mit seiner Reinlichkeit und pittoresken Schönheit beeindruckte. Von Yokohama fuhr er nach Vancouver und kam um einige Monate zu früh in Chicago an. Allerdings hatte er keine Empfehlungsschreiben für die Teilnahme an der Konferenz. Es blieb ihm nichts anderes übrig, als weiterzufahren, diesmal nach Boston. Im Zug dorthin lernte er eine Amerikanerin kennen, Katherine

Abbott Sanborn, eine Literaturwissenschaftlerin mit breiten Interessen. Unter anderem hatte sie am berühmten Smith College in New England gelehrt. Die beiden kam ins Gespräch und bald lud sie diesen interessanten Inder zu sich nach Boston ein. Der Swami hatte es goldrichtig getroffen, denn sie war von einem Kreis gebildeter und weltoffener Freunde umgeben, die sich bald um den gestrandeten Inder kümmerten. Ein Professor für Altphilologie an der Harvard Universität lud ihn zu einem Urlaub am Atlantik ein. In einem stillen Ort an der Küste von Massachusetts führten sie lange Gespräche. Dr. John Henry Wright war von Vivekanandas Wissen tief beeindruckt. So schlug er vor, dass er auf dem Weltparlament von Chicago sein Land vertreten solle. Der Swami gab zu bedenken, dass er keinerlei Qualifikationen vorzeigen könne. Von Ihnen Qualifikationen zu verlangen, ist, als ob man die Sonne fragen müsste, ob sie ein Recht zu scheinen vorlegen könne, sagte der Professor. Er verfasste ein Empfehlungsschreiben an das Auswahlkomitee, in dem er kurz und bündig erklärte, es handele sich bei Vivekananda um einen Mann, der eine größere Bildung habe als alle gelehrten Professoren zusammen.

Es ist natürlich kein Zufall, dass gerade New England zum Sprungbrett für den Hindu wurde. Schon lange pflegte man hier, spätestens seit den Transzendentalisten um Ralph Waldo Emerson, eine Liebe zu allem Indischen und zu anderen asiatischen Traditionen. Hier hatte man einige der heiligen Schriften gelesen, die nur bruchstückhaft und in fragwürdigen Übersetzungen zu bekommen waren. Henry David Thoreau, der Autor des berühmten Kultbuches über sein Leben im Wald, *Walden*, (1854) war vertraut mit der *Bhagavadgita* und fand Inspiration in den Veden. Einmal schrieb er, er sei selbst manchmal ein Yogi, so entsagend und zurückgezogen lebe er. Ein Jahrhundert später fand Mahatma Gandhi seinen Weg zu Thoreaus Schriften und sie beflügelten seine eigene Philosophie des Verzichts, der Gewaltlosigkeit und des zivilen Ungehorsams. Nimmt man Walt Whitman noch hinzu, dessen mystisch-sinnliche

und Menschheit wie Natur umspannende Hymnen nicht nur
ein freies und demokratisches Amerika besangen, sondern
auch die Einheit von Geist und Materie, dann sehen wir: Der
Boden war bereitet für asiatisches Denken und Literatur. Die
Transzendentalisten der Neuen Welt speisten sich noch aus
europäisch-romantischen Quellen, aus Swedenborg, Goethe,
Blake und Novalis, aber sie erblickten schon den Osten jenseits
der eigenen Westküste. Wie war etwa Whitman beeindruckt
von der ersten japanischen Delegation in den Vereinigten Staaten! Whitman, der wiederum von Tagore, Sri Aurobindo und
Vivekananda gepriesen wurde, starb ein Jahr vor der Eröffnung
der Columbia Exhibition in Chicago.

Vivekananda in Chicago

Das Geld war schnell beisammen, der Inder wurde vom Ko-
mitee angenommen und reiste wieder nach Chicago. Auf dem
Weltparlament hatte er mehrere Auftritte. Man legte seine Reden bald ans Ende des Tages, um sicherzustellen, dass die Hörer bis zum Schluss blieben, weil sie den großen Swami hören
wollten. In seinen Briefen an indische Freunde und Anhänger
schilderte er die Stimmung vor dem ersten Auftritt, der für ihn
und die ostwestliche Begegnung so entscheidend war.

Am Morgen der Eröffnung des Parlaments, schreibt er, saßen wir Delegierte im Art Palace, Menschen aus allen Nationen – aus Indien der Brahmo Samaj, d. h. der Bund der liberalen Hindus, und die Jainas unter der Führung eines V. Gandhi.
Die Theosophie war vertreten durch Annie Besant, eine inzwischen weit bekannte und wortgewaltige Britin, die von Indien
aus die Geschicke der geistigen Gemeinschaft steuerte. Es gab
eine große Prozession und man ließ sich auf der Bühne nieder. Musikalische Umrahmung, Eröffnungsreden, Grußworte,
schließlich die Vorstellung der Vertreter. Und ich, schreibt er

weiter, der nie eine öffentliche Rede gehalten hat! Nervös war ich, die Zunge trocken, das Herz im Hals. Die anderen lasen ihre schönen Reden ab, doch ich, Narr, hatte nichts mitgebracht! (Vivekananda 1998, 53–59). Dann der Moment seiner Ansprache, »Sisters and Brothers of America!« Es erscholl wie ein lautes Mantra, und es kam an: Das Publikum lag ihm zu Füßen, der Applaus dauerte zwei Minuten allein nach dieser Anrede. Warum denn nur? War es die Sehnsucht, zu einer einzigen großen Familie zu gehören? Verwandt zu sein mit diesem charismatischen Redner aus dem Orient? Überwindung jahrhundertealter Vorurteile und Reserviertheiten? Jedenfalls kam die folgende Rede, aus dem Herzen, der HERR hatte sie ihm eingegeben, Krishna selbst. Und Krishna verschmolz mit Christus, alle Propheten wiesen auf ein Ziel hin, einen gemeinsamen Gott, eine gemeinsame göttliche Welt.

Vivekananda griff die Begeisterung auf und bedankte sich im Namen des »ältesten Mönchordens der Welt«, im Namen »der Mutter aller Religionen«, was sicherlich auf große Fragezeichen stieß, denn war nicht das Judentum diese Mutter? Es gab also noch andere Religionen, die älter zu sein vorgaben oder es waren? In seinen Reden in Chicago stellte sich der Inder sehr gekonnt auf sein westliches Publikum ein, er kannte die Werte, an die es hier anzuknüpfen galt, und welche Kritik er an der westlichen Einstellung zum Hinduismus und anderen Religionen üben durfte. Ich bin stolz, sagte er, einer Religion anzugehören, die die Welt sowohl Toleranz als auch universale Wertschätzung gelehrt hat. Wir glauben nicht nur an universale Toleranz, sondern wir erkennen alle Religionen als wahr an. Ich bin stolz, einer Nation anzugehören, die die Verfolgten und Flüchtlinge aller Religionen und aller Nationen der Erde aufgenommen hat: die frühen, verfolgten Juden ebenso wie die Anhänger des Zoroaster aus Persien, die Parsen und viele andere (Vivekananda 2009, 11–12). Möge die Glocke, die heute Morgen die Tagung eröffnet hat, den Fanatismus zu Grabe läuten!

Es sollen um die tausend Ansprachen auf diesem Parlament

gehalten worden sein. Doch waren die Reden des Vivekananda, der zur Eröffnung in einer roten Mönchsrobe mit Turban erschien, wohl die eindrücklichsten. Fünfmal sprach er, auch zuletzt im Schlussplenum. In der Stadt wurden derweil große Porträts von ihm aufgestellt, er war der absolute Star. Sein Antlitz zierte sogar die Packungen von Ceylontee (Kämpchen, 194). Davon abgesehen: Er sagte Wichtiges, was alle Zuhörer und was das Zusammenleben der Religionen betraf. Dafür benutzte er das Gleichnis vom Frosch im Brunnen. Der Brunnenfrosch kann den Meerfrosch nicht verstehen. Wie soll er in seinem dunklen Loch wissen, was das große weite Meer ist? Also bezeichnet er den anderen Frosch, der ihm von einem phantastischen Ozean und großen Wasserwelten erzählt, als Lügner. Ebenso gehe es in den Religionen zu. Er sei ein Hindu, sagt Vivekananda. Er sitze in seinem eigenen kleinen Brunnen, die Christen sitzen in ihrem Brunnen, ebenso die Muslime, und jeder denke, es gebe nur jeweils den eigenen Brunnen. Er danke nun den Amerikanern, dass sie mit dem Weltparlament diese Grenzen aufgerissen haben. (Vivekananda 2009, 13)

Der Wandermönch wusste auch, dass er in westlichen Ländern anders sprechen musste als in Indien. Im Westen war es wichtig, die Bedeutung der Frauen hervorzuheben. Ich bin froh, sagte er in einer anderen Rede, dass zu den bedeutendsten Rishis, also den Sehern der Vorzeit, auch Frauen gehörten. Gerne verwies er auf die Parallelen zwischen Glaubensinhalten von östlichen Religionen und den Erkenntnissen der modernen Naturwissenschaft – eine Methode, die sich in Zeiten des New Age rasant ausbreiten sollte. Man denke an Fritjof Capras Bestseller *The Tao of Physics* (1975) oder Gary Zukavs *The Dancing Wu Li Masters* (1979). So erklärte er, die hinduistische Idee von Schöpfungszyklen stimme mit Erkenntnissen der Naturwissenschaften überein. Vivekananda war der richtige Mann am richtigen Ort: Er kannte die Unterschiede westlicher und östlicher Mentalitäten und konnte sich flexibel darauf einstellen.

Der Missionar auf Reisen

Zahlreiche Einladungen führten dazu, dass Vivekananda die nächsten Jahre bis 1896 in den USA und Kanada auf Vortragsreisen verbrachte. Insgesamt blieb er dreieinhalb Jahre im Westen. Oft muss er dem Zusammenbruch nahe gewesen sein; manchmal hielt er 14 Vorträge in einer Woche. Er gründete Vedanta-Zentren und sammelte Geld für Projekte in Indien. Dazu kamen Kurse über Yoga, die begierig von einer spirituell ausgedörrten Welt aufgesogen wurden. Er war der strahlende Stern des Ostens, Frauen machten ihm Heiratsanträge, und John D. Rockefeller wandte sich der Philanthropie zu, nachdem er den Swami getroffen hatte. Derweil griff die endlose Anstrengung Vivekanandas Gesundheit an. Fast jede Nacht war er in Zügen unterwegs, lernte pausenlos neue Menschen kennen und litt extrem an der klimatischen Kälte des Landes. Dazu die Paparazzi, aber auch Verleumder auf seinen Spuren. Seine Gegner waren fundamentalistische Christen, Missionare, die um ihre Einkünfte bangten, da der Inder ihnen die Sympathien der Spender abgrub; aber auch die Theosophen und die liberalen Hindus sahen seinen Erfolg mit Skepsis, ganz zu schweigen von den konservativen Hindus.

Die Amerikaner kamen ihm insgesamt sehr wohlgesonnen vor, er rühmte die Freiheit der Frauen in diesem Land. Oft wurde er auf der Straße wegen seines Mönchsgewands zum Magneten für Neugierige. So begann er, sich auch in der Kleidung anzupassen. 1896 ging es nach Europa, vor allem Großbritannien. Von dort reiste er in die Schweiz, begleitet von einer Miss Henrietta Müller aus London. In Kiel traf er den Indologen Paul Deussen, den Mitschüler und Freund Nietzsches. Mit Deussen fuhr er wieder nach England (Vivekananda 1998, 313). Den berühmten Gelehrten Max Müller besuchte er mindestens zweimal in Oxford und freundete sich mit ihm an. Müller wiederum, der alte Dessauer, schrieb zuerst einen Artikel über Ramakrishna, später auch ein Buch. Wir können davon ausgehen, dass Müller sich über die Berichte über das Weltparlament aus erster Hand sehr freute. Schon 1894 in einem Vortrag in Oxford hatte er die große Bedeutung dieses Treffens der Religionen hervorgehoben, »eines der bedeutendsten Ereignisse der Weltgeschichte«. In ihm sah er seine Ideen verwirklicht, die Suche nach einem gemeinsamen Kern der Weltreligionen, die sich auch in seinen 50 Bänden heiliger Schriften widerspiegelte. Und Indien sah sich durch das Ereignis erstmals auf Augenhöhe mit dem Westen (Kämpchen, 195). Das Weltparlament in Chicago kann man daher als einen Knotenpunkt bezeichnen, aus dem viele weitere Begegnungen zwischen Ost und West folgen sollten.

Literatur

Eck, Diana L. *Encountering God. A Spiritual Journey from Bozeman to Banaras*. Boston 1993.

Ghosh, Gautam. *The Prophet of Modern India. A Biography of Swami Vivekananda*. Delhi: Rupa Publications 2003.

Hofmannsthal, Hugo von. »Die Briefe des Zurückgekehrten«. In Hofmannsthal, *Erzählungen und Aufsätze. Ausgewählte Werke in zwei Bänden. Bd. 2*. Frankfurt/M.: S. Fischer 1957, 479–501.

Kämpchen, Martin. »Swami Vivekananda und seine Zeit«. In *Vivekananda, Swami. Wege des Yoga*. 177–215.

Müller, Max. »The Parliament of Religions in Chicago 1893«. In: Seager, 343–352.

Seager, Richard Hughes. *The World's Parliament of Religions. The East / West Encounter, Chicago 1893*. Bloomington: Indiana UP 2009.

Stone, Jon R. *The Essential Max Müller. On Language, Mythology, and Religion*. London: Palgrave Macmillan 2002.

Vivekananda, Swami. Letters of Swami Vivekananda. Delhi: Advaita Ashram 1998.

Vivekananda, Swami. Wege des Yoga. Reden und Schriften. Aus dem Engl. übersetzt und herausgegeben von Martin Kämpchen. Frankfurt/M. / Leipzig: Insel. Verlag der Weltreligionen 2009.

Indien
Einführung: Der deutsche Traum von Indien

Seit der Antike wusste man in Europa von Ost- und Südostasien. China war bekannt für seine Seide, in Indien gab es Gewürze und Gold. Ein weiser Skythe, ein Hyperboreer aus dem Nordosten, der auf einem Pfeil fliegen und heilen konnte, soll im 6. Jahrhundert v. Chr. Pythagoras in Sizilien besucht haben. Dieser Abaris, nach dem sich Goethe bei den Illuminaten nannte, war vielleicht ein asiatischer Schamane und brachte sein östliches Wissen zu den Griechen. Alexander der Große versuchte den großen Sprung ins Morgenland durch die Eroberung Asiens und schließlich Indiens. Mit seinem frühen Tod zerfiel jedoch das Reich, und der Traum einer westöstlichen Synthese rückte in die weite Ferne zurück. Der Grieche Megasthenes (350–290 v. Chr.) ging auf Wanderschaft nach Osten und erreichte Indien über das Punjab im Norden und zog dann möglicherweise bis Madurai in Tamil Nadu. Sein Buch *Indika* ist verloren gegangen und nur aus Zitaten späterer Autoren rekonstruierbar. Immerhin: Er wusste von den Kasten, sah, dass Philosophen von den Göttern geliebt wurden und dass sie sich mit den Dingen des Hades auskannten. Auch fiel ihm auf, dass die Inder keine Kolonien außerhalb ihres Landes gründeten. Dieses Indien zog magisch Geschichten an: Herodot sprach von mörderischen Riesenameisen, die nach Gold graben, von Menschen mit solch großen Ohrlappen, dass sie sich nachts in sie einhüllen konnten. Außerdem war es dort unverzeihlich, seine Eltern nach deren Ableben nicht zu verspeisen. Ein Land, in dem das Gold aus Fontänen sprudelte, ein Land der exotischsten und teuersten Gewürze, kurz: der Traum eines jeden Vasco da Gama oder Kolumbus in Europa. (Miller 4)

Der Kolonialismus der Briten (auch der Franzosen und Portugiesen) machte mit diesen Mythen Schluss. Fortan ging es um Ausbeutung von Ressourcen und Menschen und um die Missionierung für das Christentum. Auf diesem zwielichtigen Boden erwuchs immerhin auch die Philologie. Englische Kolonialbeamte wie William Jones (1746–1794) studierten Sanskrit und erkannten darin eine Ursprache, die verwandt schien mit den europäischen Sprachen. Griechisch und Latein, auch das Keltische und Slawische, die germanischen und romanischen Sprachen waren nun sichtbar als Teil einer riesigen Sprachfamilie, die Europa und Asien verband. Ohnehin war es eine Zeit, in der man auf der Suche nach Ursprüngen und Zusammenhängen war; die Romantik kündigte sich an. 1775 wurde eine der wichtigsten Schriften der indischen Philosophie ins Englische übersetzt: die *Bhagavadgita*. Der Held Arjuna soll gegen die eigenen Verwandten in die Schlacht ziehen und zögert. Krishna gesellt sich ihm zu und erklärt ihm die Gesetze des Universums, woraufhin Arjuna sich nicht mehr weigert zu kämpfen – ein Buch, das sehr unterschiedlich ausgelegt wurde.

Die Romantik öffnete dem Westen das Tor nach Indien. Griechenland und die Bibel waren kulturell von den vorhergehenden Generationen abgegrast, die Wege führten nun weiter, in die Tiefe der Vergangenheit Indiens und Europas. Man assoziierte das Land mit Blumen, Träumen und Opium, man sah hier die Ursprünge von modernen Institutionen und Ideen. Dies trifft zumindest auf Deutschland zu, wo ja selbst Könige sich in exotische Welten flüchteten – wie etwa Friedrich Wilhelm IV. von Preußen, der sich ein sagenhaftes Luft-Borneo in einer Buchphantasie erträumte, oder Ludwig II. von Bayern, der gar Luftschlösser baute. Man träumte vom östlichen Anderswo, wo alles unschuldiger, ursprünglicher, verspielter, frömmer sein müsste.

Von Großbritannien aus gesehen erwies sich Indien eher als zu eroberndes und auszubeutendes Gelände. Es war eine Kolonie, mit allen Begleiterscheinungen, wie etwa der Arroganz der Herrschenden. So wischte der große Historiker und Politiker Thomas Babington Macaulay die indische Kultur mit einer Handbewegung weg: Er habe nie daran gezweifelt, dass ein einziges Regal einer guten europäischen Bibliothek die ganze eingeborene Literatur Indiens oder Arabiens aufwöge. Mit solchen Ansichten befand er sich in bester oder eher schlechtester Gesellschaft. Auch der große Hegel sah in Indien nur ein verbrauchtes Morgenland, denn der Weltgeist war seiner Vorstellung nach weiter nach Westen gezogen und hatte soeben den Hegel'schen Lehrstuhl in Jena erreicht. In seiner Vorlesung zur »Philosophie der Weltgeschichte« (1822/23) sieht er Asien nur als Vorspiel an, »Europa ist schlechthin das Ende der Weltgeschichte«. (zit. in Glasenapp 40) In Europa spielte die Musik, Indien war ein verträumtes Gestern, auch wenn es sich aller Ursprünge rühmen durfte, wie Herder vermutete; für ihn war Indien die Urheimat und Wiege der Menschheit (*Ideen zur Philosophie der Geschichte der Menschheit*, 1784 ff.).

Das Indienfieber grassierte im idealistischen Deutschland. Friedrich Schlegel lernte 1803 Sanskrit von einem englischen Offizier in Paris. Und schon 1808 bot er der gebildeten Öffentlichkeit ein Standardwerk der Zeit an: *Über die Sprache und Weisheit der Indier.* Sein Bruder August Wilhelm begann sechs Jahre darauf mit seinem Sanskrit-Studium in Paris und erhielt 1818 in Bonn den ersten Lehrstuhl für Indologie in Deutschland. Er brachte die Zeitschrift *Indische Bibliothek* heraus und übersetzte aus dem *Ramayana* und die *Bhagavadgita.* Zuvor hatte der Weltumsegler und Naturforscher Georg Forster schon aus dem Englischen das berühmteste indische Drama der Antike übersetzt, *Sakuntala* von Kalidasa (4.–5. Jhdt. n. Chr.). Es machte auf Goethe einen großen Eindruck und möglicherweise hat er den Prolog im Himmel in *Faust* aus diesem klassischen indischen Stück entlehnt. Ursprünglich in Prakrit und Sanskrit geschrieben, ist es wie die *Bhagavadgita* aus dem *Mahabharata* entlehnt. Eine Geschichte um zwei Liebende, einen König und die Tochter einer Nymphe und eines Eremiten. Das Drama erinnert ein wenig an *Romeo und Julia*, doch endet es glücklich. Nach Chaos und Missverständnissen wird die verlorene Liebe wiedergewonnen – in einer hochpoetischen Sprache. Ebendies schätzte wohl Goethe – die Poesie und Gedanklichkeit. Vom Hinduismus aber war er weniger angetan, er fand die vielköpfigen Götter und Monster abstrus: »In Indien möcht ich selber leben, hätt es nur keine Steinhauer gegeben«, schreibt er im *West-Östlichen Diwan* (1819). Und:

Nehme sie niemand zum Exempel,
Die Elefanten- und Fratzen-Tempel
Mit heiligen Grillen treiben sie Spott,
Man fühlt weder Natur noch Gott.

Auf ewig hab ich sie vertrieben,
Vielköpfige Götter trifft mein Bann,
So Wischnu, Kama, Brahma, Schiven,
Sogar den Affen Hannemann.

Doch verfiel auch er zeitweise einer romantischen Verzerrung, etwa wenn er die Witwenverbrennung, sati, in »Der Gott und die Bajadere« verklärt, wo die sich verbrennende Tänzerin vom Gott erhoben wird. Ebenso sah Karoline von Günderode in der Witwenverbrennung etwas Hochromantisches (»Die malabarischen Witwen«). Die Dichterin sollte sich selbst nach einer Liebesaffäre umbringen. Auf ihrem Grabstein steht das klassische Abschiedsgedicht der Brahmanen. An diesen Beispielen wird sichtbar, dass die Deutschen keine eigenen Kolonialerfahrungen mit Indien hatten, denn die Briten bemühten sich ab 1829, ein Verbot von sati durchzusetzen. Der Druck gegen die Verbrennung kam übrigens von indischer Seite, nämlich der Hindu-Reformbewegung des Ram Mohan Roy, der Aberglauben und Kastensystem bekämpfte. Vorbild war für ihn Großbritannien, wo er auch 1833 starb. In Bristol steht heute seine Statue.

Doch für die Deutschen war Indien ein Traumreich, ein Blumenhimmel, ein Land, in dem der Wärmestrom der Menschlichkeit, der Kunst und Symbolik ungehindert fließen konnte. Novalis stellte es der Abstraktion entgegen: »dem kalten, toten Spitzbergen jenes Stubenverstandes« (*Fragmente*). Vielleicht war es gar das Land, wo die Blaue Blume wuchs? Wo Christus und Dionysos eins werden, wie es später Nietzsche halluzinieren wird? Man kann weitergehen und sagen: Für die Deutschen, die Europäer ist Indien das sich artikulierende Unbewusste. Wen es nach Indien zieht, der verdreht das Freud'sche Diktum und will, dass Ich zu Es werde, oder will zumindest eine stärkere Verbindung zwischen Ich und Es. Der indische Blumengott wacht immer wieder auf in der westlichen Geistesgeschichte, deutlicher als sonst wohl in den Blumenkindern der 1960er Jahre.

Alles, was in der westlichen Zivilisation verlorengegangen ist, lebt für die Romantik in Indien wieder auf: »Damit Indien in der Mitte des Erdballs so warm und herrlich sei, muss ein kaltes, starres Meer, tote Klippen, Nebel statt des gestirnvollen Himmels und eine lange Nacht, die beiden Enden unwirtbar machen.« (Novalis, *Heinrich von Ofterdingen*) Auf den Realismus britischer Indienreisender musste man in Deutschland noch lange warten. Das romantische Bild Indiens lebt im Westen heute weiter in der Verehrung von Gurus oder indischer Spiritualität. Es wird ironisch gebrochen, aber doch anerkannt in Peter Sloterdijks Überlegungen, realistisch durchbrochen und auf soziale Missstände zurückgeführt in Günter Grass' Reisebericht *Zunge zeigen* (1988). Indien bleibt Ort der Sehnsucht und Stein des Anstoßes für den Westen.

Literatur

Glasenapp, Helmuth von. *Das Indienbild deutscher Denker.* Stuttgart: Köhler 1966.

Kade-Luthra, Verena. *Sehnsucht nach Indien. Literarische Annäherungen von Goethe bis Günter Grass.* München: Beck 2006.

Miller, Sam. *A Strange Kind of Paradise. India through foreign eyes.* London: Vintage 2014.

Indologie

Gelehrte Wege in den Osten: Max Müller

Im Jahre 1844 wird ein junger deutscher Gelehrter, knapp 21 Jahre alt ist er in Paris zu einer kleinen Feierlichkeit im Institut de France eingeladen, der Dachorganisation der staatlichen Akademien Frankreichs. Eingeladen hat der berühmte Sanskritprofessor Eugène Burnouf. Dieser will einem hohen indischen Gast eine Ausgabe seiner prächtigen Edition des *Bhagavatpurana*, jener alten Geschichten über Krishna und andere Götter, überreichen. Der Inder nimmt sie erfreut entgegen und lässt seine Finger über den französischen Text, der neben dem Sanskrittext gedruckt ist, gleiten. Oh, sagt er, wenn ich das nur lesen könnte! Der junge Deutsche ist erstaunt: Der Inder will gar nicht die alten Schriften seines Landes im Original lesen, sondern lieber auf Französisch.

Ihn selbst, Friedrich Max Müller (1823–1900) aus Dessau stammend, drängte dagegen nichts mehr, als die alten indischen Schriften lesen zu können. Der indische Gast, Dwarkanath Tagore (1794–1846), war auch kein Philologe, sondern ein erfolgreicher Unternehmer. Er war dem Westen zugetan, er wollte die Welt seines heimatlichen Bengalen reformieren: Abschaffung der strengen Kastenregeln, der Witwenverbrennung und anderer schrecklicher Antiquiertheiten. Zwei Jahre später sollte er in England sterben, wie sein Vorbild Ranmohan Roy. Als Tagore nach Paris kam, erregte er großes Aufsehen. Max Müller hörte von diesem Besuch und brannte darauf, diesen noblen Inder kennenzulernen, der zudem noch unendlich reich zu sein schien, blendend aussah und die teuerste

Hotelsuite der Stadt bewohnte. Müller studierte bei Burnouf, dem er auch bei dem Kopieren von Handschriften half und der ihn darum schätzte. Daher durfte er auch an diesem Treffen teilnehmen. Tagore, schreibt Müller in seinen Memoiren, hatte wenig Wissen über die alten Schriften Indiens. Dennoch schloss er den jungen Deutschen ins Herz, als er erfuhr, dass Müller die Veden für eine erste Edition abschrieb. So lud er ihn zu weiteren Treffen ein, bei denen man sich über Indien und Europa, Frankreich und die Veden und viele andere Themen austauschte. Tagore war ein Liebhaber italienischer und französischer Musik und ließ sich von Müller auf dem Klavier begleiten. Denn Müller hatte eine große musikalische Vergangenheit hinter sich, eigentlich hatte er einmal Musikwissenschaftler, ja, Komponist werden wollen. Doch der große Mendelssohn Bartholdy, zu dessen Bekanntenkreis er in Leipzig gehörte, hatte ihm abgeraten. Vielleicht ahnte dieser, dass Müller es in anderen Fächern noch weiterbringen sollte. Jedenfalls sang Tagore ihm gerne französische und italienische Lieder und Arien vor. Müller bat ihn, einmal indische Musik am Klavier zu spielen und zu singen. Der Deutsche hatte jedoch kein Ohr dafür, es war ihm »ohne Melodie und Rhythmus«. Wo war hier die Harmonie? Ihr seid alle gleich, erwiderte der Inder, alles Fremde stößt euch ab. Ihm sei es allerdings ähnlich gegangen, als er die ersten Klänge italienischer Musik gehört habe. Würden die Europäer nur die indische Musik so ernst nehmen, wie es die Inder mit der europäischen taten, dann würden sie ihre Melodie, ihre Rhythmen und ihre Harmonie entdecken. Das Gleiche gelte für Philosophie, Poesie und Religion. Zumindest in seinen Memoiren konnte Müller nicht anders als beipflichten. George Harrison machte eine ähnliche Erfahrung, als er als erster der Beatles mit indischer Musik konfrontiert wurde und die Sitar wie eine elektrische Gitarre spielte, was seinen Lehrer Ravi Shankar verwunderte.

Die Abschrift der Hymnen des altindischen *Rigveda*, die Müller von Paris nach London, sodann nach Oxford brachte

Abb. 2: Friedrich Max Müller

und die schließlich in einer sechsbändigen Ausgabe gipfelte, wurde von indischen Brahmanen zunächst argwöhnisch betrachtet. Ein Europäer edierte die Heiligen Gesänge, die eigentlich nur in die brahmanische mündliche Tradition gehörten? Auch Tagore war Brahmane, doch hatte er es sich mit seinen reformerischen Ideen bei seiner Kaste verdorben. Allein die Tatsache, dass er Indien verlassen hatte, machte ihn verdächtig. Auslandsaufenthalte waren für einen orthodoxen Hindu problematisch und mussten durch spezielle Reinigungszeremonien ausgebügelt werden. So musste der Verunreinigte etwa fünf Produkte der Kuh (Milchsorten, Ghee-Butter u. a.) schlucken, um wieder rein zu werden. Später erfand man eine Pille dafür, die alle fünf Elemente enthielt. Aber Tagore nahm das nicht ernst.

Sein Sohn Debendranath war weitaus stärker an Müllers Arbeiten interessiert als der Vater und engagierte sich intensiv als religiöser Reformer. Die Familie Tagore hatte seit gut zweihundert Jahren das kulturelle und wirtschaftliche Leben Bengalens geprägt, und es sollten noch weitere hochbegabte Menschen aus diesem Stamm hervorgehen. Am bekanntesten wurde Rabindranath Tagore, der als bislang einziger Inder, ja, als erster Nichteuropäer, 1913 den Literaturnobelpreis erhielt und auf seine Weise die Familientradition in Reformdenken, Pädagogik und kulturellem Schaffen fortsetzte.

Die etwa tausend Hymnen des *Rigveda* sind zwischen 1700 und 1200 v. Chr. verfasst worden und stellen die ältesten Texte indoeuropäischer Sprache dar. Müller glaubte sogar, dass es das älteste Buch der Welt sei (die Keilschriftforschung war zu seiner Zeit noch nicht weit fortgeschritten, sonst hätte er das *Gilgamesch-Epos* kennen müssen).

Wie kam aber ein junger Deutscher aus der preußischen Provinz dazu, sich mit den alten Schriften Indiens zu beschäftigen? In seinen autobiographischen Essays unter dem Titel *Auld Lang Syne* erinnert er sich an seine Schulzeit in Dessau. Auf dem Umschlag eines Schreibheftes war die Stadt Benares zu sehen. Da beginnt er, von Indien zu träumen, wo die Menschen groß und schön und geheimnisvoll waren. Wie der Junge so vor sich hinsinnt, kommt der Lehrer und zieht ihm die Ohren stramm. Zur Strafe soll er mehrere Seiten füllen, in denen Wörter wie *Benares*, *Ganges* oder *Indien* vorkommen. So also kam Indien zu ihm: zuerst als Traum und dann als Strafe!

Er wuchs in gebildeten Kreisen auf, in der aufgeklärten Umgebung des Hofes von Dessau. Seine Mutter war eine geborene von Basedow; nach ihrem Bruder Carl wurde die Schilddrüsenerkrankung benannt. Der Vater war einer der berühmtesten Deutschen seiner Zeit, der sogenannte »Griechenmüller«. Wilhelm Müller war ein Griechenlandbegeisterter wie

Winckelmann und Byron und zudem ein allseits bewunderter Dichter. Heine schätzte ihn als einen der größten seiner Zeit. Diesem Müller verdanken wir Schuberts Kompositionen wie »Die schöne Müllerin« oder »Die Winterreise«. Dieser wunderbare und vom Sohn sehr geliebte Vater verstarb früh, mit 32 Jahren. Man zog nach Leipzig. Dort ging Max an die renommierte Nikolaischule, wo auch Leibniz, Lessing und Wagner gelernt hatten, und war schnell der Primus. Die altphilologischen Fächer lagen ihm besonders; dazu kamen musikalische Interessen, Begegnungen mit Schumann, Liszt und vor allem Mendelssohn. Er engagierte sich kulturell, sang, spielte Klavier, rezitierte.

Als das junge Genie zu studieren begann, hatte es genug von der Altphilologie, die bald nur noch Denkmalswert hatte: »Ich wurde allmählich ein wenig müde von Griechisch und Latein und all dem aufgewärmten Kohl.« So nahm Müller das Studium des Sanskrit auf, und zwar bei Hermann Brockhaus, dem ersten Inhaber eines indologischen Lehrstuhls in Leipzig, dem Sohn des Verlegers Friedrich Arnold Brockhaus. Der Professor war zugleich Schwager von Richard Wagner (und bei ihm lernte Nietzsche eines Tages den Komponisten kennen). Müller konnte schon ein wenig Arabisch und Persisch, aber Sanskrit erschien ihm damals besonders faszinierend – die Romantiker Schlegel und Novalis etwa hielten es für die Ursprache der Menschheit, während das Hebräische in die zweite Reihe rückte. Die Verdrängung christlich-jüdischer Kultur durch eine vorgeblich »arische«, indogermanische hatte auch einen antisemitischen Beigeschmack, der sich in der deutschen Indologie des 20. Jahrhunderts noch einmal böse entfalten sollte.

Müller studierte aber auch Philosophie. 1844, mit 21 Jahren, promovierte er über die Ethik bei Spinoza. Doch es waren die indologischen Studien, die ihn auf seinen Lebenspfad brachten. Berlin war hierin besser aufgestellt. Mit Schelling gab es dort zudem einen Philosophen, dem Indien und Sanskrit für die Errichtung einer neuen Mythologie viel bedeuteten. Friedrich

Rückert, eines der größten Sprachgenies aller Zeiten, Dichter dazu, lehrte in Berlin orientalische Sprachen. Franz Bopp, der für die Untersuchung der Verwandtschaft zwischen den indoeuropäischen Sprachen eine wissenschaftliche Grundlage geschaffen hatte, war der Dritte im Bunde. Schelling freute sich über den jungen Dessauer, der ihm bei Sanskritübersetzungen helfen konnte. Rückert konnte von Müller sogar dazu bewegt werden, nicht nach Franken zurückzuziehen, sondern ein Kolleg für ihn und zwei andere abzuhalten. Der weitere Weg führte ihn nach Paris, jedoch nicht ohne dem Indienverehrer Schopenhauer in Frankfurt einen Besuch abzustatten. In der französischen Hauptstadt wollte er nun bei dem großen Sanskritforscher Eugène Burnouf am Institut de France arbeiten.

Hier also schrieb er das *Rigveda* weiter ab, doch war die Quellenlage in jenem Land besser, das über Indien als Kolonialmacht herrschte: Großbritannien. Zunächst in London, dann in Oxford betrieb er seine Studien und konnte hier auf große Ressourcen zurückgreifen. Inzwischen war er zum besten Sanskritkenner der Welt aufgestiegen. Deshalb war er tief verärgert, als ihm die vakante Boden-Professur für Sanskrit in Oxford nicht verliehen wurde.

Es war ein signifikantes Scheitern, doch es hinderte ihn nicht daran, weiter Karriere zu machen. Er sollte nie wieder Sanskrit an der Universität unterrichten, aber man schuf ihm acht Jahre später eine eigene Professur, diesmal mit Ausrichtung auf Vergleichende Religionswissenschaft, ein Novum innerhalb des universitären Fächerkanons. In dieser Zeit hielt er auch um die Hand der Tochter eines reichen Mannes an, der diesem Vorhaben nicht wohlwollend gegenüberstand. Es dauerte Jahre und es brauchte einen Skandal im Konzertsaal, bevor die beiden heiraten konnten. Georgina Grenfell sah Müller nach Jahren der Trennung bei einem Konzert in Oxford. Da fiel sie in Ohnmacht und musste herausgetragen werden. Das Herz ihres Vaters wurde dadurch endlich erweicht.

Aber auch diese schwierige Zeit überwand Müller durch Arbeit, diesmal an einem Roman, den er *Deutsche Liebe* nannte. Hier freit ein junger Mann in Dessau um eine invalide Fürstin, es bleibt bei platonischem Flüstern über die unsterblichen Formen der Anziehung. In Korea sollte dieser Roman eines Tages zu einem Erfolg werden. Ob es an der Übersetzung lag?

Müllers Ruhm wuchs. Königin Viktoria lud ihn ein, weil sie über Sanskrit und Indien hören wollte. Als sie 1876 schließlich zur Kaiserin von Indien ernannt wurde, beauftragte man ihn, die dritte Strophe der englischen Nationalhymne in Sanskrit zu übersetzen, auf dass auch die kolonialen Untertanen mitjubeln könnten. Er wurde in den Privy Council, den Kronrat der Königin, gewählt, erhielt viele bedeutende Orden, unter anderem den Pour le Mérite. Das Oxford English Dictionary wählte zudem den Deutschen als Berater in Fragen, die mit Wörtern indischen Ursprungs zu tun hatten. Seine Reden und Schriften wurden aufmerksam verfolgt, er hielt berühmte Vorlesungen, etwa die Gifford Lectures in Edinburgh zur Religion. Insbesondere wurden seine Arbeiten zur vergleichenden Mythologie diskutiert.

Max Müller in der Diskussion

In Deutschland ist Max Müller, auch wegen seines unauffälligen Namens, längst vergessen. In Oxford gibt es hie und da Spuren, und einigen Religionswissenschaftlern oder Linguisten dürfte er ein wenig bekannt sein. Im Gegensatz dazu ist Müller immer noch ein wichtiger Name in Indien. Indische Besucher in Deutschland sind immer wieder tief enttäuscht, dass hier niemand Max Müller kennt. In Indien ist sein Ruf so groß, dass man die Goethe-Institute dort auch Max-Müller-Häuser nennt. Der indische Premierminister Nahendra Modi hat ihn 2015 im Parlament zitiert. Müllers Verehrung für das spirituelle Indien fand großen Anklang um die Jahrhundertwende, als die Inder zu Selbstbewusstsein kamen. Eben seine Verehrung für die heiligen Schriften und Gestalten Indiens war es aber wohl auch, die ihn daran hinderten, selbst einmal das erträumte Land zu besuchen. Vielleicht fürchtete er, von der Realität enttäuscht zu werden.

Eines seiner letzten Bücher widmete Müller dem indischen Heiligen und Guru Ramakrishna Paramahamsa (1836–1886). Als dessen Schüler Vivekananda (1863–1902) Müller im Juni 1896 in Oxford besuchte, schrieb er begeistert über dessen Liebe zu Indien. Vor allem entdeckte er in ihm einen spirituellen Menschen des Westens. Er sah in ihm nicht den Philologen oder Gelehrten, sondern eine Seele, die sich mit Brahma vereine, er habe die »die Melodie des Vedanta« erfasst. Ein Jahr darauf, in Kalkutta, kam er in einem Gespräch mit einem Schüler, mit dem er das Rigveda und die Kommentare des indischen Philosophen Sayana aus dem 14. Jahrhundert studierte, auf Müller zu sprechen. Er, Vivekananda, sei zu dem Schluss gekommen, Müller sei eine Wiedergeburt genau dieses indischen Kommentators, der seine eigenen Gedanken revitalisieren wollte. Der Schüler fand es ungehörig, dass der große Inder als nicht-indischer Barbar wiedergeboren sein sollte. Woraufhin Vivekananda ihm erklärt, dass solch ein Unterscheiden Ausdruck purer Ignoranz sei. Warum solle sich ein so leuchtender Geist wie Sayana bei seiner Wiedergeburt an Kasten oder Ähnliches halten? Er werde dort wiedergeboren, wo er Gutes für die Menschheit tun könne.

Man muss sich diesen Sayana genauer anschauen, um zu erkennen, welche Bedeutung Vivekananda Müller beimaß. Der Philosoph und Philologe war General und Premierminister unter drei Königen. Ein Verwandter schrieb über ihn, Brahma selbst habe ihn erschaffen, um die Veden zu beschützen. Und dann gibt es noch eine Stelle in seinen Kommentaren zu einer Sonnenhymne, an der er erstmals die genauen Werte der Lichtgeschwindigkeit angegeben haben soll. Fakt oder Fiktion – Vi-

vekananda wusste jedenfalls, wovon er sprach, als er Müller
mit Sayana verglich. Seine Einstellung zu Müller ist bis heute
für viele Gebildete in Indien prägend geblieben.

Man rechnet Müller hoch an, dass er als Philologe, Historiker und Religionsphilosoph Indien den ihm zustehenden Platz
in der geistigen Welt zugewiesen hat. Er hat Indien auf Augenhöhe angesprochen, auch wenn er Christ geblieben ist und das
moderne Indien nie besucht hat. Allein der Titel seines 1883,
auf der Höhe britischer Vorherrschaft über Indien veröffent-
lichten Buches *India – what can it teach us?* (1883, dt.: *Indien
in seiner weltgeschichtlichen Bedeutung*, 1884) sprach Bände.
Für Müller hat die altindische Literatur schlicht die weisesten
Texte der Welt hervorgebracht – bei allen Ungereimtheiten,
die sich darin auch finden mögen. »Die Sanskrit-Litteratur«,
schreibt er in ebendiesem Buch »ist voll von Lehren, welche
uns selbst Griechenland nicht geben kann.« (4) Ihre Kenntnis
sei das beste Mittel, sich unter Indern heimisch zu fühlen. Im
Rahmen der Möglichkeiten seiner Zeit lehnte Müller sich weit
aus dem eurozentrischen Fenster hinaus.

Allerdings kam nach der Unabhängigkeit Indiens 1947 auch
Kritik an Müller auf, die sich heute durch nationalistische Fanatiker zugespitzt hat. Auf entsprechenden Websites wird ihm
vorgeworfen, er habe das *Rigveda* verunstaltet, Sanskrit falsch
übersetzt und wollte in Wirklichkeit nur den Hinduismus zerstören. So viel stimmt, dass Müller sich eine kritische Haltung
gegenüber den fanatischen Formen und unguten Auswüchsen
des Hinduismus vorbehielt. Wie konnte man für die Witwenverbrennung ein gutes Wort einlegen? Was die Mission angeht,
so unterscheidet er drei Typen. Erstens die väterlich-erziehen-
den Missionare, sanft aber zielbewusst. Zweitens die dogmati-
schen Theologen und Fanatiker, die die Hindus als schreckli-
che Heiden sehen. Drittens aber gebe es die Art von Missionar,
der sich eher durch vorbildliches Handeln auszeichne und
nicht durch Konversionsversuche. Es ist, wie man sich denken
kann, ebendieser Typus, dem er zuneigt. In seinen Reden an

künftige Kolonialbeamte, die auf Indien vorbereitet werden sollten, empfiehlt er eine genaue Kenntnis der indischen Kultur als Voraussetzung für einen »guten« Kolonialismus. Aus heutiger Sicht ist das zu wenig, zumal eine solche Einstellung den Kolonialismus stabilisierte. Aber innerhalb des damals real existierenden Systems war dies wohl die humanste Vorgehensweise. Den Ausbruch der Rebellion 1857 führte er auf genau diese Ignoranz seitens der Kolonialherren zurück.

Wohin ihn sein Ethos trug, lässt sich an einem späten Artikel zeigen.1894 schrieb er, er sei aufgrund von körperlicher Schwäche daran gehindert worden, an einem der bedeutendsten Ereignisse der Menschheitsgeschichte teilzunehmen. Damit bezog er sich auf das Weltparlament der Religionen, das ein Jahr zuvor in Chicago auf der Columbia Weltausstellung stattgefunden hatte. Müller wäre dort zu einem strahlenden Stern geworden.

Literatur

Bosch, Lourens van den. *Friedrich Max Müller. A life devoted to the humanities.* Leiden: Brill 2002.

Chaudhuri, Nirad C. *Scholar Extraordinary. The Life of Friedrich Max Müller.* New Delhi: Orient 1974.

Müller, Friedrich Max. *Deutsche Liebe. Aus den Papieren eines Fremdlings.* Brockhaus: Leipzig 1857

– *Auld Lang Syne. Second Series: My Indian Friends.* London / Bombay: Longmans, Green, and Co, 1899.

– *Aus meinem Leben. Fragmente zu einer Selbstbiographie.* Gotha: Perthes 1902.

Schlender, Friedemann. *Traumflieger ohne Landeplatz. Max Müller – eine deutsche Legende in Indien.* Berlin: Vistas 2000.

Stone, Jon R. *The Essential Max Müller. On Language, Mythology and Religion.* London: Palgrave 2002.

Voigt, Johannes H. *Max Mueller. The Man and his Ideas.* Calcutta: Mukhopadhayay 1967.

Nietzsche erzieht einen Indologen

Der Primus stolzierte in seiner Eigenschaft als Aufseher in der Zwischenpause über den Schulhof. Er musste dafür sorgen, dass keine Unregelmäßigkeiten stattfanden, keine lärmenden Exzesse und dergleichen. Und er nahm es ernst, dieser Friedrich Nietzsche, denn er war ein ernster Mensch. Schon jetzt ein begabter Philologe (natürlich schwach in Mathematik), war er stark kurzsichtig. Er neigte zu Einsamkeit, Musik, Literatur und Lernbegier, gleichzeitig bildete er gerne Freundesbünde. Hier konnte man philosophieren, schreiben und musizieren und sich die Meinung sagen. Er hielt nicht hinterm Berge damit.

Bei seinem heutigen Rundgang über den Hof sah er einen braven Jungen, der gemütlich an seinem Brot kaute, an seinem Näckchen, wie es hieß, vielleicht für ’N’Eckchen’. Wo es nichts auszusetzen gab, konnte ein bisschen Necken nicht schaden: »Sprechen Sie nicht so laut zu ihrem Näckchen!«, hofmeisterte er den Knaben. Eine erste, etwas kratzige Begegnung, an die sich der Angesprochene später erinnern sollte. Und doch wurden die beiden bald enge Freunde. Er kam aus dem Rheinland und hatte ein entsprechend offenes Gemüt, dieser Paul Deussen (1845–1919). Später zog er mit Nietzsche durch die Lande, besuchte Verwandte oder ging mit ihm auf Wanderungen. Ihr ganzes Leben lang blieben beide, trotz gelegentlicher Krisen, in Verbindung. Als Paul in Tübingen mit der Theologie befasst war, wollte Friedrich ihn dringend für die Philologie zurückgewinnen. Deussen machte tatsächlich eine Wendung, wenn auch nicht unbedingt unter dem Druck des Freundes.

Für ihn war entscheidend, dass er seine philosophischen Interessen, vor allem an Schopenhauer, mit der indischen Kultur übereinbringen könnte. Am 14. November 1873 kam es ihm wie eine Eingebung von oben: »Wenn ich nun solche Freude am Sanskrit habe«, schrieb er, »und doch niemals von der Philosophie lassen kann, warum sollte ich nicht die Hütte meines Lebens da bauen, wo beide Linien sich schneiden, und die eben wieder nach zweijähriger Depression neuerwachende Schaffenskraft dem so sehr vernachlässigten und eben darum so lohnenden Studium der indischen Philosophie widmen!« (Deussen 1922, 165) Er wurde einer der bekanntesten Indologen Deutschlands, der von seinem Kieler Lehrstuhl aus die Orientalistik überschaute.

Schopenhauer schaut nach Indien

Schon in der Zeit, als er mit Nietzsche in Bonn studierte, hatte Deussen begonnen, Sanskrit zu lernen, neben den klassischen Sprachen. Als er später in Aachen Vorlesungen zu Schopenhauer hielt, griff ihn die katholische Presse an, zumal weil dieser Philosoph eben auch als von indischen Gedanken infiziert galt. Dahinter musste ein gefährlicher Nihilismus stecken! Das preußische Ministerium verlangte daraufhin, dass Deussen in seiner Philosophiegeschichte nur bis Kant gehe.

Schopenhauer war einer der wichtigsten Vermittler für indische Philosophie und Weltanschauung in Deutschland. Er las die *Upanischaden* in lateinischer Übersetzung aus dem Persischen (die deutsche hielt er für »verschwebelt und vernebelt«), und fand in ihnen die tiefsten Gedanken, die er je gelesen hatte. »Bevor er zu Bette ging«, schreibt sein Freund Julius Frauenstädt in seinen Erinnerungen, »schlug er nicht selten noch seine Bibel, das Oupnekhat [Sammlung altindischer Upanischaden] auf, um darin seine Andacht zu verrichten.« (Spierling 215) Für Schopenhauer selbst waren sie »die belohnendeste und erhebendeste Lektüre, die […] auf der Welt möglich ist; sie ist der Trost meines Lebens und wird der meines Sterbens sein.« (Schopenhauer 434) Deussen blieb, im Gegensatz zu Nietzsche, dem Idol Schopenhauer treu. Lange nach Nietzsches Tod, 1911, sollte er die Schopenhauergesellschaft gründen. Als einer von wenigen Professoren verurteilte er 1914 den Krieg.

Nietzsches freudige Zustimmung verdankt sich dem gemeinsamen Schopenhauern. Er hofft, dass sein Freund dem Sanskritstudium eine philosophische Tiefe abgewinne, die ohne Schopenhauer und Kant nicht möglich wäre:

> Du glaubst nicht [schreibt Nietzsche in einem Brief], mit welcher Indignation ich erfüllt wurde, als ein Sanskritprofessor mir einige philosophische Handschriften zeigte und dabei bemerkte: sonderbar, diese Inder haben immerfort philosophiert und immer in die Quere. Dieses »in die Quere« erscheint mir typisch für das Verständnis, welches die Sanskritprofessoren ihrer Aufgabe entgegenbringen. (Deussen 1901, 88)

Natürlich, das ist Nietzsche selbst, hier als Inder, als einer der in die Quere denkt und die Philologie gegen sich aufbringt. Deussen, der ihm sein *System der Vedanta* von 1883 zuschickt, schätzt er jedenfalls, weil es ihm gelinge, die Lehre der Vedanta den Europäern nahezubringen: »Es macht mir großes Vergnügen, einmal den klassischen Ausdruck der mir fremdesten Denkweise kennenzulernen: Dies leistet mir Dein Buch.« (Deussen 1901, 89) Als Deussen schließlich die indologische Professur in Kiel antritt, ist sein Freund schon geistig zusammengebrochen.

Der deutsche Indologe in Indien: Paul Deussen

Für Deussen indes wird Indien immer wichtiger. Im Winter 1892/93 begibt er sich mit seiner Frau für mehrere Monate auf den Subkontinent. Seine Reise ist ausufernd und führt von Bombay über Peshawar zum Taj Mahal und ins Punjab, nach Kalkutta und in den Himalaya, schließlich nach Madras (Chennai) und Sri Lanka. Affen, Tempel, Swamis, Armut, Religion, Yogis, englische Kolonialbeamte, Professoren, Tee, Musik, Elefanten und Mücken, Buddhisten und Konsularbeamte – all dies vermischt sich zu einer großartigen Erinnerung in seinem Reisebericht *Erinnerungen an Indien* (1904).

Auf der Fahrt von Kalkutta nach Bombay müssen sie in Moghal Sarai umsteigen und haben nur zehn Minuten Zeit. Da trifft er nicht nur einen Freund, sondern auch einen Amerikaner, den Präsidenten der Theosophischen Gesellschaft, die damals weltweit für großes Interesse sorgte. Der Offizier und Journalist Henry Steel Olcott hatte gerade die Leitung von Helena Blavatsky übernommen, seine Nachfolgerin sollte die Britin Annie Besant werden. Deussen schreibt:

Wir begrüßten uns wie zwei, die schon längere Zeit voneinander wissen und das Gefühl haben, dass zwischen ihren Anschauungen wohl schwerlich jemals eine geistige Brücke sich schlagen lässt. Die Abfahrt meines Zuges erlaubte kein eingehenderes Gespräch und machte unserer kurzen, reservierten, doch nicht unfreundlichen Berührung ein Ende. (Deussen 1904, 143)

Eigentlich mochte Deussen, so wie die meisten Orientalisten, diese Theosophen gar nicht; auch Max Müller überschüttete die Esoteriker mit Kritik. Sie stellten die schäbige Seite der Orientalistik dar, die bucklige Verwandtschaft. Sie wussten ja leider viel über Buddhismus und Hinduismus, waren aber eklektisch und vereinfachten und vermengten das Ganze mit westlichen Naturwissenschaften und Weltanschauungen und sie hingen okkulten Phantasmen nach. Sie waren die Populisten der Religionswissenschaft, die möglicherweise auch noch finanziellen Profit daraus schöpften. Man brachte sie mit Fälschungen in Verbindung, mit Aberglauben und geheimnisvollen Meistern, die ihnen aus dem Himalaya Briefe schickten. Kurz, es waren

Falschmünzer, die die Währungen der Religion wie der Wissenschaft entwerteten. Gut zu wissen, dass man an diesem Provinzbahnhof immerhin freundlich auseinanderging.

Der Professor reist mit dem Guru

Deussen fuhr nicht zum Weltparlament, aber er profitierte davon auf seine Art. So geschah es, dass Vivekananda auf seiner Reise in die Schweiz und Deutschland den berühmten Indologen besuchte. Der hatte international Ansehen gewonnen durch seine Arbeiten, aber auch durch einen Vortrag, den er in Bombay über den Advaita-Vedanta gehalten hatte, eine hinduistische Form des Monismus, der sich mit westlichen Denkformen des Monismus und letztlich auch mit der Wissenschaft und ihrer Suche nach einer einheitlichen Grundformel vereinbaren ließ. Vedanta bedeutet das »Ende der Veden«, die letzten Veden, während Advaita die Nicht-Dualität von Seele und Welt behauptet. Deussen erkannte in der Philosophie Kants einen reinen Ausdruck dieses indischen Denkens. Wie Schopenhauer hob Deussen auf den Advaita Vedanta ab und fand hier den Monismus eines Platon wieder (Bergunder 101).

1896 also traf der Inder in Kiel ein, zusammen mit einem englischen Ehepaar. Man reiste zusammen nach London und musste unterwegs gemeinsam ein Einzelzimmer in Amsterdam nehmen, weil nichts mehr frei war. Ich musste mich wohl oder übel entschließen, mit dem braunen Bruder aus dem Osten dasselbe Zimmer zu teilen, schreibt der deutsche Professor, nicht ohne Bedenken, da mir von meiner indischen Reise her die Lebensgewohnheiten der Inder noch wohlbekannt waren. Deussen notiert Dinge über den verehrten Guru, die seine Anhänger gerne übersehen würden und die mit dem Bild eines Heiligen nicht übereinstimmen wollen. Vivekananda zündete sich erstmal eine Stummelpfeife an, Deussen musste Türen und

Fenster aufreißen, und »ihm eine kleine Vorlesung halten über die Schädlichkeit, in einem raucherfüllten Zimmer zu schlafen«. Jedenfalls hatte er sich asketische Mönche anders vorgestellt:

> »Sie sind mir ein schöner Heiliger«, sagte ich einmal zu ihm, »Sie essen gut, trinken gut, rauchen den ganzen Tag und lassen sich nichts abgehen.« Er erwiderte in Sanskrit: »Ich halte mein Gelübde.« – »Und worin besteht ihr Gelübde«, fragte ich. – »Es fordert von mir nur *kama – kancan – viraha,* Verzicht auf Liebe und Gold.« Nun, auf Gold konnte er leicht verzichten, da alles von andern für ihn bezahlt wurde, und was die Liebe betrifft, so traue ich ihm wohl zu, dass er, wie so mancher junge, von Gesundheit strotzende katholische Geistliche ehrlich bestrebt war, den Kampf mit Fleisch und Blut tapfer zu bestehen, wiewohl er bei unserm abendlichen Spaziergang durch die Kälberstraße für die vorüberschwebenden und uns freundlich zulächelnden Sylphen ein etwas beunruhigendes Interesse bekundete. (Deussen 1922, 306)

Hier künden sich schon erste Risse an, die immer wieder in den Beziehungen westlicher Freunde Indiens mit den Yogis und Gurus aufscheinen werden: die Vorwürfe, dass Swamis egozentrisch und durchaus an materiellen Dingen interessiert seien, was bis zum Missbrauch sexueller und kommerzieller Art gehen kann. Wohl nicht im Falle von Vivekananda, bei dem allenfalls die Ansätze künftiger Konflikte erkennbar wurden.

Bis heute wird er in Indien hoch verehrt, nicht zuletzt, weil es ihm als Erstem gelang, auf Augenhöhe mit westlichen Intellektuellen zu verhandeln. Einerseits beginnt mit ihm der Siegeszug von Vedanta im Westen, und das heißt: Yoga und Meditation, später auch Zen, Tantra, Chakrenlehre und vieles andere, was heute zum Standard spirituell-körperlicher Praxis gehört. Nicht einmal das Christentum konnte sich heraushalten, denn auch hier begann man, nach Vivekanandas Auftritten östliche Meditationstechniken einzubauen. Andererseits wird Vivekananda heute gerne von rechten Hinduisten instrumentalisiert. Hatte er nicht darauf hingewiesen, dass Erkenntnisse der westlichen Wissenschaften schon lange zuvor von den indischen Sehern in ihren heiligen Texten antizipiert worden waren? Zeigten nicht indische Mythen wie das *Mahabharata*, dass man im alten Indien schon Atomwaffen besaß und mit Ufos und kosmischen Waffen hantierte? Derart sind die Argumente, mit denen Vertreter der Hindutva, des Hindu-Nationalismus, heute ihren Vorrang zu beweisen versuchen, wie so oft, wenn Glauben auf Wissenschaft stößt. Meera Nanda hat in mehreren Büchern auf diesen unseligen Zusammenhang hingewiesen, insbesondere in *Prophets Facing Backward: Postmodernism, Science and Hindu Nationalism*.

Interkulturelle Begegnungen sind keine Einbahnstraßen, es gibt Rückfluss, Stau und Karambolagen. Dennoch müssen wir diese Straßen befahren und die Kontakte pflegen. Zu diesem westöstlichen Verkehr gehört auch Pankaj Mishra, der indische Kulturhistoriker, der einige bemerkenswerte Bücher über die Spätfolgen des Kolonialismus geschrieben und die gegenseitige Durchdringung von religiösen und philosophischen Ideen des Westens und des Ostens beleuchtet hat. Auch Deussens Freund Nietzsche taucht bei Mishra immer wieder auf, oft verbunden mit der Kritik, dieser habe die östlichen Religionen wie den Buddhismus nicht ganz verstanden, obwohl er sich gerne auf sie bezog (Mishra 2004, 372–79). Dennoch: Der Primus aus Schulpforta bleibt für diesen Kulturphilosophen immer noch einer der größten europäischen Geister. Ich weiß nicht, ob Deussen Nietzsches Grab in Röcken jemals besucht hat. Aber als Pankaj Mishra 2014 den Leipziger Buchpreis zur Europäischen Verständigung erhielt, da war es sein erster Wunsch, in das 30 Kilometer entfernte Dorf Röcken gebracht zu werden, um Nietzsche an seinem Grab zu huldigen.

Literatur

Bergunder, Michael. »*Indischer Swami und deutscher Professor.* ›*Religion*‹ *jenseits des Eurozentrismus*«. In: *Religionswissenschaft.* Hg. Michael Stausberg. Berlin: de Gruyter, 2012, 95 – 107.

Deussen, Paul. *Erinnerungen an Friedrich Nietzsche.* Leipzig: Brockhaus 1901.

Deussen, Paul. *Erinnerungen an Indien.* Kiel und Leipzig: Lipsius und Tischer 1904.

Deussen, Paul. *Mein Leben.* Hg. Von Erika Rosenthal-Deussen. Leipzig: Brockhaus 1922.

Kämpchen, Martin. »Das Leben des Swami Vivekananda«, Nachwort in *Vivekananda, Wege des Yoga. Reden und Schriften.* Frankfurt/M.: Suhrkamp 2009, 177 – 215.

Mishra, Pankaj. *An End to Suffering. The Buddha in the West.* London: Macmillan 2004.

Mishra, Pankaj. *The Age of Anger. A History of the Present.* London: Penguin 2017.

Nanda, Meera. *Postmodernism and Religious Fundamentalism: A Scientific Rebuttal To Hindu Science.* New Delhi: Narayana 2000.

Nanda, Meera. *Prophets Facing Backward: Postmodern Critiques of Science and the Hindu Nationalism in India.* New Brunswick: Rutgers University Press, 2004.

Schopenhauer, Arthur. *Parerga und Paralipomena: Kleine Philosophische Schriften. II. Teil.* Leipzig: Insel. Großherzog Wilhelm Ernst Ausgabe 1920.

Spierling, Volker. *Schopenhauer ABC.* Leipzig: Reclam 2003.

Theosophie

Der Oberst und die Hellseherin

Als Kämpfer gegen Korruption hatte sich der junge Agrarwissenschaftler einen Namen gemacht, er war Freiwilliger im Amerikanischen Bürgerkrieg gewesen und gehörte dem dreiköpfigen Ausschuss an, der den Mord an Präsident Lincoln untersuchte. Ein Mann der Ehre, des kritischen Verstandes, der Unbestechlichkeit: Colonel Henry Olcott (1832–1907). Dieser Mann hatte allerdings auch ein Interesse an spiritistischen Dingen; drei seiner Onkel, die eine Farm in Ohio betrieben, standen mit dem Jenseits und den Geistern im Kontakt. 1874 las er über seltsame Vorkommnisse auf einer Farm in Vermont und machte sich gleich auf den Weg, diese zu untersuchen. Er war nicht der Einzige, der von diesem spektakulären Fall der Kommunikation mit Geistern angezogen wurde. Aber Olcott kam sogar zweimal und berichtete für die *New York Sun*. Bei seinem zweiten Besuch lernte er eine merkwürdige Frau kennen. Auffällig war ihr scharlachrotes Hemd – ein Garibaldi-Hemd! Sie behauptete, mit Garibaldi für die Unabhängigkeit Italiens gekämpft zu haben. Insgesamt fühlte er sich an eine Kalmückin erinnert, eine Frau mit starker Seele, mit Dominanz und Kultur. Nach dem Essen begab man sich auf einen Spaziergang, die Fremde namens Helena Petrovna Blavatsky rollte sich eine Zigarette, und der Oberst bot ihr Feuer an: »Unsere Bekanntschaft begann umwölkt von Rauch.« (Cranston / Williams 167)

Sie blieb umraucht, diese merkwürdige Beziehung zwischen einem eingefleischten Amerikaner und einer mobilen Mystikerin, die zu provozieren und herauszufordern wusste. Der

Oberst entdeckte nach und nach ihre Qualitäten, darunter ihre umfassende Bildung. Auf der Eddy-Farm schien sie einen eigenartigen Einfluss zu haben, der sich auf die spiritistischen Manifestationen auswirkte. Vor ihrer Ankunft waren die Séancen noch sehr amerikazentriert oder eurozentrisch gewesen: Es traten die Geister von Indianern, Amerikanern oder Europäern auf. Kaum war sie jedoch mit von der Partie, wechselte das Personal. Es wurde irgendwie östlich. Nun erhoben sich kaukasische Diener aus dem Jenseits, ein Kaufmann aus Georgien manifestierte sich, Russen, Kurden – und sogar ihr eigener Onkel. Olcott erfuhr erst später über ihre speziellen Kräfte als Medium und ihre Fähigkeiten zu Materialisationen. Sie selbst sah darin nur Aufmerksamkeitshascherei: Sie wollte auf die andere Welt zeigen, ohne diese Phänomene überzubewerten. Und warf den Spiritisten ihrer Zeit vor, viel zu materialistisch zu denken.

Literatur
Cranston, Silvia, Carey Williams. *Leben und Werk der Helena Blavatsky. Begründerin der modernen Theosophie.* Grafing: Edition Adyar 2001.
Olcott, Henry Steel. *Old Diary Leaves. The True Story of the Theosophical Society.* New York: Putnam 1895.
Wehr, Gerhard. *Helena Petrovna Blavatsky. Eine moderne Sphinx.* Dornach: Pforte 2005.

Die Bibliothek der Madame Blavatsky

Die vielgereiste Frau, verfolgt von böser Nachrede, eifrigen Anhängern und Missionaren verschiedenster Couleur, beschloss im Sommer 1885, sich für einige Zeit in Würzburg niederzulassen. Dort wollte sie ihr großes Opus zu Ende schreiben, *Die Geheimlehre*. Ihr erstes Buch, *Isis entschleiert*, hatte sie inzwi-

schen wegen Fehlerhaftigkeit verworfen. Selbst der Meister aus
dem Himalaya, der sie telepathisch mit Gedanken versorgte,
war nicht besonders begeistert gewesen. Nun gut, viele Botschaften geraten auch bei Telepathie auf die falsche Bahn. Ihr
Werk, das das Wissen des Ostens und des Westens zu vereinigen suchte, sollte eine Art Bibel für die Zukunft werden, gar
eine neue Phase geistiger Evolution einläuten. Sie sieht ganze
Panoramen der Weltgeschichte vor dem inneren Auge, ver-
flossene Episoden und Bilder des Künftigen, »niemals zuvor
habe ich besser gesehen und gehört«, (Keller / Sharandak 237)
Im Winter wird die Russin von ihren Krankheiten eingeholt,
darunter Blasenschwäche. Der Arzt stellt bei der Gelegenheit
fest, dass sie noch nie Geschlechtsverkehr hatte. Sie braucht
eine Helferin und Sekretärin. In der Person der Gräfin Constance Wachtmeister, der Witwe eines schwedischen Politikers,
die schon lange eine Begegnung mit ihr gesucht hatte, findet
sie diese. Die Gräfin ist britisch-französischer Abkunft, eine
wahre Kosmopolitin, wie man es auch ihrer Meisterin nach-
sagen muss: Nationale geistige Grenzen lösen sich an diesem
geistigen Urgestein auf wie Rauch im Wind. Theosophie! Ein
Zauberwort dieser Jahre zwischen 1880 und 1900, zunächst
geheimnisumwittert und Macht versprechend, wie ein inne-
rer Kreis von Zauberern, später aber parodistisch veräppelt
und mit schlechtem Leumund ins 20. Jahrhundert verabschiedet.

Helena Petrovna von Hahn-Rottenstein (1831–1891), bekannt als Madame Blavatsky, ein Name, wie ihn sich ein
P. G. Wodehouse ausgedacht haben könnte, um einer Erzählung ein östlich-mysteriöses, aber auch schwerblütiges Flair
zu geben. Tatsächlich assoziieren wir Schwere mit ihr, im rein
körperlichen Sinn, dazu einen Blick und ein Gesicht, das vielen asiatisch vorkam, Unendlichkeit und Geheimnis in einem.
So stellte man sie sich vor, als Trägerin uralten Wissens, und
doch war sie auch leicht, voller Anzüglichkeiten und gewitz-
ter Schlagfertigkeit, eine Freundin von Selbstironie und eine

gar nicht gräfinnenhafte von Hahn-Rottenstein. Einem jungen Mann, der wissen wollte, was denn für das Studium der Theosophie notwendig sei, gab sie zur Antwort:
– Gesunder Menschenverstand, mein Lieber.
– Und, Madame, was wäre das Zweitwichtigste?
– Sinn für Humor.
– Und das Dritte, Madame?
– Oh, einfach noch mehr gesunder Menschenverstand!
(Blavatsky 1995, 29)
Genau dieser gesunde Menschenverstand sollte sich fortwährend an ihren Eskapaden im Leben und ihren großen Ideengebäuden in den Schriften reiben.

Als moderner, aufgeklärter Mensch kann man ohne Humor vieles davon, was sie geschrieben hat oder gelehrt haben soll, nicht verkraften. Ihr Lebenslauf ist eine Pirouette, zwischen Abenteuer und spiritueller Arbeit auf der einen, Scharlatanerie, Märchen und Tatsachen auf der anderen Seite. Schon als Kind in Russland (heute Ukraine) legte sie ein großes Talent an den Tag, Luftschlösser zu erfinden und phantasievolle Begebenheiten auszumalen. Sie bemerkte bald, dass sie mit ihren Geschichten eine gewisse Macht ausüben konnte. Ihre Familie mag sie ermutigt haben: Ihre Großmutter Helena Pawlowna Dolgorukowa war eine der ersten Naturwissenschaftlerinnen von internationalem Ruf, sie korrespondierte mit den Koryphäen ihrer Zeit, so mit Alexander von Humboldt, und hatte eine großartige Sammlung von Vögeln, Mineralien und Münzen aufgebaut. Eine andere Verwandte, Helena von Hahn, war Autorin und kämpfte für die Befreiung der Frau. Beides kommt bei Helena Petrovna zusammen, der wissenschaftliche Impuls ebenso wie der Drang zur Freiheit von Konventionen und Geschlechterrollen. Sie war sehr musikalisch und sprachbegabt. Sie konnte jähzornig sein, aber auch mild und versponnen, und sie wusste andere Kinder mit ihren Phantasien zu beherrschen wie eine kleine Königin. Vor allem fraß sie sich durch die Bibliothek ihrer Großeltern, die sie aufzogen, denn die Mutter war früh verstorben und der Vater als hoher Militär meist unterwegs. Hier verschlang sie die obskursten Werke des Okkultismus, der Alchemie, der Esoterik und Magie, denn diese waren der Großmutter wichtig. Vielleicht hatte sie ein photographisches Gedächtnis, denn viele dieser Ideen wurden in ihren eigenen Werken später wieder lebendig.

Nach einer verfrühten Ehe mit kurz darauf folgender Scheidung begab sie sich auf die Wege ins Unbekannte und Geheimnisvolle: Türkei, Griechenland, Ägypten und wer weiß noch wohin. Ihren eigenen Angaben sollte man nicht durchgängig trauen; sicherlich nicht ihrer Behauptung, sie habe Tibet bereist. Aber sie scheint mit Magiern und Scharlatanen, Astrologen und Weisen zusammengekommen zu sein und eine Menge von diesen gelernt zu haben. Im Grunde vereint sie in einer Person das gesamte Spektrum des Okkultismus des 19. Jahrhunderts. Da vermischen sich Klopfgeräusche von Geistern mit Briefen, die aus Wänden und Decken fallen, Séancen und Evolutionswissenschaft, die Vierte Dimension mit der virtuellen Erscheinung von Gespenstern. Man wollte den Geist empirisch beweisen, das Übersinnliche mit den Sinnen verifizieren, den Materialismus mit materialistischen Mitteln besiegen. Oder wie Adorno es in seinen *Thesen gegen Okkultismus* formulierte: »Das zetert über Materialismus. Aber den Astralleib wollen sie wiegen.«

Sie beherrschte vor allem die psychische Klaviatur des modernen Menschen so wie später G. I. Gurdjieff. Bei aller Skepsis aber bleibt, dass sich Menschen von ihr angezogen fühlten, die durchaus urteilsfähig und eigentlich kritisch gegen Scharlatane waren. Annie Besant ist ein Beispiel, die Feministin, Freidenkerin und politische Akteurin in Großbritannien, die sich nach Jahren radikaler politischer Arbeit plötzlich der Theosophie Blavatskys zuwandte, nachdem sie ein Buch von ihr rezensiert hatte.

Im Winter in Würzburg ist diese also dabei, ihr größtes Opus niederzuschreiben: *Die Geheimlehre*. Es sind die Meister aus dem Himalaya, die ihr angeraten haben, die schwedische Gräfin zu engagieren. Gerne geht diese auf das ehrenvolle Angebot ein und fährt sogleich nach Würzburg. Dort lebt Blavatsky in engen Verhältnissen; sie müssen sich das Schlafzimmer teilen. Die Gräfin, deren Aufgabe unter anderem im Lektorat des Manuskriptes besteht, wird von Anfang an mit merkwürdigen Phänomenen konfrontiert. Diese scheinen konstante Begleiter der russischen Nomadin gewesen zu sein. Ein Meister hinterlässt Kommentare in den Briefen, die die Schwedin erhält. Eine Kuckucksuhr stößt die seltsamsten Geräusche aus und spricht sogar eines Tages. Dazu kommen regelmäßige nächtliche Klopfgeräusche vom Nachttisch der Madame Blavatsky, die von zehn Uhr abends bis sechs Uhr morgens andauern, zum Leidwesen der Gefährtin, denn ihre Betten sind nur durch eine Stellwand getrennt. Gefragt, was das Klopfen bedeute, antwortet Blavatsky, es handele sich um einen psychischen Telegraphen, mit dem sie die Verbindung zu den Mahatmas im Himalaya aufrechterhalte.

Wachtmeister beschreibt den Tageslauf dieser »Sphinx des 19. Jahrhunderts« (Franz Hartmann), die an vielen körperlichen Gebrechen leidet. Sie schreibe bis mittags oder darüber hinaus, lege abends Patience und lese nachts russische Zeitungen im Bett. Wachtmeister stellt bei ihren Korrekturen des unübersehbar wachsenden Manuskriptbergs auch eine Frage: Wo ist eigentlich die Bibliothek, aus der Blavatsky endlos zitiert, zumal aus Werken, die es nur im Vatikan oder im Britischen Museum gibt. Die Überprüfung dieser Zitate ist mühselig. Gleich nach ihrer Ankunft in Würzburg bittet Blavatsky die Gräfin, einen Text in der Bodleian Bibliothek von Oxford prüfen zu lassen. Und in der Tat, so Wachtmeister, war das Zitat korrekt, sogar mit Kapitel und Seitenangabe.

Da der Autorin oft unterstellt wurde, sie habe pausenlos aus anderen Büchern plagiiert und zusammengeraubt, wehrte sie sich mit einem Pamphlet unter dem Titel *My Books*. Sie übernimmt darin Verantwortung für inhaltliche Fehler, so sich welche eingeschlichen haben, gibt aber grundsätzlich zu bedenken, dass weder die Ideen noch die Lehre ihre eigenen seien. Nicht weil sie Plagiate seien, sondern vielmehr Diktate. Die Texte wurden ihr von ihren östlichen Meistern übermittelt, und zwar durch Gedankenübertragung. Ein Medium wie sie könne sozusagen aus einem astralen Buch lesen. Doch die Kritiker werfen ihr vor, sie habe viel aus literarischen Quellen geschöpft, vor allem aus den okkulten Fiktionen eines Lord Bulwer-Lytton (1803–1873), der zu den Bestsellern des späten 19. Jahrhunderts gehörte. Er schrieb Romane über Reinkarnation (*A Strange Story, Zanoni*), Mesmerismus, oder eine neue starke Waffe, die von einer unterirdischen Zivilisation benutzt werde, das Vril (*Vril, or the Coming Race*). Blavatsky hat nie einen Hehl daraus gemacht, wie sehr sie diesen Autor bewunderte; er war für sie ein Eingeweihter. Eine andere Quelle wäre das, was Rudolf Steiner als die *Akasha*-Chronik bezeichnet hat, das heißt eine universale Festplatte für sämtliche Informationen, eine Art Weltgedächtnis. Leider sind diese Texte nur für Eingeweihte einsehbar.

Blavatskys Art des Schreibens ist allerdings auch aus literarischer Perspektive von Interesse. Sie war nämlich anscheinend die Erste, die automatisches Schreiben praktizierte, eine Technik, die eine Generation später im Surrealismus wieder aufkam. Man sieht hier die okkulten Ursprünge des Modernismus am Werk. Damit stellt sie die Autorschaft selbst in Frage, so wie es Dichter seit Rimbaud taten. »Ich schreibe nicht, ich kopiere«, sagt sie, und »Es ist etwas in mir, ein höheres und erleuchtetes Ich, welches mich denkt und schreibt. […] Ich kenne mich selbst nicht!« Im Schreiben entdeckt sie magische Panoramen, alles ist wie real, sie vermeidet kleinste Bewegungen, »aus Angst, der Zauber könnte gebrochen werden«. (Keller/Sharandak 151 f.) Wachtmeister stellt dazu noch fest, dass die Schriften, die Blavatsky in der Vision sieht, in Spiegelschrift erscheinen und erst entziffert werden müssen. Auch hier ist eine literarische Nähe zu vermelden, nämlich zu der Spiegelwelt in Lewis Carrolls *Through the Looking-Glass* (1871).

Wer sind nun aber die Autoren, die der Madame Blavatsky

ihre Texte diktieren? Es handelt sich, sagt sie, um asiatische Meister. Die Texte behaupten also das Produkt einer Begegnung zwischen Asien und Europa zu sein. Den ersten Meister traf sie nicht im Himalaya, sondern dort, wo sich die halbe Welt einfand: in London. (Washington 34) In Gesellschaft einer russischen Großfürstin reist die zwanzigjährige Helena Petrovna 1851 an, um die erste Weltausstellung zu besuchen. Sie ist jedoch unglücklich und fühlt sich von den Konventionen eingesperrt. Am liebsten möchte sie in die Themse springen. Doch immer wenn sie dem Tod nahe ist, kommt ein Helfer. Jetzt in London ist es ein Meister, aus weiter Ferne, aber auch tief vertraut aus kindheitlichen Träumen und Erinnerungen. Später begegnet er ihr noch einmal im Hyde Park, es soll sich um einen Hindu-Prinzen mit Gefolge gehandelt haben. Er habe ihr im Hyde Park zu verstehen gegeben, dass er auf wichtiger Mission sei, bei der er ihre Hilfe brauche. Er erklärt ihr die Notwendigkeit einer Theosophischen Gesellschaft, wie man sie zu gründen habe und dass sie diese leiten solle, durch alle auf sie zukommenden Schwierigkeiten hindurch. Zur Vorbereitung solle sie drei Jahre in Tibet verbringen. »Unvergessliche Nacht!«, schreibt sie in ihr Notizbuch (Keller / Sharandak 65 f.).

Die durch Träume vorherbestimmte Begegnung findet sich immer wieder im Umkreis der Theosophie und einer indisch inspirierten Esoterik. Ähnliches wird später über die Französin Mirra Alfassa zu berichten sein, die ihren künftigen Gefährten Sri Aurobindo ebenfalls erträumt haben will. Vielleicht vermischt sich in der Erinnerung Blavatskys ein romantisches Erlebnis mit dem Besuch einer offiziellen Delegation aus Nepal am Hof der Königin Viktoria im Jahr vor der Weltausstellung? Die Grenzen zwischen Fiktion und Wirklichkeit sind äußerst schwach gezogen, und die Wirklichkeit ist ohnehin psychischer Natur: »Ehrlich gesagt ist es absolut nicht nötig,« schreibt Blavatsky, »nach Tibet oder Indien zu fahren, um etwas zu erwerben, das in jeder menschlichen Seele vorhanden ist.« (Keller / Sharandak 77)

Vermutlich hätte sich auch Karl May in diesem Satz wieder-finden können. Folgt man ihren eigenen Angaben, so war sie in ihrem Leben unter anderem im Holzhandel und in der Tintenherstellung tätig, sie handelte mit künstlichen Blumen und kämpfte im Freiheitskampf Italiens an der Seite Garibaldis. Sie wurde fünfmal verwundet und überlebte ein Schiffsunglück, sie wurde als Spionin verfolgt und gestaltete Reklamepostkarten, sie war Übersetzerin und leitete eine Hühnerfarm. Und das ist nur ein Bruchteil ihrer Tätigkeiten.

Wie dem auch sei, der Meister, den sie in London traf, sollte sie fortan mit Botschaften aus dem Himalaya versorgen, damit sie seine Mission erfüllen könnte. Er hatte auch einen Namen: Meister Morya, und er gehörte zur *Großen Weißen Bruderschaft* der Mahatmas. Diese Brüder sind unsterblich und können materielle Grenzen mühelos überwinden, Körper wechseln und aus der Ferne wirken. Blavatsky zufolge sind sie nur dem Herrn der Welt untergeordnet, der ursprünglich von der Venus kam und nun den Körper eines Sechzehnjährigen bewohnt. Seine Helfer sind der Buddha, der Mahachohan, Manu und Maitreya. Die beiden letzteren werden von zwei Assistenten unterstützt: Meister Morya und Meister Kuthum. Es sind diese beiden, mit denen Blavatsky in Kontakt kam. Koot Hoomi war einst Pythagoras, er ist sehr gebildet und für Religion, Erziehung und Kunst zuständig. Zudem hat er an der Universität Leipzig studiert. (Washington 34 f.) Geht man weiter in diesem Pantheon von Meistern und Helfern, so verliert man schnell die Übersicht. Es tauchen viele bedeutende Namen aus der Menschheitsgeschichte auf, von Konfuzius und Abraham bis zu Franz Anton Mesmer. Bald ist man in Atlantis, bald verfolgt man das Wurzelwerk der Rassen – ein Anknüpfungspunkt für viele rechtsradikale Spekulanten und Ideologen, Ariosophen und Rassisten –, bald klettert man von einer Inkarnation in die nächste. Die Bibliothek der Madame Blavatsky ist phantastisch, denn sie ändert sich fortwährend. Wir sollten auch unterscheiden. Es gibt die west-östliche Bibliothek, von der

Madame Blavatsky inspiriert wurde – all die okkulten Autoren und Romanciers, die indischen Epen und heiligen Schriften. Es gibt weiterhin ihre eigenen Werke und die der Theosophen, angereichert durch persönliche Erfahrungen, und es gibt eine weitere Bibliothek, die wiederum daraus entstanden ist. Begnügen wir uns mit der Feststellung, dass die Bibliothek von Madame Blavatsky Ähnlichkeiten hat mit der Bibliothek von Babel, die der Argentinier J. L. Borges erdachte.

Literatur
Adorno, Theodor Wiesengrund. *Minima Moralia. Reflexionen aus dem beschädigten Leben.* Frankfurt/M.: Suhrkamp 1951.
Blavatsky, Helena Petrovna. *Theosophie und Geheimwissenschaft. Ausgewählte Werke.* Aus dem Englischen übersetzt und herausgegeben von Sylvia Botheroyd. München: Diederichs 1995.
Blavatsky, Helena Petrovna. *My Books.* Adyar: Theosophical Publishing House 1917.
Keller, Ursula und Natalja Sharandak, *Madame Blavatsky. Eine Biographie.* Berlin: Insel 2013.
Strube, Julian. Vril. *Eine okkulte Urkraft in Theosophie und Esoterischem Neonazismus.* München: Fink 2013.
Wachtmeister, *Countess Constance. Reminiscences of H. P. Blavatsky and »The Secret Doctrine«.* Wrocław: Mystical World Reprint 2016.
Washington, Peter. *Madame Blavatsky's Baboon. Theosophy and the emergence of the western guru.* London: Secker & Warburg 1993.

Frauenrechtlerin und Theosophin: Annie Besant

Annie Besant, geb. Wood (1847–1933) hatte eine stürmische Karriere als Sozialistin und Agnostikerin hinter sich. Dafür schrieb sie zahllose Artikel in verschiedenen Publikationen der Freidenker, Sozialisten und Feministinnen. Dann kam das Jahr 1889, das Jahr, wie sie in ihrer Autobiographie schreibt, in dem ich ›nach Hause‹ fand. (Besant 308) Etwas hatte ihr bei ihren rastlosen Bemühungen gefehlt, es war zu sehr um das Materielle gegangen. Doch sie wollte eigentlich eine »Brotherhood of Man«, einen »Temple of Man« bauen, eine heilige Gemeinschaft, die nach einem höheren Bunde strebte. Auch reichten die Erklärungen der Wissenschaft nicht mehr aus, um die immer vielfältiger auftretenden Phänomene des Bewusstseins, des Geistes und des Unbewussten zu deuten. Hypnose, Séancen, Hellsehen, Telepathie, mediale Erscheinungen – all dies harrte einer umfassenden Erklärung. Welche Gesetze spiritueller Art gab es? Welche Grenzen zwischen Geist und Materie? Sobald diese Fragen gestellt werden, taucht seit dem 19. Jahrhundert ein Bezug zum östlichen Denken auf, als sei der Osten viel länger und tiefer mit diesen Dingen befasst gewesen als die gerade erst entstehende westliche Psychologie.

Mit gewohnter Gründlichkeit und Radikalität geht auch Annie Besant diesen Fragen nach, die nun für sie grundsätzlich geworden sind. Sie studiert alle Werke, von denen sie sich Aufklärung erhofft. Ein Lichtblick ist A. P. Sinnetts Buch *Occult World*, aber es ist längst nicht befriedigend. Sie sucht weiter, abends und nachts, und ist bald überzeugt, dass es eine höhere Macht gibt, die über der Natur steht und die ihr in ihrer Suche beisteht. »Eines Abends«, schreibt sie, »saß ich wieder einmal da, erschöpft und fast ohne Hoffnung, da hörte ich eine Stimme und diese Stimme sollte für mich die heiligste werden auf Erden; sie ermutigte mich, denn sie sagte, das Licht sei nah.« Vierzehn Tage später drückt ihr ein Freund zwei dicke Bände in die Hand: ob sie die nicht besprechen könne? Es handelt sich um *Die Geheimlehre*, das Hauptwerk von Madame Blavatsky. (Besant 309)

Dann versenkt sie sich, geradezu rauschhaft, in diese voluminösen Erklärungen der Welt, die alles einbeziehen, viele geistige und historische Ebenen, die biologische Evolution auf die Evolution des Geistes beziehen, die Schöpfung nach ihrem Sinn befragen und dem Menschen seine Aufgaben zuweisen.

Wozu gibt es Bewusstsein, was wird daraus nach dem Tod und in der Zukunft der Menschheit? Besant findet Antworten auf alles, was sie umgetrieben hat, mehr noch, es ist wie das Wiederauffinden eines Schlüssels, den sie längst besessen hat, nur musste er ihr noch einmal übergeben werden oder besser, durch eigene Anstrengung erworben werden. So kommt es ihr vor, als kenne sie das Werk bereits, sie kann viele Schlussfolgerungen voraussehen und Gedanken für sich vollenden. Ein Fall von Synchronizität geradezu. Es geht nicht anders, sie muss nun unbedingt die in London lebende Autorin kennenlernen. So klopft sie mit einem Kollegen an der Lansdowne Road 17 an. Man lässt sie ein, sie hört eine schwungvolle Stimme, »Meine liebe Mrs. Besant, ich habe schon lange gewünscht, Sie kennenzulernen.« Tiefe Blicke werden getauscht, doch Besant möchte noch einmal rebellieren und sich nicht vereinnahmen lassen von dieser hypnotischen Frau. Sie hört sich lange Reiseschilderungen an, Berichte über Länder und Orte, während Blavatsky sich endlos neue Zigaretten dreht. Aber es fehlt die Mystik, das Geheimnis! Man verabschiedet sich, Besant ist wenig beeindruckt, doch Blavatsky schaut ihr noch einmal in die Augen und hofft, dass sie Mitglied werde. Die Begegnung erinnert in ihrer Banalität an Kafkas Besuch bei Rudolf Steiner, für dessen Lehren der Schriftsteller eine Zeitlang Interesse zeigte. Der Meister hatte das Anliegen seines Besuchers wohl nicht ganz verstanden, außerdem hatte er einen Schnupfen. Doch in diesem Fall bleibt die Fliege hängen. Besant macht sich zwar Gedanken, was die anderen wohl denken werden, ihre freidenkerischen Freunde, die Sozialisten und Arbeiter, wenn sie in die Theosophische Gesellschaft einträte. Und wie peinlich es wäre zu bekennen, dass sie bei all ihren sozialen und karitativen Tätigkeiten eins vergessen habe, nämlich die Seele. Schließlich geht sie wieder in die Lansdowne Road. Doch bevor sie Mitglied wird, gibt ihr Blavatsky eine Akte in die Hand. Erst wenn sie die gelesen habe, solle sie wiederkommen.

Was Besant dann studiert, sind die schwersten Vorwürfe

gegen Blavatsky, die bislang die Öffentlichkeit erreichten. Es handelt sich um den Bericht, den die renommierte Society for Psychical Research, also die Gesellschaft für die Untersuchung psychischer Phänomene, in Auftrag gegeben hatte. Der Hodgson-Report war ein Desaster für die Theosophen. Hodgson war ursprünglich ausgezogen, die Haltlosigkeit vieler Vorwürfe gegen Blavatsky und ihren Gefährten Olcott nachzuweisen. Stattdessen entdeckte er vor Ort einen wahren Sumpf von Täuschungen und Spektakeln, ein Nest der Scharlatanerie. Die Theosophie hatte ihren Hauptsitz in Aydar bei Madras (heute Chennai), und den durchsuchte in Abwesenheit der Vorsitzenden nun der Engländer, um herauszufinden, ob gewisse merkwürdige Phänomene von Geisterhand verursacht worden waren oder durch Manipulationen. Er stützte sich dabei im Wesentlichen auf Aussagen einer ehemaligen Haushälterin, der Blavatsky gekündigt hatte, und die nun Rache nehmen wollte. Es ging um Briefe, die angeblich von Meistern aus dem Himalaya geschickt worden waren, die von der Decke hinabfielen oder sich plötzlich in einem Schrank befanden. Eigentlich also ein postalisches Problem: Wer waren die Absender, wer die Briefträger, und wie gelangten sie aus den Höhen Asiens in das südliche Indien?

Die einstige Haushälterin Coulomb behauptete, sie sei von der Hausherrin beauftragt worden, diese Briefe durch Löcher, Schlitze oder die Decke zu schieben. Der Hodgson-Report kam zu einem vernichtenden Schluss: Blavatsky sei weder das Sprachrohr von verborgenen Weisen, noch eine vulgäre Abenteurerin. »Wir denken«, schreibt Hodgson, »dass sie einen unvergesslichen Titel errungen hat als eine der vollkommensten, genialsten und interessantesten Betrügerinnen aller Zeiten.« (Washington 83) Seit 1968 wurde der Report jedoch selbst von einem Fälschungsexperten (Vernon Harrison) untersucht und als widersprüchlich und unrichtig bewertet. Auch Besant hatte nach wenigen Tagen des Studiums diesen Eindruck. »Ich lachte laut«, schreibt sie, »und warf den Report auf die Seite.« Am nächsten Tag füllte sie ihren Mitgliedsantrag aus.

Eine große Karriere stand ihr in Indien bevor. Nach dem Tod von Colonel Olcott, Madame Blavatskys Nachfolger, übernahm sie die Leitung der Theosophischen Gesellschaft Adyar. Ihr großes Redetalent stellte sie nun in deren Auftrag, aber sie blieb politisch und engagierte sich für die indische Selbstverwaltung – im Rahmen des bestehenden Empires. Diese Einschränkung entfernte sie schließlich auch von Mahatma Gandhi. 1917 wurde sie gar Präsidentin des Indischen Nationalkongresses. Mit Charles Leadbeater zusammen gab sie der Theosophie eine neue Richtung. Wissenschaft und ein neuer Messias namens Krishnamurti, Gedankenfotografie und Inkarnationsforschung beschäftigten die beiden. Sie fanden heraus, dass Besant in einem ihrer Leben eine Äffin gewesen war, die Buddha vor einem Angriff von Wilden gerettet hatte. Kleidung spielte unter ihrer Leitung bald eine große Rolle. Gern trug man zu Ritualen priesterliche Gewänder, dazu schmückte man sich mit Emblemen, Hirtenstäben und orientalisch-okkulten Logos. Darüber machten sich viele lustig, doch manche Künstler konnten dem Gemisch aus Pseudowissenschaft, Mythologie und Ritual eine Menge abgewinnen. Es ist inzwischen kein Geheimnis mehr, dass Kandinsky, Mondrian, Malevich und Kupka auf die eine oder andere Weise mit der Theosophie in Verbindung standen. Das lag nicht zuletzt an den Publikationen, die Besant später mit ihrem Kollegen Leadbeater herausgab. Darin ging es um okkulte Chemie, um die spirituelle Analyse von Atomen und Molekülen und um Gedankenbilder. Diese Verbindung zwischen materiellen und geistigen Phänomenen – der Geist schlägt sich in der Materie nieder, die Materie ist geistig aufgeladen – faszinierte die Künstler, die in solchen Zwischenzonen experimentierten.

Literatur
Besant, Annie. *An Autobiography.* New Delhi: Penguin 2005.
Dinnage, Rosemary. *Annie Besant.* Harmondsworth: Penguin 1986.
Lindenberg, Christoph. *Rudolf Steiner. Eine Biographie.* Stuttgart: Freies
Geistesleben 2011.
Washington, Peter. *Madame Blavatsky's Baboon. Theosophy and the
emergence of the western guru.* London: Secker & Warburg 1993.
Zander, Helmut. *Rudolf Steiner. Die Biographie.* München: Piper 2011.

Messias aus Indien: Jiddu Krishnamurti

Später April im Jahre 1908. Der Theosoph Charles Leadbeater
begibt sich wie jeden Tag mit Freunden an den Strand des
Flusses Adyar südlich von Madras, um sich zu reinigen und
zu erfrischen. Da erblickt er zwei indische Jungen, beide ganz
ärmlich und dünn. Einer von ihnen beeindruckt ihn besonders: Er hat eine starke Aura. So nimmt er die zwei Söhne eines
armen alleinerziehenden Mannes, des Witwers Narayaniah,
in die theosophische Gemeinschaft auf und widmet sich ihrer
Erziehung. Narayaniah selbst war eines der ersten Mitglieder
der Gesellschaft, noch von Madame Blavatsky aufgenommen.
Kurz vor der Begegnung hatte Annie Besant dem Brahmanen
eine Stelle in Adyar besorgt, so dass er der Bewegung ganz
nahe sein konnte. Leadbeater konzentrierte sich nun ganz auf
den älteren Bruder, Krishna. Er hatte etwas Großes mit ihm
vor, denn dieser scheue indische Junge sollte eines Tages der
neue Lehrer der Welt werden, der neue Messias! Das alles war
Leadbeater durch geheime Kanäle mitgeteilt worden, vor allem
aber konnte er es durch seine psychische Feinfühligkeit erspü-
ren. Jedoch gab es gewisse Probleme. Man müsste den Rest der
Menschheit, zuvörderst die Theosophen, davon überzeugen.
Mit seiner Kollegin, der Präsidentin der Theosophischen Gesellschaft, Annie Besant, konnte das noch angehen. Sie befand

sich gerade auf einer Weltreise. Als sie von dem neuen Messias hörte, musste jedoch sogar sie erst einmal schlucken. Denn die Ausrichtung zuvor, die Parole, die man den Theosophen mitgegeben hatte, lautete: Der nächste Messias kommt nicht aus dem Osten, sondern aus dem Westen, genauer gesagt Kalifornien. Nach dem Rassenmodell der Theosophen bewegte sich die Menschheit durch sieben Wurzelrassen hindurch auf ihre Perfektion zu. Die fünfte Rasse, die der Gegenwart, war die arische oder indoeuropäische. Jede dieser Hauptrassen hatte weitere sieben Unterrassen, die ebenfalls Zyklen durchliefen. Inzwischen war man bei der 6. Unterrasse der 5. Wurzelrasse angelangt, und diese sollte sich eben in Kalifornien manifestieren. Eigentlich war ein solcher amerikanischer Erlöser schon gefunden. 1909 tourte Besant mit dieser Botschaft durch Europa und die Vereinigten Staaten. Es handelte sich um den elfjährigen Sohn eines Theosophen: Hubert van Hook. Der Geistforscher Leadbeater hatte ihn schon 1906 ausgemacht. Leadbeater hatte nicht nur ein Gespür für Erlöser, er war auch kleinen Jungen zugetan. Die Anschuldigungen kamen immer wieder, manchmal konnte er sie abschmettern, aber fast alles deutet darauf hin, dass er pädophil war. So soll er Jungen zur Masturbation angeleitet haben. Besant musste sich schützend vor ihren Kompagnon stellen, der natürlich immer seine seelsorgerischen Bemühungen vorschob. Nun sollte sich herausstellen, dass Hubert eine verfrühte Wahl war, denn der Inder Krishna war ganz eindeutig der wahre Messias. Er war als Kind unscheinbar, scheu und wurde in der Schule für einen Dummkopf gehalten. Es ist überhaupt ein Wunder, dass Leadbeater sich gerade diesen schmuddeligen, etwas einfältigen und nicht besonders quirligen Jungen erwählte. Doch Leadbeater wischte die Einwände beiseite und behauptete, aus diesem Jungen würde einst ein geistiger Führer erwachsen, der größer, viel größer sei als Annie Besant. Doch ehe diese die neue Wendung hinnahm, suchte sie zwei Gurus in Varanasi (Benares) auf, bei denen sie sich gewöhnlich Rat holte. Diese Weisen sagten in der Tat die jetzt anstehende Ankunft eines neuen Avatars voraus und nannten ihn Krishnamurti. Besant gewöhnte sich an den Gedanken, dass der Stern nun doch aus dem Osten aufstieg, in Indien, in Adyar!

Nachdem die Brüder nun in die Obhut der Gesellschaft übergegangen waren, begann Leadbeater sogleich die Reinkarnationen von Krishna zu durchleuchten. Denn Leadbeater hatte, und das sicherte ihm seine Position in der Gesellschaft, Zugang zum Nicht-Sichtbaren. Er durchwanderte die Lebensläufe des indischen Jungen über mehrere zehntausend Jahre. Unter dem Codenamen Alcyone verfolgte er das Schicksal Krishnas und verwob es mit den vielen und verwirrenden Reinkarnationen anderer Theosophen. Leadbeater publizierte seine übersinnlichen Forschungen in zwei Bänden mit dem Titel *The Lives of Alcyone*. (Vernon 43 f.)

Ob Leadbeater die beiden Jungen sexuell missbraucht hat? Wir wissen es nicht, aber die Beschuldigungen gegen ihn häuften sich über die Jahre. Die Wahrscheinlichkeit ist hoch. Meist wurde er gedeckt oder entschuldigt oder man vertuschte es. Möglicherweise hat er sich aber gerade an Krishna nicht vergangen, denn er brauchte ihn für eine andere Art von Manipulation, nämlich für das Spiel seiner größenwahnsinnigen Projektionen. Der Haarschnitt war eine wichtige Komponente. Als Brahmanensohn hätte Krishna eine Rasur über die Mitte des Kopfes bekommen müssen. Doch man wollte ihn zum Ebenbild Christi machen, so wie ihn sich die britischen Präraffaeliten vorstellten: schulterlange Haare mit einem Scheitel in der Mitte.

Ein wichtiger Einschnitt kam, als Krishna zum Adepten gemacht werden sollte. Das geschah in Annie Besants Schlafzimmer während ihrer Abwesenheit. Krishna lag im Bett, Leadbeater auf dem Boden. Dann nahm er in der Phantasie den Astralkörper des Jungen mit auf eine große Reise der Initiation. Man suchte den Meister Kuthumi in Tibet auf, dann ging es zum Lord Maitreya. Hier wurde er in die Bruderschaft aufgenommen und nach einer Reihe von Prüfungen erhielt er den Schlüssel ‚der Erkenntnis. Schließlich wurde er dem König der Welt im geheimnisvollen Shambhala vorgestellt. Nach gut 36 Stunden Astralreise erwachte Krishna und kam zu Bewusstsein. Leadbeater kämmte ihm die Haare und führte ihn hinaus zu den wartenden Gläubigen. Dort soll Krishna einen großen Eindruck gemacht haben: glänzende Augen, das Gesicht verklärt, als sei Moses vom Sinai herabgestiegen. Selbst sein Vater und Bruder warfen sich vor ihm nieder. Ein Messias war erschaffen, mit den magischen Mitteln der Theosophie!

Der Orden des Sterns

Die Theosophen hatten drei Gebote:
1. Den Kern einer universalen Bruderschaft der Menschheit zu bilden, ohne Rücksicht auf Rasse, Glauben, Kaste oder Hautfarbe.
2. Den gemeinsamen Weisheitskern von Religionen, Philosophien und Wissenschaften zu suchen.
3. Die unerklärten Gesetze von Natur und Psyche zu erforschen. (Wehr 62)

Man kann hierin den Versuch einer Verbindung zwischen Ethik und Wissenschaft erkennen: Wenn der Glaube eine Rolle spielt, dann nur als Forschungsobjekt. Der Intention nach war man dogmenfrei. Aber das passte von Beginn an nicht zu den schwer überprüfbaren Botschaften aus dem Himalaya, den Briefen der Meister, die nur wenigen zugänglich und zudem womöglich gefälscht waren. Oft trafen sie zu geeigneten Momenten ein, wenn gerade eine wichtige Entscheidung der Organisation anstand. Die Briefe aus dem Osten (wie schon im Mittelalter die Briefe des östlichen Priesterkönigs Johannes) waren mächtige Instrumente in den Händen der Herrschenden. Streit wurde zum Kennzeichen der Vereinigung; er setzte sich bis in die untersten lokalen Zweige fort. Die Theosophische Gesellschaft neigte zu Abspaltungen, weil sie narzisstische Persönlichkeiten förderte und dem Gebot der Dogmenlosigkeit und Wissenschaftlichkeit nicht nur nicht nachkam, sondern zu ihm in den äußersten Gegensatz geriet. Die Gebote waren wohl eher komplementär zu sehen zur Realität.

In dieses explosive Gemisch geriet mit Krishnamurti ein unschuldiger indischer Junge, der oft nicht wusste, was ihm geschah, und der sich fürchterlich wehren musste, als er es wusste. Der Kreis von Leuten, die glaubten, der Messias, Maitreya oder gar Christus sei in dem Jungen wiedergeboren, gründete einen neuen Orden, The Order of the Star. Dieser Orden war einem speziellen Dogma verpflichtet, das sich nur schwer mit den obigen Grundlagen verbinden ließ. Dennoch wurde die Vereinigung eine Art Satellit der Theosophischen Gesellschaft.

Derweil arbeitete Leadbeater mit voller Kraft an der Messiaswerdung seines Zöglings. Er sah ihn wie ein Stück Ton an, das er nur in die richtige Form bringen musste. Auch wenn viele, wie etwa der Architekt Edwin Lutyens oder der russische Philosoph Ouspensky, Leadbeaters Behauptungen anzweifelten, so ging der Theosoph unbeirrt seinen Weg. Dazu gehörte ein streng geregelter Tageslauf. Die beiden Brüder mussten um fünf Uhr aufstehen und ihre brahmanischen Rituale an einem Brunnen durchführen. Danach war Meditation angesagt. Zum Morgengespräch ging es in Leadbeaters Bungalow, wo sie über ihre Träume befragt und die Astralreisen der Nacht unterrichtet wurden. Um sieben Uhr begaben sie sich auf eine Radtour, die Leadbeater akribisch in Kilometern verzeichnete. Es folgte der Unterricht in Sanskrit, Englisch, Schreiben und Mathematik. Der Nachmittag war dem Sport gewidmet. Dazwischen und danach gab es immer wieder Bäder, denn die Reinigung von Körper und Geist war das oberste Ziel. Abends aßen sie mit den Brahmanen, und vor dem Zubettgehen hörte man sich mit vielen anderen die neuen Forschungen des Herrn Leadbeater an. (Vernon 57) Der Vater der beiden Brüder sah dem

Treiben mit gemischten Gefühlen zu. Einerseits fühlte er sich geehrt, als Mitglied der Theosophischen Gesellschaft solche Söhne hervorgebracht zu haben, die in den höchsten Hierarchien der Organisation unterwegs waren. Andererseits missfiel ihm als Brahmane, dass sie zum Beispiel ihr Essen zusammen mit Europäern einnahmen – undenkbar für den orthodoxen Hindu.

Derweil fand der junge Krishna seine Bewunderer, etwa auch E. A. Wodehouse, der Bruder des humoristischen Romanciers P. G. Wodehouse. Diesem gefiel die natürliche Art des jungen Mannes, der völlige Mangel an Arroganz und einem Bewusstsein von »Heiligkeit«. Krishna veröffentlichte bald ein Buch, von dem wir aber nicht wissen, ob er es selbst geschrieben hat: *At the Foot of the Master* (*Zu den Füßen des Meisters*, 1910). Wahrscheinlich stammt es von Leadbeater, der hier noch einmal die Autorität der Meister aus dem Himalaya und ihre Segnung des Messias' zum Ausdruck bringen wollte. Widerstand kam von christlicher Seite, die sich mit der britischen Kolonialmacht verbündete, denn beiden konnte nicht an einem indischen Messias gelegen sein. Die Mission in Madras hatte schon lange ein scheeles Auge auf die Theosophen geworfen. Jetzt war ein Anlass gegeben, zuzuschlagen und diesen Unfug öffentlich anzuprangern. Die Theosophen ließen sich nicht stören und bereiteten die beiden Jungen auf einen Auftritt in Europa vor. Dazu ließen sie die Löcher in den Ohren, wie sie das Brahmanentum verlangte, wieder zunähen und steckten die beiden in die feinste westliche Kleidung, die man von einem Schneider aus Bombay anfertigen ließ. Bei ihrer Ankunft wartete eine riesige Schar von Bewunderern und künftigen Gläubigen. Als der dunkelhäutige, grazile junge Mann mit den großen schwarzen Augen durch die Menge ging, soll es auch einen Ohnmachtsanfall gegeben haben. So berichtet jedenfalls die Frau eines der berühmtesten Architekten der Zeit, Lady Emily Lutyens. (Vernon 66) Ihr Mann hatte nicht nur in Großbritannien prestigeträchtige Gebäude und Monumente gebaut, sondern auch die neue indische Hauptstadt Neu-Delhi architektonisch geprägt. Lady Emily war in der Theosophie aktiv und zudem die Enkelin des okkulten Romanciers Edward Bulwer-Lytton nahm sich der Brüder an und wurde ein wichtiger Einfluss für beide.

Literatur

Krishnamurti, Jiddu. *Selbstgespräche. Das letzte Tagebuch.* Grafing: Aquamarin 2000.

Vernon, Roland. *Star in the East. Krishnamurti: the invention of a Messiah.* Boulder, CO: Sentient Publications 2002.

Wehr, Gerhard. *Helena Petrovna Blavatsky. Eine moderne Sphinx. Biographie.* Dornach: Pforte 2005.

Rudolf Steiner trifft nicht Krishnamurti

In Wien lernte Rudolf Steiner, Herausgeber der naturwissenschaftlichen Schriften Goethes und zeitweise Hauslehrer, den Universalgelehrten Friedrich Eckstein kennen, den man auch MacEck nannte. Der thronte im Café Imperial und gab allen Wissbegierigen die erwünschte Auskunft. Ob es sich nun um Baupläne zur Architektur oder die erste Erwähnung der Zahnbürste in der Literatur handelte: Er wusste Bescheid. Sigmund Freud ließ sich von ihm über Yoga unterrichten. MacEck war eine Art Mensch gewordenes Internet. (Karl Kraus träumte einmal, dass ein Band des Brockhaus nachts vom Regal herabstieg, um im MacEck nachzuschlagen.) Dieser Eckstein war zudem Theosoph. Und so brachte er diese Lehre an den jungen wissbegierigen Mann heran, der okkult aufgeschlossen, aber auch wissenschaftlich orientiert war. Steiner ging hierauf nach Weimar, um sich weiter in die Edition von Goethes naturwissenschaftlichen Schriften zu vertiefen und sich mit dem kranken Nietzsche zu beschäftigen. Dessen Schwester wollte ihn gar als Herausgeber gewinnen – vergebens.

Nach der Weimarer Zeit zog Steiner weiter nach Berlin, wo er kräftig in der Theosophie tätig wurde, die er früher einmal verworfen hatte. Die Konzepte von Karma und Wiedergeburt waren ihm wohlvertraut, und er konnte darauf eine individuell bezogene Lebensphilosophie bauen. Unermüdlich ging er in den Jahren von 1902 bis 1909 auf Reisen, hielt zahllose Vorträge und publizierte pausenlos, darunter seine *Theosophie* (1904). Für Madame Blavatsky hegte er großen Respekt: Sie lebe in einem traumhaften Bewusstseinszustand, in einem Atavismus, der an die Mysterienkulte erinnere. Annie Besant, ihre Nachfolgerin, kannte Steiner persönlich. Auch sie schätzte er sehr, zumindest in ihren ersten Jahren als Theosophin. Doch um 1910 führten lange gehegte Zweifel zu einer Trennung von der Theosophischen Gesellschaft. Der Anlass hatte den Namen eines indischen Jungen: Krishnamurti.

Steiner hatte zuvor schon Charles Leadbeaters Umgang mit der Wahrheit und den Zielen der Theosophie kritisch gesehen. Während er selbst das eigenständige Denken als wichtigste Übung auf dem Weg der Erkenntnis sah, ließ sich Leadbeater von Intuitionen und Visionen lenken, die ja kaum überprüfbar waren. Steiner warnte auch vor dem neuen apokalyptischen Grundgefühl, das mit der Erwartung eines kommenden Messias die Theosophen zumindest in Teilen ergriffen hatte. Sein kommender Christus jedenfalls hatte nicht nur eine ganz andere Gestalt, er war vielmehr eine innere Erfahrung, die zugleich kosmischer Natur war. Steiner sah einen »Christus-Impuls«, eine Art Saat, die planetarisch in einem neuen Bewusstsein aufgehen würde. Das »Schauen Christi in der Geistessphäre« (in Lindenberg 95) war sein Bild der Zukunft, nicht ein inkarnierter Christus. Diese Sache mit dem indischen Knaben wollte ihm daher gar nicht behagen, auch wenn er anfangs höflich blieb. Doch der dogmatisierende Teil der Theosophen, nun unter Leitung von Annie Besant, bugsierte den österreichischen Leiter der deutschen Sektion durch taktische Züge erst an den Rand, dann zwang man ihn geradezu, Farbe zu bekennen und eine eigene Bewegung zu beginnen. Es ist bemerkenswert, wie sehr eine Lehre, die dem Dogma abschwören wollte und die Einheit menschlicher Religionen anstrebte, sich so früh und so gründlich zerfetzte: Immer und überall gab es Tendenzen zu Neu- und Untergründungen, zu Abspaltungen aus konzeptionellen und menschlichen Gründen. Die Theosophie schien geradezu auf solche Prozesse angelegt zu sein, hinter denen sich doch meist Machtfragen auftaten, narzisstische Störungen oder spirituell verkleideter Ehrgeiz. Dabei wurde mit allen Mitteln, auch unter der Gürtellinie, gearbeitet. Letztlich war es unmöglich, sich zu einigen, da sich jede Seite auf unverbrüchliche göttliche und visionäre Autoritäten berief, also auf etwas völlig Unüberprüfbares. Nirgends als im Streben zur Göttlichkeit schlägt das Menschlich-Allzumenschliche so sehr durch.

Steiners neue Bewegung nannte sich Anthroposophie. Ihre Geburtsstunde kann man auf Ende August 1912 festlegen. In München hatte Steiner seine Mysterienspiele aufgeführt. Danach kam es in Anwesenheit von 800 Personen zur Diskussion über eine neue Gesellschaft und dabei soll der Begriff der »Anthroposophischen Gesellschaft« gefallen sein. (Zander 207)

Im Mittelpunkt steht der Mensch, als denkendes und fühlendes Wesen, das auch zur Schau heranreifen kann, aber erst durch Übung. Und zu dieser Übung gehört, wie er in der *Philosophie der Freiheit* (1893), seinem philosophischen Hauptwerk feststellt, eben das Denken. Nicht Glauben und Ahnen, sondern der saubere Einsatz des Verstandes werden gefordert. Damit erschien ihm das, was im fernen Indien ablief, wie ein Hokuspokus aus der Zauberschachtel. Der Austritt war besiegelt.

Nun kann man Steiner nicht vorwerfen, er selbst habe das klare Denken in seinen späteren Schriften und Vorträgen immer konsequent verfolgt. Dieser Einwand gegen die Theosophie ist also nicht ausreichend. Bekannt ist, dass, seitdem er die deutsche Sektion leitete, er sich oft auf das Christentum bezogen hat – ein Dorn im Auge der Madame Blavatsky, die mit dem Christlichen nichts mehr zu tun haben wollte. Insbesondere ab 1900 tauchen immer weitere Bezüge zum Christentum auf, die der Nietzscheaner und Freigeist einige Jahre zuvor noch strikt abgelehnt hatte. Man kann auch von einer Wendung nach Westen reden. Steiner konnte mit der asiatisch-indischen Ausrichtung der Theosophie nicht mehr konform gehen. Auch wenn er sich in Vorträgen mit der *Bhagavadgita* beschäftigte, mit Krishna und Buddha, so blieben ihm die östlichen Religionen doch eher fremd. Das asiatisch-indische Denken, soviel es an Europa weitergab, war für ihn zu atavistisch ausgerichtet, es war stehengeblieben (vgl. Steiner 1922). Aus dem im Altertum verhafteten Indien konnte seiner Meinung nach keine Erneuerung des Weltgeistes kommen. Damit war er jedoch alten Dogmen aufgesessen, die verkündeten, dass der Weltgeist, wie es schon Hegel sah, von Ost nach West gewandert sei. Mag noch so viel Licht aus dem Osten gekommen sein, die Zukunft würde im Westen liegen.

Schauen wir uns den Kern der Steiner'schen Anthroposophie und der Lehren des Jiddu Krishnamurti an – die Erkenntnis der Freiheit des Individuums –, so müssen wir mit Bedauern feststellen, dass die beiden sich nie getroffen haben.

Der Messias wirft die Fesseln ab

Der Vater der beiden führte endlose Kampagnen und Prozesse, um seine Söhne zurückzubekommen, auch an Rudolf Steiner wandte er sich. Als Krishna studieren wollte, weigerten sich die Colleges von Oxford und Cambridge nicht nur aufgrund des schlechten Rufes der Theosophie – man wollte schlicht auch keinen künftigen Messias in der Universität sehen, der dort seinen Master oder Doktor machen würde. Derweil war Krishna ein junger Mann geworden, der sich auch verliebte und andere Sorgen hatte, als die Welt zu erlösen. Leadbeater dagegen, der Entdecker des Messias, zog nach Australien, einerseits aufgrund seines schlechten Leumunds, andererseits, weil er fasziniert von diesem Kontinent war und hier eine neue Unterrasse aufkommen sah, nach Ansicht der Theosophen die sechste.

Krishna unternahm nun viele Reisen in die USA und die Niederlande, wo ein Begegnungszentrum entstand. Sein Abstand zur Theosophie wuchs merklich, er konnte die Weisungen der Meister nicht mehr ernstnehmen, jedenfalls nicht in der Form, wie sie von den Theosophen interpretiert wurden. Unter einem Pfefferbaum hatte er eine entscheidende Vision, die ihn tief verwandelte. Seine Vision stieß bei ihnen auf Kritik. Einige sahen Symptome von Neurasthenie, einen Nervenzusammenbruch oder einen schizophrenen Schub. Festzuhalten ist, dass Krishnamurti durch viele, auch sehr körperliche Krisen ging, bevor er seinen eigenen Weg fand, und dieser Weg hatte kaum noch mit der Theosophie zu tun. Im August 1929 erklärte er den Orden *Star of the East* für aufgelöst. In einer berühmten Rede bekannte er sich zum individuellen Pfad ohne Gurus und Institutionen. Religionen und Sekten seien nur Hindernisse auf diesem Pfad. Man müsse noch weitergehen: Die Wahrheit sei ein Land ohne Pfade. In mancher Hinsicht erinnert die Rede an Siddharthas Lehre in Hesses Roman. Und an Kafka, der zu Gustav Janouch sagte: »Priester und Riten sind nur Krücken des erlahmenden Erlebens der Seele.« (Janouch 112) Zahlreiche Bücher sollten folgen, Vorträge in aller Welt, Seminare und Workshops. Mit seinen Anhängern richtete der Inder Bildungsstätten ein, Schulen, Begegnungs- und Meditationszentren. Und so wurde aus dem Guru, der keiner sein wollte, schließlich doch ein Guru für viele. Seine Lehre zielte auf eine Wahrheit jenseits von Ost und West. Paradoxerweise war diese Lehre aber erst durch die schräge, von den

Theosophen heraufbeschworene Begegnung zwischen den He-
misphären ermöglicht worden.

Literatur

Janouch, Gustav. *Gespräche mit Kafka*. Frankfurt/M.: S. Fischer 1961.

Lindenberg, Christoph. *Rudolf Steiner. Eine Biographie*. Stuttgart: Freies
Geistesleben 2011.

Narayaniah, Jiddu. »Brief an Rudolf Steiner 1912« https://diedrei.org/
tl_files/hefte/2015/Heft9_2015/Fundstueck-XVIII_DD_1509.pdf
(Zugriff 22. 1. 2021)

Staudenmaier, Peter. »Steiner & Krishnamurti« http://www.waldorf
critics.org/articles/Krishnamurti.html (Zugriff 22. 1. 2021)

Steiner, Rudolf. *Mein Lebensgang*. Dornach: Rudolf Steiner Verlag 1982.

Steiner, Rudolf. »Anthroposophie und Weltorientierung (Ost-West in
der Geschichte)«, Vortrag von 1922 in *Westliche und östliche Weltge-
gensätzlichkeit*. Stuttgart: Freies Geistesleben 1961.

Steiner, Rudolf. *Gesamtausgabe Vorträge*. »Das Karma der Anthroposophischen Gesellschaft und der Inhalt der anthroposophischen Bewegung«. 3. Vortrag, Arnheim 20. Juli 1924. Dornach: Rudolf Steiner
Verlag 1992, online: http://fvn-archiv.net/PDF/GA/GA240.pdf#page
=196&view=Fit (Zugriff 22. 1. 2021)

Vernon, Roland. *A Star in the East. Krishnamurti: the Invention of a
Messiah*. New York: St Martin's Press 2001.

Zander, Helmut. *Rudolf Steiner. Die Biografie*. München: Piper 2011.

Deutsche Buddhisten in Ceylon

26. September 1893: Vor wenigen Tagen hatte das Weltparlament der Religionen geendet, triumphal, mit einem vielstim-
migen Vaterunser, gefolgt von dem Lied »America«. Nun
schwärmten seine Geister in alle Welt aus und kehrten, energe-
tisch aufgeladen, zu ihrer Missionsarbeit zurück. Das Christentum wähnte sich als Sieger einer auf Kooperation ausgelegten
Konferenz, doch in Wirklichkeit hatte der Siegeszug fernöst-

licher Religionen im Westen begonnen. An diesem 26. September nämlich hielt der Singhalese Anagarika Dharmapala (1864–1933) eine Rede über Buddhismus und Theosophie. Eingeladen hatten die Theosophen, und die Zuhörer strömten in großer Zahl herbei. Der Vortrag war beendet, da wurde verkündet, dass ein Amerikaner zum Buddhismus übertreten wolle. Man machte kurze Fünfe: ein Mantra in Sanskrit, ein Eid auf Buddha, und die Konversion war vollzogen. Der Amerikaner hieß Charles T. Strauss (1852–1937) und war jüdischer Geschäftsmann in New York. Er war keine 40 Jahre alt und hatte Religionswissenschaft und Philosophie studiert. Nun war er einer der ersten Menschen auf amerikanischem Boden, die zum Buddhismus übertreten sollten. (Fields 129)

15 Jahre später begab Charles T. Strauss sich nach Bodh Gaya, dem Ort in Bihar / Nordindien, wo der Buddha seine Erleuchtung fand, und reiste von dort weiter nach Ceylon. Ab 1909 lebte er in Leipzig, wo der deutschstämmige Amerikaner großen Einfluss auf den deutschen Buddhismus nahm. Dharmapala unterstützte ihn aus der Ferne, so gut er konnte. Leipzig war ein Treibhaus für neue Religionen, Sekten und Weltanschauungen. Manche Buddhisten wünschten sich eine Fusion mit dem Monismus von Haeckel und Ostwald, der von Leipzig aus propagiert wurde – »Alles ist Eins« – eine Art wissenschaftlich grundierter Religion ohne Gott und Götter. Der Buddhist Ankenbrand etwa suchte den großen Einheitsgedanken: »Die Zeit ist reif, ihn zu erfassen. Er begreift alle Bewegungen fortschrittlicher Art in sich, sei es Freidenkerbewegung oder Naturheilwesen, Vivisektions- und Impfgegnertum, Abstinenz, Vegetarismus, Friedensbewegung.« (zit. in Mürmel) Derselbe Ankenbrand zog 1912 mit fünf Menschen, einem Esel als Lastträger und einem Hund auf eine Pilgerfahrt um die Welt. Geplant waren fünf Jahre, doch wurde er von den Briten während des Krieges in Ceylon gefangen genommen und in ein Lager gebracht. Dort lernte er andere deutsche Buddhisten kennen, die auch festgehalten worden waren. Die deutschen Buddhisten,

eine Kommune von Wagnerianern, Vegetariern und Künstlern hatte die »Kokosinsel« Polgasduwa besiedelt (ohne nach Eigentümern zu fragen) und hier ein friedliches und gelehrtes Leben geführt (»Pali-Studien waren verpflichtend«, Zotz 178). Auch Strauss hatte sie besucht. Führender Kopf war der aus Wiesbaden stammende Anton W. F. Gueth, der nun Nyanatiloka hieß und den Buddhismus mit Wagnerianischer Terminologie beflügelte – zum Beispiel wurde aus Nirwana Nirwahn. Dann kam der Krieg, und die deutschen Buddhisten wurden interniert. Später nahmen sie das Leben in Polgasduwa wiederauf. Ein anderer deutscher Buddhist, der Maler und Dichter Ernst Lothar Hoffmann (1898–1985) aus Waldheim / Sachsen, wurde Nyanatilokas Schüler und erhielt von ihm den Namen Anagarika Govinda. In seinen frühen Gedichten sah er sich als Wiedergeburt von Novalis. Er lehrte später unter anderem in Tagores freier Universität Santiniketan und schrieb wichtige Werke über den Buddhismus und Daoismus, auch das *Yijing*. Sein bekanntestes Buch wurde *Der Weg der weißen Wolken* (1966), eine spirituelle Reise durch die Wunder Tibets. In seinem nordindischen Ashram wurde er selbst zu einem Guru und erhielt viele Besuche von Beatniks und Hippies, die sich dort in einer Kolonie niederließen. Zu seinen Freunden und Anhängern gehörten R. D. Laing, Allen Ginsberg, Gary Snyder und Luise Rinser. Er sah sich und sein Werk als Brücke zwischen Ost und West, hielt aber nichts von Konversionen. (Zotz 193–201)

Govinda gründete und leitete zunächst die internationale buddhistische Union, Charles T. Strauss vertrat die deutsche Sektion. Strauss war wohl auch der erste Jude, der zum Buddhismus übertrat. In der zweiten Hälfte des 20. Jahrhunderts sollten sich viele Juden zum Buddhismus hingezogen fühlen. Das hängt wohl unter anderem mit der weltoffenen Seite der fernöstlichen Religion zusammen: Wer übertritt, muss seine alte Religion nicht aufgeben. Meditationspraktiken lassen sich in der Synagoge ebenso praktizieren wie im Tempel, im Gottesdienst wie in der Messe. Zudem hat der Buddhismus nichts (oder nur als Amalgam mit anderen Ideologien) mit dem Antisemitismus zu tun, der sich in den anderen abrahamitischen Religionen findet, oder exakter: in ihren Anhängern.

Ein Buddhist und ein Theosoph erneuern den Buddhismus: Anagarika Dharmapala und Colonel Olcott

Der Mönch Anagarika Dharmapala aus Ceylon (Sri Lanka), der so vieles angestoßen hatte seit dem Weltparlament, blieb eine im Hintergrund wirkende Kraft, als einer der großen Reformer des Buddhismus in der Neuzeit. Geboren wurde er als Don David Hewavitharana in Colombo im heutigen Sri Lanka. Für Ceylon bedeutete ausgerechnet die Theosophie eine Rettung. Hier lebte der sogenannte Kleine Wagen des Buddhismus fort, Hinayana – der südliche Buddhismus, wie er in Laos, Kambodscha, Vietnam oder Thailand praktiziert wird –, während er im Stammland Indien kaum mehr eine Rolle spielt. Aber die christlichen Missionare und das Empire setzten diese Religion stark unter Druck.

Eigentlich war Anagarika Dharmapala von Anfang an zerrissen, denn er wuchs in einem streng buddhistischen Haushalt auf und hörte im Tempel Predigten gegen das Christentum. Tagsüber besuchte er eine christliche Schule, in der jede halbe Stunde gebetet wurde. Die Eltern hatten keine andere Wahl, denn auf der gesamten Insel gab es nur vier buddhistische Schulen gegenüber 805 christlichen. Später ging er auf ein anglikanisches Internat. Buddhisten durften zwar frei praktizieren, wurden aber in mancher Hinsicht von den Briten benachteiligt. So erkannten die Behörden nur Hochzeiten an, die in christlichen Kirchen stattfanden. Der junge Mann war auf der Suche nach Auswegen aus dieser Unterdrückung. In der Schule stritt er mit Lehrern über die Widersprüche des Christentums.

Er gehörte zu den wenigen, die sich sowohl im Buddhismus als auch in den Lehren der christlichen Kirche auskannten. Er war nicht nur bibelfest, er kannte auch das halbe Alte und das ganze Neue Testament auswendig. Nun aber kamen die Theosophen ins Spiel.

Die christlichen Missionare hatten immer schon versucht, die Buddhisten in öffentlichen Debatten an die Wand zu spielen. 1873 jedoch kam es zu einem Showdown für die Christen, der Ort Panadura erwies sich als Büchse der Pandora für sie. Denn hier wurden die Missionare, die die Redekünste der anderen Religionsvertreter sträflich unterschätzt hatten, von einem buddhistischen Meister klar in die Schranken gewiesen. Der Mann hieß Gunananda Thera. Pamphlete kursierten bald, ja, das Ereignis wurde sogar in einem Buch beschrieben. Das gelangte unter die Augen von Madame Blavatsky und Colonel Olcott. Aus New York schrieb man an Gunananda und schickte ihm Blavatskys *Isis entschleiert*. Und versprach, nach Ceylon zu kommen. Gunananda übersetzte Teile des Buches, einige Briefe der Theosophen wurden in Ceylon veröffentlicht und begierig gelesen. Hier waren es erstmals Weiße, die den Buddhismus ernst nahmen und sich für ihn einsetzten. (Fields 97) Eine Menschenmenge wartete am Hafen von Galle, alles war geschmückt, und als die Theosophen an Land gingen, führte man sie in einen Tempel. Dort legten die Gäste die buddhistischen Gelübde ab: nicht töten, lügen, stehlen, sich nicht berauschen und sexuell nicht sündigen. Als die Theosophen Blumen überreichten, brach die Menge in begeisterte Rufe aus, wie Olcott schreibt.

Dharmapala schloss sich bald diesen Menschen an, die doch ein ganz anderes Verständnis des Buddhismus hatten als seine einstigen Lehrer. Er suchte nun die Rückkehr zu den Ursprüngen des Buddhismus. Inzwischen hatte Madame Blavatsky von ihrem Meister aus dem Himalaya eine Botschaft empfangen: Dharmapala habe eine große Zukunft vor sich und solle nach

Adyar kommen und unter Anleitung der Theosophin selbst okkulte Studien betreiben. (Fields 100 f.)

Die Theosophen kommen nach Japan

Er hatte also große Reisen vor sich. Eine führte ihn mit Colonel Olcott nach Japan. Dieses Land sollte eine besondere Rolle in der Verbreitung des Buddhismus in der Welt spielen, vor allem durch den Zen-Buddhismus. Für Olcott und Dharmapala war es wichtig, weil sie eine Einigung des Buddhismus anstrebten: südliche und nördliche Versionen der großen Lehre, Hinayana und Mahayana. Dharmapala, das warme Klima Ceylons gewöhnt, fror jedoch entsetzlich, denn es war Winter. Wegen eines Rheumaanfalls musste er die Zeremonien sogar im Rollstuhl beobachten. Olcott las in Kyoto einen Brief von einem hohen Buddhisten aus Ceylon vor – anscheinend der erste, der seit Hunderten von Jahren zwischen Nord und Süd ausgetauscht wurde. Die japanischen Zeitungen berichteten wie von einer Sensation. Am Himmel ließ man eine Drachenbombe platzen, aus der Banner explodierten mit der Aufschrift: *Olcott-san ist gekommen!*

Dharmapala war besonders beeindruckt von dem großen Buddha in Kamakura, dem Daibutsu, der größten freistehenden Buddhafigur der Welt. (Fields 108 f.) Hier begegnete ihm ein lebendiger Buddhismus, dessen Tempel und Anlagen gepflegt waren.

Der über 800 Jahre alte Daibutsu war mehr als 13 m hoch und wog 121 Tonnen. Man konnte sogar durch eine Hintertür in ihn hineintreten. Der Buddha von Kamakura wurde zu einem Wahrzeichen des panasiatischen Buddhismus.

Wo es begann: Bodh Gaya

Der Besuch in Japan hatte eine Vorgeschichte. Am 22. Januar 1891 kamen zwei junge Männer, ein Singhalese und ein Japaner, auf einem Wagen gezogen nach Bodh Gaya, an den legendären Ort, wo der Buddha unter einem Baum die Erleuchtung erfahren hatte. Der Baum war eine Pappel-Feige. Später baute man einen Tempel zur Erinnerung, doch in den Zeiten der islamischen Herrschaft verfiel die Anlage. Erst als Bodh Gaya, heute im nordostindischen Bihar, Burma zugesprochen wurde, begann man, sich langsam wieder für den Ort zu interessieren. Aber noch 1866 notierte ein britischer Besucher sein Erschrecken über den Verfall, den er hier vorfand. Noch vor ihm war der englische Theosoph und Buddhist Sir Edwin Arnold (*The Light of Asia*) in Bodh Gaya gewesen und hatte auf den Zustand aufmerksam gemacht, nicht nur bei seinen theosophischen Freunden, sondern auch bei führenden Köpfen des Buddhismus in Ceylon und bei einflussreichen Politikern. Sein Erfolg war minimal.

Der Singhalese war Dharmapala, der die acht Gebote des Buddhas für sein Leben gelobt hatte – er verkörperte somit eine Zwischenstufe zwischen Mönchs- und Laientum, und lebte zudem zölibatär. Der Japaner war der Zen-Mönch Kozen Gunaratana. Was sie vorfanden, war bedrückend: Überall lagen Reste von Buddhastatuen herum. Nur der junge Bodhi-Baum, den ein britischer Archäologe und Ingenieur gepflanzt hatte, spendete eine gewisse Hoffnung. In seinem Tagebuch beschreibt Dharmapala einen mystischen Augenblick: Als er mit seinem Kopf den leeren Thron im Tempel berührte, habe er einen starken Impuls empfunden: Er musste hierbleiben und die heilige Stätte wiederaufbauen und beleben. Und so geschah es. Er gelobte, in vier Monaten den Tempel wiederherzustellen. Er schrieb Briefe an Monarchen und führende Theosophen wie Olcott und Arnold – und es gelang ihm. Diese Restauration wurde zum Prolog für sein Lebenswerk.

Literatur

http://www.buddhanet.net/bodh_gaya/bodh_gaya04.htm
   (Zugriff 22. 1. 2021)

Fields, Rick. *How the Swan Came to the Lake. A Narrative History of Buddhism in America.* Boulder, Colorado: Shambhala 1992.

Kamenetz, Rodger. *The Jew in the Lotus.* San Francisco: Harper 1994.

Mürmel, Heinz. »Der Beginn des institutionellen Buddhismus«, online: https://www.buddhismuskunde.uni-hamburg.de/pdf/4-publikatio nen/buddhismus-in-geschichte-und-gegenwart/bd11-k10muermel. pdf (Zugriff 22. 1. 2021)

Zotz, Volker. *Auf den glückseligen Inseln. Buddhismus in der deutschen Kultur.* Berlin: Theseus 2000.

Das Indien von Hermann Hesse und C. G. Jung

Hermann Hesse verpasst Indien

Als der Indologe Deussen mit Vivekananda nach England reiste, wir sind im Jahre 1896, da schrieb ein Buchhändlergehilfe in Tübingen Rechnungen, verpackte Bücher und notierte die literarischen Wünsche seiner Kunden. In einem der ältesten deutschen Antiquariate, der Heckenhauerschen Buchhandlung, verbrachte Hermann Hesse wichtige Jahre der Selbstfindung. Als ich selbst einmal in Tübingen lebte, herrschte in dieser Buchhandlung noch immer eine Atmosphäre wie zu Hesses Zeiten. Zwei Slawisten sortierten den Staub, der eine bücherseliger als der andere, und bei dem Wort »digital« dachte man noch an giftige Heilpflanzen.

Auch Hesse fraß hier Staub, wie er sagte, er wollte sich disziplinieren, doch konnte er dabei Unmengen an Weltliteratur verschlingen. Die Werke Asiens nahmen dabei eine besondere Rolle ein. Indien hatte Hesse mit der Muttermilch absorbiert, denn Mutter, Vater und Großvater waren über zwanzig Jahre auf dem Subkontinent missionarisch tätig gewesen. Der Großvater Hermann Gundert war zudem ein ausgewiesener Kenner des Sanskrit, das er fließend gesprochen haben soll. Im Bundesstaat Kerala hat er bis in unsere Tage einen guten Ruf, und für die Philologie des Malayalam legte er das Fundament mit einem Wörterbuch und einer Grammatik.

So sehr Indien im schwäbischen Haushalt in Calw präsent war, so sehr fiel doch dem kleinen Hermann bald auf, dass die Verehrung des Indischen und des Hinduismus oder Buddhismus beschränkt wurden durch die letztlich streng pietistische Orientierung der Eltern. Viel Liebe für Indien gab es da, doch das Christentum stand ihnen im Wege, schrieb er. (Ganeshan 68) Und so musste er sich über die Jahre ein eigenes Indien- und Asienverständnis erarbeiten, jenseits aller christlichen Prägung. Immerhin ahnte er, hier könnte Befreiung sein, ein Tor in eine andere Welt, auch romantische Flucht in ein diesseitiges Jenseits. Die Upanishaden, die *Bhagavadgita*, die Reden Buddhas, die Epen des *Mahabharata* und des *Ramayana*, das alles sollte zu seiner geistigen Grundausstattung werden. Zahlreiche asiatische Titel findet man in seiner *Bibliothek der Weltliteratur* (1927), die er als Ratgeber für den Orientierung suchenden Leser konzipierte. Durch die intensive Lektüre Schopenhauers entdeckte er Asien, insbesondere den Buddhismus, neu. Der Buchhändler, der eigentlich nach dem Wunsch der Eltern hätte Theologe werden sollen, fand sich immer wieder auf der Flucht, durch verschiedenste Tätigkeiten hindurch, bis er sich nach ersten literarischen Erfolgen am Bodensee niederließ. Doch auch hier, als Vater dreier Söhne und verheirateter Mann blieb er rastlos. Reisen waren immer ein gutes Mittel gegen diese Unruhe gewesen. Nun sollte es 1911 eine Indienreise werden, vielleicht *die* Indienreise überhaupt? Für die spätere Hippiegeneration war Hesse untrennbar mit Indien verbunden, vor allem durch den Roman *Siddharta* (1922), doch dürfte sich mancher Aussteiger wundern zu hören, dass Hesse gar nicht in Indien war, jedenfalls nicht auf dem Subkontinent, nicht im Kerala seines Großvaters, allenfalls in Ceylon (Sri Lanka). Hesse war mit dem Malerfreund Hans Sturzenegger im September 1911 losgefahren, um endlich das geheimnisvolle Land aufzusuchen, über dessen Religionen er so viel wusste und dessen Klänge ihm von Kindheit an vertraut schienen. Die Reise diente ihm auch dazu, sich Distanz zum eigenen Zuhause zu verschaffen, denn die Ehe mit seiner ersten Frau war in schwierige Wasser geraten. Mit der »Prinz Eitel Friedrich« steuerte man jedoch nur kurz Ceylon an. Auf einen Landgang verzichtete Hesse, er hatte sich den Magen verdorben. Danach ging die Reise weiter nach Indonesien, wo die chinesischen Einflüsse sein Interesse bannten.

Auf dem Rückweg blieb man etwas länger in Ceylon. Hesse hatte also Gelegenheit, sich dem Tourismus zu widmen. Von einer spirituellen Begegnung mit Asien kann aber nicht die Rede sein. Vollgestopft mit Opiaten wegen seiner Magendarmerkrankung begibt Hesse sich zu den buddhistischen Heiligtümern. Bis auf einen kristallenen Buddha lässt ihn alles kalt, er verachtet die Bilder, Statuen und Priester, das Silber und Elfenbein, die ganze Pracht, die hier so eitel ausgebreitet liegt. Und hat dennoch Sympathie für das einfache Volk, das so inbrünstig meditiert oder betet. Insgesamt findet er aber nur Reste einer einst großen Lehre vor, der man sich besser durch eigene Meditation oder das Lesen der Reden des Buddha nähere. Ein Besuch beim großen Zahn des Buddha komplettiert die Reise(»wir haben das alles in Europa auch«). Immerhin eine Reliquie, um die viel gekämpft wurde, ein Zahn, der Wunder bewirkt haben soll, zum Beispiel Regen in trockenen Zeiten. Einige haben allerdings den Verdacht, der allzu große Zahn könne von einem Wasserbüffel stammen. Übrigens gibt es weitere Tempel mit Zähnen Buddhas in Singapur und Hongkong.

Für Hesse war das hier nicht der wahre Buddhismus: »Der Buddhismus von Ceylon ist hübsch, um ihn zu fotografieren und Feuilletons darüber zu schreiben; darüber hinaus ist er nichts als eine von den vielen rührenden qualvoll grotesken Formen, in denen hilfloses Menschenleid seine Not und seinen Mangel an Geist und Stärke ausdrückt.« (Hesse 1980, 99) Nun war Hesse als Tourist 14 Tage in Ceylon, unterwegs mit Rikschas, Sehenswürdigkeiten zu besichtigen und Schmetterlinge zu jagen – das alles vom Durchfall begleitet, mit Opiaten und Rotwein als Medizin. Keine Frage, dass er mit solch gedämpfter Wahrnehmung wohl kaum zu irgendwelchen Einblicken über den Buddhismus des Landes kommen konnte. Aber die Oberflächlichkeit hatte für ihn in seiner Entwicklung auch ihr

Gutes. Er sah den Firnis, der über allen Religionen und Lehren liegt, die Dogmen, den Aberglauben, die erstarrten Rituale.

Wenn diese Reise ihn also weder der Selbstverwirklichung näher brachte noch zu einem Buddhisten oder Hindu machte, so führte sie doch – ähnlich wie bei C. G. Jung – zu einer Selbstvergewisserung seiner europäischen Herkunft. Es kam nun nicht mehr darauf an, einer Religion zu folgen, einer asiatischen zumal, sondern vielmehr das Allereigenste zu entdecken: »Ich musste aufhören, Europa im Herzen zu befeinden, ich musste das wahre Europa und den wahren Osten mir im Herzen und Geist zu eigen machen«, schrieb er in *Besuch aus Indien* (Hesse 1980, 241). Genau diesen Weg hat er Jahre später mit seinem vielleicht bekanntesten Roman, *Siddharta*, begangen. Der Fürstensohn versucht ebenfalls zunächst nach einem luxuriösen Leben den Weg des Asketen zu gehen, bis er einsieht (wie der Buddha selbst), dass dieser Weg nicht zu seinem wahren Selbst führt. Erst als er die Diesseitigkeit, den Alltag, die vorgegebene Wirklichkeit annimmt, kann er selbst die Lehre verkörpern: dass der Mensch eins ist mit dem Universum und dass die Wege zu dieser Erkenntnis für jeden Einzelnen sehr verschieden sind.

»Siddhartha«, schrieb Henry Miller, »ist für mich eine wirksamere Medizin als das Neue Testament.«

Literatur

Baumann, Günter. »Hesse und Indien« http://hesse.projects.gss.ucsb.edu/papers/baumann-indien.pdf (Zugriff 22. 1. 2021).

Ganeshan, Vridhagiri. »Hermann Hesse und Indien – ein Kapitel der Missverständnisse.« *Literatur und Kritik* 10 / 11. Juli 1983, 67 – 77.

Hesse, Hermann. *Aus Indien. Aufzeichnungen, Tagebücher, Gedichte, Betrachtungen und Erzählungen.* Frankfurt/M.: Suhrkamp 1980.

Miller, Henry. *The Books in My Life.* London: Village Press 1974 (Erstauflage 1952).

C. G. Jung erhält eine Einladung nach Indien

Hermann Hesse litt zeit seines Lebens an Depressionen. Um 1921, zur Zeit der Niederschrift von *Siddhartha*, machte er eine Analyse bei Carl Gustav Jung (»ein prachtvoller, genialer Mensch«). Jung erschien ihm in vieler Hinsicht sehr nah: Sie hatten beide ein großes Interesse an Märchen und Mythen, an archetypischen Mustern, am gemeinsamen Schatz von Träumen und Bildern, den Jung auch das kollektive Unbewusste nannte. Zudem entstammten beide einem protestantischen Elternhaus und durchliefen ähnliche weltanschauliche Krisen.

Die Gespräche mit Jung drehten sich auch um das Verhältnis von Europa zu Asien. Der Psychoanalytiker hatte zu diesem Zeitpunkt seine Indienreise noch vor sich. In seiner Autobiographie *Erinnerungen Träume Gedanken* (1962) betont er, dass er die Reise nicht aus eigenem Antrieb, sondern auf Einladung der Britisch-Indischen Regierung zum fünfundzwanzigjährigen Jubiläum der Universität Kalkutta unternommen habe. Er war schon lange vertraut mit der indischen Geisteswelt, doch wollte er sich von Indien nicht absorbieren lassen. Er zog es vor, »Selbstversorger« zu bleiben, wie er schreibt, und so blieb er auf der Reise »wie ein Homunculus in der Retorte«. (278) Das Bild ist nicht zufällig gewählt, denn das Buch, das ihn auf der gesamten Reise begleitete und zu dem er immer wieder zurückkehrte, wenn er vom indischen Tag erschöpft war, war eine alchemistische Schrift von 1602, das *Theatrum Chemicum* des Gerardus Dorneus. Was für ein schräger Reiseführer! Es handelte sich wohl eher um einen Atlas für die Seele als für das Land. Es sollte die letzte große Reise des Zweiundsechzigjährigen werden: Zeit, bei sich einzukehren, den Film des eigenen Lebens und der eigenen Kultur ablaufen zu lassen, und dies vor dem Hintergrund einer fremden Kultur.

Fremd und zugleich vertraut: Jung hatte schon als Kind im orbis pictus, im Bilderbogen der Welt, die indischen Götter entdeckt, Brahma, Vishnu, Shiva: »Ich hatte dabei das

dunkle Gefühl von Verwandtschaft.« (Wegener-Stratmann 34)
Seine Freundschaft mit dem Indologen Heinrich Zimmer
(1890–1943) ging auf die frühen 1930er Jahre zurück, als er
dessen Buch *Kunstform und Yoga* (1926) las. Mit ihm führte
er zahlreiche Gespräche über die indischen Religionen, die
ihn wohl auch abgehärtet haben müssen gegen eine zu große
Verehrung der indischen Weltanschauung. Selbstverständlich
waren ihm Yoga, Hinduismus und Buddhismus Indikatoren
einer anderen Seelenhaltung, als er sie aus dem eigenen Pro-
testantismus kannte. Im »östlichen Denken«, wie es bis in die
1980er immer gern verallgemeinert wurde, fand er wichtige
Komponenten seiner eigenen Psychologie wieder, die Ausrichtung nach innen, auf die Schau des Selbst, im Gegensatz zur
westlichen Veräußerung und Objektivierung des Realen in den
Wissenschaften und der Technik. Jung war introvertiert und
extrem belesen. Er kannte die wichtigen indischen Schriften,
die philosophischen und literarischen, die religiösen Haupt-
werke. Heute kann man nur noch staunen über solch eine breite
Bildung. Doch genau diese Kenntnis indischer Werke hat zur
Folge: Jung will nicht im Östlichen aufgehen. Er beleuchtet es
in seinen Schriften zwar immer wieder, doch spricht er auch
Warnungen aus. Der westliche Mensch könne nicht ohne weiteres den östlichen Weg nach innen nehmen; dazu seien wir
durch Denk- und Anschauungstraditionen, kurz durch unsere
psychische Prägung nicht befähigt.

Seine Indienreise liest sich daher, als habe sie ein Igel geschrieben, der ständig seine Stacheln justiert. Nicht nur, dass er
ureuropäische alchemistische Traktate las – das war geradezu
ein chemisches Experiment: Wie würden sie auf das fremde
Indien reagieren? Er mied auch die Kontakte mit sogenannten
»Heiligen«. So hätte er den großen Guru Ramana Maharshi
in Tamil Nadu aufsuchen können, er war ganz in seiner
Nähe. Doch traf er stattdessen nur einen seiner Schüler, einen
Grundschullehrer. Er meinte, dieser habe dem Meister doch
einiges vorausgehabt, nämlich dass er viele Kinder zu ernähren

hatte. Während der Meister meditiere, schlage sich der Schüler durch ein schwieriges, armes Leben. Er habe, anders als der Meister, auch »die Welt gegessen«. (Jung 1972, 98) Heinrich Zimmer war übrigens ein Anhänger Ramana Maharshis. Sein Buch über den Guru wurde ein Jahr nach Zimmers Tod 1944 von C. G. Jung herausgegeben.

Das indische Denken erschien Jung andersartig und letztlich sehr monoton, »denn die grundlegende Übereinstimmung der meisten indischen Lehren ist so überwältigend, dass es wenig besagt, ob sie von Ramakrishna oder Vivekananda oder Shri Aurobindo stammen«, wie er an einen niederländischen Anhänger von Ramana Maharshi schreibt. (ebd. 97) Jung sieht im Westen das Prinzip der vita activa, im Osten der vita passiva. Deshalb kann er einem Leben in reiner Meditation nicht viel abgewinnen, bei aller Hochachtung vor den Menschen, die dies betreiben:

Ein Menschenleben, das 65 Jahre lang in vollster Harmonie gelebt wird, betrachte ich als sehr unglücklich. Ich bin froh, dass ich mir nicht vornahm, ein solches Wunder zu leben. Es ist so überaus unmenschlich, dass ich nicht das geringste Vergnügen daran fände. Gewiss ist es sehr wundervoll, aber denken Sie nur: jahraus, jahrein wundervoll sein! (ebd.)

Jung suchte die Versöhnung von Polarität und nicht die Einswerdung von gegensätzlichen Prinzipien. Individuation hieß für ihn Integration der offenen und der schattenhaften Seiten des Menschen, des Es im Ich.

So stellte er seine Stacheln auf und ging zudem mit Dysenterie für einige Zeit in das Krankenhaus von Kalkutta, nachdem er drei Ehrendoktortitel an indischen Universitäten eingeheimst hatte. In diesen zehn Tagen fand er wieder Boden unter den Füßen, denn Indien war eine bodenlose Erfahrung geworden. Indien war Verwirrung durch zehntausend Dinge, mit seiner Not und Herrlichkeit, seiner Schönheit und Dunkelheit. (Jung 1962, 284) Aber was bedeutet hier das Wiederfinden von Grund? Wie so oft, antwortet Jung mit einem Traum. Im Spital träumt ihm von einer Insel vor der Küste Südenglands. Auf dieser erhebt sich ein Schloss, in dem, so wird dem Träumer mitgeteilt, heute Abend der Gral gefeiert wird. In einem anderen Traumteil muss er seine Kleider ablegen und den Kanal durchschwimmen, um den Gral zu holen. Es ist für ihn ein »ureuropäischer Traum«, zumal England den Traum vom Gral noch nicht ausgeträumt habe. Der Traum schob den indischen Vorhang beiseite und erinnerte ihn daran, dass Indien nur »ein Stück des Weges« für ihn bedeutete, aber nicht seine Aufgabe war. »Es war, als ob der Traum mich fragte: ›Was tust du in Indien?‹« (ebd. 284–286)

Und darum mied er die indischen »Heiligen«, die Gurus und Swamis und Yogis: Es wäre ihm wie ein Verrat an der eigenen Individuation vorgekommen, an seiner europäischen Prägung: »Ich habe sie umgangen, weil ich mit meiner eigenen Wahrheit vorliebnehmen musste und nichts anderes annehmen durfte als das, was ich selber erreichen konnte.« Darin steckt sicherlich auch viel protestantisches Verantwortungs- und Leistungsdenken. Doch kommt ein anderes hinzu: »Es wäre mir wie Diebstahl vorgekommen, wenn ich von den Heiligen hätte lernen und ihre Wahrheit für mich akzeptieren wollen. Ihre Weisheit gehört ihnen, und mir gehört nur das, was aus mir selber hervorgeht.« (ebd. 278 f.) Man mag Denkern wie Jung Orientalismus vorwerfen – in dem Sinne, dass sie den Osten auf eine vereinfachende Formel bringen und so in einen Gegensatz zum Westen stellen. Doch an dieser Stelle sollte man Jungs Verdienst anerkennen: Er akzeptiert die Andersheit dessen, was er Osten nennt, er will ihn nicht geistig kolonialisieren. Er sucht den Dialog, aber nicht die Selbstaufgabe, weder des Ostens noch des Westens.

Literatur

Clarke, J. J. *Jung and Eastern Thought. A Dialogue with the Orient.* London: Routledge 1994.

Jung, C. G. *Erinnerungen, Träume, Gedanken.* Hg. von Aniela Jaffé. Zürich: Rascher 1962.

Jung, C. G. *Briefe II 1946–1955.* Olten / Freiburg: Walter Verlag 1972.

Wegener-Stratmann, Martina. *C. G. Jung und die östliche Weisheit. Perspektiven heute.* Olten: Walter 1990.

Heinrich Zimmer wirft ein Buch von Jung an die Wand

C. G. Jung war fasziniert von Heinrich Zimmers Buch *Kunstform und Yoga im indischen Kultbild* (1926). Dieses Buch über Mandalas und die rituellen Bilder namens Yantra, in dem Zimmer auch die Struktur der Tempelanlage von Borobudur in Java als ein solches gigantisches Bild deutete, regte Jung ungemein an. Er wollte den jungen Indologen kennenlernen, der nicht nur gut schreiben konnte, sondern auch eine ähnliche Haltung zu Symbolen und Mythen wie Jung einnahm. Beide waren Gegner des Positivismus, der die fremden Kulturen zwar katalogisiert, aber im Grunde mit ihnen nichts anfangen kann. Jung und Zimmer suchten den lebendigen Zugang, das Verständnis, das auch das Selbst-Verständnis miteinschloss. Das heißt, es ging ihnen um den wechselseitigen Prozess von Verstehen zwischen Asien und dem Westen. Für Zimmer waren Mandalas Karten der Seele, und genau solche Karten verfertigte Jung auf seine Weise.

Zimmer, geboren 1890 in Greifswald, war der Sohn eines Gelehrten mit demselben Vornamen. Heinrich Zimmer sen. war ein berühmter Keltologe und Indogermanist, der sich auch mit der vedischen Kultur beschäftigt hatte. Zimmer jun. studierte Germanistik und Kunstgeschichte, wandte sich aber zunehmend dem Sanskrit zu, dem Persischen und Arabischen. Im

Krieg lernte er nebenbei Chinesisch. Als Schöngeist träumte er davon, die indischen Klassiker wie französische Romane auf einem Diwan liegend oder in der Eisenbahn lesen zu können. Sein Interesse an Indien war zunächst romantisch inspiriert – ein Land, das er nie bereisen würde. In seinen autobiographischen Notizen summiert er diese apolitische, ahistorische Romantik:

> Wenn ich an Indien dachte, seinen schweren Duft sinnlich zu spüren glaubte, wenn ich den unerforschten und vielleicht unerforschbaren Dschungel vor mir sah, dachte ich an den südlichen Himmel, von dem ich gelesen hatte, besetzt mit seltsamen Sternen und verwirrenden Konstellationen, die nichts Vertrautes hatten für uns. (Zimmer 1980, 240)

Nach einer ersten Dozentur in Greifswald ging er nach Heidelberg und wurde dort Professor für Indische Philologie. 1928 heiratete er die damalige Studentin Christiane von Hofmannsthal (1902–1987), die Tochter des österreichischen Dichters Hugo von Hofmannsthal. In der Zeit des Nationalsozialismus wurde ihm eine Karriere in Deutschland unmöglich gemacht; man entzog ihm die Lehrbefugnis. Das Paar musste emigrieren, zunächst nach Großbritannien, dann in die USA, wo Zimmer sich durch Vorträge leidlich über Wasser hielt. Aber es entstanden, nun auf Englisch, seine großen Werke zu den indischen Mythen und Symbolen und zum Mythos der Großen Mutter. Auch dem indischen Guru Sri Ramana Maharshi widmete er eine Schrift, die postum von C. G. Jung unter dem Titel *Der Weg zum Selbst* herausgegeben wurde – von ebendem Jung, der auf seiner Indienreise auf einen Besuch bei diesem Heiligen verzichtet hatte, um stattdessen seinen Schüler zu besuchen. Zimmer verstarb sehr früh, 1943, an einer Lungenentzündung. Seine Frau Christiane machte aus ihrem Haus in Greenwich Village einen Treffpunkt für Künstler, Intellektuelle und Literaten. Hans Magnus Enzensberger, Max Frisch und Hannah Arendt waren dort gern zu Besuch.

Zimmers große Fähigkeit bestand neben seinen fachlichen Qualitäten, die das Visuelle und Philosophische in immer neue Wechselbezüge brachten, in seiner künstlerischen Ader. Er verkehrte gerne mit Psychologen und Philosophen, aber auch mit Schriftstellern und Künstlern. Thomas Mann schickte er seinen Artikel über »Die indische Weltmutter«, der sich davon zu seiner Novelle *Die vertauschten Köpfe* inspirieren ließ. Auch Zimmers Buch über *Maya* (der indische Name für die täuschende Welt der Sinne, die Verblendung des Selbst, den Illusionscharakter allen Seins) regte Mann an und bot ihm schöne Formulierungen, kluge Gedanken und Motive.

Eines Tages fiel ihm ein Buch des Psychoanalytikers C. G. Jung in die Hände, es war ein Kommentar zur chinesischen Alchemie. Nach einigem Durchblättern warf er es wütend an die Wand: Hier vermischte einer auf unzulängliche Weise Psychologie mit östlicher Spiritualität! Doch dann wurde er neugierig und hob es wieder auf. Das war der Beginn einer lebenslangen Bewunderung. Jung zeigte ihm, dass auch in den von ihm studierten Texten des Sanskrit ein tieferer Sinn lag (Jung 1967, 385).

Als sich im August 1933 an die 50 Personen in Ascona am Ufer des Lago Maggiore trafen, um Vorträge über Symbole und Mythen zu hören, eröffnete Heinrich Zimmer die Reihe mit einem Vortrag über Tantra Yoga. Das Thema der Tagung war »Yoga und Meditation im Osten«. Die Reihe war von Olga Fröbe-Kapteyn und mit Hilfe von C. G. Jung aus der Taufe gehoben worden. Über mehrere Jahrzehnte sollten diese sogenannten Eranos-Tagungen Geister aus der ganzen Welt zusammenführen, damit sie über das spirituelle Vermächtnis der Menschheit diskutieren könnten. Hier trafen sich die Philosophen und Mythologen, Religionsforscher und Ethnologen der Welt: von Mircea Eliade und Henry Corbin bis zu Joseph Campbell und Gershom Scholem – und sprachen über Kreativität, Grenzen oder Schöpfungsmythen. Gemeinsam entwickelten sie eine globale Sicht auf Spiritualität.

Bei Eranos legte man Wert auf Wissenschaftlichkeit. Heinrich Zimmer hegte jedoch weitere Interessen, beschäftigte sich mit Tarotkarten und Astrologie. Die Mythen und Legenden um den König Artus faszinierten ihn ebenso wie etymologische Spekulation. Zimmers Interessen waren weit gestreut, es sei hier nur an seinen Traktat über das Spiel um den Elefanten erinnert. Elefantologie ist ein bedeutender Zweig indischer Medizin und *Über die Langlebigkeit* von Elefanten ein medizinisches Langgedicht, in das er sich vertiefte. Auch wenn er nichts mit Theosophen und Neobuddhisten zu tun hatte, die die östliche Weisheit »mit Haut und Haaren schlucken« wollten, so wagte er sich doch auf unbekanntes und ungesichertes Terrain. Immer wieder ging es ihm um die Suche nach Möglichkeiten der Übersetzung indischen Denkens und hinduistischer Traditionen in das westliche Weltbild, es ging ihm um einen »Prozess wechselseitiger Umwandlung und Anverwandlung. Geistige Nahrung, die assimiliert worden ist, assimiliert denjenigen, der sie in sich aufgenommen hat. Sie formt und verwandelt seine Substanz.« (1980, 250)

Er näherte sich den indischen Schriften nicht als Cartesianer und skeptischer Europäer, sondern glaubte an ihre innere Wahrheit. Damit hob er sich von den Positivisten und Akademikern ab, die indische sakrale Texte als Forschungsobjekte wahrnahmen, ohne Bezug zum eigenen Leben. Er suchte nach dem »›wirklichen‹ Indien, ›meinem‹ Indien, dem Indien Schopenhauers«. (1980, 252) Dass Zimmer wie Max Müller Indien nie besuchte, dürfte seinen Glauben an das ›wahre‹ Indien durchaus bestärkt haben. Den Gegenstand der Liebe aus zu großer Nähe zu betrachten, ist selbiger oft nicht förderlich. Immerhin wurde seine Neugier derart beflügelt, dass sie sich in die entlegensten Bezirke indischer Symbolik und Mythologie vorwagte.

Literatur
Hakl, Hans Thomas. *Der verborgene Geist von Eranos. Unbekannte Begegnungen von Wissenschaft und Eros.* Bretten: scientia nova 2001.
Jung, C. G. *Erinnerungen Träume Gedanken.* Hg. von Aniela Jaffé. Zürich: Rascher 1967.
Wilhelm, Friedrich. »Vorwort«, in Heinrich Zimmer, *Kunstform und Yoga im indischen Kultbild.* Frankfurt/M.: Suhrkamp 1976, 7 – 16.
Zimmer, Heinrich. »Notizen zu einem Lebenslauf«, in *Die indische Weltmutter.* Frankfurt/M.: Insel 1980, 233 – 253.

Hermann Hesse bekommt Besuch aus Indien

Große Mühe hatte Hesse mit dem schmalen Bändchen *Siddhartha* gehabt. Drei Jahre hatte er daran gearbeitet, mit viel Zweifel und Mühsal. Ging es doch um die entscheidenden Fragen: Was ist mein Weg, welchen Sinn hat er, wie soll ich mich in dieser Welt verhalten? Die Antwort war ein buddhistisch ausgewogener Individualismus: keine anderen Meister als das Selbst im Ich, keine Dogmen, immer auf dem Weg bleiben; keine Erlösung, die von außen zu erwarten wäre. Ein höchst eigener Pfad in dieser Zeit nach dem Krieg, als Abkehr von Massenhysterie und von ideologischen Programmen, die nur neue Kriege zeugen würden. Aber ebendadurch auch ein Weg des Zweifelns, der Unsicherheit, so poetisch klar die Lösung am Ende zu sein schien. Eine letzte Unwägbarkeit würde immer bleiben. Daher war Hesse offen für Rückmeldungen zu seinem Werk, das vielen als merkwürdig exotisch scheinen musste, aber auch in diese Zeit der Lebensreformer und Inflationsheiligen passte.

Der Freund Romain Rolland, neben Hesse einer der wenigen Pazifisten im Ersten Weltkrieg, lud ihn im August / September 1922 zu einem Kongress für Frieden und Freiheit ein. Bertrand Russell kam, ebenso Georges Duhamel und der bengalische Poet und Sänger Dilip Kumar Roy. Hesse las aus *Siddhartha,* und zwar das Gespräch, in dem der Protagonist Dogmen und Gurus ablehnt und die Liebe als den treibenden Motor des Ganzen beschwört. Zwei Tage nach der Konferenz bekam er Besuch von einem »schönen, klugen Hindu« aus Kalkutta, einem Gelehrten, der auch die Tagung besucht hatte. Der Inder bekannte, dass er nie zuvor einen Europäer kennengelernt habe, der so asiatisch, »wirklich von innen heraus asiatisch«, denken könne. »Und dann war er noch dreimal bei mir oben«, schreibt Hesse in einem Brief.

> Wir wurden Freunde, er schrieb mir indische Gedichte auf und sang mir indische Lieder, sagte Upanishaden auf und erzählte mir Krishna-Geschichten. Es war zum ersten Mal, dass mir der Ertrag meiner vieljährigen Beschäftigung mit Asiatischem von einem Asiaten bestätigt wurde. (zit. in Kämpchen 100)

Der schöne, kluge Hindu war Kalidas Nag, der ebenfalls Tagebucheinträge über diese Besuche bei Hesse verfasst hat. Wir erfahren, dass er Hesse zum Beispiel Lieder von Tagore vorsang, die den Autor begeisterten. Man traf sich insgesamt siebenmal in Montagnola und Lugano. Nag war, so vermutet Martin Kämpchen, wohl der einzige Inder, den Hesse näher kennenlernte und mit dem er sich anfreundete. Hesse widmete der Begegnung seinen Zeitungsartikel »Besuch aus Indien«, in dem er Freude über und Dank für diesen indischen Leser ausdrückte. Nag wiederum war so gerührt, dass er ein bengalisches Gedicht auf Hesse verfasste. Bis 1930 führten sie einen Briefwechsel, in dem sie die menschliche Einheit jenseits von Ost und West erträumten. Martin Kämpchen merkt an, dass keiner der großen deutschsprachigen Autoren, die mit aller Welt korrespondierten – von Rilke bis Zweig –, jemals »Briefe mit einer indischen Persönlichkeit von kulturellem Rang« ausgetauscht habe, auch nicht die Indien zugeneigten Gelehrten wie Rudolf Otto oder Albert Schweitzer (soweit bekannt). Bis

auf Hesses Briefwechsel mit einem Bengalen haben die »jahr-
hundertealten deutsch-indischen Kulturbeziehungen, über die
in Indien wie in Deutschland so häufig verklärend wie kritisch
abgehandelt worden ist, […] keine einzige bedeutende Kor-
respondenz erzeugt«. (ebd. 111)

Literatur

Kämpchen, Martin. »Ein Inder zu Gast bei Hermann Hesse«, in *Hermann Hesse in seinen Briefen*. Hg. von Michael Limberg. Bad Lie-
benzell / Calw: Gengenbach 1994, 94 – 115.

Rabindranath Tagore, Bauhaus, Gandhi

Der Literaturnobelpreis geht nach Indien:
Rabindranath Tagore

Ein Jahr vor dem Ersten Weltkrieg gelingt dem Nobelpreiskomitee ein Coup. Zum ersten Mal erhält ein Asiate den höchsten literarischen Preis der Welt: Rabindranath Tagore (1861–1941). Dichter, Philosoph, Pädagoge, Maler und Komponist aus Bengalen, Sprössling einer reichen, kosmopolitischen Familie, die die Künste pflegt, aber auch eine Reform des Hinduismus anstrebt. Sein Großvater Dwarkanath (1794–1846), Unternehmer, Ästhet und Reformer, traf Max Müller in Paris und besuchte Königin Viktoria wie auch Charles Dickens, während er in England weilte.

In Deutschland und Österreich war man nach der Verkündung des Preises enttäuscht. War nicht Peter Rosegger der Favorit gewesen? Andere Länder hatten Thomas Hardy oder Anatole France ins Rennen geschickt. Ein junger Verleger aus Leipzig, Kurt Wolff, ergriff die Chance und sicherte sich die Rechte an der Übersetzung. Wie das geschah, wird unterschiedlich überliefert. Als die Nachricht vom Nobelpreis telegraphiert wurde, so lautet eine Version, habe man das bereits vorliegende Manuskript gesucht. Ein Lektor hatte es aber abgelehnt und schon in die Post gegeben. Kurt Wolff rannte der Legende nach in das Leipziger Hauptpostamt und durchwühlte Berge von ausgehender Post, bis er das Manuskript mit dem Titel *Gitanjali* wiederfand. (Kämpchen 16–18)

Kafka und Rilke über Tagore

Einer der Autoren, die Kurt Wolff entdeckt hatte, kommentierte den Vorgang so in einem Gespräch mit seinem jugendlichen Verehrer Gustav Janouch:

> »Seltsam, dass er ablehnte«, meinte Franz Kafka langsam.
> »Tagore ist doch nicht so weit von Kurt Wolff. Indien –
> Leipzig, diese Entfernung ist doch nur scheinbar. In
> Wirklichkeit ist Rabindranath Tagore nur ein verkleideter
> Deutscher.«
> »Vielleicht ein Oberlehrer?«
> »Ein Oberlehrer?« wiederholte Kafka ernst […] Nein,
> das nicht, aber ein Sachse könnte er sein – wie Richard
> Wagner.«
> »Also Mystik im Lodenmantel?«
> »So etwas.«
> Wir lachten. (Janouch 54)

Gitanjali, östliche Verse in Prosaform, auch das war man in Deutschland nicht gewohnt. Anders im angelsächsischen Raum, wo Dichter wie der Ire William Butler Yeats den Inder förderten. Shaw und Ezra Pound gehörten zu seinen Bewunderern. Hier wehte ein neuer, östlicher Wind, der gut zu den exotischen Interessen der Modernisten zu passen schien. 1912 schrieb das *Times Literary Supplement*, es handelte sich um eine der Zeit gemäße Form der Psalmen Davids. Tagore war der neue Franz von Assisi, der neue William Blake. Aber es gab bald auch Widerstand gegen zu viel Unendlichkeit in den Gedichten, zu ungenau Romantisches und Raunendes.

Kurt Wolff war nicht ganz zufrieden mit der ihm vorgelegten Übersetzung des »verkleideten Deutschen« und trug Tagores Gedichtzyklus *Gitanjali* dem großen Rilke an. In England hatten W. B. Yeats, in Spanien Juan R. Jiménez, in Russland Boris Pasternak und in Frankreich André Gide Übersetzungen angefertigt oder überarbeitet. Rilke wurde also gebeten, Tagores Verse aus dem Englischen zu übertragen. Tagore war ihm kein Unbekannter, er hatte zuvor schon hier und da über ihn geschrieben. Er lehnte jedoch ab, angeblich wegen anderer Projekte, aber wohl in erster Linie darum: Er fühlte sich bedroht von einer »Woge von Fremdheit« in diesen Texten. (Kämpchen 19 f.)

Literatur

Janouch, Gustav, *Gespräche mit Kafka*. Frankfurt/M.: S. Fischer 1968.
Kämpchen, Martin, »1913: Der Nobelpreis und sein Nachspiel«, in Kämpchen, Hg. *Rabindranath Tagore und Deutschland*. Marbach am Neckar: Deutsche Schillergesellschaft (Marbacher Magazin 134) 2011, 12–27.

Tagore in Deutschland

Vor allem in Deutschland, wo die Inflation wütete, schlug Tagore ein: Sein langer Bart, sein wallendes Haar, die weisen Worte machten ihn zu einem Guru, wenn nicht Messias. Man stellte ihn in eine Reihe mit den sogenannten *Inflationsheiligen*, die mit ihren Visionen und exzentrischen Lebensweisen, ihrer Askese und ihren Erlösungsversprechen Furore machten: Naturpropheten und Wanderprediger wie Muck-Lamberty, Max Schulze-Sölde, Gusto Gräser oder Theodor Plivier – Vorbilder eines Demian oder Narren in Christo (Hauptmann), die sich auf Hesses Morgenlandfahrten und andere Reisen ins Innere mit Askese und Technikfeindlichkeit begaben. Und nun dieser Inder, in dem der romantisierte Orient Gestalt annahm und Hoffnung versprühte.

Dreimal besuchte Tagore Deutschland – 1921, 1926 und 1930. Er wurde hofiert, vor allem von Hermann Graf Keyserling. Der baltische Denker hatte ihn auf seiner Weltreise 1911 erstmals in Bengalen besucht und war tief beeindruckt. Nun wollte er ihn nach Deutschland holen, aber ihn auch ganz für sich behalten. Tagore kam, doch bevor er sich nach Darmstadt in die »Schule der Weisheit« des Grafen begab, machte er Station in Hamburg. Dort erwartete ihn seine Übersetzerin Helene Meyer-Frank, sie lud ihn ein, denn seine lebendige Gegenwart würde ihr Heim heiligen, er habe, seit sie ihn kenne, Glanz über ihr Leben geworfen. Sie fühlte sich wie »Maria von Bethanien, die Jesus erwartet«. Zu Tagores Geburtstag veranstaltete sie Lesungen in Berlin und Hamburg. »Ihre Botschaft«, schrieb sie ihm, »brannte in meiner Seele wie eine heilige Flamme, und die Menschen haben es gefühlt.« (zit. in Kämpchen 2011, 30 f.) Keyserling bereitete sich derweil auf die »Tagore-Woche« (9.–14. Juni 1921) in Darmstadt vor. Der Gast würde dort im Palast des Großherzogs von Hessen wohnen und zum Volke sprechen. Keyserling hatte Prominenz aus ganz Deutschland eingeladen, so auch Thomas Mann, den er bedrängte, Werbung zu machen. Mann lehnte höflich ab, Tagore sei zwar malerisch, aber doch etwas blass mit seiner »anämischen Humanität«. Immerhin erschien eine Phalanx von Kulturphilosophen und Autoren, etwa Martin Buber, der Marburger Philosoph Paul Natorp, der Theologe Rudolf Otto – seinerseits ein Erforscher asiatischer Religionen –, die Autorin Helene von Nostitz (eine Nichte Hindenburgs), der Verleger Kurt Wolff sowie der Sinologe Richard Wilhelm.

Tagore wohnte der Tagung täglich bei, hielt Vorträge und beantwortete unzählige Fragen: Glauben Sie an die göttliche Gerechtigkeit? Können Sie uns den Krieg erklären? Zeitweise waren wohl Tausende anwesend und lauschten begierig. Der Großherzog ermunterte die Massen, dem Gast deutsche Volkslieder vorzusingen, was man auch gerne tat. Die Jugendbewegung tanzte und sang, man feierte zum Abschluss ein wahres Volksfest. Die Zeitungen waren immer präsent und voller Begeisterung. Kritiker beanstandeten allerdings die Art und

Weise, wie Keyserling hier einen exotischen Gast zu einem
neuen Moses oder Christus hochstilisierte: ein großes Me-
dienspektakel, das einen liebenswerten, bescheidenen und
intelligenten Menschen aus dem Osten zum Messias für den
Westen aufblähte. Kurt Wolff sah den Rummel sehr kritisch
und verglich Keyserling mit seinem Gast – und dabei kam der
deutsche Philosoph mit seinen »Affekten und Emotionen« gegenüber dem zurückhaltenden und zuhörenden Tagore nicht
gut weg. Nach dieser turbulenten Woche traf sich Tagore mit
Stefan Zweig in Salzburg und trat in München auf, wo schließlich, auf eine Einladung des Verlegers, auch Thomas Mann erschien. Er fühlte sich dort in seiner Einschätzung des Inders
bestätigt. Er hatte den »Eindruck einer feinen alten englischen
Dame« und war, wie er im Tagebuch festhält, etwas erstaunt,
dass der Inder ihn nicht erkannt hatte (»Er hat meine Identität
wohl nicht aufgefasst.«) Insgesamt ging es den meisten aber so
wie der Tochter von Kurt Wolff: Sie glaubte, der liebe Gott sei
zu Besuch gekommen. (Kämpchen 68)

Literatur
Martin Kämpchen, *Rabindranath Tagore und Deutschland*. Marbach:
   Schillergesellschaft 2011.

Physik trifft Metaphysik: Einstein und Tagore

Auf seinen Reisen 1926 und 1930 wirkte Tagore schon weniger
spektakulär; die Weimarer Republik hatte genug mit sich selbst
zu tun, für den Mann war eine Schublade gefunden worden,
der Messianismus war abgeflaut und wurde eher in politischen
Projektionen fixiert. Immerhin kam es bei diesen Reisen zu
zwei Gesprächen mit Albert Einstein. Tagore war von dessen
großer Einfachheit sehr beeindruckt, wie er sich 1931 erinnerte.

Tee auf dem Balkon in Caputh bei Potsdam, große Sympathie zwischen beiden. Das erste Gespräch am 14. Juli 1930 dreht sich um die Frage, ob die Welt außerhalb unseres Bewusstseins existiert. Für Einstein ist dies selbstverständlich, nicht so für Tagore. Wahrheit und Wirklichkeit sind für ihn immer mit der Seele des Menschen verbunden, so wie alles tief miteinander verwoben ist. »Der Mensch hat einen unendlichen Hintergrund, der aber auch im Wesentlichen menschlich ist.« (Tagore 520) Einstein dagegen ist ein Anti-Relativist: Das Wirkliche existiert auch außerhalb und unabhängig von unserem Bewusstsein. Ironie: Es ist ausgerechnet der indische Dichter, der die Wissenschaft ins Spiel bringt, mit einer Anspielung auf die Quantenphysik (mit der sich Einstein nur schwer anfreunden kann). Menschliche Erkenntnis und subatomare Welt seien aufeinander bezogen. Ein Tisch sei eine Erscheinung und somit abhängig von der menschlichen Wahrnehmung und auch die atomare Realität des Tisches, die »Vielzahl von separaten, rotierenden elektrischen Kraftfeldern«, gehöre ebenfalls zur menschlichen Erkenntnis. (ebd. 529)

Einstein ist für ihn ein ausgezeichneter Fragesteller. Tagore selbst greift bei Diskussionen über Metaphysik und Philosophie gern zu Metaphern und poetischen Vergleichen, darin liegt die schwer greifbare, oft uns sentimental bis kitschig vorkommende Exotik des Bengalen. »Das unendliche Wesen kommt mir wie ein Flötenspieler vor«, schreibt er. Schönheit und Liebe locken uns aus unserer Isolation heraus. Musik kann auch dazu dienen, metaphysische Positionen zu beschreiben. Das wird im zweiten Gespräch vom 19. August 1930 weiter erkundet. Darin geht es zunächst um die Freiheit des Willens und die Rolle des Zufalls. Tagore gibt dem Zufall Raum und sieht darin eine Lücke in der Vorherbestimmung. Einstein glaubt an die grundlegende Kausalität aller Erscheinungen, Gott hat eben keine Lust auf Würfeln. Dann wechseln sie zur Musik über, für die beide ausgeprägte Organe haben – Einstein spielt Violine, der andere ist Komponist. Tagore ist schon früh

mit europäischer Musik bekannt geworden, denken wir einmal
an die große, hochkultivierte Dynastie der Tagores in Kalkutta
(und das Zusammentreffen seines Großvaters mit dem musika-
lischen Max Müller in Paris). Chopin hat er schon früh gehört.
»Melodie und Harmonie sind wie Linien und Farben«, sagt der
Maler Tagore, und Einstein stimmt zu, ein schöner Vergleich.
Europäische Musik erscheint dem Inder episch, ihrer Struktur nach gotisch. Das Piano verwirrt ihn irgendwie, die Violine gefällt ihm besser. Einstein wüsste gern, wie europäische
Musik auf einen Inder wirkt, der ihr noch nie ausgesetzt war.
Da ist er mit Tagore leider an der falschen Adresse, denn der
Bengale ist längst Teil einer Weltkultur, ermöglicht durch den
Bildungshunger und die Unternehmenskultur seiner Vorfah-
ren. Martin Kämpchen zieht das Fazit dieser Gespräche: Auch
wenn die beiden manchmal aneinander vorbeigeredet hätten,
sei dies doch ein Beitrag zum Dialog zwischen den zwei Kulturen, zwischen Natur- und Geisteswissenschaften gewesen, mit
Nachwirkungen bis heute. (Kämpchen 75)

Zum 70. Geburtstag Tagores schrieb Einstein ihm 1931
einen Brief, in dem er sich noch einmal mit der Willensfrei-
heit auseinandersetzte. Die Grußbotschaft endete mit einem
Lob für Tagores Pflege des menschlichen Schönheitssinnes:
»Du hast den Menschen gedient durch ein langes fruchtbares
Leben, überall milden und freien Sinn verbreitend, wie es die
Weisen deines Volkes als Ideal verkündet haben.« (ebd. 537)
Zwei Jahre später rief Goebbels aus: »Der jüdische Intellektua-
lismus ist tot« und ließ die Bücher Einsteins verbrennen. Der
Physiker ging in die Emigration. Und was geschah mit Tagore
in der Nazizeit? Schon gegen Ende der Weimarer Republik war
er für die Öffentlichkeit uninteressant geworden. Seine Botschaft der Toleranz, Freundlichkeit und Geduld stieß auf Un-
verständnis in einem politisch sich aufheizenden Deutschland.
Viele seiner jüdischen Bewunderer und Leser gingen ins Exil,
so Stefan Zweig. Der deutsche Jude Alex Aronson konnte sich
vor der Verfolgung nach Santiniketan retten, an Tagores freie

Hochschule bei Kalkutta. Später ging er nach Israel, wo er in Tel Aviv und Haifa lehrte und eine dreibändige Biographie von Tagore schrieb.

Literatur
Kämpchen, Martin. *Rabindranath Tagore und Deutschland.* Marbach am Neckar: Deutsche Schillergesellschaft 2011.
Tagore, Rabindranath.»Meine Erinnerungen an Einstein«, in *Das Goldene Boot. Lyrik, Prosa, Dramen.* Hg. von Martin Kämpchen. Düsseldorf / Zürich: Patmos 2005.

Eine Österreicherin in Kalkutta: Stella Kramrisch

Engel waren immer da. Als Kind fühlte sie sich oft durch diese Wesen getröstet. Aber auch Rilkes Wort »Ein jeder Engel ist schrecklich« erkannte sie wieder in ihren Begegnungen. Ihr Geburtsort Mikulov (Nikolsburg) und das südliche Mähren ist Magie: Karstlandschaft, Höhlen, heilige Berge. Rabbi Löw, der Schöpfer des Golems, hat hier einige Zeit gelebt. Das Schloss ist die Vorlage für Grillparzers Stück *Die Ahnfrau.* Das jüdische Mädchen zieht es in den Wald, der ihr magisch vorkommt, ihr Vater lehrt sie die Namen der Pilze, Tiere und Pflanzen. Mit ihm besucht sie das Naturhistorische Museum in Wien und entdeckt Torpfosten von Tempeln aus Indien. Das Feuer ist gelegt. Aber zunächst einmal wird sie Balletttänzerin, eine großartige, die die Avantgarde anlockt. Als sie nach Wien ziehen, entdeckt sie die *Bhagavadgita* – es wird ihr eine Schlüsselschrift fürs Leben. Die Theosophie lockt sie, sie lernt Rudolf Steiner kennen und sein Interesse an Indien schätzen. Die Mystiker, Meister Eckhart, Jakob Böhme und Angelus Silesius faszinieren sie, aber auch der mathematisch grundierte Pantheismus eines Spinoza. Deren Denken eröffnet ihr Zugänge zu den heiligen Texten Indiens. Aber es kommt noch ein Weiteres hinzu: die Moderne in Wien, Klimt, Schiele, die Futuristen. Kandinskys *Über das Geistige in der Kunst* (1912) bildet ihr eine Brücke zwischen abstrakter Kunst und Spiritualität. Tanz, Mystik, moderne Kunst – drei Komponenten, die sie schließlich zu den Kunstformen Indiens bringen sollten, insbesondere zum Kult um Shiva, dem kosmischen Tänzer, dem Zerstörer und Schöpfer der Welten.

1919 gehörte sie zu den ersten Wiener Dozenten und Dozentinnen, die nach dem Krieg in Oxford Vorlesungen halten durften. Sie sollte drei Vorträge halten – unter anderem über hinduistische Tempel. Der Maler Sir William Rothenstein, der Direktor des Royal College of Art, moderierte den Vortrag – er war eine der wichtigsten Figuren im künstlerischen Austausch mit Indien. Als sie ihren Vortrag beendet hatte und die Stufen hinabschritt, fühlte sie sich von weiten Ärmeln umarmt – es waren die Arme des indischen Dichters und Gelehrten Rabindranath Tagore. Tagore besuchte London gerade, um sich schlau zu machen, wie er sein Kolleg in Santiniketan zu einer internationalen Universität ausbauen könnte. Und so kam es, dass Stella Kramrisch von ihm nach Kalkutta eingeladen wurde. Ihr Buch *Grundzüge der indischen Kunst* (1924) wurde zum Standardwerk. »Es ist sehr schwer,« schrieb sie einmal, »die Gesetze der Malerei zu verstehen, wenn man keine Ahnung vom Tanz hat.«

Kramrisch hatte einen eigenen Guru – einen Wandermönch, der den Weg des Tantra verfolgte. Er hatte einen Eid abgelegt, nie solle sein Wanderstab die Erde berühren. Als er nach Kalkutta kam, beobachtete er sie zunächst längere Zeit, um sie schließlich als Schülerin aufzunehmen. Eines Nachts wollte er sie prüfen. Sie sollte ihm zu einem Tempel folgen, wo sie auf einen Scheiterhaufen klettern und sich auf die dort ausgelegte Leiche setzen sollte, bevor diese verbrannt wurde. Als das Feuer gelegt wurde und die Flammen aufstiegen, erlaubte

er ihr herunterzukommen. Nach der Kremation sollte sie die
Asche einsammeln und nach Hause mitnehmen, um sich damit einzureiben, was sie allem Anschein nach auch tat, denn
sie hatte komplettes Vertrauen in ihren Guru. (Miller 15)

In den 1930er und 40er Jahren nahm Stella Kramrisch Kontakt zum Warburg und Courtauld Institute in London auf, wo
mehrere berühmte Emigranten als Kunstwissenschaftler tätig
waren: Erwin Panofsky, Edgar Wind oder Fritz Saxl. Saxl bat
sie, eine Fotoausstellung unter dem Titel »Aspects of Indian
Culture« zu kuratieren – während des Blitzkriegs von 1940,
als London von den Deutschen bombardiert wurde. Auf einer
Bahnfahrt von London nach Oxford lernte Kramrisch zufällig
den Indologen Heinrich Zimmer kennen. Er war einer jener
Orientforscher, die nie in den Orient gehen wollten, um sich
die inneren Bilder nicht durch äußere Wirklichkeiten zerstören
zu lassen. Wie anders war da Stella! Sie war ein Mensch, der
sich in Wirklichkeiten hineinstürzte, oft ging sie kilometerweit
alleine in den Dschungel, nur um die Ruinen irgendeines alten
Tempels zu untersuchen.

Stella Kramrisch im indischen Kunstdialog

Im Jahre 1922 / 23 kam es zu einer kunstkritischen Auseinandersetzung besonderer Art zwischen Europa und Asien: Ein
Inder in Berlin stritt sich mit einer Österreicherin in Indien.
Der indische Soziologe und Volkswirtschaftler Benoy Kumar
Sakar hatte ein Buch über die asiatische Moderne geschrieben,
The Futurism of Young Asia, in dem er begrüßte, dass sich die
zeitgenössischen indischen Künstler einer globalen Avantgarde
anschlössen und sich zu einem weltweiten Bund zusammen-
schlössen. Stella Kramrisch hielt dagegen, dass moderne indische Künstler sich auch an der eigenen Tradition orientieren
sollten – ebenso wie die Expressionisten und Bauhausmeister

in Deutschland, die sich zumindest eine Zeitlang von der Gotik oder der bayrischen Hinterglasmalerei anregen ließen, um
so einen Durchbruch in die Abstraktion zu wagen. Sakar sollte
übrigens später die Diktatur der Nationalsozialisten mit loben-
den Worten begleiten – in seinem Kampf gegen die britische
Vorherrschaft war ihm auch diese Allianz recht, ebenso wie
vielen anderen Indern (Subhas Chandra Bhose sei genannt, der
versuchte, mit den Deutschen gegen die Briten zu paktieren).

Kramrisch, mit jüdischem Hintergrund, hatte über frühe
indische Skulpturen promoviert, aber in Wien auch den Geist
der Moderne geatmet. Diese einzigartige Kombination gefiel
den Anhängern des Bauhaus ebenso wie Tagore, der sie in
seine Reformuniversität Santiniketan einlud. Dort hielt sie eine
Reihe von einflussreichen Vorlesungen. Später lehrte sie an der
Universität von Kalkutta, bevor sie Professorin für südostasia-
tische Kunst an der Universität von Pennsylvania in Philadelphia wurde.

In Indien tat sie sich mit dem Gründer der Indian Society
of Oriental Art, Abanindranath Tagore (1871–1951), zusammen, einem Neffen Rabindranaths. Die von ihm beeinflusste
bengalische Moderne folgte tatsächlich dem von Kramrisch
vorgeschlagenen Muster: Einbindung lokaler Kultur und der
alten Traditionen, Mythen und Techniken in eine in die Abstraktion weisende Moderne. Die asiatische Kunst von Persien
bis Japan fungierte als Ideengeber. So fand man Bilder, die
japanische Holzschnitte mit der Miniaturmalerei der Mogul-
zeit verbanden. Indien suchte sich eigene Wege, auch um der
kulturellen Vorherrschaft Großbritanniens und seiner noch
stark viktorianisch geprägten Malerei zu entkommen. Die verschiedenen Tagores mit dem japanischen Kunstkenner und
Ästhetiker Okakura erforschten die Möglichkeiten einer panasiatischen Moderne. Aber war Asien denn eins, wie dieser Kulturvermittler behauptete: »Asia is one«?

Am 8. November 1926 schrieb Ninon Dolbin, geb. Ausländer, an ihren späteren Ehemann Hermann Hesse einen Brief aus Wien: »Morgen ist hier ein Vortrag Stella Kramrischs, deren Buch [*Grundzüge der Indischen Kunst*] du im Mai im Berliner Tagesspiegel besprachst, ich kenne sie von früher aus dem Seminar, sie imponiert mir sehr. Sie wollte glühend, mit aller Kraft nach Indien, sie arbeitete schon als Studentin immer nur über Indien [...]. Sie lernte hier Tagore kennen, und er brachte sie nach Indien, sie wurde Dozentin an der Universität Kalkutta, sie schrieb das Buch, das du kennst. Sie lebt in Indien. Sie hat ihr Leben nach ihrem Wollen geformt, das bewundere ich an ihr.« (N. Hesse 143)

Literatur

Ninon Hesse. *Lieber, lieber Vogel. Briefe an Hermann Hesse.* Hg. von Gisela Kleine. Frankfurt/M.: Suhrkamp 2002.
Barbara Stoler Miller, »Stella Kramrisch. A Biographical Essay«, in Miller, Hg. *Exploring India's Sacred Art. Selected Writings of Stella Kramrisch.* Philadelphia: University of Pennsylvania 1983, 3–29.

Das Bauhaus in Kalkutta

Als Walter Gropius im Mai 1919 das Bauhaus eröffnete, verband er den architektonischen Gedanken des Baus mit einem Ausruf: »Bauen! Gestalten! Gotik – Indien!« Eigentlich verrückt, Indien mit der Gotik zu verbinden, noch dazu im Aufbruch eines technologisch hochrüstenden Jahrhunderts. Aber das frühe Bauhaus hatte romantische Wurzeln, und diese wiederum gingen bis nach Indien, zurück in die Indienverherrlichung von Schlegel, Novalis und anderen Romantikern. Indien bedeutete für Gropius allerdings auch Handwerk, großartige Tempel, wie sie Europa zuletzt in der Gotik gebaut hatte, Meisterschaft und Bauhüttenwesen. Ein Mitarbeiter von Gropius erhielt als Weihnachtsgeschenk ein Buch über indische Plastik mit der Widmung: »ein Ziel!«. (Friedewald 121) Man lud den Weltphilosophen Keyserling zu einem Vortrag über »Wiedergeburt aus dem Geiste« nach Weimar ein, denn das Thema Wiedergeburt war für das ausgeblutete, vom Krieg ökonomisch wie moralisch zerstörte Deutschland von großer Bedeutung. Der Bauhausmeister Paul Klee mochte zwar Tagores Lyrik nicht recht (»schwächliche Erotik, ohne Plastik«), aber immerhin hatte schon sein Vater den Bengalen übersetzt. Im Mai 1921 zelebrierte man Tagores Geburtstag in Weimar mit einer Morgenfeier, und Johannes Itten, einer der ersten Bauhausmeister, fertigte eine Zeichnung des Dichters aus der Phantasie, allerdings ohne die wallenden Haare.

Itten war wohl der esoterischste der Bauhäusler. Er neigte zum Mazdaznan-Glauben, in dem sich persisch-orientalische Weisheit mit Lebenskunst verbindet, ließ im Unterricht Atemübungen machen und brachte den Vegetarismus ins Bauhaus. Auch mit Pali befasste er sich, der Sprache des Buddhismus. Eine seiner Studentinnen webte Sanskritzeichen in der Weberei. Itten kannte aus Wiener Zeiten noch die überwältigende Alma Mahler, die eine begeisterte Theosophin war und sich 1914 für einen Sanskrit-Kurs bei Annie Besant in Benares angemeldet hatte, ihn aber wegen des Krieges nicht belegen konnte. Ein Jahr später heiratete Alma Mahler den Bauhausgründer Gropius. Neben Tagore hatte ein weiterer Inder Einfluss auf das Bauhaus. 1921 besuchte der Gründer des Internationalen Sufi-Ordens Hazrat Inayat Khan Jena, wo der orientfreudige Verleger Eugen Diederichs auf ihn wartete; sodann ging es nach Weimar, wo er von der nationalkonservativen Schwester Nietzsches zu einem Vortrag im Nietzsche-Archiv empfangen wurde. Nicht weit also der Weg ins Bauhaus für den charismatischen Inder aus Gujarat. »Alles an diesem Mann strahlte Metaphysik aus, wonach wir großen Hunger hatten«, schrieb der

Bauhäusler Heinrich Konrad. (Friedewald 126) Inayat Khan
sang und spielte auf der Vina. Doch bald tat sich eine Schere
auf: zwischen denen, die vom Orient träumten und denen, die
es nach Technik, Rationalität und Amerika drängte. Dorf oder
Großstadt, Hütte oder Platte? Oskar Schlemmer notierte schon
1921: »Dies Zweierlei scheint mir ein sehr Prinzipielles im heutigen Deutschland. Einerseits der Einbruch der östlichen Kultur, Indienkultur, auch zurück zur Natur der Wandervogelbe-
wegung und anderem. Siedlung, Vegetarismus, Tolstoiismus,
Reaktion auf den Krieg – andererseits Amerikanismus, Fortschritt, Wunder der Technik und Erfindung.« (zit. in Friedewald 129) Mit anderen Worten: Itten oder Gropius.

1922 kam ein Brief aus Kalkutta ins Bauhaus, er ging an
Itten. Es war ein Brief von Stella Kramrisch. Sie lud die Meister
ein, an einer Ausstellung mit indischen Künstlern in Kalkutta
teilzunehmen. Was für eine Gelegenheit! Man schickte Pakete
mit Bildern von Itten, Kandinsky, Feininger und Klee, der zu
dieser Zeit eines mit dem Titel »Indischer Blumengarten«
malte. Kramrisch schrieb das Vorwort zum Katalog, in dem sie
betonte, dass europäische Kunst nicht zwangsläufig Naturalismus hieß, wie man es sich in Indien wohl oft vorstellte, dass die
Künstler Handwerk und Vision vereinten und das Leben der
Seele zum Ausdruck brächten, ganz wie die indischen Künstler. Es handelte sich um eine vielbeachtete Verkaufsausstellung,
doch nur ein Bild wurde verkauft – das einer Studentin, die
ein Aquarell beigesteuert hatte. Der Käufer hieß Rabindranath
Tagore (Friedewald 131).

1955 hielt Gropius noch einmal eine Rede, lange nach dem
Ende des Bauhauses, als in Ulm die Hochschule für Gestaltung
ihre Tore öffnete:

Auf einer Weltreise im vergangenen Jahr habe ich die orientalische Geisteshaltung kennengelernt in Japan, Siam,
Indien, die sich so anders, mehr verinnerlicht-magisch of-
fenbart als die logisch-praktische des westlichen Menschen.

Wird die Zukunft mit der größeren Freizügigkeit auf der Erde die allmähliche Durchdringung dieser beiden Geisteshaltungen bringen und damit zur reiferen Demokratie der Balance führen zwischen dem seelisch-traumhaften und dem geistig logischen? Der künstlerische Mensch mit seiner Veranlagung zu menschlicher Gänze ist dazu prädestiniert, diese Durchdringung zu fördern [...] (zit. in Friedewald 133)

Literatur

Bittner, Regina und Kathrin Romberg, Hgg. *Das Bauhaus in Kalkutta. Eine Begegnung kosmopolitischer Avantgarden*. Ostfildern: Hatje Cantz 2013.

Friedewald, Boris. »Das Bauhaus und Indien – Blick zurück in die Zukunft«, in: Regina Bittner und Kathrin Rhomberg, Hgg. *Das Bauhaus in Kalkutta. Eine Begegnung kosmopolitischer Avantgarden*. Ostfildern: Hatje Cantz 2013, 119–133.

Tagore in Asien

Wieder also Ost und West, Innen und Außen, Geist und Materie. Aber wie viel Osten hat der Osten, wie westlich ist der Westen? Tagore begab sich auf eine Reise nach China und Japan, ausgehend von dieser Idee einer asiatischen Einheit: Er wurde eines Besseren (oder Schlechteren) belehrt. Der Inder selbst schwankte in seinen Bestimmungen dessen, was Osten und Westen voneinander unterschied. Manchmal war der Westen für ihn extrem materialistisch, dann wiederum der Osten, insbesondere China. Der Friede der Welt sollte aus dem Osten kommen, aber war der denn friedlich? Einer seiner prominentesten Schüler, der französische Indologe und Buddhismusforscher Sylvain Lévi, der 1921–22 in Santiniketan lebte, kritisierte den Meister in einem Brief: Nein, der Osten habe eben keinen Frieden, nicht mehr als der Westen jedenfalls. Er sah in Tagores Festhalten am Brahmanentum und in seiner skeptischen bis ablehnenden Haltung zur Demokratie ein großes Defizit. Die beiden lebten sich schließlich auseinander. (Dutta / Robinson 248)

In China sah man Tagore in der Reihe der großen Missionare, die einst von Indien ausgesandt worden waren, den Buddhismus zu verbreiten. Die ersten zehn sollen übrigens von dem Kaiser hingerichtet worden sein, der auch die Große Mauer bauen ließ. Einladungen für Tagore kamen unter anderem von Sun Yat-sen, dem ersten Präsidenten des modernen China nach dem Ende des Kaiserreichs, der jetzt im Exil in Kanton weilte. In Nanjing wurde Tagore bedeutet, er sei seit 700 Jahren der erste mit einer Botschaft aus Indien. Dreitausend Hörer kamen, die meisten Studenten. Der Balkon, unter dem er während der Rede stand, ächzte und knirschte, es bestand die Gefahr, dass er mitsamt den Zuhörern in die Tiefe stürzen könnte. Da Tagore Englisch sprach, werden ihn eher wenige verstanden haben; man kam wegen seines Charismas und seines großen Ruhms in Asien. Die Fahrt mit dem Zug nach Peking unterbrach Tagore, um dem Grab von Konfuzius einen Besuch abzustatten. Zu den Klängen einer chinesischen Blaskapelle, die den neuen amerikanischen Hit »Yes, We Have No Bananas« intonierte, zog die Delegation mit Tagore in Peking ein, um an einem Treffen von neun Weltreligionen teilzunehmen. Junge Buddhisten begrüßten ihn mit einem blumigen Brief, in dem sie die Milch seiner Gedanken und seinen elefantengleichen Schritt priesen. Man gab ihm den chinesischen Namen Chu Chen Tan, »Donnernde Morgendämmerung Indiens« (eigentlich Lautzeichen für Indien, Indra und Rabi). Und er wurde sogar zum ehemaligen Kaiser Puyi gerufen, der weiter in der Verbotenen Stadt lebte. Anders bei den öffentlichen Vorträgen. Dort fiel ihm ein Flyer in die Hände, den man nur ungern für ihn übersetzen wollte. Aber dann erfuhr er doch, worum es ging. Radikale Studenten griffen ihn an: Sie hielten nichts von dieser alten östlichen Kultur, die er da mitbringe. Man wolle modern sein und schäme sich der verstaubten Traditionen. Die Spiritualität des Ostens sei nichts anderes als Korruption, Krieg, Heuchelei und das Einschnüren von Frauenfüßen. Man halte nichts von seinem Anti-Nationalismus und seiner Betonung des Seelenlebens. Das seien doch nur Zufluchtsorte von Faulenzern und Ästhetizisten. Im Übrigen rede er noch immer von Gott und der Seele, wobei doch klar sein sollte, dass diese uns nicht gerettet haben. Der Mensch selbst müsse sein Schicksal in die Hand nehmen. Tagore fühlte sich komplett missverstanden und brach seine Vortragsreise ab. (Dutta / Robinson 246–252)

Tagores erster chinesischer Übersetzer war Chen Duxiu, ein Professor für chinesische Literatur, der 1921 die Kommunistische Partei Chinas mitbegründen sollte. Aber auch er begann zu fürchten, dass Tagore mit seiner östlichen Spiritualität den Weg in die Zukunft versperren könnte, und so veröffentlichte er gleich neun Artikel gegen den Dichterphilosophen im Organ der Kommunistischen Partei sowie weitere unter Pseudonym. Tagore sei so verwirrt wie Laozi oder Zhuangzi, die alten chinesischen Taoisten. Dazu kämen die Verwirrungen des Buddhismus, wir haben jetzt genug davon!

Dennoch, auch in China sollte Tagore weiterhin warmherzige, begeisterte Leser finden, trotz aller Parteilinien. Er wurde weiterhin übersetzt. Als Dolmetscher auf seiner Reise hatte ihm der bekannte chinesische Lyriker Xu Zhimo begleitet, mit dem er sich anfreundete. Xu Zhimo hatte in Cambridge studiert und als Erster westliche romantische Stimmungen in seiner Lyrik eingefangen. Sein Gedicht über den Abschied von Cambridge findet sich heute auf einem Gedenkstein hinter dem King's College. 1931 starb er bei einem Flugzeugabsturz.

Zum 60. Jahrestag der Volksrepublik China im Jahre 2009 veröffentlichte die *Global Times* in Peking eine Liste mit 60 Ausländern, die China in seiner Entwicklung in diesen 60 Jahren unterstützt hätten. Wir finden darin Einstein, Beethoven und Newton, Bill Gates, Michael Jackson, Lenin, Stalin, Kissinger und andere. Und drei Inder sind dabei: Gandhi, Nehru und Tagore. Autoren gibt es nur vier: neben Tagore noch Gorkij, Tolstoj und Andersen. Bis heute ist Tagore wohl der meistübersetzte ausländische Autor in China.

Literatur

Tan Chung, Wei Liming, »China«, in Martin Kämpchen, Imre Bangha. *Rabindranath Tagore. One Hundred Years of Global Reception.* Hyderabad: Orient Black Swan 2014, 38 – 56.
Dutta, Krishna und Andrew Robinson. *Rabindranath Tagore. The myriad-minded man.* Delhi: Rupa & Co., 2000.
Mishra, Pankaj. *A Great Clamour. Encounters with China and Its Neighbours.* Delhi: Penguin India 2013.

Tagore trifft Gandhi

Lange war sich Jawaharlal Nehru, Indiens erster Ministerpräsident, nicht sicher, wem er näherstand: Gandhi oder Tagore? Zwei große Geister, die das moderne Indien im 20. Jahrhundert geprägt und repräsentiert haben: der eine als Politiker und spirituelles Vorbild, der andere als Künstler und Erziehungsreformer. Sie waren in vielen Aspekten vergleichbar, und doch so verschieden: Nationalist vs. Kosmopolit, Gujarati vs. Bengale, Politiker vs. Künstler, Traditionspfleger vs. Zukunftssucher, handelnder Mensch vs. Denker und Dichter, Asket vs. Freund des Schönen und Sinnlichen. (Dutta / Robinson 237) Der Dialog zwischen beiden ist bis heute relevant und zugleich ein Dialog zwischen Asien und Europa.

Beide haben sich auf unterschiedliche Weise mit westlichen

Ideen auseinandergesetzt. 1915 besuchte Gandhi erstmals Tagores freie Universität in Santiniketan. 1921 kam es zu einem weiteren Aufenthalt und zu einem Meinungsaustausch. Gandhi wollte den Künstler und einflussreichen Reformer für seine Bewegung der Non-Cooperation, der Verweigerung einer Zusammenarbeit mit den Briten in Indien, gewinnen. Tagore ließ sich nicht überzeugen. Er sah Chauvinismus am Werk, eine Verschließung des Landes vor den Möglichkeiten, mit dem Ausland und eben Großbritannien zusammen an einer Zukunft zu arbeiten. Bestätigt fühlte er sich, als Gandhis Anhänger begannen, gewalttätig zu werden, woraufhin Gandhi als Mahnung öffentlich zu fasten begann. Tagore ahnte auch, dass es nach einer Vertreibung der Briten aus Indien zu großen Konflikten zwischen Muslimen und Hindus kommen würde, so dass Indien vielleicht sogar geteilt werden würde; was ja 1947 eintrat mit der Abspaltung von Pakistan und Ost-Pakistan, das zu Bangladesch wurde. All das war auch Resultat eines blutigen Bürgerkrieges. Gandhi war zutiefst bestürzt. Im Jahr darauf wurde er von einem fanatischen Hindu ermordet. Bis heute ist Gandhis Erbe in Indien umstritten (Mishra 116 f.): ein Befreier, aber auch rückwärtsgewandt; ein utopischer Denker, der aus der Vergangenheit lebt; ein Menschenfreund und Sinnesfeind; ein Heiliger und Verdammter zugleich (Mishra 116 f.). »Die Verehrung«, schreibt Ilija Trojanow, »gilt einem Abziehbild, das sich nicht zuletzt einem hagiographischen Hollywoodfilm verdankt.« (Trojanow 474)

Hier soll allein sein Dialog mit dem Westen im Vordergrund stehen. Gandhi kam als junger Mann nach London, um Jura zu studieren. Die Reise dorthin verstieß gegen das Verbot seiner Kaste, ins Ausland zu gehen. Man berief sogar eine Kastenversammlung ein, um ihn davon abzuhalten. Wusste er nicht, dass Inder im Ausland gezwungen würden, gegen ihren Glauben zu handeln? Mit Europäern zusammen essen oder trinken, das gehe gar nicht! Gandhi versprach, der Religion treu zu bleiben, legte ein Gelübde ab, sich von Alkohol, Fleisch und Sinnesge-

lüsten fernzuhalten. Schon als Schuljunge hatte er ohnehin beschlossen, Vegetarier zu werden, als er nach dem Verzehr von
Ziegenfleisch Albträume bekam und nachts einen Ziegenbock
in sich blöken hörte. Die Kaste fand das Gelübde jedoch unzu-
reichend und verstieß ihn.

In London hatte Gandhi dann tatsächlich große Probleme
mit der Ernährung. Das englische Essen war ihm zuwider, und
es ging ihm erst besser, als er sich Vegetariern anschloss, die
sich regelmäßig in einem Lokal trafen. Hier diskutierte man
auch lebhaft über Religion und Philosophie. Vom Christentum
hatte Gandhi aufgrund von Erfahrungen mit Missionaren, die
den Hinduismus schlechtredeten und angeblich Konvertierte
zum Konsum von Rindfleisch und Alkohol verleiteten, keine
gute Meinung – da verstand er sich schon besser mit dem Islam. Die Vegetarier und darunter auch Theosophen brachten
ihn nun zu anderen Ansichten. So begann er, die Bibel zu studieren. Er verwarf das Alte Testament, aber hob die Bergpredigt im Neuen Testament als eine Lehre hervor, die exakt zu
seinen Vorstellungen einer guten Welt passte. Es blieb ihm allerdings ein Rätsel, warum Jesus der Sohn Gottes sein und die
Welt erlöst habe sollte und warum dann nur diejenigen, die an
ihn glauben, gerettet sein sollten. Das war für ihn nicht nach-
vollziehbar.

Die Theosophen taten noch ein Weiteres: Sie lenkten seine
Aufmerksamkeit auf seine eigene Kultur, die er, im Bestreben,
es den Europäern in allem nachzutun, bis dahin nur am Rande
oder gar nicht wahrgenommen hatte. Durch sie entdeckte er
nun die heiligen Schriften Indiens, allen voran die *Bhagavadgita* in der Übersetzung von Sir Edwin Arnold. In der *Bhagavadgita* fand der Inder nun die Leitlinien für sein Leben. Eine
böse Ironie der Geschichte: Sein Mörder, ein Anhänger der
Lehre Krishnas, würde Gandhi eines Tages mit einem Exemplar der *Bhagavadgita* in der Hand erschießen. (Trojanow 483)

London war wie alle westlichen Kulturen vom Tolstoi-Fieber
ergriffen. Leo N. Tolstoi war ein Mann nach Gandhis Ge-

schmack: ein ehemaliger Hedonist und Autor von Romanen, ein Adliger, der sich dem einfachen Leben zugewandt hatte, ein Pazifist, der Gewaltlosigkeit predigte und sich von Staat und Kirche unabhängig machte. Tolstois Urchristentum, wie er es in seiner Schrift *Das Himmelreich in euch* (1894) nannte, überzeugte Gandhi und gab ihm Kraft und Stärke in seiner aktiven Gewaltlosigkeit. 1908 veröffentlichte Tolstoi in einer indischen Zeitung einen Leserbrief, in dem er die Inder aufforderte, sich durch passiven Widerstand und Nächstenliebe von der englischen Kolonialherrschaft zu befreien. Gandhi schrieb ihm daraufhin einen Brief, in dem er den Russen um Rat bat. Von 1909 bis zu Tolstois Tod 1910 standen die beiden in brieflichem Kontakt. Tolstois Unterstützung war für Gandhi entscheidend auf seinem eigenen Weg zu gewaltlosen Aktionen und Protesten, die schließlich zur Unabhängigkeit Indiens führen sollten.

Drei weitere westliche Autoren prägten ihn: Der amerikanische Transzendentalist Henry David Thoreau (1817 – 1862) veröffentlichte 1849 einen Vortrag über die Notwendigkeit, dem Staat zu widerstehen, wenn dieser eine ungerechte Politik verfolge, etwa zur Gewalt in Kriegen aufrufe. *Civil Disobedience* ist bis heute eine wichtige Streitschrift. Sie erlangte in den 1960ern erneut Bedeutung, als die Anti-Vietnamkrieg-Bewegung nach geistiger Unterstützung suchte. An Thoreau, der ja selbst vom Hinduismus beeinflusst war (ebenso wie sein Freund Emerson) schätzte Gandhi auch die Rückkehr zu einem einfachen Leben, zur Selbstversorgung. Thoreau hatte mit *Walden* (1854) dokumentiert, wie man einfach und autonom im Wald leben konnte. Gandhis Aufruf an Indien, zu einer Eigenproduktion von Textilien mit Hilfe des Spinnrades zurückzukehren und sich so von Großbritannien unabhängig zu machen, ist in diesem Sinne zu verstehen. Tagore und viele andere Inder waren aber nicht einverstanden. Sie wollten nicht hinter den technischen und sozialen Fortschritt zurückfallen, zu Heimarbeit und Spinnrad. Sie sahen hier einen Rückschritt, der Indien wieder in das Altertum und in den Hunger katapultieren würde.

1904 machte ein Vegetarier in Südafrika Gandhi auf den englischen Kulturkritiker John Ruskin (1819–1900) aufmerksam, der eine Neuordnung der Entlohnung von Arbeit forderte. Sein kapitalismuskritisches Buch *Unto this Last* (1862) überwältigte Gandhi derart, dass er sogleich eine Kommune gründete, in der jeder den gleichen Lohn erhielt, unabhängig von Geschlecht, Ethnie, Alter oder anderen Merkmalen.

Und drittens: Er las den Zeitungsartikel eines Journalisten, der bei uns vor allem als Autor der Kriminalgeschichten um Father Brown bekannt ist: Gilbert Keith Chesterton (1874–1936). Der hatte nämlich in einem Artikel den indischen Nationalisten vorgeworfen, sie seien keine *indischen* Nationalisten, solange sie sich fortwährend auf westliche Denker und Soziologen bezogen. Gandhi übersetzte die Kolumne 1909 und sah darin einen Anstoß für sein Hind Swaraj Movement, die indische Unabhängigkeitsbewegung.

Doch Gandhi wollte auch selbst auf den Westen wirken, den er in einer Spirale der Gewalt und des Materialismus verfangen sah. So schrieb er etwa zwei Briefe an Hitler. Im ersten Brief, wenige Wochen vor Kriegsbeginn, versuchte er, ihn von einem bevorstehenden Krieg abzubringen: »Sie sind unbestreitbar der einzige Mensch auf der Welt, der einen Krieg verhindern kann.« Er möge auf einen »aufrichtigen Freund« hören, der doch große Erfolge durch Gewaltlosigkeit errungen habe. Im Dezember 1940 wurde sein Ton schärfer. Hitlers Gewalt gegen Polen und die Einverleibung Dänemarks und der Tschechoslowakei seien Handlungen, die gegen die menschliche Würde verstießen: »Sie hinterlassen Ihrem Volk kein Vermächtnis, auf das es stolz sein könnte.« Kein Erfolg im Krieg könne beweisen, dass Hitler im Recht sei: »Er wird nur beweisen, dass Ihr Zerstörungspotential größer war.« Die beiden Briefe erreichten Hitler nie, sie wurden von der britischen Zensur abgefangen. (Gandhi 2015, 203–207) Den Juden empfahl er ebenfalls Gewaltlosigkeit; diese würde sie wahrhaft zu einem auserwählten Volk machen. Palästina gehöre aber den Arabern und deshalb lehnte er den Zionismus ab. Das stieß auf große Proteste, untern anderem von Martin Buber. (ebd. 207–211)

Gandhi wirkte besonders auf pazifistische Bewegungen im 20. Jahrhundert, allen voran auf Martin Luther Kings Kampf gegen die Unterdrückung der Schwarzen in den USA. Schon als Student hatte der Amerikaner Gandhis Ideen kennengelernt und sie mit seinen eigenen christlichen Anschauungen verbunden: Widerstand durch Ungehorsam und Liebe. Als die ersten gewaltlosen Aktionen in den USA begannen, begab sich King nach Indien, um die Situation dort mit der amerikanischen zu vergleichen. Er traf auch den Sohn Gandhis sowie einige Verwandte und suchte das Grab des Ermordeten auf. Mit einem neuen Impuls konnte er seine Aktionen in den USA weiterführen. 1968 wurde auch er ermordet, von einem weißen Rassisten.

Die Leipziger Friedensbewegung von 1989 ist ein weiteres Beispiel für das Nachwirken Gandhis. Wie ich aus mündlichen Quellen erfuhr, haben eine Reihe von Bürgerrechtlern um Uwe Schwabe Gandhis Schriften und Taten studiert, um für ihre eigene Bewegung Argumente und Kraft zu sammeln, aber auch Strategien zu lernen. Hier führte Gandhis Denken zu einem der ganz seltenen Phänomene in der menschlichen Geschichte: einer friedlichen Revolution!

Dem Westen gegenüber blieb Gandhi kritisch. Ihm missfiel der Materialismus, die Ausrichtung auf Wohlstand und Wachstum, auf Technik und Militär. Solche verderblichen Tendenzen wollte er nicht für Indien übernehmen. Indien verknüpfte er mit einer uralten Tradition, mit einem einfachen Leben nach den Gesetzen der Moral.

Literatur

Adams, Jad. *Gandhi. The True Man Behind Modern India.* New York: Pegasus 2011.

Dutta, Krishna und Andrew Robinson. *Rabindranath Tagore. The myriad-minded man.* New Delhi: Rupna 2000.

Gandhi, Mahatma. *Mein Leben.* Frankfurt/M.: Suhrkamp 1983.

– *Mittel und Wege. Ausgewählte Reden und Schriften.* Hg. von Gita Dharampal-Frick. Stuttgart: Reclam 2015.

Menzel, Nadine. »Leo N. Tolstoy's *The Kingdom of God Is Within You* (1894) as Inspiration for Mahatma Gandhi«. In E. Schenkel. *The Guru Challenge. Gurus in Modern Culture.* Leipzig: Edition Hamouda 2021.

Mishra, Pankaj. »Gandhis Vermächtnis. Über Wahrheitsmacht, spirituelle Kriegsführung und Gewaltlosigkeit«. *Lettre International* 126, Herbst 2019. 116–122.

Murthy, B. Srinivasa Murthy Hg. *Mahatma Gandhi and Leo Tolstoy: Letters.* 1987: https://www.mkgandhi.org/ebks/MG_Tolstoy_Letters.pdf (Zugriff 22. 1. 2021)

Zu Tolstoi, Das Himmelreich in Euch: https://en.wikipedia.org/wiki/The_Kingdom_of_God_Is_Within_You (Zugriff 22. 1. 2021)

Trojanow, Ilija. »Der Mensch ist größer als ein Heiliger. Das inspirierende, widersprüchliche Leben des Mohandas K. Gandhi«, in Gandhi, Mohandas K. *Mein Leben.* 473–496.

Revolutionär und Guru: Sri Aurobindo

Sein Vater, ein bengalischer Chirurg im heutigen Bangladesch, wollte auf keinen Fall, dass der Sohn von Indiens Kultur infiziert würde. Als Darwinist und Atheist, der selbst in England studiert hatte, lag ihm daran, eine »bessere Zucht in die Welt zu bringen« und aus seinen Kindern »Riesen zu machen«. (Hees 9) Um das sicherzustellen, brachte er seine drei Söhne 1879 nach England, zunächst nach Manchester. Die Familie eines Geistlichen sollte dafür sorgen, dass sie auf keinen Fall mit Indern in Berührung kämen, am besten auch mit keiner Religion. Aurobindo Ghose lernte Englisch, Latein, Griechisch und einige andere Sprachen. Im Alter von sieben war er mit dem Christentum und der Bibel vertraut. Man zog nach London, wo Aurobindo die renommierte St. Paul's School besuchte, zur gleichen Zeit übrigens wie der spätere Schriftsteller Gilbert Keith Chesterton. Die Brüder blieben in der Obhut der Gasteltern. Diese dachten nicht im Traum daran, sie vor der Religion zu schützen, im Gegenteil, man arbeitete intensiv an ihrer Bekehrung zum Christentum. Doch vergebens! Und so wurden die Jungen schließlich aus dem Haus geworfen. Sie führten fortan ein karges Leben, mit knapper Unterstützung des Vaters kamen sie durch. Aurobindo aber erwies sich als hochbegabt. Mit dreizehn las er Cicero auf Latein und Euripides auf Griechisch. Er begann auf Englisch und Griechisch Gedichte zu schreiben, las Dantes *Göttliche Komödie* auf Italienisch und Goethe auf Deutsch. Die Lehrer waren von seinem englischen Schreibstil sehr beeindruckt. Es folgten zwei Jahre in Cambridge, wo er sich weiter auszeichnete. Hier vertiefte er sich, neben seinen Studien in europäischer Literatur und Philosophie, in Max Müllers Übersetzung der Upanishaden. Allmählich dämmerte es ihm, welch gigantische Welt die indische Kultur darstellte. Es war vorgesehen, dass er als Beamter in den Indian Civil Service, d.h. die englische Verwaltung Indiens, eintreten sollte; nur die Reitprüfung fehlte noch. Nun aber wendete sich das Blatt. Aurobindo meldete sich einfach nicht zur Prüfung an – und verbaute sich damit die Möglichkeit, Kolonialbeamter zu werden: ohne Reiten keine koloniale Herrschaft. Aurobindo war klargeworden, dass er auf der anderen Seite stand, der Seite Indiens, auch wenn man sie noch solange vor ihm geheim gehalten hatte.

1893 sollte ihn ein Schiff zurück in die Heimat bringen, doch ein Gerücht ging um, dass es gesunken war. Dr. Ghose erfuhr davon und starb am Kummer über den vermeintlichen Tod seines Sohnes. Der Bericht stellte sich aber als falsch heraus, und der Sohn betrat bald wieder indischen Boden. (Paine 339).

1893, in dem Jahr, als in Chicago das Weltparlament der Religionen tagt, kommt er in Bombay an. Er beginnt gleich, das *Mahabharata* zu übersetzen und indische Sprachen zu lernen (Sanskrit, Gujarati, Marathi, Bengali, Hindi). Bis 1906 unterrichtet er mit Unterbrechungen in Baroda, wo er Studenten auf die Universität vorbereitet. Er ermuntert sie zum Selberdenken, zum Schreiben und zu gutem Stil. Er selbst fühlt sich noch als englischer Dichter; seine ersten Gedichtbände erscheinen auf Englisch. In ihnen zeigt sich ein starker Einfluss von Romantikern wie P. B. Shelley und William Blake, die auch seine späteren lyrischen Werke, etwa *Savitri*, prägen sollten. Er heiratet nach hinduistischem Brauch, weigert sich allerdings, bestimmte Riten durchzuführen, wie zum Beispiel das Essen von Kuhfladen oder das Rasieren des Schädels. (Hees 54)

In Bengalen formiert sich derweil eine revolutionäre Bewegung, die für die Unabhängigkeit Indiens kämpft. Man praktiziert körperliche Ertüchtigung, um das koloniale Joch eines Tages abzuwerfen. Eine Enkelin von Debendranath Tagore bringt jungen Männern das Kämpfen mit Bambusstangen bei. Schwester Nivedita, eine irische Schülerin von Vivekananda, pflegt Kontakte zu Anarchisten wie Pjotr A. Kropotkin oder dem japanischen Panasiaten Okakura Kakuzo, der im Westen eines Tages mit seinem *Buch vom Tee* (1906) bekannt werden sollte. Gewalt wird als Lösung gesehen, der Terrorismus kommt gleich danach. (ebd. 62 f.) Aurobindo ist nun politisch aktiv, gibt eine Zeitschrift heraus, die als oberstes Ziel die indische Unabhängigkeit fordert. Von nun an wird er von den britischen Behörden scharf beobachtet, von seinen Landsleuten dagegen bewundert. Für sie ist er zur wichtigsten Stimme gegen den britischen Kolonialismus geworden. Später sollte Gandhi sein Nachfolger werden, wenn auch unter anderen Vorzeichen. Denn Aurobindo ist zu diesem Zeitpunkt der Gewalt nicht abgeneigt. Zugleich aber tut sich ihm der Weg in ein spirituelles Leben auf. Er vertieft sich mehr und mehr in die indische Kultur, übersetzt und schreibt, und nimmt mit seinen

Freunden zusammen in spiritistischen Sitzungen Kontakt auf mit großen Geistern wie Ramakrishna. Was, fragen sie, können wir tun, um das Land vorwärtszubringen? Antwort: Baut einen Tempel! Das lässt sich vielseitig interpretieren. Sollte Indien dieser Tempel sein? Später erkennt Aurobindo, dass er sich selbst zum Tempel machen, sein Leben als Tempel des Geistes gestalten muss. (ebd. 81) Die Briten verhaften ihn schließlich wegen Aufrührerei, und er muss für ein Jahr ins Gefängnis. Es wird eine sehr wichtige Zeit für ihn. Denn hier entdeckt er das Yoga, das von nun an sein Lebensinhalt werden sollte.

Rabindranath Tagore verherrlicht ihn in einem Gedicht, das so beginnt: »Vor dir, o Aurobindo, neigt Rabindranath sich tief!« Der Prozess gegen Aurobindo und 49 andere Personen zieht sich über ein Jahr hin. Am Ende wird Aurobindo als Einziger freigesprochen. 1910 zieht er in die französische Enklave Pondicherry an der Ostküste von Tamil Nadu, unweit Madras und begründet dort einen Ashram. Sein Weg führte aus dem Osten nach Westen, und wieder nach Osten, um schließlich in ein Jenseits von Ost und West einzumünden. Diese Weltkurve wäre anders verlaufen, wäre er nicht einer Frau aus dem Westen begegnet.

Eine Französin wird zu einer indischen Heiligen: Mirra Alfassa

Ihre Großmutter war mit Ferdinand de Lesseps, dem Erbauer des Suez-Kanals, und mit dem Komponisten Rossini befreundet, ihre Mutter eine kosmopolitische Frau aus Alexandrien. Am 21. Februar 1878 wurde Mirra in Paris geboren. Wie Dr. Ghose wollte die Mutter, dass ihre Kinder es zu etwas Großem bringen, in der Welt. Mit 16 begann Mirra, Kunst zu studieren, und ihre Werke wurden mehrmals in den Pariser Salons für Schöne Künste ausgestellt. Sie war unterwegs in Künstlerkreisen, lernte

Henri Matisse und Schüler von Gustave Moreau kennen. Einen davon heiratete sie, Henri Morisset (1870–1956). (Van Vrekhem 20–23). Gleichzeitig war sie vom Okkultismus angetan. Schon mit 13 hatte Mirra Alfassa Erlebnisse außerhalb ihres Körpers gehabt. Damals hatte sie einen Inder in ihren Visionen gesehen; er suchte sie immer wieder auf und sie nannte ihn Krishna. Später kam sie in eine esoterische Schule nach Algerien. In Paris gab ihr ein Inder die *Bhagavad Gita*, und sie beschäftigte sich mit Vivekanandas Raja Yoga. Hier hörte sie Inayat Khan, den Sufi-Lehrer, und sie lernte Alexandra David-Néel, die spätere Tibetforscherin, kennen. Mit ihr machte sie täglich Spaziergänge im Bois de Boulogne (ebd. 35). Von ihrem Malergatten ließ sie sich derweil scheiden. Ein neuer Mann mit okkulten Interessen trat in ihr Leben – Paul Richard, Rechtsanwalt und vormals protestantischer Pfarrer. Da er politisch engagiert war, wollte er sich zum Abgeordneten in der französischen Enklave in Indien wählen lassen, um einen Platz im französischen Parlament zu bekommen. 1910 reiste er nach Pondicherry, wo soeben ein neuer Stern aufgegangen war: Der für die Briten gefährliche Inder Aurobindo Ghose war dort eingetroffen und hatte inzwischen den Ruf eines bekannten Yogis. Richard empfand das Treffen mit ihm als schicksalhaft. Vier Jahre später fuhr er wieder nach Pondicherry, diesmal mit seiner Frau Mirra Alfassa. Als diese Aurobindo erblickte, erinnerte sie sich an die Visionen, die sie als Mädchen gehabt hatte – und sie erkannte, dass er ebenjener erträumte Krishna war. Zunächst aber lebte sie mit Richard noch vier Jahre in Japan, wo er in französischen Diensten stand. Mirra besuchte viele buddhistische Pilgerorte und praktizierte ihre Malerei. Japan fand sie ästhetisch ansprechend, doch spirituell weniger erquicklich. (Wilfried 35) 1919 war sie zufällig im selben Hotel wie Rabindranath Tagore, der ihr so zugetan war, dass er ihr seine Schreibmaschine schenkte. In ihrer Japanzeit traf sie auch einen Sohn von Leo Tolstoy. Er war auf einer Weltreise und setzte sich dafür ein, dass die gesamte Menschheit eine einzige Sprache spräche. Außerdem sollten sich alle Menschen gleich kleiden und dasselbe essen, »dann würde es Frieden geben und jeder wäre glücklich«. (Wilfried 39) Mirra Alfassa war nicht dieser Meinung, aber das scheint ihn wenig beeindruckt zu haben.

1920, nachdem sie eine schwere Epidemie (Spanische Grippe) in Japan überlebt hatte, zog es die beiden zurück nach Pondicherry zu Aurobindo. Richard und Mirra ließen sich scheiden. Sie war von nun an die Gefährtin des indischen Philosophen, Dichters und Gurus und wurde bekannt als »Mother«. In Tamil Nadu, besonders in Pondicherry, kennt heute ein jeder Mother: Ihre Porträts und die von Sri Aurobindo hängen in jedem zweiten Taxi, Copyshop oder Gemüseladen.

1926 durchlebt Aurobindo Ghose, der nun Sri Aurobindo heißt, eine kosmische Erfahrung. Er zieht sich daraufhin in eine dauerhafte Meditation zurück, in der er jedoch noch viele Werke schreiben wird (etwa *The Life Divine* und *Savitri*). Mother übernimmt das Regime des Ashram, den inzwischen auch viele Ausländer besuchen. 1968 gründet sie mit vielen Anhängern die utopische Gemeinschaft Auroville, wenige Kilometer von Pondicherry entfernt. Aus vielen Ländern der Welt wird Erde gebracht, um die Gründung zu feiern. Nach einem Traum von ihr wird eine große Meditationskugel, das Matrimandir, gebaut. Bis heute leben hier Menschen vieler Nationen und versuchen eine Gemeinschaft aufzubauen, die der spirituell-ökologischen Entfaltung des Menschen einen Boden bietet. Man gab sich diese Charta:

- Auroville gehört niemandem im Besonderen. Auroville gehört der ganzen Menschheit. Aber um in Auroville zu leben, muss man bereit sein, dem göttlichen Bewusstsein zu dienen.
- Auroville wird der Ort des lebenslangen Lernens, ständigen Fortschritts und einer Jugend sein, die niemals altert.
- Auroville möchte die Brücke zwischen Vergangenheit und Zukunft sein. Durch Nutzung aller äußeren und inneren Entdeckungen wird Auroville zukünftigen Verwirklichungen kühn entgegenschreiten.

- Auroville wird der Platz materieller und spiritueller Forschung für eine lebendige Verkörperung einer wirklichen menschlichen Einheit sein.

Die spirituelle Philosophie von Mother und Aurobindo manifestiert sich in diesem Experiment, das ohne die Tatkraft der Französin allerdings nicht hätte aufgebaut werden können. Denn es ist ohne das Zusammenfließen von westlichen und östlichen Denkmustern nicht zu verstehen. Dem indischen, zyklischen Denken haben die beiden die Dimension der Entwicklung, der Evolution hinzugefügt. Aus der Dynamik beider Prinzipien lebt Auroville, auch wenn es noch nicht die geplante Einwohnerzahl von 50 000 erreicht hat. Es bleibt ein Experiment, mit all den Potenzialen und Fallen, die die Welt auch außerhalb bietet. Nur ist diese hier konzentriert auf 15 Quadratkilometern – ein Brennglas der Gegenwart.

Literatur
Charta Auroville: https://de.wikipedia.org/wiki/Auroville#Die_Charta
  _Aurovilles (Zugriff 15. 2. 2001).
Hees, Peter. *The Lives of Sri Aurobindo.* New York: Columbia UP 2008.
Paine, Jeffery. *Father India.* New Delhi: Penguin India 1999.
Van Vrekhem, Georges. *Beyond Man. The Life and Work of Sri Aurobindo and the Mother.* New Delhi: Harper Collins 1999.
Huchzermayer, Wilfried. *Die Mutter. Eine Kurzbiographie.* Puducherry:
  Sri Aurobindo Society 2007.

*Französische Nationalsozialistin im indischen Gewand:
Savitri Devi*

Am 5. April 1947 brach auf Island der große Vulkan Hekla aus. Er hatte die Menschen schon seit dem Mittelalter bewegt. Johannes Kepler etwa siedelte seine Mondphantasie von 1609 (*Somnium*) dort an. Den Krater hielt man für das Tor zur

Abb. 3: Savitri Devi

Hölle: ein magischer Vulkan, geeignet für Übertritte in andere Welten. Auf der Insel hielt sich zu der Zeit eine Frau mit indischem Namen auf, Savitri Devi, und sie war tief ergriffen von der Gewalt der Natur. Aus sieben Kratern schossen Feuer und Felsen und erleuchteten die Nacht. Die Erde bebte, und die Frau glaubte, darin den Urlaut, das indische *Om* zu hören. Sie schritt an den Rand der Lavaströme und sang eine Hymne auf Shiva, den Gott der Zerstörung und Erschaffung, und *Om* vermischte sich für sie mit *Sieg Heil!* und dem Horst-Wessel-Lied. Den Vulkanausbruch sah diese Frau als Rache für die Niederlage des Dritten Reiches, als künftiges Ende von Christentum und Demokratie, als Triumph des Hakenkreuzes.

Savitri Devi war keine Inderin, auch wenn ihr Name an den indischen Sonnengott erinnert. Vielmehr wurde sie als Maximiani Portas 1905 in Lyon geboren. Multikulturell ist ihre Herkunft: die Mutter eine Engländerin, ihr Vater ein Franzose mit italienischen und griechischen Eltern. Suchte sie genau deshalb ein eigenes Vaterland, eine Verwurzelung? Sie war stolz auf Vorfahren in der Tiefe der Zeiten, Wikinger aus Jütland und germanische Langobarden. Von ihrer französischen Umgebung setzte sie sich immer ab, zunächst mit Hilfe des Dichter Charles Leconte de Lisle (1818–1894), einem desillusionierten Romantiker, der sich in seinen Gedichten von indischen Werken inspirieren ließ und mythologische Themen liebte. Für Deutschland hegte sie große Bewunderung und verteidigte es gegen alle Vernunft, als es nichts mehr zu verteidigen gab. Es war eine Form des Widerstandes gegen ihre nähere Umgebung.

Schon im Ersten Weltkrieg schrieb sie – sie war gerade elf – mit Kreide an die Wand des Bahnhofs von Lyon: »A bas des Alliés. Vive l'Allemagne« – »Nieder mit den Alliierten. Es lebe Deutschland«. Da sie sich viel mit griechischer Politik beschäftigte, beobachtete sie das Verhalten der Alliierten gegenüber Griechenland in den Jahren 1921–22 äußerst kritisch, zumal sie der Idee eines Groß-Griechenlands anhing. Nach dessen Scheitern übertrug sie diese »Megali Idea« auf Deutschland. Sieben Jahre später reiste sie als Pilgerin nach Palästina und sah in den Juden das Gegenbild zu ihrem Hellas. Ihr Antisemitismus nahm seinen Lauf. Portas' Promotion ging in eine andere Richtung; sie schrieb eine Doktorarbeit über das Wesen des Einfachen in Mathematik und Naturwissenschaften. Doch nicht von ungefähr – ihr Weltbild sollte genau das werden: einfach. Das Christentum wurde ihr, wie Nietzsche, zu einem Dorn im Auge. Die jüdischen Wurzeln dieser Religion steigerten ihren Antisemitismus. Zugleich neigte sie zu Naturreligionen und verehrte das Hakenkreuz.

1932 starb ihr Vater, und sie konnte mit ihrer Erbschaft die lang erhoffte Reise nach Indien antreten: in die Heimat der Arier! Wie freute sie sich, dass die Götter mit der helleren Haut von den dunkleren Wesen geehrt wurden. Wenn andere Europäer das indische Kastensystem ablehnten und kritisierten, so nicht sie: Hier fand sie genau, was sie suchte – die Herrschaft der Starken über die Schwächeren. Indien wuchs ihr ans Herz, sie wollte es zu ihrer neuen Heimat machen. So durchzog sie in den 1930er Jahren den Subkontinent und blieb eine Zeitlang im Ashram von Rabindranath Tagore in Santiniketan. Aber dort missfielen ihr die jüdischen Emigranten aus Deutschland. Eine deutsche Jüdin aus Berlin, die bei Tagore als Sekretärin arbeitete, erinnerte sich später an die furchtbare Rassistin.

Portas, lernbegierig in anderen Bereichen, sprach bald Hindi und Bengali und fühlte sich immer mehr als Inderin, so dass sie schließlich den Namen Savitri Devi annahm. Hitler stieg auf in Deutschland und derweil traf Savitri auf Gleichgesinnte in Indien, etwa die Hindu-Nationalisten. Hitler hatte gute Karten bei ihnen, bekämpfte er doch die britischen Kolonialherren auf seine Weise – und dann gab es noch diese Swastika. Es konnte doch kein Zufall sein, dass ein Europäer auf dieses uralte indische Symbol zurückgriff, das für Hindus, Buddhisten und andere einfach für »Glück« und »Fruchtbarkeit« stand. Der Archäologe Heinrich Schliemann hatte es populär gemacht, nachdem er es in den 1880ern als Ornament auf vorgeschichtlichen griechischen Tonkrügen und Scherben gefunden hatte. Es galt ihm als Zeichen einer »arischen« Kultur von Rügen bis Indien, wobei er »arisch«, ähnlich wie Max Müller, weniger rassistisch als die Nationalsozialisten verstand. Doch waren die Keime für den Kult gelegt. Nationalistische Inder jedenfalls begrüßten dieses Zeichen einer Verbundenheit. Einer der Begründer der Hindutva-Bewegung, der rechtsnationalen hinduistischen Fundamentalisten, V. D. Savarkar, hieß zum Beispiel die Besetzung des Sudetenlandes durch Hitlers Truppen gut. (Goodrick-Clarke 59)

In diesen Kreisen bewegte sich Savitri, als sie ihren Mann kennenlernte, den fanatisch nationalistischen Verleger Asit Krishna Mukherji, der die einzige nationalsozialistische Zeitschrift in Indien, *The New Mercury*, herausgab. 1940 heirateten sie und lebten in Kalkutta. Abends las man gemeinsam Hitlers *Mein Kampf*, unterhielt sich über die Veden und die Hindutva oder lud Personen aus alliierten Kreisen ein, um sie in freizügi-

ger Atmosphäre auszuhorchen. Die Informationen, die sie daraufhin an die Japaner weitergaben, sollen zur Bombardierung
von geheimen Flugplätzen in Burma geführt haben. So trugen
die beiden dazu bei, dass die Japaner, zumindest für kurze Zeit,
die Herrschaft über Burma erlangten.

Savitri Devi, überzeugt, dass die Arier die Welt erobern würden, nahm mit Schrecken zur Kenntnis, dass Nazi-Deutschland
im Begriff war, den Krieg zu verlieren. Während des Krieges
hatte sie an einem Buch über den Pharao Echnaton gearbeitet,
dessen Sonnenkult ihr am Herzen lag. Wenn die Japaner und
die Deutschen in Delhi am Roten Fort ihre Siegesfeier begehen
würden, so träumte das Ehepaar, dann wäre das der Beginn
einer neuen Ära unter einem neuen Gott und Führer, wie Echnaton es war. 1944 stand sie mit Aldous Huxley, der in Kalifornien lebte, in einem Briefwechsel über ihre neue Religion,
die nicht nur die Sonne verehren, sondern auch die Rechte der
Tiere und der Erde wahren würde – Inhalte, die sie mit der
Grünen Bewegung teilen sollte.

Doch die Nachrichten über die Niederlagen der Deutschen
tickten unaufhörlich über die Telegraphen herein. Savitri las
keine Zeitungen mehr. Als Berlin fiel, begann ihr Rachezug
oder, wie Goodrick-Clarke schreibt: ihre Karriere als knallharte
Nazifrau im Untergrund. (76) Der Hitler-Avatar, wie sie ihn
sah, war gefallen im Kampf mit dämonischen Mächten, denn
wir leben ja im dunkelsten aller Zeitalter nach indischer Lehre,
dem Kali Yuga. Wie enttäuscht war sie, als sie nach Frankreich
zu ihrer Mutter fuhr, und hörte, dass diese in der Résistance
gegen die Nazis aktiv gewesen war. Ihr Leben lang bedauerte
sie, nicht in den großen Tagen des Nazi-Reiches dort gewesen
zu sein: Parteitag in Nürnberg! Aufmärsche, Fackelumzüge,
Gesänge. Als die Kriegsverbrecher in Nürnberg vor Gericht
standen, träumte sie von Göring, dem sie etwas Kleines in die
Hand drückte und sagte: Lass dich nicht wie einen Verbrecher
töten! Am nächsten Tag las sie in der Zeitung, dass Göring sich
mit Gift umgebracht hatte. In solchen Träumen und Visionen

sah sie ihre schicksalhafte Verbundenheit mit dem deutschen Volk. Island war eine ihrer Stationen in Europa, und hier stand sie so fanatisch am Vulkan Hekla, wie ein Racheengel, und sah das Wirken Shivas.

Bald begann sie, ein Netz von Alt- und Jungnazis aufzubauen. In Schweden trat sie in Kontakt mit dem Nazi-Sympathisanten und Asienforscher Sven Hedin, der ihr weitere Türen öffnete. Auch Thomas Mann traf sie in Stockholm, doch dieser war für ihre Pläne nicht zu haben. Für ihren Rachefeldzug beschrieb sie 500 Zettel mit ihrer Botschaft: Die Deutschen sollen sich wehren und rächen, wir werden wiederkommen und triumphieren, wir sind das Gold, das im Feuerofen geprüft wurde, Hoffen und Warten, Heil Hitler! Diese Zettel verteilte sie mit kleinen Geschenken (Zucker, Zigarettenschachteln, Käse, Butter) im Zug von Flensburg über Hamburg, Bremen, Duisburg, Düsseldorf und Köln nach Aachen. (Goodrick-Clarke 131) 1948 verstreute sie noch einmal 6000 Blätter in den westlichen Besatzungszonen. Wo es nur ging, in Cafés, Bahnhöfen und Zugabteilen, traf sie Altnazis und verbündete sich mit ihnen, den Feinden der Alliierten. Nachdem sie fast 12 000 Flugblätter verteilt und in Essen noch schnell ein »Heil Hitler!« mit Kreide an eine Wand gemalt hatte, landete sie im Gefängnis von Werl. Hier fand sich mit ehemaligen KZ-Wärterinnen aus Bergen-Belsen wieder, mit denen sie alsbald Freundschaften schloss. In der Zelle hängte sie ein Bild Hitlers auf. Nach wenigen Monaten wurde sie wieder freigelassen, aber in Werl, so schreibt ihr Biograph, habe sie wirklich das Dritte Reich entdeckt. (141) Sie saugte begierig das selbstmitleidige Lamentato der KZ-Wärterinnen auf, die die Brutalität einzig bei den Alliierten sahen. Bevor sie nach Indien zu ihrem Mann zurückkehrte, machte sich die hinduistische Ariosophin auf eine nationalsozialistische Wallfahrt: Von Leonding und Linz, eine der fünf »Führerstädte«, in denen der Glorreiche eines Tages seinen Ruhestand verbringen wollte, über Braunau, Geburtsort desselben, und den

Obersalzberg, wo er über den Gipfeln residierte, München, Stadt der »Bewegung«, Landsberg am Lech, wo der Avatar im komfortablen Gefängnis saß, in der Hitlerzelle, nach Nürnberg, Ort des Triumphs und der schmählichen Prozesse, und schließlich zum Hermannsdenkmal und zu den Externsteinen im Teutoburger Wald: Hermann der Cherusker, germanisches Heiligtum, Land der hartnäckigen Sachsen, die sich gegen die Christianisierung durch Karl den Großen wehrten. An den Externsteinen hatte sie ein mystisches Erlebnis, als sie sich in den Steinsarg am See legte. Anscheinend verbrachte sie die ganze Nacht in diesem Felsloch. Sie betete immerzu, bis die Sonne aufstieg, dann ging sie die Felsen hinauf und rief: Aum Shivayam! Aum Rudrayam! und Heil Hitler!

1957 war sie wieder in Indien, ihr Mann hatte sein Nazi-journal aufgegeben und arbeitete als Hindu-Astrologe, sie dolmetschte. Nach drei Jahren wollte sie wieder zurück nach Europa, inzwischen hatte sie auch hochrangige Kontakte unter den Rechtsextremen gewonnen, so den berühmtesten deutschen Flieger Hans-Ulrich Rudel (1916–1982), der nach dem Krieg Waffenhändler und Fluchthelfer für alte Nazis wurde. Oder Otto Skorzeny (1908–1975), seinerzeit prominent wegen seiner Rolle bei der Befreiung Mussolinis 1943. Skorzeny, der übrigens auch von Fidel Castro in militärischer Hinsicht verehrt wurde, war einer der Gründer des Odessa-Netzwerks, das ehemaligen SS-Angehörigen Fluchtlinien eröffnete. Sechs Wochen weilte Savitri bei dem Altnazi in Madrid. Dort lernte sie auch den einstigen belgischen SS-Mann und Anführer der wallonischen Faschisten Léon Degrelle kennen. Dessen Buch *La campagne de Russie* (1949) sollte zur Vorlage von Jonathan Littells Roman über einen SS-Mann, *Die Wohlgesinnten* (2006), werden. In England besuchte sie eine Freundin und entfaltete eine Naziflagge in London. In Stonehenge opferte sie eine solche den arischen Göttern, wer immer sie seien. Sie steht auch am Anfang der Holocaust-Leugner-Bewegung. Ernst Zündel, deren bekanntester Vertreter, scheint von ihr auf diesen Weg

gebracht worden zu sein. (Goodrick-Clarke 206 f.) Ihre Buchtitel wurden nicht besser. Anfang der 1960er arbeitete sie an
einem Werk mit dem Titel *Hart wie Kruppstahl.*

Savitri Devis Tierliebe, ihre Liebe zur Erde, zum Planeten,
zur Natur, mit anderen Worten ihre grüne Ader sind verlo-
ckende Ingredienzen ihrer Philosophie, die aber mit national-
sozialistischem Gift vermengt wurden. Savitri Devi brachte
sie alle zusammen, bei ihr bündelt sich die negative Energie
von Ost und West, doch schimmert es auch verlockend: deep
ecology! Biozentrismus statt Anthropozentrismus. Vegetarier-
tum. Rückkehr zu einer verzauberten Natur. Die Germanen als
Indianer Europas. Ein Ende der Massentierhaltung, und heute
würden wir hinzufügen: Klimawandel! Rettet die Erde! Savitri
ist immer noch ein großer Name in entsprechenden Kreisen,
ob in Italien, Spanien, Deutschland oder den USA. Teilen der
grünen Bewegung gab sie einen Rechtsdrall, zumal sich An-
tikapitalismus oft mit Antisemitismus oder Israelkritik ver-
bündet. Nach einem Aufenthalt in Indien ab 1971, wo sie ihre
Erinnerungen und Reflexionen einer Arierin beendete, kam sie
noch einmal nach Frankreich und Deutschland, um alte Kontakte zu beleben. Sie starb im Oktober 1982 in London. Bei ihrer Bestattung standen Nazis stramm, ihre Urne wurde in der
Walhalla der amerikanischen Nationalsozialisten aufgestellt.

Wie verwunderlich ist aber nun diese Verbindung von Hinduismus und Faschismus? Die Trimondis schreiben dazu:

Diese Möglichkeit [der Anschlußfähigkeit] war schon den
Orientalisten des SS-Ahnenerbes aufgefallen: das Kastensystem, das Menschenopfer, die Endzeitschlacht, die These
vom Kali-Yuga, das kommende goldene Zeitalter, der auto-
ritative Staat, die Verherrlichung der Gewalt, die Sakralisie-
rung des Krieges, die Renaissance der Kriegsgötter [...], der
Kampf zwischen Licht und Dunkel und vieles mehr konnte
aus den archaischen Religionen Indiens akzeptiert werden.
(Trimondi 360)

In vielem ließe sich allerdings auch das Gegenteil behaupten. Der Vegetarier und Tierfreund Hitler konnte mit dem Vegetarier Gandhi nichts anfangen. Die Toleranz des Hinduismus über die Jahrhunderte ist trotz mancher Radikalisierung beachtlich im Vergleich zu Religionen wie dem Islam oder Christentum. Der Hinduismus lässt sich, genauso wenig wie das Christentum oder der Islam, auf seine negativen Komponenten reduzieren, zumal wir es mit Praktiken und Lehren aus mehreren Jahrtausenden zu tun haben, die über eine Milliarde Anhänger haben. Generell muss man wohl sagen: Der Faschismus ist an viele Weltanschauungen anschlussfähig, sobald diese bestimmte Faktoren aufweisen: Irrationalität, Elitenkult und Metaphysik. Wenn diese durch sozioökonomische Krisen aktiviert werden, kann es zu faschistischen Übernahmen kommen. Und damit haben wir eigentlich alle Religionen beschrieben, sofern sie nur das nötige Gramm Fanatismus dazulegen.

Literatur

Nicholas Goodrick-Clarke. *Hitler's Priestess. Savitri Devi, the Hindu-Aryan Myth, and Neo-Nazism.* New York: New York University Press 1998.
Trimondi, Victor und Victoria. *Hitler Buddha Krishna. Eine unheilige Allianz vom Dritten Reich bis heute.* Wien: Ueberreuter 2002, 342–360.

Auf zu den Gurus!

Wer in Indien keinen Guru hat, ist selber schuld. Die meisten Familien in Indien haben ihre Gurus, ihre Lehrer und Wegbegleiter. Daran ist nichts Schamhaftes, so wie wir das im Westen oft sehen. Gurus sind Berater, Schutzengel und Wegweiser auf dem Lebensweg. Als solche sind sie tief in der indischen Kultur verwurzelt, manchmal auch identisch mit jenen Fakiren, die die Europäer bestaunten. Durch ihre Bemalung und Nacktheit jedoch erzeugen sie schnell das Bild von Zaubermännern und Akrobaten. Der von Goethe geschätzte Italiener Pietro della Valle schrieb um die Mitte des 17. Jahrhunderts von den Yogis, die er in Indien antraf, »also dass sie den Teufeln gleichen, die wir in den Komödien und andern unsern Schauspielen verstehen«, aber er weiß immerhin: »Dieser Orden der Yogi kommt nicht von dem Stamm und der Geburt, sondern von der Erwählung solcher Lebensart her, eben wie bei uns unsere Geistliche.« In mancher Hinsicht durchschaut er auch die Fallen im Guru-System, wenn er weiter schreibt, dass sie vorderhand keusch seien, aber »heimlich allerhand Bosheit treiben«. (della Valle 140 f.) Über diese heimlichen Bosheiten und schlimmere Missbräuche im Guruwesen hat Gita Mehta dann dreihundert Jahre später in ihrem polemisch-satirischen Essay *Karma Cola* (1979) Genaueres geschrieben. Für della Valle zeigen das Beten und Fasten der Yogis, ihre Wahrsagerei und Kräuterkunst jedoch, dass sie mit dem Teufel im Bunde stehen. Damit wären wir bei dem europäischen Hexenbild. Frühe christliche Reisende üben sich im Abwehrmodus. Della Valle will daher nichts weiter über die »Wunderdinge« des Yogi-Ordens schreiben. (ebd. 143)

All das ändert sich mit dem Auftritt Vivekanandas auf dem Weltparlament der Religionen. Vielleicht kann man das Jahr 1893 als Geburtsjahr des indischen Gurus im Westen bezeichnen. Sicherlich hat auch der Westen immer schon seine Gurus gehabt, Sektenführer, philosophische Lehrer, Heilige, Scharlatane und Verführer. Der indische Guru bringt jedoch neue Techniken und neue Weltanschauungen mit, die zum Teil auch in der Terminologie der Wissenschaften vorgetragen werden. Die Spiritualität passt sich der naturwissenschaftlich-technischen Moderne an. Heisenberg, Weizsäcker, Schrödinger, Capra – all diese Physiker haben zu bestimmten Zeiten in ihrem Leben Gurus in Indien aufgesucht oder deren Lehren studiert.

Der Begriff Guru geht auf ein Sanskritwort für »schwer«
und »ernstzunehmend« zurück (verwandt mit lat. gravis). Die
nüchterne Übersetzung lautet »Lehrer«. Er gilt als geistiger Vater und Erzieher, ihm wird Ehre und Respekt dargebracht. Der
Guru kann auch eine Frau sein. Von der Begegnung mit ihm
oder ihr verspricht sich der Anhänger Segen, einen Schritt zur
Erleuchtung, wichtige Hinweise zur weiteren Entwicklung oder
zur Überwindung geistig-seelischer Krisen. (vgl. Mitchiner)

Um 1900 wird man sich im Westen bewusst, dass es eine
reiche Weisheitskultur in Indien gibt. Deren Schriften sind ja
seit der Romantik bekannt, doch wird die Weisheit auch tatsächlich in den vielen Formen des Yoga praktiziert. Max Müller schrieb eine der ersten Monographien über einen einzelnen
modernen Guru, nämlich Sri Ramakrishna (1899), den Guru
Vivekanandas. Mit seinen Auftritten in den USA und Europa
eröffnete Vivekananda wiederum dem Westen einen Zugang
zur Guru-Tradition, die heute zu einem internationalen Phänomen geworden ist.

Literatur
Della Valle, Pietro. *Reisebeschreibungen in Persien und Indien.* Hg. von
    Friedhelm Kemp. Berlin: Henssel 1987.
Mitchiner, John. *Guru. The Search for Enlightenment.* Delhi: Penguin
    1992.
Weizsäcker, Carl Friedrich von. *Der Garten des Menschlichen.* Mün-
    chen: Hanser 1977, 594 ff.

Wissenschaft und Spiritualität: Mircea Eliade

Religionswissenschaft und Spiritualität trafen zusammen im
Fall des rumänischen Mythenforschers Mircea Eliade (1907–
1986). Er studierte mit dem Stipendium eines Maharadschas

von 1928 bis 1931 in Indien, wo er unter anderem Material für sein Buch über Yoga (1959) sammelte. Dabei wohnte er eine Zeitlang im Haus seines Lehrers, des berühmten Philosophen und Gelehrten Surendranath Dasgupta, und verliebte sich in dessen Tochter Maitreyi. Diese Erfahrung reflektiert sein Roman *Das Mädchen Maitreyi* (rumänische Erstausgabe 1933), der auch das schwierige Verhältnis zum Vater / Lehrer / Guru behandelt. Es sollte einige Jahrzehnte dauern, bis die einstige Geliebte von diesem Buch erfuhr und eine Art Gegenroman schrieb (bengal. *Na Hanyate*, 1974, engl. *It Does Not Die*) – heute für uns eine einzigartige Gelegenheit, eine Liebesgeschichte, die zugleich auch kulturelle Begegnung ist, von beiden Seiten zu betrachten.

Eliade war schreibfreudig und verfasste zahlreiche Artikel über diese Zeit, die im Deutschen unter dem Titel *Indisches Tagebuch* (1998) veröffentlicht wurden. Darin erleben wir ihn als Reisenden, der sich über Sri Lanka langsam seinem Ziel in Bengalen näherte und dabei zahlreiche Begegnungen hatte. Immer wieder zog es ihn zu Gurus, Yogis und spirituellen Lehrern, zu Swamis und Fakiren, vor allem im Himalaya-Gebiet um Rishikesh. Er befragte diese jedoch nicht als devoter Anhänger, sondern als wissbegieriger Forscher. Außerdem unterhielt er sich mit indischen Yoga-Forschern, etwa einem Arzt, der viele Yogis untersucht hatte. (Eliade 117) Auch wenn er zeitweise selbst meditierte, so war doch seine Einstellung zu Gurus und Swamis grundsätzlich wissenschaftlicher, wenn nicht gar literarischer Natur, denn auch als literarischer Autor verwertete er seine indischen Erfahrungen. So sah er sich selbst als Reiseautor in diesen Artikeln und formulierte zugleich ein fundamentales Paradox: Er hielt die Reiseliteratur für ein Ding der Unmöglichkeit, »weil man einen Ort, an dem man selbst aus dem Rahmen fällt, nicht verstehen kann. [...] Der Grund ist seine [d. h. des Reisenden] Anwesenheit selbst.« (Eliade 218) Eliades Vergangenheit in Rumänien ist politisch problematisch, und er hat sie nie selbst öffentlich gemacht. In seiner Jugend hat er sich mit den Faschisten (Eiserne Garde) gemein gemacht. Indien übte auf Antisemiten, ob in Rumänien oder Deutschland, eine besondere Anziehungskraft aus – es wurde ja seit der Romantik und Schopenhauer als Antwort auf das christlich-jüdische Europa angesehen. Schopenhauer hoffte auf eine Zeit, in der »Europa von aller jüdischen Mythologie gereinigt sein wird«, um für Indiens Religionen Platz zu machen. »Was ihm am Christentum als gut galt, stammte für den Philosophen aus Indien, was er ablehnte, kommt aus dem Judentum. (Zotz 80 f.) In Eliades späteren Schriften wird man allerdings keine Spuren von Faschismus oder Antisemitismus finden. Dort ist er ein kultureller Vermittler geworden, der das Sakrale in der modernen Welt aufspürt und der gegenüber allen Religionen und Kulturen eine objektivierendes Rolle einnimmt. Es bleibt bedauerlich, dass er nie öffentlich zu seinen früheren Verfehlungen Stellung genommen hat.

Literatur

Eliade, Mircea. *Indisches Tagebuch*. Freiburg: Herder 1998.
Zotz, Volker. *Auf den glückseligen Inseln. Buddhismus in der deutschen Kultur*. Berlin: Theseus 2000.

Briten und Amerikaner in der Welt der Gurus

Die Begegnung eines westlichen Wahrheitssuchers mit indischen Gurus kann dazu führen, dass er selbst ein Guru wird. Bei Eliade war dies nicht der Fall, höchstens im Sinne eines Doyens der Religionswissenschaften. Anders bei Paul Brunton. Der britische Buchhändler, Autor und spätere Weisheitslehrer besuchte Indien Anfang der 1930er Jahre, auf der Suche nach Erleuchtung. Er war, wie etwa der Dichter W. B. Yeats, Mitglied des esoterischen *Order of the Golden Dawn* in England und zeitweilig auch der Theosophischen Gesellschaft. Nachdem er zahlreiche Fakire und heilige Männer aufgesucht hatte, wurde Ramana Maharshi in Tiruvannamalai in Tamil Nadu sein wichtigster Lehrer. Auf der Basis von dessen Philosophie gründete er in den USA seine eigene Schule. Ramana Maharshi ist wohl der Guru, der den größten Eindruck auf westliche Intellektuelle gemacht hat. Somerset Maugham hat ihn in seinem Roman *The Razor's Edge* (1944) porträtiert. Der Physiker und Friedensforscher Carl Friedrich von Weizsäcker gehörte zu seinen Anhängern. Er besuchte 1969 Tiruvannamalai und hatte dort nach eigenen Angaben ein spirituelles Erlebnis. Maharshis extreme Einfachheit komplementierte die Suche der Physik nach vereinheitlichenden Formeln für ein komplexes Universum. Als er einmal gebeten wurde, seine Lehre in einem Satz zusammenfassen, antwortete er: Sei still.

Westliche Menschen auf der Suche nach sich selbst gehen oft nach Indien, wenn sie in Krisen sind. Ein solcher war auch der Amerikaner John Yale, der seine Reisen zu indischen Gurus zwischen 1950 und 1952 in *A Yankee and the Swamis* dokumentierte. In der Midlife-Krise entdeckte er die *Bhagavadgita* in der Übersetzung des Swami Prabhavananda (1893–1976), eines Mönchs des Ramakrishna-Ordens, der schon der Guru von Prominenten wie den britischen Schriftstellern Christopher Isherwood und Aldous Huxley geworden war. Die Vedanta (das Ende der Veden, die Überwindung des Dualismus), die dieser Guru lehrte, war für Yale wirksamer als alles, was er zuvor in christlichen Kirchen erlebt hatte. Schon Ramakrishna hatte die Einheit aller Religionen gelebt und gepredigt. Yale gab seinen Beruf auf und schloss sich der Vedanta-Gesellschaft von Hollywood an. Der Swami beförderte ihn zum Novizen und nun machte Yale sich auf, die Ramakrishna-Ashrams, heilige Männer und Orte aufzusuchen, um seinen neu gefundenen Glauben zu festigen. Aus Artikeln für die Zeitschrift *Vedanta and the West* stellte er dann sein Reisebuch zusammen. Yale erhielt den Mönchsnamen Brahmachari Prema Chaitanya, später hieß er Swami Vidyatmananda.

Der amerikanische Dichter Allen Ginsberg bereiste ein Jahrzehnt später den indischen Subkontinent auf der Suche nach Erleuchtung. Als seine *Indian Journals* 1970 erstmals veröffentlicht wurden, gaben sie den Hippies und Beatniks einen Anstoß, sich mit Indien zu beschäftigen. Damit hatte die Gegenkultur (wie früher einmal die Romantik) das erträumte Land der Spiritualität und Selbstverwirklichung wiederentdeckt. Inspiriert von seiner Reise schuf Ginsberg eine Mixtur von Reisebuch, Gedicht- und Bildersammlung samt Tagebuchnotizen, die Sex- und Drogenerlebnisse, Begegnungen mit Swamis und Bettlern ebenso wiedergeben wie Visionen, Halluzinationen und Träume. Er reiste vornehmlich im Norden und besuchte Mumbai, Varanasi und Kalkutta. In Varanasi hielt er sich besonders lange auf; die Intensität der dortigen Begegnung mit dem Tod faszinierte ihn. Auch Kalkutta gefiel ihm, weil die Menschen nackt herumliefen und keine Neurosen hatten. Er wurde bald selbst zum Guru, allerdings zu einem, der Lust und Freiheit, nicht Askese, predigte. Die jungen Poeten Kalkuttas begannen deftig sexualisierte Flugblätter zu drucken. Man saß zu Füßen des schrägen Amerikaners und hoffte auf weise Worte. Doch Ginsberg beschloss, dem heißen Sommer Kalkuttas den Rücken zu kehren und machte sich aus dem Staub. Die jungen Dichter wurden hernach wegen Verstößen gegen die Sittlichkeit geahndet. (Mehta 69 f.)

Literatur

Baker, Deborah. *A Blue Hand. The Tragicomic, Mind-Altering Odyssey of Allen Ginsberg, a Holy Fool, a Rebel Muse, a Dharma Bum, and his Prickly Bride in India.* London: Penguin 2008.
Brunton, Paul. *A Search in Secret India.* London: Rider & Co. 1934.
Mehta, Gita. *Karma Cola.* New Delhi: Penguin 1990.
Paine, Jeffrey. *Father India.* New Delhi: Penguin 1998.

Transzendentaler Pop: die Beatles in Indien

Wenn Virginia Woolf einmal behauptete, dass sich um oder im Dezember 1910 die menschliche Natur grundlegend geändert habe, so heißt das Datum in Bezug auf das Verhältnis von Indien und dem Westen Februar 1968. Denn zu diesem Zeitpunkt machte sich eine weltberühmte Band auf, um zu Füßen eines Gurus in Indien sitzen. Dieser Akt der Beatles öffnete die Tore für östliche Mysterien, für Yoga, Buddhismus und Hinduismus in einem bislang ungekannten Maße. Es hatte im August 1967 begonnen, im Hilton Hotel in London. Dort hielt ein indischer Guru namens Maharishi Mahesh Yogi einen Vortrag, der sich von seiner Wirkung her mit dem des Vivekananda in Chicago messen konnte. John Lennon, Paul McCartney und George Harrison waren im Publikum. Nach dem eindrucksvollen Vortrag des langhaarigen, bärtigen, kichernden Inders (eine Ikone mit Vorbildfunktion, wie der Zunge zeigende Einstein) gingen sie zu ihm und wollten mehr über seine Transzendentale Meditation (TM) erfahren und ihn als Lehrer gewinnen. (Goldberg 151) Auch Donovan (alias Donovan Philipp Leitch) war dabei. Er hatte sich mit seinem Freund George Harrison schon länger mit Zen, dem *Yijing* und keltischer Mystik beschäftigt. Großen Einfluss hatte auf die beiden, wie auf viele Indienfreunde ihrer Zeit, die *Autobiographie eines Yogi* (1946) von Paramahansa Yogananda (1893–1952) geübt. Yogananda lebte seit den 1920ern in den USA und lehrte dort Yoga. In seinem Buch schrieb er über seinen spirituellen Weg, der ihn zur katholischen Mystikerin Theresa von Konnersreuth, zu Gandhi, Tagore und Ramana Maharshi geführt hatte, und deutet Synthesen zwischen Wissenschaft und Hinduismus an. Das Buch wurde übrigens bei der Trauerfeier von Steve Jobs 2011 allen Gästen als Mitgabe überreicht. Jobs war bekanntlich Buddhist und ein Fan der Beatles.

Harrison hatte begonnen, die Sitar bei Ravi Shankar zu studieren und war die eigentliche Triebkraft in Sachen indischer

Spiritualität. Kurz nach dem Vortrag beschlossen die Beatles, mit Mick Jagger, Mia Farrow und anderen dem Maharishi nach Wales zu folgen, um dort zehn Tage bei ihm Meditation zu üben. Der Aufenthalt musste abgebrochen werden, denn der Manager der Beatles, Brian Epstein, war gerade an einer Überdosis Drogen gestorben. Die Beatles machten aber jetzt den Eindruck, als seien sie durch die Meditation von Rauschmitteln weggekommen. Im Winter 1967 / 68 ging es dann nach Rishikesh in Nordindien. Mit von der Partie: Donovan, Mia Farrow und einer der Beach Boys, Mick Love. Die Medien veranstalteten einen Riesenrummel um diesen Auftritt der Popidole in einem indischen Ashram. In der Folge hatten die TM-Zentren in Europa und den USA enormen Zulauf. Viele ehemalige Hippies und Blumenkinder meldeten sich für Kurse an, pflückten sich die Blumen aus dem Haar und warfen sie in ein heiliges Feuer, das sie von ihrer Vergangenheit reinigen sollte. (ebd. 153) Mitglieder von *Jefferson Airplane*, *The Grateful Dead* und den *Beach Boys* schlossen sich an. Nichts konnte die Meditation nach den Prinzipien des Maharishi an Hipness übertreffen. Jedem wurde ein geheimes Mantra zugeteilt, das regelmäßig wiederholt werden musste. Damit war eine gewisse Individualität gewahrt (zumindest glaubte man das). Es erinnert ein wenig an T. S. Eliots Katzen in *Old Possum's Book of Practical Cats*, die endlos über ihren unaussprechlichen Namen meditieren. Der Maharishi, der später seine eigene Universität gründete und die Levitation predigte, behauptete, dass wenn ein gewisser Prozentsatz Menschen nach seiner Methode meditiere, die Kriminalitäts- und Krankheitsraten sinken würden. Die Anhänger glaubten ihm; Kritiker hielten die Studien für unwissenschaftlich. Wie dem auch sei, auch Maharishi legte Wert auf eine Verbindung zur Wissenschaft.

Die Beatles blieben aber nicht lange in Rishikesh. Ein Gerücht ging um, der Guru habe sich Mia Farrow unsittlich genähert. John Lennon schrieb daraufhin einen Song, »Maharishi, what have you done ...« Er wurde später, vermutlich aus ju-

ristischen Gründen, umgeschrieben und heißt seither »Sexy
Sadie«. Die Beatles komponierten in dieser Zeit das *White Al-
bum*, unter anderem »Ob-la-Di, Ob-la-Da«, »Revolution« und
»Back to the USSR«, während der Schotte Donovan in Rishi-
kesh »Hurdy Gurdy Man« intonierte.
Die Gerüchte hatten allerdings wohl keine Grundlage, wie
Mia Farrow später in ihren Memoiren festhielt. George Har-
rison besuchte 1992 den Guru und entschuldigte sich für die
Vorkommnisse. (ebd. 161)

Immerhin, es waren die Beatles, die nicht nur die Transzendentale Meditation, sondern auch Yoga und das Guruwesen in
die westliche Popkultur importiert haben. Von nun an war es
angesagt, zu meditieren, Mantras zu singen, indische Götter zu
zitieren, Yoga zu praktizieren oder die *Bhagavadgita* zu lesen,
während sich Sitarklänge einschlichen, wo es nur ging. Musik
selbst wurde zum asiatisch inspirierten Rauschmittel.

Literatur
Goldberg, Philip. *American Veda. How Indian Spirituality Changed the
West.* New York: Three Rivers 2010.

Spirituell inkorrekt: Bhagwan Shree Rajneesh (Osho)

Im Zeichen der kommerziellen Wertschöpfung durch den Guru
als globalisierte Größe, die oft nur noch nominell indisch ist,
bekommt die richtige mediale Performance einen neuen Stel-
lenwert. Kein anderer hat die Rolle des Gurus besser gespielt
als der Begründer der rot-orange gekleideten Bhagwan-Bewe-
gung, die sich in den 1970ern und 80ern im Westen ausbrei-
tete, wo sie nicht nur spirituelle Angebote machte, sondern
auch Restaurants und Buchläden betrieb. Erkennbar waren die

Sannyasis an ihrer Halskette mit den 108 Kugeln und dem Me-
daillon ihres Gurus Bhagwan Shree Rajneesh (1931–1990), der
sich 1989 den japanischen Namen Osho zulegte.

Früh schon wurden ihm, der bei seinen Großeltern in Zen-
tralindien aufwuchs, spirituelle Erfahrungen zuteil. 1953 hatte
er das Erlebnis einer Erleuchtung. Der Tod seines Großvaters
und später seiner Schwester trieben den hochintelligenten Jungen in Depressionen. Er las die philosophischen und literarischen Werke der Welt und baute sich so ein massives Wissen
auf. Es sollte ihm, der auch ein großer Rhetoriker war, in seiner
Zeit als Philosophiedozent immer zur Seite stehen. Aufmüpfig
war er von Anfang an. Seine Eltern wollten ihn verheiraten,
was er strikt ablehnte. Als er im College von Raipur zu lehren
begann, wollte ihn der Vizekanzler bald loswerden – als Atheist habe er einen schlechten moralischen Einfluss auf seine Studenten. Er ging auf Vortragsreisen, und seine Zuhörerschaften
wuchsen. 1968 hielt er in Hindi einen Vortrag über »Sex und
das Überbewusstsein«, in dem er die indische Tabuisierung der
Sexualität aufs Korn nahm und sich für ein natürlich ausgeleb-
tes Sexleben aussprach und zwar für beide Geschlechter (später, sollte man hinzufügen, wandte er sich jedoch strikt gegen
Homosexualität).

Damit zog er sich binnen kurzem den Ruf eines Sex-Gurus
zu. Dazu provozierte er die Brahmanen, sie seien Egoisten, er
kritisierte die Witwenverbrennung *sati* und Gandhis Asketis-
mus und Rückkehr in vormoderne Zeiten. So gelang es ihm
bald, das hinduistische Establishment gegen sich aufzubrin-
gen – und er schien es zu genießen. Sein Bruch mit der Tradition wird auch körperlich deutlich in der von ihm entwickelten
»dynamischen Meditation«. Hier wird meditative Praxis mit
Bewegung verbunden – ähnlich wie in den Tänzen der Derwi-
sche oder in asiatischen Kampftechniken. Wenn man verrückt
tanze, heisst es, werde man sich eines stillen Zentrums bewusst.
Wenn man aber nur sitze, werde man des Wahnsinns gewahr.
Meditation, in welcher Form auch immer, blieb Grundbestand

seiner Lehre: man müsse über das Wort hinausgehen und das gehe nur mittels der Meditation. Seine Lehre sah Osho, der sich als Guru und zugleich als Anti-Guru sah, als die ständige Bemühung an, »silent gaps«, stille Lücken im Bewusstsein zu öffnen, um der Meditation Raum zu verschaffen (Osho 120). Diese Lücken konnten zu Widersprüchen in der Lehre führen, zum Unvorhersehbaren. Daher sind seine Reden immer wieder voller Überraschungen.

Peter Sloterdijk lebte zwischen 1978 und 1980 in Bhagwans Ashram in Poona. Der Philosoph achtet ihn bis heute, auch wenn er zwar verändert, aber nicht »verindert« wurde: »Im Gegenteil, ich wurde seither erst ganz bewusst zum Europäer. Die Impulse von dort habe ich in mein Leben eingebaut, diskret. Sie sind jetzt nur noch in verwandelter Gestalt präsent, als leise Schwingungskomponenten.« (Sloterdijk 2013, 21)

In einem Gespräch mit Hans-Jürgen Heinrichs geht er auf die vernagelten Intellektuellen im Westen los, die sich bei Nennung von indischen Gurus geistig abmelden:

> Es ist eine bedauerliche Tatsache, dass die große Mehrheit der Intellektuellen, zumal der Philosophieprofessoren, an außereuropäischen Hochkulturen absolut nicht interessiert ist und mit Wut und Hochmut reagiert, wenn man sie daran erinnert, dass es ein so komplexes Universum wie das des indischen Denkens und Meditierens gibt, das dem alteuropäischen in vielen Hinsichten ebenbürtig, in manchen vielleicht überlegen war und mit dem man sich wohl auseinandersetzen sollte, wenn man sein Metier ernst nimmt. [...] Sie möchten nichts davon hören, dass eigensinnige indische Wege in die Moderne existieren, sogar ein indischer Typus von romantischer Ironie, ein indischer Surrealismus, ein indischer Ökumenismus, ein indischer Dekonstruktivismus. (Sloterdijk / Heinrichs 2006, 13 f.)

Osho hat hierzulande keine guten Karten mehr, anders als in Ländern wie Italien oder Russland, ganz zu schweigen von Indien. Dort jedenfalls wird er (wieder) verehrt, wenngleich auch von vielen kritisiert. Seine Bücher verkaufen sich weiterhin bestens. Nicht ohne Grund wird er einen so unruhigen und kreativen Geist wie Sloterdijk angesprochen und nachhaltig beeindruckt haben. Wer über die zynische Vernunft, die antiken Kyniker seinen ersten Erfolg landete, der dürfte von einem leibhaftigen Trickster, wie Bhagwan es war, seinen Teil abbekommen haben. Sloterdijks Medienpräsenz gründet ja unter anderem darauf, dass er immer wieder überraschende Perspektiven und Metaphern ins Spiel bringt und sich gerne tabuisierten Themen widmet, ganz im Sinne des indischen Eulenspiegels Osho.

Sein einstiger Lehrer Bhagwan liebte den Schock, er nannte sich einen spirituell-inkorrekten Guru, der die Menschen aufwecken wollte. Er wechselte die Identität wie ein postmoderner Schneidermeister. Kein Zufall, dass Lady Gaga eine große Anhängerin ist. Seine Persönlichkeit war flüssig, liquide wie der Geldstrom, der ihm zufloss: Zorba der Buddha, der Guru der Reichen, der Anti-Gandhi. Das indische Establishment sah in ihm den Sex-Guru, den gefährlichsten Mann Indiens. Mal wirkte er wie der weise Baal Schem Tov, wie Moses, Whitman oder Jesus, mal wie ein Scharlatan, ein zweiter Gurdjieff, ein Joker oder ein spiritueller Terrorist (Urban 28 f.). Ähnlich eklektisch auch seine Lehrmethoden und deren Inhalte. Er konnte sich den Daoismus oder Sufismus aneignen, Nietzsches Lehre vom Übermenschen, Zen-Koans oder Ouspenskys Vierten Weg. So tanzte man, praktizierte freien Sex, den Urschrei oder die Stille, je nach der Eingebung des Meisters und seiner Entourage.

Wie kein anderer spiegelt er die Reagan-Ära, den Neoliberalismus, das »Tu was du willst« des Magiers Aleister Crowley. Und er tat es. Seine Anhänger zogen mit ihm, als es ihm in Indien zu heiß wurde, nach Oregon, gründeten eine zunächst erfolgreiche Kommune. Man hat sie als das größte religiöse Experiment in der amerikanischen Geschichte bezeichnet. (ebd. 2) Die ca. 2500 Sannyasins bepflanzten trockenen Boden, schufen nachhaltige Infrastruktur, recycelten und führten biologische Landwirtschaft ein – zum Erstaunen amerikanischer Medien. Doch allmählich entstanden Konflikte mit den Nachbarn. Schließlich mündeten die Spannungen in einen Krieg mit Biowaffen, in Überwachung und Repression, in Brandstiftung und Mord. Die Utopie wurde binnen kürzester Zeit zur Katastrophe. Wie weit man das dem Guru anlasten kann, bleibt offen. Aber sicherlich sind solche Zustände angelegt, wenn im Zentrum der Macht ein selbstverliebter Mensch steht, denn »grundlegendste und wichtigste Verpflichtung ist, sich selbst zu lieben.« (zit. in Mullan 43) Größenwahn und Intelligenz gingen auch eine problematische Verbindung ein.

Es ist das eine, Position gegen die Armutsphilosophie eines Gandhi zu beziehen, sich als Guru für den Kapitalismus zu empfehlen, um die Menschen durch Tabuverletzungen zu erschrecken und sie aus ihrem gewohnten Denken herauszukatapultieren. Etwas anderes ist es, wenn diese Pose zur Realität wird, und längst nicht mehr die gewünschte pädagogische Funktion hat. Aus der Performance, die das Wahre und Authentische im Menschen freisetzen will, wird zunehmend Verschmelzung mit der Rolle, während die eigene Manipulierbarkeit exponentiell steigt. So wurde er zu dem ferngesteuerten Zombie, den sein Umfeld lenkte und der einen seiner 93 Rolls Royces spazieren fuhr, um dem eigenen Ego zu frönen. Für eine Studie menschlicher Eitelkeit ist das Phänomen Bhagwan in jeder Hinsicht eine Fundgrube.

Was seine Lehren (immer im Plural) jedoch nicht unbedingt schmälert. Kabbalismus war ihm ebenso vertraut wie Sufismus oder Wilhelm Reich, dem er ohnehin viel verdankt in der Auflösung sexueller Hemmnisse. Er konnte klug und tiefsinnig über Nietzsche und Krishnamurti, über Blavatsky, Marx und Spinoza. Und er hatte Charisma.

Kritiker hat er viele – ehemalige Anhänger etwa oder Religionswissenschaftler und Soziologen wie Mullan und Urban. Sie halten seine Lehre für ein Potpourri aus den Religionen und Therapien der Welt, einen Eklektizismus, der bestens einer globalisierten Ökonomie entspricht, die auch Heilslehren supermarktfähig gemacht hat. Er ist aber wohl der erste Guru, der die vielen Traditionen der Erde in seinen charismatischen Auftritten zusammengeführt hat; vielleicht hat er mit vielen anderen den Boden für eine neue, moderne und vielgestaltige Spiritualität bereitet.

Literatur

Mullan, Bob. *Life as Laughter.* London: Routledge 1983.

Osho. *Autobiography of a Spiritually Incorrect Mystic.* New York: St. Martin's Griffin 2000.

Sloterdijk, Peter, Hans-Jürgen Heinrichs. *Die Sonne und der Tod. Dialogische Untersuchungen.* Frankfurt/M.: Suhrkamp 2006.

– *Du musst dein Leben ändern.* Über Anthropotechnik. Frankfurt/M.: Suhrkamp 2009, 434–439.

– *Ausgewählte Übertreibungen. Gespräche und Interviews 1993–2012.* Berlin: Suhrkamp 2013.

Urban, Hugh B. *Zorba the Buddha. Sex, Spirituality, and Capitalism in the Global Osho Movement.* Oakland, Cal.: California University Press 2015.

China
Einführung: Die ersten Chinesen (und Mongolen) in Europa

Ein Pilger aus China auf Wallfahrt nach Rom:
Rabban Bar Sauma

Der Mönch Rabban Bar Sauma, in Peking (das *Kambula* des Marco Polo) geboren, führte ein asketisches Leben in einer Berghöhle. 1275 machte er sich auf eine Pilgerfahrt mit einem seiner Schüler zu den heiligen Stätten des Christentums. Ein umgekehrtes Xanadu sozusagen – hier rief die Bibel einen konvertierten Asiaten an ihre sakralen Orte, wo dieser sich spirituelle Erneuerung und Stärkung erhoffte: gelobte Länder allenthalben. Das Reisebuch des Rabban erlaubt uns, den ersten Blick eines Ostasiaten auf christliche Riten und Orte kennenzulernen. Er wird weniger als ein Jahr in Europa sein, doch die Reise insgesamt dauert ungefähr ein Jahrzehnt, da er unter anderem acht Jahre in Persien verbringen wird.

In der Zeit zwischen 1500 und 1800 hat man die Zahl der Europäer, die nach China kamen – als Missionare, Schiffbrüchige, Händler – auf mehrere Tausend geschätzt. Dagegen waren es im selben Zeitraum wohl nur 200 bis 300 Chinesen, die es nach Europa verschlug. Oft waren es Christen, die an kirchliche Orte zogen. Beispielhaft dafür steht der nestorianische Christ, der uigurische (oder ongudische) Mönch Rabban Bar Sauma (1220–1294). Die Nestorianer, die sich auf Nestorius, den Patriarchen von Konstantinopel zurückführen, waren auf dem Konzil von Ephesus 431 als Häretiker verurteilt worden. Sie glaubten an die doppelte Natur Christi: Mensch und Gott in einer Person. Aufgrund des Banns bewegten sich Anhänger Richtung Osten, Persien, Indien, China, sogar bis Sumatra.

Eine nestorianische Stele, 779 in Westchina aufgestellt, wurde von den Jesuiten 1625 entdeckt und bewies ihnen, dass das Christentum schon seit langer Zeit in China existierte – vor allem bei Randvölkern und den Mongolen. In deren Hauptstadt Karakorum befand sich sogar eine nestorianische Kirche.

Der damals regierende Kublai Khan (1215–1294) sah die Reise des Christen mit Wohlwollen – aus strategischen und religiösen Gründen. Die Mongolen waren, so grausam sie bei ihren Eroberungszügen vorgingen, in religiösen Dingen eher tolerant. So betraute der große Khan die venezianischen Brüder Niccolò und Maffeo Polo mit einem Brief an den Papst, in dem er ihn um 100 christliche Missionare und heiliges Öl aus der Grabeskirche ersuchte. Zu diesem Zeitpunkt waren die Mongolen in Europa sogar populär geworden: Italiener nannten ihre Söhne nach mongolischen Herrschern: Can Grande, Alaone, Argone oder Cassano. Gesandtschaften zwischen Europa und den Mongolen waren nichts Seltenes, denn beide Kulturen standen in Konflikt mit dem Islam. Zu Zeiten der Kreuzzüge, um 1165, kursierten Briefe eines Priesterkönigs Johannes, wohl ein Nestorianer, aus dem fernen Asien, der gegen die Muslime seine Unterstützung anbot. Diese Briefe dürften Fälschungen gewesen sein, aber von der Sache her deuten sie auf eine asiatische Macht wie die Mongolen. Das Phantom des Priesterkönigs in Asien sollte noch lange währen und als literarische Fiktion bis hin zu Charles Williams' phantastischem Roman *War in Heaven* (1930) oder Umberto Ecos *Baudalino* (2000) weiterleben.

Rabban und sein Kompagnon Marcos wurden von Kublai Khan beauftragt, die christlichen Orte auch in seinem Namen zu besuchen. Er ließ sie einkleiden und verlangte, dass sie diese Kleidung im Jordan taufen und über das Heilige Grab legen sollten. Der Khan hatte ein großes Interesse an religiös gebildeten Personen, die ihm bei der Lenkung seines großen Reiches helfen sollten – und er hatte eine nestorianische Mutter. (Rossabi 43 f.) Die mongolische Herrschaft konnte, zumindest eine Zeitlang, die Animositäten zwischen den Religionen unterbinden, vielleicht weil dort ein schamanistischer Glaube vorherrschte, der fremde Glaubensformen eher akzeptieren konnte als die monotheistischen Religionen.

Rabbans Reise wird zu einer Lebensfahrt. Sein Kompagnon bleibt unterwegs zurück, er wird erst zum Metropoliten von China, dann zum Patriarchen ernannt. Rabban zieht weiter an den Hof des Großneffen von Kublai Khan, Argon. Dieser herrscht über das sogenannte Ilchanat, das von den Mongolen eroberte Territorium zwischen Türkei, Iran, Irak bis hin nach Afghanistan. Argon hat ein großes Interesse an einer Verbindung mit den fränkischen Kreuzfahrern. Er will mit ihnen die Palästina erobernden ägyptischen Mamluken in die Zange nehmen. Dafür gibt er Rabban Briefe an europäische Potentaten mit, und Rabban macht sich 1287 auf den Weg nach Europa. Aus diesem Projekt wird aber nichts; die Kreuzzugstimmung in Europa hat nachgelassen, man begrüßt sein Unternehmen halbherzig und wünscht ihm alles Gute. Immerhin kommt Rabban nach vielen Jahren strapazenreicher Reisen und erzwungener Zwischenaufenthalte nach Bagdad. Dort besucht er das Grab des Propheten Hesekiel, der hier neben Sem, dem Sohne Noahs, liegt. Es geht ins alte Niniveh, das heute Mossul heißt, zu dem Ort, wo die Arche Noah gelandet ist. In Konstantinopel staunt er über die Hagia Sophia; ein solch großes Kirchengebäude hat er noch nie gesehen. Hier sieht er die Hand von Johannes dem Täufer, die Steinschüssel, in der Jesus Wasser zu Wein verwandelte, den Stein, auf dem Petrus saß, als er Jesus verriet, und die Ruhestätte der 118 Bischöfe, die aufgrund ihrer Heiligkeit nicht verwest sind. Im Kloster St. Michael unweit der Stadt zeigt man ihm den Stein, mit dem Joseph das Grab Jesu abgedeckt hat und auf dem immer ein feuchter Flecken zu sehen ist: die Tränen Marias. Auf dem Weg nach Neapel wird er Zeuge eines Ausbruchs des Ätna auf Sizilien. In der Bucht von Neapel tobt gerade eine Schlacht. Er ist beeindruckt davon, dass keine Zivilisten angegriffen werden, eine Zurückhaltung, die er bei seinen mongolischen Landsleuten nicht kennt. (Rossabi 118)

Als er in Rom ankommt, um dem Papst seine Botschaft zu überreichen, muss er feststellen, dass es derzeit gar keinen Papst gibt, sondern ein neuer erst gewählt werden muss. Immerhin lädt man ihn zu einem großen Gespräch mit zwölf Kardinälen. Diese befragen ihn über den Zustand der Kirche, das Verhältnis der Mongolen zu den Christen; sie sind zufrieden, zu hören, dass die Christen unter Kublai Khan wohlgelitten seien. Aber zu dem Ansinnen des Ilchans Argon, gemeinsam die Mamluken zu bekämpfen, können die Kirchenfürsten ohne einen Papst keine Stellung beziehen. Es folgt eine Debatte über theologische Differenzen, doch keine Seite lässt es zu einem Streit kommen. Stattdessen geben sie ihm ein paar Mönche an die Hand, die ihm die Heilige Stadt zeigen sollen: Petri Stuhl, das Grab des heiligen Paulus, das Gesicht Jesu auf einem Leinentuch, ein Gewand Jesu, den Kopf des heiligen Stephanus, die Hand des Ananias, den Fuß des Apostels Philipp, den Kopf des Matthäus – die lange Reihe der Reliquien erfüllt ihn mit tiefer Ehrfurcht.

Ohne Papst aber hat der Aufenthalt in Rom nur wenig Sinn. Rabban zieht weiter nach Frankreich und besucht unterwegs Genua. Die Genuesen führen ihm hier die smaragdene Schüssel vor, aus der Jesus beim Abendmahl gespeist hat: der Heilige Gral! Vermutlich, so sein Biograph, haben clevere Geschäftsleute im Orient den naiv-gläubigen Kreuzfahrern dieses Kleinod zu einem guten Preis verhökert. In Paris hat er eine Audienz bei Philip IV., dem Schönen. Der will genau wissen, was die politischen Absichten hinter seiner Reise sind: Wer hat ihn geschickt und warum? Aus verschiedenen Gründen will sich der König aber nicht auf eine Unterstützung von Argon einlassen.

In Paris macht Rabban sich ein Bild von der Universität. Er registriert mit Staunen, dass hier 30 000 Studenten studieren (auch wenn es in Wahrheit nur ein Zehntel davon war). Verwundert ist er auch, dass hier nicht nur die Heilige Schrift und Theologie gelehrt werden, sondern auch Astronomie, Mathematik, Philosophie und Medizin. So wie Marco Polo die Große Mauer nicht erwähnt, so verschweigt Rabban die prächtige Kathedrale Notre Dame sowie die Schönheit gotischer Farbfenster. Auf nach Bordeaux nun, wo er den englischen König Eduard I., Langbein genannt, trifft. Er feiert die Eucharistie mit ihm, der König nimmt die Hostie aus seiner Hand, dann gibt es ein riesiges Bankett für den mongolischen Gast.

Rabban hat den Eindruck, dass er mit seinem Anliegen weitergekommen ist. So kann er sich wieder nach Rom wenden, wo inzwischen ein neuer Papst im Amt sitzt, Nikolaus IV. Auch er ist ihm wohlgesonnen, feiert Messe mit dem Gesandten und schenkt ihm zum Abschied einen Fetzen von dem Gewande Jesu, den Teil eines Kopftuchs von Maria und andere wertvolle Reliquien. Allerdings gibt er ihm auch die Botschaft an Argon mit, es gebe nur eine Form der wahren Religion, nämlich das päpstliche Christentum des Westens. Der Ilchan solle sich doch bitte taufen lassen. (Rossabi 165)

Noch weniger als die Könige lässt er sich für einen neuen Kreuzzug einspannen. Dennoch ist es für Rabban ein großes Treffen. Auch Argon ist begeistert, denn Rabban wird ihm die guten Erfolge seiner Mission überbracht haben, schön aufgepäppelt vermutlich, um sich nicht in Misskredit zu bringen. Vielleicht auch, weil er naiv ist und sich mehr für die Reliquien interessiert.

Argon selbst starb 1291, noch bevor er seine militärischen Pläne umsetzen konnte. Rabban blieb in Bagdad, wo er 1294 starb, im selben Jahr wie sein Gönner Kublai Khan. Rabban, so sein Biograph, war der erste Mensch, der von Peking nach Paris reiste und für kurze Zeit die Mongolen und das westliche Christentum zueinanderbrachte. (Rossabi 180)

Literatur
Rossabi, Morris. *Voyager from Xanadu. Rabban Sauma and the First Journey from China to the West.* Berkeley: University of California Press 2010.
»Rabban Sauma visits Europe«. In: Jeannette Mirsky, Hg. *The Great Chinese Travellers. An Anthology.* New York: Random House 1964.

Chinesen im Europa in der frühen Neuzeit

Um 1540 tauchte dann ein weiterer Chinese auf, diesmal in Portugal. Wahrscheinlich war er von den Portugiesen gefangen und mitgebracht worden. Es muss ein Gelehrter gewesen sein, denn er wurde den Seeleuten von einem portugiesischen Historiker abgekauft und übersetzte in der Folge chinesische Bücher ins Portugiesische. Der nächste Chinese kam 1755 nach Lissabon, überlebte das Erdbeben und ging nach England. Der belgische Jesuit Philippe Couplet (1623–1693), der Konfuzius übersetzt hatte und mit Leibniz in Kontakt stand, erhielt von Ludwig XIV. den Auftrag, fünf Ordenskandidaten aus China auszuwählen und nach Europa zu bringen. Am Ende war es nur einer, Michael Shen Fuzong, den er mitnahm. Mit diesem Chinesen zog Couplet durch Europa – Paris, Oxford, Holland, Rom. In Versailles war der König beeindruckt von der Art, wie der Besucher mit Essstäbchen umging. In Montmartre feierten sie eine Messe, die große Menschenmengen anzog. In Rom ging es zum Papst und in London zu König Jakob II., der ein Porträt von Shen anfertigen ließ. Er legte die Ordensgelübde ab, doch gelangte er nie wieder nach China. 1691 starb er auf der Rückreise an einer Epidemie (Mungello 81 f.). Couplets Übersetzung des Konfuzius erlebte indes ein Revival. 2019 schenkte der französische Präsident Macron 2019 dem chinesischen Staatspräsidenten Xi Jinping anlässlich eines Besuches in Frankreich eine illustrierte Ausgabe dieses Werkes.

Unglücklich verlief dagegen der Besuch eines weiteren Chinesen, den der Jesuit Foucquet 1722 aus Kanton mitgebracht hatte, damit dieser ihm als Schreibkraft diene. Schon auf der Schiffsreise entwickelte Hu Wahnsymptome, die sich alsbald verschärften. Nicht zuletzt dadurch, dass der Franzose ihn keine europäische Sprache lernen ließ, denn es ging ihm einzig um das Abschreiben von chinesischen Texten für seinen eigenen Gebrauch. So war der Chinese komplett isoliert und wurde immer exzentrischer: Er sprang von fahrenden Kutschen, um Beeren zu pflücken, oder verschenkte seine teure Kleidung. Er war irritiert, wenn Frauen am Gottesdienst teilnahmen. Bald wollte er auch nicht mehr abschreiben und verschwand unversehens für einige Zeit. Am Ende steckte man Hu in eine Anstalt, wo er elendig behandelt wurde, da niemand für seine Behandlung zahlte. Ein anderer Jesuit holte ihn schließlich heraus und nahm ihn mit zurück nach China. (ebd. 84 f.)

Literatur

Mungello, D. E. *The Great Encounter of China and the West, 1500–1800.* Lanham, Maryland: Rowman & Littlefield 2009.

Der Kaiser und die Jesuiten

Der Kaiser war mit sieben Jahren gegen seinen Willen inthronisiert worden – ein Widerstand, der eine gewisse Klugheit zeigte. Sie sollte sich im späteren Leben machtvoll entfalten: Ausdehnung des Mandschu-Reiches der Qing Dynastie, große Beliebtheit im Volk unter anderem durch seine berühmten, bis ins Einzelne geplanten großen Reiseprozessionen in die Tiefen des Landes. Auch seine Kriegszüge gegen aufrührerische Stämme, Piraten und die westmongolischen Oiraten waren erfolgreich. Strategie und den Umgang mit europäischen Waffen hatten ihn die Jesuiten gelehrt. Einen Uhrmacher hatte er aus der Schweiz angestellt; die Hofeunuchen sollen bei dessen Tod besonders getrauert haben, denn ihnen hatte er die Kunst der Zeitmessung beigebracht. Der Kaiser selbst interessierte sich sehr für einen gewissen Stadlin und besuchte ihn öfter in seiner Werkstatt. Uhrmacher und chinesische Kaiser scheinen eine besondere Beziehung zu haben. Der Kaiser ist der Herr des Himmels und der Zeit, und jede Form der Zeitmessung – ob Uhren oder Kalender – betrifft das Innerste seines Imperiums. Sie bedeutet Kontrolle und Herrschaft. Christoph Ransmayr lässt in seinem Roman *Cox oder Der Lauf der Zeit* (2016) einen englischen Uhrmacher im 18. Jahrhundert nach China gehen, der dem Kaiser Chronometer für unterschiedliche Zeitverläufe, schließlich auch zur Messung der Ewigkeit bauen soll. Das China hier ist ein erfundenes, der Engländer war nie in China, und doch zielt das poetisch reichhaltige Buch auf die Mentalitätsunterschiede zwischen Chinesen und Europäern.

Kaiser Kangxi war ein aufgeklärter Mensch, der wusste, wie man das Alte mit dem Neuen verbindet. Schon seine Vorgänger

hatten sich von den europäischen Besuchern beeindruckt gezeigt. Nach Marco Polo brachte ein weiterer Italiener europäisches Wissen nach China und Kenntnisse über China nach
Europa: Matteo Ricci (1552–1610). Mit einem Ordensbruder
war er 1582 in Macau angekommen und arbeitete sich über
Jahrzehnte bis nach Peking vor. Sie trugen buddhistische Gewänder, und viele Chinesen hielten sie tatsächlich für buddhistische Mönche. Ricci lernte Chinesisch, übersetzte mathematische Bücher ins Chinesische und erstellte eine Weltkarte,
mit der die Chinesen sehr zufrieden waren, zeigte sie doch das
Kaiserreich in der Mitte der Welt. Neben dem eurozentrischen
Blick tat sich hier ein sinozentrisches Weltbild auf. Während
chinesische Karten voller Einzelheiten und Namen waren,
fehlten ihnen bislang die mathematischen Koordinaten. Hier
konnte Ricci nachhelfen. Er konnte auch zeigen, dass Marco
Polos Cathay tatsächlich China war.

Dem Jesuiten gelang später ein weiterer Karrieresprung. Er
wurde nach seinem Tod zu einer Gottheit im buddhistischen
Pantheon erhoben. Da er die Uhr mit Stundenschlag in China
eingeführt hatte, verehrten ihn von nun an die Uhrmacher
von Shanghai als ihren Schutzpatron. (Gernet 99) Das Beispiel
zeigt, wie sehr das Christentum sich innerhalb eines Feldes
von Volksreligion, Aberglauben und Konfuzianismus zu behaupten hatte und wie es blitzschnell auch einverleibt werden
konnte. Ein Pater hielt fest, wie pragmatisch die Chinesen mit
ihren Göttern umgingen. So führte ein Bewohner Nanjings
einen Prozess gegen einen Gott, »weil dieser seine Tochter
nicht gerettet hatte. [...] Er gewann den Prozess, der Götze
wurde verbrannt, der Tempel zerstört, und die Bonzen wurden
gezüchtigt.« (ebd. 98)

Bei der Missionierung beriefen sich die Patres oft auf die
Wunder, die Christus vollbracht hatte. Aber wo waren sie hier
in China, diese Wunder? Kaiser Kangxi war enttäuscht und
fühlte sich herabgesetzt, dass die Missionare keine Kranken
heilten oder Tote auferweckten: »Ihr kommt vom anderen

Ende der Welt, predigt uns ein neues Gesetz, das der Natur zuwiderläuft und jenseits der Vernunft liegt. […] Wirkt Wunder, die für die Wahrheit eurer Religion bürgen […]«. (Gernet 116) Pater Le Comte hielt dagegen, auch wenn man in Peking keine Wunder vorzuweisen hätte, auf dem Lande ginge das schon. Ein Haus, das von Feuer bedroht wurde, wurde verschont, weil ein Christ durch das Gebet den Wind abwendete und das Feuer auf das Haus eines vom Glauben Abgefallenen umlenkte. Eine ganze kranke Familie warf sich vor ein Christusbild und wurde geheilt. Ein besessenes Mädchen gesundete durch die Taufe. Die Chinesen bemerkten, dass es Vorteile hatte, Christ zu sein. (ebd. 117) Aber Ricci und seine Leute stießen auch auf Widerstand. So untersuchte ein chinesischer Gelehrter das christliche Konzept des Himmels und stellte fest, dass der Christ den Menschen, aber nicht den Tieren eine unsterbliche Seele zuschrieb. Daher unterstellte er dem Missionar, er heiße den Mord an Tieren gut. (ebd. 54)

Unter Riccis Nachfolgern findet sich Adam Schall von Bell (1592 – 1666), ein Jesuit aus dem Kölnischen, der 1630 ein Traktat über das Teleskop auf Chinesisch herausbrachte, mit Kepler korrespondierte und 1634 ein galileisches Fernrohr baute. Im Krieg mit den Mandschus leitete Schall die Produktion von 100 Kanonen. Nach dem Tod des Kaisers wurde Schall in eine Hofintrige verwickelt. Ein Schlaganfall machte ihn besonders verdächtig. Er sollte zerstückelt werden, doch trat rechtzeitig ein Erdbeben ein. Inzwischen war der neue Kaiser Kangxi angetreten und Schall wurde freigelassen.

Überhaupt waren diese Jesuiten technisch begabt. Darüber hinaus erwiesen sie sich als Fachleute der Diplomatie bei der Aushandlung eines Vertrags mit den Russen. Sie waren in der Lage, blitzschnell gewünschte Gemälde im europäischen Stil herzustellen, und sie wussten die Chinesen mit einer Fontäne zu beeindrucken sowie mit mechanischen Löwen und Tigern, ja so-

gar mit einem Automaten-Menschen. (Fülöp-Miller 317–328)
All das geschah natürlich nicht ohne religiöse Hintergedanken.

Ein chinesischer Gelehrter ging in diese Falle, wie er später erkannte. Er war nämlich gerne mit den Missionaren zusammen, solange er sie für Wissenschaftler hielt. Doch eines Tages erfuhr er, dass sie »Yesu, einen Mann aus der Zeit des Han-Kaisers Ai, für den Herrscher in der Höhe halten«. Das widersprach aller Vernunft, und er wandte sich von ihnen ab. (ebd. 54)

In einer Zeit, als es den Beruf des Wissenschaftlers noch nicht gab, erwies sich der Orden immerhin als Schutzhülle für die Entstehung neuer, säkularer Mentalitäten. Die Jesuiten praktizierten vis-à-vis der chinesischen Kultur ein Programm der Anpassung oder Inkulturation. Bei ihrer Mission für den christlichen Glauben tolerierten sie kulturelle Eigenheiten und sahen sie nicht als Hindernisse für die Übernahme des Christentums an. Solch eine Einstellung hatte großes kulturelles, historisches und technisches Wissen zur Voraussetzung. Als Ricci in China ankam, gab es dort drei chinesische Christen. Bei seinem Tod waren es an die 2500 und mehrere Gemeinden. Warum gelang ihm die Missionierung? Weil er den vorherrschenden Konfuzianismus, die Ahnenverehrung und andere kulturelle Eigenheiten mit dem Christentum zu verbinden wusste. In den Riten sah er einen Zeichenkult, der nichts mit der Substanz der Religion zu tun hatte. Für ihn und seine Mitstreiter waren es säkulare, kulturelle Zusätze, die nicht den Kern des Christentums betrafen. Chinesische Vorstellungen eines höchsten Himmelherrn ließen sich vereinbaren mit dem Herrgott der Christen, bis in die Namensgebung hinein. Die chinesischen Worte »tian« für »Himmel« und »dao« für »Weg,« waren ja nicht so weit vom Kirchenlatein, »deus«, von »dios«, »dio« oder »dieu« entfernt. Franziskaner und Dominikaner sahen dies jedoch anders und verurteilten diese Einstellung ihrer Glaubensbrüder als ketzerisch. Hier ist die Quelle des sogenannten Ritenstreits zu suchen – eine Debatte, die bis

in die Aufklärung hineinreichte und besonders den Philosophen Leibniz beschäftigte.

Jesuiten rückten in hohe Positionen beim Kaiser Kangxi.
Das gelang, weil es ein wechselseitiges Geben und Nehmen,
eine beidseitige Neugier gab. So ordnete der Kaiser an, dass die
führenden Jesuiten Mandschu lernten und in dieser Sprache
Traktate über europäische Mathematik anfertigen sollten. »In
den 1690ern arbeitete ich oft mehrere Stunden täglich mit ihnen«, schreibt er in seiner Autobiographie. (zit. in Perkins 24)
Den belgischen Jesuiten Verbiest beauftragte er mit dem Bau
von Kanonen, einer Wasserfontäne, die mit einer Orgel verbunden war, und einer Windmühle. Mit anderen machte er
sich an Uhren und Mechanik. Er ließ sich europäische Musik
und deren Theorie beibringen. Ein italienischer Maler musste
Hofporträts fertigen. Er lernte das Wägen von Gewichten,
Sphären, Kuben sowie die Messung von Entfernungen und
Winkeln – wichtig für die Planung von Wasserwegen. (ebd.)
Ein Universalgelehrter mit praktischen Interessen – ganz im
Sinne eines Leibniz. Genau dieser Philosoph in Hannover, der
ebenfalls eine Fontäne bauen ließ, begann nun, die chinesische
Kultur und diesen Herrscher zu entdecken. Entscheidend soll-
ten dafür die Briefe werden, die er von den Jesuiten aus China
erhielt – sie entpuppten sich als eine Quelle geistigen Reich-
tums.

Kangxi hatte bei diesen Lernprozessen keine Minderwertigkeitsgefühle. Vielmehr sah er sich durch die europäische Wissenschaft bestätigt. So glaubte er etwa, dass die Mathematik
auf das *Buch der Wandlungen*, das *Yijing*, zurückginge; auch
das Wort Algebra sei wohl auf eine östliche Quelle zurückzuführen. Die Westler mögen genauere Messungen gemacht und
Sonnenfinsternisse vorhergesagt haben, aber die Grundideen
seien dieselben. Die Ansichten der Erde, die jetzt vom Westen
gekommen seien, seien schon von einem Gelehrten der alten
Zeit antizipiert worden, der behauptet hatte, die Erde sei wie
der Dotter in einem Ei (ebd. 29). Brückenbauer auf beiden Sei-

ten also, mit jeweils eigenen Interessen: Macht auf der einen, Missionierung auf der anderen. Die einen ließen die fremde Religion zu, die anderen postulierten nicht, dass Konfuzius in der Hölle wohnte und verlangten von chinesischen Konvertiten nicht, dass sie fasten sollten oder an Sonntagen nicht arbeiten dürften. Monogamie war nicht zwingend, und man verzichtete auf christliche Dogmen und die Betonung der Kreuzigung Christi. Für die Chinesen wie auch die Japaner wäre das ein schändlicher Tod gewesen, so konnte kein Gott sterben! Auf solche Weise also traf man sich in der Mitte zwischen zwei Kulturen – und zwar auf Augenhöhe. Doch die Feinde einer zumindest einstweiligen Verständigung zwischen Ost und West ruhten nicht. Sie kamen vornehmlich aus den spanischen Bettelorden, die es nach China verschlagen hatte und die schon in den von Spanien eroberten Ländern eine rigide Ablehnung des Heidentums praktiziert hatten. Einige von ihnen besuchten den berühmten jesuitischen Mandarin Adam Schall in Peking und berichteten, sie hätten in der christlichen Kapelle einen Altar für den Kaiser gesehen. Tatsächlich handelte es sich um eine Tafel, auf der in goldenen Schriftzeichen vermerkt war, dass der Kaiser diese Kapelle finanziert hatte. Aber mit den Chinesischkenntnissen dieser Kritiker war es eben nicht weit her. (Ross 182)

Im Jahre 1700 traten einige Feinde der Jesuiten, in diesem Fall die Jansenisten, an die theologische Fakultät der Sorbonne heran, um die ketzerische Einstellung des Ordens zu brandmarken. Die Jansenisten bildeten eine moralisch-asketische Erneuerungsbewegung innerhalb der katholischen Kirche, die dann selbst aber bald vom Vatikan als häretisch verfolgt wurde. Doch waren sie vor allem in Frankreich zeitweilig erfolgreich. Zu ihnen gehörten immerhin so kluge Köpfe wie Blaise Pascal. Die Jansenisten führten ins Feld, dass die Jesuiten an sechs Punkte glaubten: dass die Chinesen schon 2000 Jahre v. Chr. Wissen vom wahren Gott gehabt hätten, sie diesem in dem ältesten Tempel der Welt opferten, dass ihre Verehrung Gottes für Christen ein Vorbild, ihre Moral so rein wie ihre Religion sei, sie in jeder Hinsicht die reine Religion lebten und dass sie von allen Nationen der Erde von Gottes Gnade ausgewählt seien. Diese sechs Thesen wurden am 18. Oktober 1700 von der Sorbonne komplett zurückgewiesen. (Perkins 30)

Die kirchliche Einstellung zur jesuitischen Mission war damit klar: keine Anpassung mehr an fremde Kulturen, denn die könnte eine Anerkennung des Polytheismus bedeuten. Dieser Beschluss markierte für lange Zeit das Ende christlicher Mission in China, denn ohne eine solche Inkulturation war eine hochzivilisierte Kultur nicht für das Christentum zu gewinnen. Die Jesuiten, um die sich in Europa ein Streit in Pamphletform entwickelte, baten nun den Kaiser, seine Sicht der Dinge darzustellen. Kangxi rief seine konfuzianischen Gelehrten herbei und ließ sie debattieren. Das Ergebnis ging in Form eines Berichts nach Rom: Er unterstützte eindeutig die Position der Jesuiten. Ein Jahr später, im Herbst 1701, traf die Antwort aus Rom ein: eine klare Absage. Die Tatsache, dass der chinesische Kaiser die Jesuiten unterstützt hatte, machte die Sache nur noch schlimmer. Was kam, war ein Verbot für alle synkretistischen Formen des Katholizismus: keine Tafeln mehr für chinesische Gottesnamen oder Kaiser in den Kirchen, keine Teilnahme an chinesischen Begräbnissen, Ahnenverehrung oder konfuzianischen Riten.

Kangxi, dessen Nachfolger und Sohn Yongzheng die Missionstätigkeit endgültig unterbinden sollte, war enttäuscht, ja entsetzt. Als der jesuitenkritische Katholik Monsignor Charles Maigrot an den Hof gerufen wurde, um seine Position darzulegen, stellte der Kaiser fest, dass dieser völlig ignorant gegenüber der chinesischen Kultur war. Dennoch glaubte Maigrot, das Moralsystem der Chinesen beurteilen zu können. Dabei ging es auch um den Ahnenkult, wie der Kaiser schrieb: »Sogar kleine Tiere betrauern ihre toten Mütter viele Tage lang; diese Westler, die ihre Toten gleichgültig behandeln wollen, haben nicht mal das Niveau der Tiere erreicht. Wie können sie sich

mit den Chinesen vergleichen?« Wir verehren Konfuzius aufgrund seiner Lehre über die Tugenden und die Erziehung und
weil er uns die Liebe zu den Ahnen und Höhergestellten lehrt.
Sie aber »malen Bilder von Menschen mit Flügeln«.

Maigrot musste bald fliehen. Kangxis Ansichten dagegen
hätten bestens in die europäische Aufklärung gepasst: »Jedes
Land muss einige Geister haben, die es verehrt. Dies gilt für
unsere Dynastie ebenso wie für Mongolen, Mohammedaner,
Miao oder Loro oder andere Ausländer. Genauso wie jeder etwas fürchtet – die einen Schlangen und nicht Kröten, die anderen Kröten, aber nicht Schlangen; und so wie alle Länder verschiedene Aussprachen haben und verschiedene Alphabete.«
(Perkins 124) Was ihn aber vor allem störte, war der ständige
Streit zwischen den verschiedenen christlichen Konfessionen
und Nationen, Franzosen gegen Portugiesen, Jesuiten gegen
Vatikantreue, und dabei will jeder nur die eigene Nation in
der Kirche wissen. »Das ist eine Vergewaltigung des Prinzips
der Religion«, dahinter könne nur der Teufel stecken, von dem
diese Christen so viel reden. (ebd.) 1721 kam der endgültige
Bruch nach einem Gespräch mit dem Legaten des Vatikan und
dessen Deklaration. Kangxi fand hier dieselben bizarren, aber-
gläubischen Positionen wie bei den Buddhisten und Taoisten,
die damals in schlechtem Kurs standen: »Ich habe nie einen
solchen Unsinn gesehen. Von nun an soll kein Mensch aus dem
Westen seine Religion mehr in China verbreiten dürfen.« (zit.
in Ross 197) Die Kirche hat übrigens erst 1940 ihre Haltung
gegenüber dem Ritenstreit revidiert.

Leibniz entdeckt China

Einem aufgeklärten Gelehrten wie Leibniz ging es nicht anders
als dem chinesischen Kaiser. Auch er war in Europa bemüht, die
Konflikte zwischen Protestanten und Katholiken einzudäm-

men und beide auf gemeinsame Prinzipien zurückzuführen. Im Streit um die chinesischen Riten stand er selbstverständlich auf der Seite der Jesuiten. Dafür hatte er zu viel Hochachtung vor der alten chinesischen Kultur. An die Kurfürstin Sophie von Hannover schrieb er 1699: »Man schreibt mir gleichzeitig, dass in Rom ein großer Prozess zwischen den Jesuiten und anderen Missionaren stattfinde, in dem die Ersteren beschuldigt werden, den neugewonnenen Christen in China Handlungen von Abgötterei zu erlauben, indem sie dem berühmten chinesischen Philosophen Konfuzius, der früher gelebt hat als unser Herr, übermäßige Ehren erweisen.« Der Vater General der Jesuiten hatte sich Leibniz' Büchlein mit den *Neuigkeiten aus China* (d. h. *Novissima Sinica*, 1697) kommen lassen, da er bei Leibniz eine Unterstützung der jesuitischen Position vermutete (Leibniz / Sophie von Hannover 2017, 280 f.).

Leibniz interessierte sich schon als Zwanzigjähriger für China und erwähnt es in seiner frühen Schrift über die *Ars Combinatoria*, die einen ersten Versuch darstellt, das Denken als ein System von kombinatorischen Elementen im Sinne eines Alphabets zu verstehen. Hier gibt er einen ersten Hinweis auf die chinesische Schrift. Das Wissen seiner Zeit über China war noch sehr beschränkt und teilweise bizarr.

Athanasius Kircher hat es schon erfunden

Leibniz kannte das Werk von Athanasius Kircher, einem deutschen Jesuiten in Rom, der 1667 den Band *China Illustrata* veröffentlichte. Der Universalgelehrte, Erfinder und Sammler in Rom, ein gebürtiger Hesse, breitete hier sein gesamtes barockes Wissen über China und die Welt aus. Selbst war er (wie Leibniz) nie in China gewesen, aber er war wie der Philosoph Netzwerker und hatte das gesamte vorhandene Wissen über das ferne Land gesammelt, um es mit seiner eigenen Reflexion und

Illustration unter die Gebildeten Europas zu bringen. Zu diesem Zweck trat er in Kontakt mit Missionaren und bearbeitete mit ihnen chinesische Texte. Nicht nur das, er war einer der ersten, wenn nicht der erste Europäer, der eine Konfuzius-Statue sein Eigen nennen konnte. Übrigens gehen unsere lateinischen Benennungen chinesischer Philosophen wie *Konfuzius* oder *Menzius* auf die Jesuiten zurück. Daoisten wie Laozi oder Zhuangzi oder buddhistische Figuren konnten sich einer solchen Latinisierung nicht erfreuen, sie wurden im Westen erst später entdeckt.

Ein anderes magisches Objekt, das aus dem Jahre 781 stammte und um 1625 wiederentdeckt wurde, trat Kircher vor Augen und erregte seine unendliche Neugier: die sogenannte Nestorianische Stele. Mit Hilfe eines Missionars gelang ihm eine Übersetzung des darauf eingravierten chinesischen Textes. Daraus geht hervor, dass es schon im 7. Jahrhundert Christen in China gab. Kircher sah dies als gutes Omen an. Nun konnte er der Frage weiter nachgehen, wie diese alte Kultur mit dem Christentum und dem Mittelmeer zusammenhing. Hilfreich waren dabei die Arbeiten eines von Adam Schall von Bell und Matteo Ricci, die er auch in seinem Buch abbildete. Stehend zwischen Säulen halten sie auf dem Titelkupfer die Karte Chinas hoch, während Ignatius von Loyola, der Ordensgründer, und Franz Xavier, der Missionar Asiens, über ihnen schweben. In Rom verehrt man Xaviers rechten Unterarm.

Kircher hatte einen wahren Pagodenfimmel. Auf vielen seiner Illustrationen zu Fauna, Flora und Kultur des Landes findet sich irgendwo im Hintergrund eine Pagode. Die Pagode war für ihn zum einen die Kirche Chinas – also musste sie wohl einen Glockenturm haben, gelegentlich gar ein Kreuz. Andererseits hatten seine Pagoden auch etwas Pyramidales, denn hierauf beruhte seine Theorie des kulturellen Transfers: Die Pagode schien ihm als die chinesische Abwandlung der ägyptischen Bauten. »Wer sähe nicht«, schreibt er, »in einem Ort, der so voll mit Wahrsagern ist, ein anderes Gesicht Ägyptens?«

(Leibold 2002, 117) Darüber hinaus glaubte er, in den Schriften eine grundlegende Verwandtschaft zwischen den piktorialen Systemen Ägyptens und Chinas erkennen zu können. Er versuchte sich an einem Schlüssel, einer clavis sinica, mit dem man das System der Ideogramme decodieren könnte. Er stellte fest, dass das chinesische Zeichen für zehn ein Kreuz ist. Fügt man einen Parallelstrich unten an, so erhält man »Erde«, einen weiteren in der Mitte, so ergibt das »König«: der Herrscher der Erde im Zeichen des Kreuzes. (ebd. 118) Die chinesische Kultur stammt für ihn direkt von Ägypten ab. In biblischer Tradition wäre es ein Sohn Noahs, Ham, der die Kultur erst nach Ägypten, dann über den Hindukusch nach China gebracht hätte. Kircher vermutet, bei dem legendären Priesterkönig Johannes könnte es sich um einen religiösen Führer aus Asien handeln, vielleicht sogar um den Dalai Lama selbst. In seinem Buch findet sich auch eine Abbildung des sagenhaften Palastes von Lhasa, dem Potala. Dem Gelehrten gefällt es, dass Gelehrte das Reich regieren. Außerdem empfiehlt er den chinesischen Tee, den er als einer der ersten Europäer kosten darf. Weiterhin lobt er technische Errungenschaften wie Brücken, Buchdruck und Schießpulver. Sein Buch ist die umfassendste Darstellung Chinas, die es bis dato gegeben hatte. Es wurde ein europäischer Erfolg und leitete die Chinoiserie späterer Jahrhunderte ein, zumal seine exotischen Illustrationen zahlreiche Anregungen für Architektur und Design boten.

Leibniz will alles über China wissen

Wie Kircher wollte auch Leibniz die chinesische Schrift verstehen. Er war auf der Suche nach einer universalen Symbolschrift, und vielleicht würde ihm das Chinesische dabei helfen. In allen Dingen suchte Leibniz nach Schlüsseln und Grundprinzipien. Die chinesische Schrift stellte eine neue Herausforderung dar.

Leibniz kennt alle wichtigen Gelehrten seiner Zeit, so auch den Sinologen Andreas Müller, der in Berlin lebt. Der hat behauptet, jene geheimnisumwitterte clavis sinica gefunden zu haben. Wenn man diesen Schlüssel einsetzen würde, könnte man problemlos Chinesisch lesen. Nur will Müller nicht damit herausrücken, höchstens für gutes Geld. Doch keiner möchte oder kann bezahlen, zumal die meisten Gelehrten arme Kirchenmäuse sind. Leibniz bittet, Müller verweigert die Zusendung. In einem Brief stellt der Philosoph ihm 14 Fragen, Müller beantwortet keine. Dann bittet er ihn, einen chinesischen Klassiker zu übersetzen. Müller sagt zu und dann wieder ab. Leibniz ist enttäuscht, wie hier »launischer Charakter und Gelehrsamkeit« in einem Manne stritten, dessen Starrsinn doch einen Verlust für die christliche Mission in China bedeute. (Leibniz 1985, 23 f.)

Den Schlüssel hatte Leibniz seinem jesuitischen Korrespondenten Claudio Filippo Grimaldi zustellen wollen, einem der herausragenden Geister der chinesischen Mission. Er war der erste Mensch, den er kennenlernte, der tatsächlich in China gewesen war. 1687 traf er ihn in Rom. Zehn Jahre später veröffentlichte Leibniz eine Sammlung jesuitischer Schriften über China in dem Band *Novissima Sinica (Das Neueste von China)*. Seine Einleitung dazu leuchtet wie ein Fanal:

> Durch eine einzigartige Entscheidung des Schicksals, wie ich glaube, ist es dazu gekommen, dass die höchste Kultur und die höchste Zivilisation der Menschheit heute gleichsam gesammelt sind an zwei äußersten Enden unseres Kontinents, in Europa und in Tschina (so nämlich spricht man es aus), das gleichsam wie ein Europa des Ostens das entgegengesetzte Ende der Erde ziert. (Leibniz 1985,9)

Er stellt Vergleiche an, inwiefern Chinesen ebenbürtig, voraus oder hinter Europa zurückgeblieben seien. Ebenbürtig seien beide auf der Ebene alltäglicher Fertigkeiten und in der »experimentellen Auseinandersetzung mit der Natur«, Europa aber sei China voraus in Logik, Metaphysik, in der gedanklichen Erfassung von Formen, in Mathematik: »Sie scheinen nämlich jene große Erleuchtung des menschlichen Verstandes, die Kunst der Beweisführung, bisher nicht gekannt […] zu haben.« (ebd. 10)

Auch im Militärischen seien sie rückständig, aber das koppelt Leibniz mit einem Lob: Sie verachteten Aggression und verabscheuten Kriege, »beinahe in Nacheiferung der höheren Lehre Christi«. (ebd. 11) Er schämt sich geradezu zu benennen, worin Europa nun aber den Chinesen unterlegen sei, nämlich in der praktischen Philosophie, in der Lebensführung, in der Ethik und Politik. Hier stehe bei ihnen der öffentliche Friede ganz oben. Höflichkeit, Ehrerbietung gegenüber den Höheren und Eltern, Respekt, Vermeidung von bissigen Worten und Zorn. Förmlichkeit halte all diese menschlichen Spannungen in einem Rahmen, so dass soziale Harmonie vorherrsche. Das sei auch Verdienst des Kaisers Kangxi, der sich dennoch so offen für alle europäischen Wissenschaften zeige. Grimaldi rühme des Kaisers unendlichen Wissensdurst. Und damit steht er nach Leibnizi für einen Teil seines Volkes, das begierig das Wissen der Missionare aufnimmt. Sobald die Chinesen jenes »eine Auge der Europäer, d. h. die Mathematik« bei sich öffnen, können sie uns einholen: »Wenn das so weitergeht, fürchte ich, dass wir bald auf jedem anerkennenswerten Gebiet den Chinesen unterlegen sein werden.« (ebd. 17) Er sagt dies nicht aus Angst oder Neid, sondern vielmehr, um die eigenen Erkenntniskräfte zu stärken. Europa soll von China lernen. Es reicht nicht, Missionare nach China zu schicken, China solle ebenso Missionare nach Europa schicken! Leibniz empfiehlt etwa auch das Studium der chinesischen Medizin.

Er ist der Mann der vielen Fragen, nicht nur der philosophischen, sondern auch der naturwissenschaftlichen, technischen, juristischen oder theologischen. Also weniger ein Universalgelehrter (ein nicht erfüllbarer Traum), als der er immer abgestempelt wird, denn vielmehr ein Universal*fragender*. An Grimaldi schickt er 1689 einen Katalog mit 30 Fragen über China: Können sie ein grünes Feuer erzeugen? Wie ist die Heilkraft der Ginseng-Pflanze einzuschätzen? Von welcher Beschaffenheit ist die Erde, aus der Porzellan gemacht wird? Können wir chinesische Medizin nachahmen? Wie sind deren chirurgische Operationen? Was ist bekannt über die Färbemittel, den Ozean zwischen Nordasien und Nordamerika? Die horizontalen Windmühlen, die sich bei jedem Wind drehen? Die Art und Weise, wie sie große Steine transportieren? Annehmlichkeiten des Lebens, die wir übernehmen könnten? Wie gewinnen sie Kochsalz? (ebd. 31–34) Und so geht es weiter. Joseph Needham, der englische Historiker der chinesischen Wissenschaft, wird im 20. Jahrhundert genau diese Fragen und viele weitere in seinem monumentalen Werk *Science and Civilization in China* erörtern.

Leibniz bittet Grimaldi in einem weiteren Brief, das Vaterunser in allen erhältlichen Sprachen zu sammeln. Damit hätte man »ein gemeinsames Maß, nach dem alle Sprachen miteinander verglichen werden könnten«. (ebd. 18) Er vermittelt Ideen eines polnischen Gelehrten, zitiert Kepler über China und empfiehlt Korrespondenten. Sonnenbeobachtungen aus China schickt er weiter nach Berlin. Auch Peter der Große erhält von ihm Nachrichten aus dem Fernen Osten. Leibniz' Briefe in alle Welt zeigen, er war das Internet in einer Person, auch wenn es noch etwas langsam war. Manchmal brauchte die Post von China nach Europa und zurück vier Jahre, was die Dinge auch vereinfachen konnte, wenn es etwa um Dekrete, Bullen oder Verbote aus Rom ging.

Das binäre System in China

Leibniz interessierte sich brennend für die klassischen Bücher Chinas, vor allem das *Yijing*. Und hier kommt es zu einem folgenschweren Kulturtransfer. Leibniz, der als alter Pythagoräer an die mathematische Gesetzlichkeit des Universums glaubte, beschäftigte sich mit einem binären Zahlensystem. Kombinationen von 1 und 0 sollten alle Zahlen ausdrücken können. Dem Herzog von Braunschweig schickte er eine Medaille mit dem binären System und schrieb dazu, hier sei nun endlich eine mathematische Erklärung für die Erschaffung der Welt aus dem Nichts gefunden. So wie die Null zur Eins führe, so sei aus dem Nichts die Schöpfung entstanden. Das neue System teilte er Grimaldi mit, in dem Glauben, er könne damit vielleicht auch in die chinesische Mathematik eindringen. Der Jesuit beschäftigte sich gerade mit dem ältesten philosophischen Text der Welt, dem *Yijing*. Er glaubte, darin Hinweise auf den mythischen Urkaiser und Ahnen Fu Xi sowie die biblischen Patriarchen zu finden. Die Jesuiten arbeiteten ja mit Hochdruck an einer Abgleichung biblischer Daten mit der chinesischen Geschichtsschreibung. Grimaldi fand in einer Version eine Anordnung der 64 Hexagramme des Orakels in einer Art, die ihn an Leibniz' Darstellung der binären Zahlen erinnerte.

Das System der Hexagramme ist von Anfang an auf eine binäre Gliederung angelegt. Es gibt durchgehende und gebrochene Linien und sie werden in Sechsergruppen zusammengestellt. Alle Kombinationen zusammen ergeben 64 Hexagramme. Jedes Hexagramm steht für eine Eigenschaft, einen Zustand, einen Charakter, die alle auch vieldeutig sind. Man gewinnt diese Kombinationen (die auch zwei Hexagramme sein können) durch das Werfen von Schafgarbenstengeln, in späterer Zeit auch Münzen. Leibniz war tief beeindruckt, dass sein System in solch alten Schriften Chinas aufgetaucht war, und sandte 1703 einen Artikel darüber an die Pariser Akademie. Eine größere Diskussion erfolgte in Briefen mit seinen Korrespondenten. Für Leibniz war klar: Das alte China enthielt Schätze, die in der Gegenwart nicht mehr gesehen wurden. Die neuen Wissenschaften Europas konnten helfen, diese zu entziffern. (Perkins 116–118)

Leibniz dürfte der erste und auf lange Sicht einzige europäische Philosoph gewesen sein, der nicht nur Hochachtung vor Chinas Kultur hatte, sondern diese auch praktisch übersetzte in Fragen, Anwendungen und noch mehr Fragen. An die Kurfürstin Sophie schrieb er einmal, man könne vor sein Arbeitszimmer ein Schild hängen mit der Aufschrift: »Büro für Anfragen über China«. Jeder wisse schließlich, dass bei ihm alle Neuigkeiten aus diesem Lande eingingen. Und wenn man etwas über den großen Philosophen Konfuzius, die alten chinesischen Kaiser in den Zeiten der Sintflut und die Abkömmlinge Noahs wissen wolle, oder vielleicht über den Trunk der Unsterblichkeit, dann brauche man nur bei ihm anklopfen.

Literatur

Gernet, Jacques. *Christus kam bis nach China. Eine erste Begegnung und ihr Scheitern.* Zürich / München: Artemis 1984.

Hsia, Adrian, Hg. *Deutsche Denker über China.* Frankfurt/M.: Insel 1985.

Leibniz, Gottfried Wilhelm. »Vorwort zu *Novissima Sinica*«. In Adrian Hsia, Hg. *Deutsche Denker über China.* Frankfurt/M.: Insel 1985.

Leibniz, Gottfried Wilhelm / Kurfürstin Sophie von Hannover: *Briefwechsel.* Hg. von Wenchao Li, aus dem Französischen übersetzt von Gerda Utermöhlen und Sabine Sellschopp. Göttingen: Wallstein 2017.

Leibold, Michael. »Kircher und China – Die China Illustrata als Dokument barocken Wissens«, in *Magie des Wissens. Athanasius Kircher 1602–1680. Universalgelehrter, Sammler, Visionär.* Ausstellungskatalog Martin von Wagner Museum der Universität Würzburg. Dettelbach: Röll 2002, 113–124.

Mungello, David E. *The Great Encounter of China and the West 1500–1800* Lanham, Maryland: Rowman & Littlefield 1999.

Perkins, Franklin. *Leibniz and China. A Commerce of Light.* Cambridge: Cambridge UP 2004. [Übersetzung ES]

Ross, Andrew C. *A Vision Betrayed. The Jesuits in Japan and China, 1542–1742.* Edinburgh: Edinburgh UP 1994. [Übersetzung ES]

Chinabilder im 18. und 19. Jahrhundert

Es gab einen Philosophen, der bei Leibniz in die Lehre ging, was China anbetraf, und der dafür schlimm büßen musste: Christian Wolff (1679–1754), Professor für Mathematik an der Universität Halle, hatte sich in die Werke des Konfuzius und Menzius vertieft und eine hohe Meinung von ihnen entwickelt. 1721 hielt er einen Vortrag an seiner Universität über die praktische Philosophie der Chinesen. Die Pietisten waren entsetzt und beschuldigten ihn des Atheismus. Wie konnte man nur die Werke dieser gottlosen Heiden in den Himmel heben! Seine Gegner übten Druck auf den König auf, es war der preußische Soldatenkönig Friedrich Wilhelm I. Der dekretierte, dass Wolff die Stadt binnen 48 Stunden verlassen müsse, sonst werde er aufgehängt. So berichtet zumindest Voltaire in seinem *Philosophischen Wörterbuch*. Des Königs Sohn, Friedrich der Große, der übrigens auch eine ›chinesische‹ Erzählung geschrieben hat – *Bericht des Phihihu, Sendboten des Kaisers von China* – hob den Bann wieder auf, da er selbst Beziehungen zu China anstrebte. Die Chinesen lehnten die von ihm vorgeschlagenen Handelsbeziehungen nach europäischen Vorgaben allerdings dankend ab.

Die Zeit der Chinoiserie in Europa neigte sich mit dem der Romantik um 1830 ihrem Ende zu. Pagoden, Gärten und chinesische Pavillons von München und Potsdam bis Brighton, karnevaleske Umzüge à la chinoise, Kaiserin Maria Theresia als Chinesin in einer Operette – all das weicht einem negativeren Bild von China. (vgl. Hsia 180 f.) Merkantilismus und Versuche, China zu kolonialisieren, führten zu einer Herabwürdigung der Kultur: »Die Künste und Wissenschaften werden in China nie beträchtliche Fortschritte machen«, schreibt ein

Franzose, der im Auftrag Ludwigs XIV. China in den 1770ern bereist. »[…D]ie Chinesen haben keinen Funken von Genie […] alles geht bei ihnen maschinenmäßig oder nach regelloser Gewohnheit.« Konfuzius' Philosophie sei nichts als ein »Klumpen unverständlicher Dinge, Träume, Kernsprüche und alter Märchen, mit etwas wenig Philosophie vermischt«. (zit. in Hsia 182) Herder, Hegel und Goethe können den Chinesen wenig abgewinnen (Goethe wird diese Ansicht später revidieren). Dafür kommt Indien in Mode, denn die Romantiker lieben die indische Metaphysik, das Transzendente und Traumhafte – dazu die Mutter der europäischen Sprachen, wie man meinte, das Sanskrit. Zugleich zwangen die Briten, um ihr Handelsdefizit auszugleichen, China mit Opium aus Indien nieder. Und in Europa schluckte man Opium oder rauchte es und ließ die Bilder eines sagenhaften Reiches emporsteigen – wie Coleridge es in seinem Gedicht von Kublai Khan erträumte. Xanadu – die große westliche Projektion auf Asien war geboren, mit chinesischem Dekor.

Der Mann, der Formosa erschuf: George Psalmanazar

Das frühe 18. Jahrhundert war eine Zeit des Projektemachens. So beschloss ein Mann namens George Psalmanazar, Formosa (Taiwan) in einem Buch zu erschaffen. Neben all den fieberhaften Geschäftsideen, die der Kapitalismus hervorbrachte, stellte sich die Frage: Warum nicht einmal ein Land erfinden? Noch gab es genügend weiße Flecken auf den Landkarten, noch konnte man investieren in das Unbekannte, Wissen verkaufen über nur Geahntes, ohne Überprüfbarkeit.

Die Insel Formosa war nicht ganz unbekannt zu dieser Zeit. Bis 1683, als es vom chinesischen Kaiserreich annektiert wurde, gab es dort Handelsstationen der Niederländer, Briten, Portugiesen und Spanier. Doch mit deren Schließung glitt Formosa ins Ungefähre. Nun konnte man projizieren und seinen Erfindungsgeist walten lassen, insbesondere da das Innere der Inseln mit seinen nicht chinesischen Eingeborenen überhaupt nicht bekannt war. Psalmanazar, ein wahrscheinlich aus der Gascogne stammender Hochstapler, verkaufte die Insel den naiven Europäern als ein Land, wo es keine Schuhmacher, Bäcker oder Bierbrauer gibt, wo die Eltern ihre Kinder lieben und dennoch jedes Jahr über 18 000 männliche Kinder einem ochsenköpfigen Gott geopfert werden. Zum Frühstück raucht man dort eine Pfeife, dann trinkt man grünen Tee und schneidet den Kopf einer Viper ab, um das Blut zu trinken: das beste Frühstück, das man sich vorstellen kann. (Breen 2)

Psalmanazar trat in London und Europa aber nicht nur als Kenner der Insel auf, sondern gab sich auch als Eingeborener der Insel, als Formosaner aus. Das erinnert an Karl May, der zunächst Old Shatterhand erfand und später als dieser selbst in Erscheinung trat, wenn er seine Besucher in der Villa Bärenfett in Radebeul begrüßte. Hochstapelei ist ein belebendes Element im Kulturtransfer. Fälschungen schärfen den Geist der Diagnose. Auch Leibniz, auf der Suche nach der Universalsprache, interessierte sich für die Sprache Formosas. Im 17. Jahrhundert lief ein Wettbewerb, wer das »Vaterunser« in den meisten Sprachen herausbringen könnte. Die Deutschen Müller und Motte hatten 83 bzw. 99 Versionen anzubieten; sie entschuldigten sich, dass sie noch keine japanische Fassung vorzuweisen hatten. (Keevak 148) John Chamberlayne konnte 1715 mit 152 Übersetzungen aufwarten. Darin fand sich auch eine aus Formosa. Sie stammte von niemand anderem als George Psalmanazar. Das Gebet wurde in der von ihm erfundenen Formosa-Schrift abgedruckt, sodann übertragen in lateinische Buchstaben:

Diameta ka tü vullum
Llugniang ta nanangh oho
…

Abb. 4: Psalmanazar

Leibniz verwarf das Kauderwelsch aus Latein, Hebräisch und Phantasie als Fälschung. (ebd. 87) Man fühlt sich an Sprachschöpfungen in *Gullivers Reisen* erinnert, und tatsächlich hat sich Swift im Vorwort zu seiner Satire *A Modest Proposal* (1729) auf Psalmanazar bezogen – hier geht es aber um einen Vorschlag zum Kannibalismus.

Der schillernde Erfinder jedenfalls faszinierte London und Europa eine Zeitlang. Stückeln wir sein Leben zusammen mit Hilfe seiner Autobiographie, so kommen wir auf folgende Bühnenhandlung. 1769 wird er geboren im südlichen Frankreich. Schon dort erfindet er Geschichten über seine reiche Herkunft, flieht aus seinem katholischen Kolleg nach Avignon, wo er eine Stelle als Lehrer antritt, die er bald wieder aufgeben muss. Sein Vater soll in Deutschland wohnen, so zieht er dort umher, auch in Flandern und Brabant, und lebt von Almosen. Eines

Tages erinnert er sich an einen Professor, der von vielen Dingen sprach, von denen er keine Ahnung hatte, und beschließt, in einer ähnlichen Richtung tätig zu werden. Er will sich als Japaner ausgeben. Japan ist seit 1630 für Ausländer verschlossen, nur die Niederländer können eine kleine Handelsstation bei Nagasaki betreiben. Er nennt sich von nun ab nach dem assyrischen König Salmanazar (9. Jhdt. v. Chr.), den er aus der Bibel kennt, und erobert die Welt mit einer neuen Identität: So beginnt er, Kräuter, Wurzeln und rohes Fleisch zu essen, die typische japanische Diät eben. (Talon 23)

Er stellt sich als christlicher Konvertit dar, der in Japan verfolgt werde. Als er in eine Horde rauer Söldner gerät und mit ihnen das Fluchen lernt, wird er zu einem japanischen Heiden (Psalmanazar 135). Er zieht nach Köln, in die abergläubischste Stadt Deutschlands, voller Heiligen und Madonnen. Mit Protestanten und Katholiken streitet er über Dogmen. Später hält er sich in einer holländischen Garnison auf, in der auch ein schottisches Regiment steht. Hier lernt er den Reverend Innes kennen, der ihn einen Auszug aus Cicero ins Japanische übersetzen lässt. Eine Woche später lässt er ihn denselben Text noch einmal übersetzen und muss feststellen, dass Psalmanazar nur noch die Hälfte der Worte weiß, die er zuvor eingesetzt hatte. Innes enttarnt ihn als Hochstapler, aber seine Fähigkeiten kommen ihm zupass. Er tauft ihn und nimmt ihn mit nach Oxford. Dort sperrt er ihn zwei Monate ein. Er soll in dieser Zeit eine falsche Geschichte Formosas schreiben, und zwar auf Latein. 1704 erscheint das Werk in London, er fügt seinem Namen ein P hinzu, vielleicht um weitere biblische Assoziationen hervorzurufen; ohnehin spricht man es im Englischen nicht aus.

Formosa ist demnach eine Monarchie, die zu Japan gehört. Man betreibt einen Sonnen- und Mondkult. Später hat man sich zu einem monotheistischen Stiergott bekannt. Essen, Kleidung, Krankheiten, Riten, alles wird bis ins Kleinste dargestellt. Im selben Buch erfindet er eine neue Identität für sich: Er habe mit 15 Jahren einen als Japaner verkleideten Jesuiten kennengelernt, der ihm Latein beibrachte. Die Jesuiten hätten versucht, die Insel durch einen Putsch zu erobern, seien aber gescheitert und würden seither verfolgt. So müsse jeder Ausländer auf ein Kruzifix treten, um zu beweisen, dass er kein Christ sei. Das wiederum ist keine Erfindung Psalmanazars, sondern war in Japan nach der Vertreibung der Christen durchaus Sitte. Bekannt wurde der Fall eines Ausländers, der sagte, er sei kein Christ, sondern Holländer, und könne deshalb ruhig auf das Kreuz treten. Auch in Swifts *Gullivers Reisen* (1726) ist davon die Rede. Es gebe zwei Propheten auf der Insel Formosa, Zeroaboabel und Chorke-Makejn, die den alten wie den neuen Kult predigten. Als sie dem Stiergott die vielen tausend Babys opferten, rebellierten die Formosaner und vertrieben die Propheten. Aber im Folgenden suchten ein Erdbeben und ein Unwetter das Land heim, die wilden Tiere kamen aus den Wäldern und fraßen die Babys auf. Seither hätten die Formosaner den Opferkult wiederaufgenommen.

So wird auch ihm Kannibalismus unterstellt, weil er einmal in einem Vortrag erklärt, dass er diese Sitte gar nicht so schlimm finde. Bei einer öffentlichen Hinrichtung, bei der ihn das Volk erkennt, zwingt man ihn sogar, das Fleisch des toten Gehängten zu essen. Neben der skandalösen Seite solcher Episoden wird er aber als großer Gelehrter verehrt; sogar zur Royal Society wird er eingeladen, zu einem Disput, den er anscheinend einigermaßen erfolgreich absolviert. Auch in anderen Disputen über Theologie beweist er seinen Geist. Ein Maler will mit ihm einen Deal machen und Kunst aus Formosa fabrizieren; er ist nicht abgeneigt. Auch wenn seine Schrift über Formosa noch 50 Jahre nach seinem Tod als Autorität zitiert werden sollte, wird er doch zu Lebzeiten allmählich enttarnt. Am 1. April erlaubt sich der *Spectator* einen Scherz und kündigt ein Theaterstück an, in dem der berühmte Mr. Psalmanazar aus Formosa den Thyestes spielt, der seinen Sohn verschlingt. (Talon 30) In seinen späten Jahren verfällt er dem Opium und wird zudem sehr religiös. Daher sein reuevoller

Bericht über seine Hochstapeleien für die Nachwelt, der 1765, zwei Jahre nach seinem Tod, erscheint. Doch noch während er diese Bekenntnisse eines Hochstaplers niederlegt, schreibt er anonym einen Artikel über Formosa und zitiert sein eigenes Buch. (Talon 32)

Literatur wurde immer inspiriert von Hochstaplern, zumal Kunst oft balanciert zwischen Übertreibung und Authentizität, zwischen dramatischer Fiktion und banaler Realität. Viele Künstler halten sich selbst für Hochstapler. So ist es kein Wunder, dass der Erfinder einer Insel im Pazifischen Ozean von Autoren weiterhin gepflegt wird, ob sie nun William Hazlitt, Vita Sackville-West oder Ernest Hemingway heißen, die ihm Essays widmeten, oder ob er in Romanen von Daniela Dröscher (*Die Lichter des George Psalmanazar*, 2009) oder Rachel van Kooij (*Menschenfresser George*, 2012) seine fröhliche Wiederkehr feiert. Er hat auf komödiantische Weise vorgeführt, wie sehr Asien oder der Orient eine europäische Erfindung sind.

Literatur

Breen, Benjamin. »Made in Taiwan?: An Eighteenth-Century Frenchman's Fictional Formosa.« In *The Appendix. Off the map.* 29 October 2013. Vol. 1, No. 4: http://theappendix.net/issues/2013/10/made-in-taiwan-an-eighteenth-century-frenchmans-fictional-formosa (Zugriff 23.1.2021)

Disraeli, Isaac. *Curiosities of Literature. In three volumes.* London: Frederick Warne 1881.

Keevak, Michael. *The Pretended Asian. George Psalmanazar's Eighteenth-Century Formosan Hoax.* Detroit: Wayne State UP 2004.

Psalmanazar, George. *Memoirs of ****. Commonly known by the Name of George Psalmanazar; A Reputed Native of Formosa. Written by himself, In order to be published after his Death.* London: R. Davis et al. 1765.

Talon, Jean. »Psalmanazar l'imposteur«, in *Explorateurs, touristes, et autres sauvages.* Übersetzt aus dem Italienischen von Stéphanie Leblanc. Paris: Plein Jour 2019.

Ein Mecklenburger Kaufmann in China:
Heinrich Schliemann

Bis zum Ende des chinesischen Kaiserreiches 1911 sah Europa China als hoffnungslos dekadentes und zerfallenes Land an. 1865 bereiste der spätere Entdecker von Troja China. Der polyglotte Kaufmann Heinrich Schliemann, der vom kleinen Mecklenburger Handelsgehilfen zu einem der reichsten Kaufleute Russlands aufgestiegen war, wollte sich ein Bild von Asien machen – jenseits aller Chinoiserie. Erst China, dann Japan. Auf den 50 Tagen der Rückfahrt von Japan nach San Francisco verfasste er einen Reisebericht über die beiden Länder.

China hatte zu diesem Zeitpunkt, nach den verlorenen Opiumkriegen (1839–1842 und 1856–1860), seine Zollautonomie verloren, musste Häfen öffnen, Kriegsentschädigungen bezahlen und sich ungleiche Verträge aufzwingen lassen. Weitere Gängelungen wurden dem Land von den Westmächten im Vertrag von Tientsin (1858) auferlegt. Man erinnere sich an diese westöstliche »Begegnung«: China versuchte, der Opiumkrise im Land Herr zu werden, doch die Dealer, in diesem Fall die Briten, die den Nachschub aus Indien importieren wollten, schlugen erbarmungslos zurück. China stand nun halb unter Kolonialherrschaft und konnte sich kaum mehr als Mittelpunkt der Welt rühmen.

Das etwa ist die Lage, als Schliemann das Land bereist. Sein Blick ist der des Archäologen und des Gelehrten. Natürlich kennt er Marco Polo und fühlt sich ihm nah, als er die alte Kaiserstadt Peking betritt. Sein größter Wunsch ist es aber, das Bauwerk zu sehen, das der Italiener gar nicht in seinem Werk *Il Milione* beschrieben hat, die Große Mauer. Schliemann ist ein Sprachenfetischist – er beherrscht mindestens 15 Fremdsprachen –, daher ist die erste Attraktion, die er besuchen will, der polyglotte Engländer Robert Thomas. Der ehemalige Missionar ist jetzt Dolmetscher beim Zoll in Zhifu an der Ostküste, denn dort haben die Engländer nach den aufgezwungenen

Verträgen das Sagen. Es folgt eine Auflistung der britischen Zollbeamten und ihrer Einkünfte seit 1861. Schliemann fühlt sich den Ziffern verpflichtet; vor seinem inneren Auge ziehen sie in Kolonnen vorüber. Immer hat er Zollstock, Fernrohr und Schreibzeug bei sich. Er ist nicht nur ein Kaufmann in Gelddingen und Waren, sondern erfasst seine Umwelt und ihre Geschichte am liebsten zahlenmäßig. Bevölkerungszahlen (China hat zu seiner Zeit schon ca. 400 Millionen Einwohner), Länge von Gräben, Tiefe von Brunnen, Länge und Höhe der Stadtmauer von Peking, Höhe der Türme, Größe der Ladenschilder, Anzahl der Kulis in einem Leichenzug. Die Große Mauer: Abstand und Durchmesser der Schießscharten, Alter, Größe und Herstellung der Ziegel, Anzahl der Wachtürme. Das altmodische Transportwesen, Maultierkarren, von Kulis gezogene Wagen stören ihn gewaltig, ebenso der allgegenwärtige Schmutz, der für unebene Straßen sorgt, denn man wirft den Dreck einfach aus dem Fenster. Der Tee schmeckt ihm nicht, der Reis ist gelb, schlecht und ungesalzen. Mit den Stäbchen kann er nicht umgehen und isst lieber mit den Fingern, oder der Wirt bringt ihm einen Zahnstocher zur Mahlzeit. Lumpensammler und Bettler, auch Züge von Sträflingen, die ein Brett um den Hals tragen, der Lärm von Hunden, Eseln und Kamelen prägen das Straßenbild. Auf dem Richtplatz findet er Köpfe von Enthaupteten herumliegen. Im Gegensatz zu Marco Polo beschäftigt er sich mit dem Fußkult der Chinesen: »Tatsächlich wird in China die Schönheit der Frau ausschließlich an der Kleinheit ihres Fußes gemessen. [...] Der kleine Fuß berechtigt in China ein Mädchen zu den süßesten Hoffnungen.« (Schliemann 25) Dieser Kult des verformten bis verkrüppelten Fußes geht bis ins 10. Jahrhundert zurück (vermutlich auf eine Tänzerin und Mätresse des Kaisers) und wird erst 1911 verboten. Mao Zedong wird ihn 1949 endgültig aus der Welt schaffen. Schliemann ist auch hier sehr genau, beschreibt die Methoden der Verformung bis aufs Kleinste: »Es muss nicht erwähnt werden, dass die Frauen mit

derart verstümmelten und beschuhten Füßen wie Gänse da-
herwatscheln.« (ebd., 26) Spielhäuser, Tempel und die darin
betenden Menschen, das Orakelziehen, die Wanderküchen, all
das notiert er aufmerksam. Die Tempel und Denkmäler sind
heruntergekommen, der Niedergang der Kultur wird hier für
Schliemann fühlbar. Im Theater stören ihn die »Katzenmusik«
und die »für europäische Ohren beleidigenden Schreie« der
Sänger. Man klatscht nicht Beifall, sondern schreit begeistert,
und dies wird begleitet von »dem sonoren Geräusch überfüll-
ter Mägen«. (ebd., 32)

Auch das Wirken Adam Schall von Bells, des Kölner Jesuiten, der zum Hofastronom des Kaisers im 17. Jahrhundert aufstieg, ist ihm sehr wichtig. Deshalb besucht er das von diesem
errichtete Observatorium und sein Grab. Er stellt fest, dass die
Chinesen den Missionar weiterhin verehren. Sie seien ihm immer noch dankbar für den Kalender, den er ihnen eingerichtet
habe und der bis in das Jahr 2066 seinen Dienst tun würde.
Die letzte Ruhestätte des großen Schall hebt sich für Schliemann beachtlich von allen anderen Gräbern ab, sie ist voller
Lobsprüche auf Latein und Chinesisch.

Als er sich seinem eigentlichen Ziel nähert, der Großen
Mauer, wird er von Menschenmengen auf dem Lande verfolgt,
denn sie haben noch nie einen Weißen gesehen. Es ist, sagt er,
als würde ein Gorilla auf den Pariser Boulevards spazieren gehen. 50 bis 60 Leute drängen sich in die Herberge und kriegen sich vor Lachen nicht ein, als sie hören, dass dieser Mann
sich die Mauer anschauen will. Was – der unternimmt eine so
lange und mühsame Reise, nur um Steine anzusehen! Aber
schließlich wird die Mauer doch zum Höhepunkt seiner Tour,
sie war »hundertmal grandioser«, als er sie sich seit Kinderta-
gen vorgestellt hatte. Aber dann die Zahlen: Woher kamen die
Millionen Arbeiter, wie transportierte man die Blöcke auf die
schroffen Berge? Woher die vielen Wachsoldaten für die 20 000
Türme? Sie hat mythische Ausmaße, ein »fantastisches Werk
vorzeitlicher Riesen«. Er nimmt sich einen 67 cm langen und

50 Pfund schweren Ziegelstein mit, noch ein Zeichen für die Chinesen, dass er nicht ganz bei Verstand ist.

Zuletzt ist er in Schanghai und macht sich Gedanken darüber, dass die Chinesen den technischen Fortschritt ablehnen, besonders in Gestalt der Dampfmaschine. Die Ahnenverehrung richtet sich gegen den Bau von Eisenbahnen und Straßen, denn die Linien gehen oft über die Gräber der Vorfahren. Wer sie zerstört, kann dafür mit dem Tod bestraft werden. Insgesamt erhalten wir ein recht negatives Bild von China – es ist für Schliemann ein Land, das sich dem Fortschritt verweigert. Mit Chinesen ist Schliemann jedoch kaum in Kontakt getreten, und wenn dann über Dolmetscher. So bleibt es bei einem Blick durch das Fenster in ein untergehendes Land. Schliemann aber hat es eilig, er will nach Japan.

Literatur
Schliemann, Heinrich. *Reise durch China und Japan im Jahre 1865.* Konstanz: Rosgarten Verlag 1984.

Die »Gelbe Gefahr«

Der Kaiser und sein Knackfuß

Auf einer Klippe steht ein geflügelter Mann, ein Engel, mit einem Schwert aus Flammen. Mit der Linken weist er in die Ferne. Er spricht zu einer Schar von Frauen in Rüstung und Helm, die Schwerter, Lanzen und Schilde tragen. Über ihnen im Himmel leuchtet ein Strahlenkreuz. Von der Klippe aus sieht man in ein Land mit Burgen, Kirchen und einer Stadt an einem Fluss. Jenseits des Flusses wütet ein großer Feuerbrand mit schwarzen Rauchwolken, und über diesem Inferno schwebt ein flammender Buddha. Das Bild stammt von dem deutschen Maler Hermann Knackfuß (1848–1915). 1895 hatte Wilhelm II. eine Art Vision und skizzierte sie als Allegorie auf einem Blatt Papier. Der von ihm hoch geschätzte Knackfuß möge doch bitte ausarbeiten. Daraus entstand die Lithographie »Völker Europas, wahrt eure heiligsten Güter!«.

Auf dem Gemälde von Hermann Knackfuß sehen wir Europa, wie es sich der Kaiser im Jahre 1895 vorstellte: Marianne, Germania, Mütterchen Russland, Austria, Italia kampfbereit, etwas zögerlich Britannia, und ganz links ein unbekanntes Wesen, vielleicht Griechenland. Sie werden angeführt vom Erzengel Michael, dem Schutzpatron des deutschen Michel. Genau diese Völker Europas bewiesen dann keine 20 Jahre später, was sie von ihren sogenannten heiligen Gütern hielten. Auf der Klippe Europa und weit darüber hinaus lieferten sie sich das blutigste Gemetzel, das die Menschheit je gesehen hatte. Gerne hat man dieses Bild mit dem Begriff der »Gelben Gefahr« assoziiert, auch wenn diese Worte nicht darunterstanden. Der

Abb. 5: »Die Gelbe Gefahr«

Kaiser war jedenfalls stolz, zu wissen, dass die britische Presse
diesen Ausdruck für »sein« Bild gebrauchte. 1895 war der ja-
panisch-chinesische Krieg beendet worden, in dem sich Japan
als neue militärisch-technische Macht im Osten erwiesen hatte.
Der Westen begann nun, genauer dorthin zu schauen und sich
für künftige Auseinandersetzungen um seine Vormachtstellung zu rüsten. In dieser Zeit verbreitete sich das Klischee von
der *Gelben Gefahr* (engl. *Yellow Peril,* frz. *Le péril jaune*). Vermutlich ist es in den frühen 1890ern in Frankreich entstanden.
(Gollwitzer 45) Hier kam auch nach der Jahrhundertwende
eine Reihe von Trivialromanen auf mit Titeln wie *Le roman de
l'invasion jaune, L'Asie en feu, La Guerre infernale* oder das vielbändige *L'invasion jaune* des Kapitäns Danrit (1905–1909).

  1900 erreichte die Verwendung des Begriffs einen neuen
Höhepunkt nach dem sogenannten Boxer-Krieg, in dem sich

China gegen die ausländischen Kolonialmächte gewandt hatte. Sechs westliche Staaten entsandten Militär zur Niederschlagung. Wilhelm II. hielt am 27. Juli seine berüchtigte »Hunnenrede« in Bremerhaven, um das deutsche Chinacorps zu verabschieden. Er forderte die Soldaten auf, kein Pardon zu geben und keine Gefangenen zu machen, sondern gnadenlos wie die Hunnen zuzuschlagen. So offen blutrünstig hatte bislang kein moderner Herrscher gesprochen. Gleichzeitig ließ er auf Truppentransportern Drucke von Knackfuß' Bild der Gelben Gefahr aufhängen. Bald karikierte man den Kaiser selbst als neuen Etzel oder Attila. Im Ersten und Zweiten Weltkrieg sollte seine Bildsprache mit doppelter Kraft zurückschlagen: Nun nannten die Briten die Deutschen »huns«. Acht deutschen Handelsschiffen, die 1914 von Großbritannien beschlagnahmt wurden, verpassten sie den schmeichelnden Namen Hunnendampfer (hun ships). Pfarrer Friedrich Naumann, der Urvater des deutschen Liberalismus, hatte des Kaisers Rede begrüßt und wurde dafür der Hunnenpfarrer genannt.

1904–5 sorgte der russisch-japanische Krieg für eine weitere Welle der Angst vor der »Gelben Gefahr« – hatte sich doch ein asiatischer Staat erstmals als einer westlichen Macht überlegen erwiesen. (Gollwitzer 42–46) Während Japan als künftige Großmacht im Osten gesehen wurde, bereitete China aus anderen Gründen Sorge. Chinesische Arbeiter strömten seit dem kalifornischen Goldrausch in die USA und verdingten sich unter schlimmen Bedingungen auch im Bau der Eisenbahn; sie zogen dabei den Hass von weißen Arbeitern auf sich, die sich durch billige Arbeitskräfte verdrängt sahen.

Die ersten Chinatowns entstanden, oft slumartige Ansammlungen von Hütten, und kulturelle Konflikte häuften sich. Auch im Londoner East End, wo die arme ausländische und arbeitende Bevölkerung lebte, sammelten sich Chinesen auf der Suche nach Arbeit. Das schürte Ängste in der britischen Mittel- und Oberschicht, die eine angebliche Überfremdung durch Asiaten nervös machte. Während des Ersten Weltkriegs

ließ man an den Chinesen auch die Wut über eigene sozial-
politische Fehler und militärische Niederlagen ab.

Die Literaten und die »Gelbe Gefahr«

Zu den Reaktionen auf diese Krise gehörten Romane, oft tri-
vialer Machart, in denen das »Gelbe Phantom« beschworen
und Ängste weiter geschürt wurden, verbunden mit den Groß-
machtphantasien der Kolonialmächte. (vgl. Witchard) 1898 erschien *The Yellow Danger* von Matthew Phipps Shiel, einem
in der Horrortradition Poes schreibenden Autor, der mit seiner Letzte-Mensch-Phantasie *The Purple Cloud* (1901) einen
gewissen Kultstatus erreichen sollte. 1897 waren zwei Missionare der Steyler Mission in China ermordet worden. Ein will-
kommener Vorwand für den deutschen Kaiser, die Bucht von
Kiautschou (Jiaozhou) zu besetzen, denn die hatte man schon
seit Jahrzehnten als strategischen Militärstützpunkt im Auge
gehabt. Shiels Roman spielt vor dem Hintergrund der sich zu-
spitzenden Konkurrenz zwischen den europäischen Kolonialmächten und der aufkommenden Macht Chinas. 1905 schob er
einen weiteren ›gelben‹ Roman, *The Yellow Wave*, nach, in dem
er den russisch-japanischen Krieg verarbeitete. Hier handelt es
sich aber eher um eine Romeo-und-Julia-Geschichte zwischen
den Fronten. Sein Protagonist basierte auf einem japanischen
Freund in London, Yoshio Markino (jap. Makino [sic] Yoshio,
1870–1956), einem Maler und Schriftsteller, der seit 1897 in
London lebte.

Ein junger Autor namens Thomas Burke (1886–1945) bediente die Angst vor den Chinesen im East End (*Limehouse
Nights*, 1916). Deren Opiumsucht, kriminelle Machenschaften,
Erpressung und Prostitution standen bei ihm im Fokus. Sie
sorgten der öffentlichen Meinung zufolge mit für den Untergang des Empire. Die Angst vor dem Wachsen neuer Groß-

mächte in Asien fügte sich ins Bild der seit den 1890ern herrschenden Hysterie über die »Entartung« (Max Nordau) und
den Untergang des Abendlandes. Auch die anders gedeutete
Hautfarbe spielte eine gewichtige Rolle, denn neben der Gelben Gefahr ahnte man auch, dass neue Weltherrscher aus Afrika kommen könnten, ganz zu schweigen von der jüdischen
Weltverschwörung, die die angeblichen »Protokolle der Weisen von Zion« proklamierten. Es waren Angstszenarien, die
mit Fälschungen arbeiteten und primitiven Impulsen eine neue
Wut verliehen: Ausgrenzung des Fremden, Sündenbockverfol-
gung und Konkurrenzkämpfe um Territorien und Machtposi-
tionen.

Auch auf der Leinwand war der Stoff erfolgreich. Der amerikanische Filmpionier D. W. Griffith verarbeitete eine Erzählung von Burke in *Broken Blossoms* (1919), und auch Charlie
Chaplin bediente sich (*A Dog's Life*, 1918). Burkes Bücher wurden allerdings zeitweise aus den öffentlichen Bibliotheken verbannt, weil es in ihnen zu sexuellen Beziehungen zwischen den
Rassen kam. (Witchard 9 – 16)

Arthur Henry Ward (1883 – 1959) erschuf unter dem Pseudonym Sax Rohmer ein Archetyp des »gelben« Bösen und
schrieb eine ganze Serie von Thrillern über den chinesischen
Meisterverbrecher Dr. Fu Manchu, um den ein ertragreicher
Kult entstand. Die Figur verkörpert die Inkarnation der Gelben Gefahr, denn der Chinese organisiert eine weltweite Ver-
schwörung, um die Macht über den Globus an sich zu reißen.
1936 verboten die Nazis Rohmers Werke in Deutschland, vermutlich weil sie dachten, der Autor sei ein Jude. Der aber wun-
derte sich, denn er fand, dass seine Erzählungen den Idealen
der Nazis doch gar nicht widersprächen. (Stoneman)

Mit Titeln wie *The Yellow Clan* (1915) und *Yellow Shadows*
(1925) setzte Rohmer auf Farbassoziationen: Wenn ihre son-
nenartigen Aspekte ausgeblendet werden – etwa durch Über-
nutzung, Blendung oder Verschmutzung –, rutscht Gelb in
die Gefahrenzone und steht für Neid, Eifersucht und Krank-

heit. (Bourn) In der mittelalterlichen Kunst wird die Farbe Gelb oft den Juden oder Judas zugeordnet. (Riese 114) In der Biologiegeschichte war es Carl von Linné, der die Hautfarben Rassen und entsprechenden Charakteristika zugeordnet hatte. 1758 erschien die 10. Auflage seines epochemachenden Werkes *Systema naturae.* Linné kennzeichnete die Weißen als muskulös und sanguinisch, die amerikanischen Ureinwohner rot und cholerisch, Afrikaner schwarz und phlegmatisch. Asiaten dagegen zeichneten sich durch ihre Gelbheit und ihren melancholisch-steifen Charakter aus. Hier mischt sich antike Temperamentenlehre mit biologischen Klassifikationen und rassistischen Klischees.

Farbwechsel

Kaiser Wilhelm fühlte sich zunächst von den Engländern verstanden. Das Bild von Hermann Knackfuß machte die Runde. Vor allem schickte er eine Kopie an den Zaren von Russland, seinen Vetter Nikolai I., denn ihn sah er an der Front stehen gegen die asiatische und mongolische Gefahr. Und war's zufrieden, als dieser das Bild beifällig aufnahm. Noch zehn Jahre später sprach Wilhelm mit europäischen Monarchen über die »Gelbe Gefahr«. Der englische König Eduard VII. aber widersprach. Auch einige Franzosen wie Anatole France ließen sich ihren Verstand nicht durch das Angstbild rauben. France sah die Welt sogar von einer »Weißen Gefahr« bedroht.

Das Bild von Knackfuß geht bald durch die populären Medien. Am 5. Juli 1896 sehen wir im *Kladderadatsch* Nr. 27 statt dem Erzengel Michael auf der Klippe den Gott des Handels und Diebstahls, einen Hermes / Merkur. Die Gruppe hinter ihm hat ihre Waffen abgelegt und trägt stattdessen ihre Waren heran: Schiffe, Rüstung, Technik. Die Werte Europas sind nicht mehr durch ein Kreuz in den Wolken dargestellt, sondern durch Geldsäcke. Statt des Buddhas sehen wir einen Chinesen, der ebenfalls von Geldsäcken umgeben ist.

1900, es ist die Zeit der Boxeraufstände, die von den Kolonialmächten brutal niedergeschlagen werden, veröffentlicht der Niederländer Johan Brakensiek eine weitere Version. Die Gruppe auf der Klippe besteht nun aus asiatischen Frauen und Männern, teils Samurai, teils chinesisch-mongolische Krieger. Ihr Anführer ist Konfuzius, und sie schauen auf ein sich näherndes europäisches Schlachtschiff, über dem ein strahlendes Kreuz schwebt: »Völker Asiens, verteidigt eure heiligen Güter.«

Elf Jahre später, die chinesische Revolution unter Sun Yatsen hat begonnen, machen sich neue Ängste im Westen breit. Die Satirezeitschrift *Der wahre Jakob* zeigt nun auf ihrem Cover eine weitere Variante: Der Kaiser schaut von seinem Balkon auf die Gruppe auf der Klippe. Der Anführer Michael betätigt mit einem Pickelhaubenträger einen Feuerwehrschlauch, und in der Ferne sieht man wiederum keinen Buddha, sondern einen Chinesen, der eine rote Fahne schwenkt. Unterschrift: »Der heilige Michael erblasst! Wer konnte auch voraussehen, dass die *gelbe* Gefahr einmal – rot werden könnte.«

Dieser Farbwechsel trifft in mancher Hinsicht auf die weitere Geschichte des Klischees von der Gelben Gefahr zu. (Yang) Bis in die 1920er Jahre hinein lebte das Bild vom heroin- und opiumsüchtigen Chinesen in den USA und London fort, der zudem (wie Graf Dracula) willensschwache Frauen hypnotisierte, verführte oder vergewaltigte. Als China allerdings im Zweiten Weltkrieg zum Alliierten der Westmächte wurde, verschob sich das Gefahrenbild in Richtung Japan, das aufseiten der Achse kämpfte. Der japanische Angriff auf Pearl Harbour im Dezember 1941 besiegelte den Stimmungswechsel in den USA. Die japanischen Amerikaner wurden nun unter menschenunwürdigen Bedingungen als Staatsfeinde interniert. Umgekehrt war das Bild Chinas in Nazi-Deutschland negativ, das des verbündeten Japans dagegen akzentuierte eine vermeintliche

Verwandtschaft, ja, die Japaner durften eine Zeitlang die Arier des Ostens sein; ihr Samurai-Ideal ließ sich problemlos auf die preußische Soldatentugend übertragen. Kaum war der Krieg zu Ende, begannen die USA und der Westen wieder die Gelbe Gefahr in ihrer roten, chinesischen Variante zu wittern; in dieser Hinsicht war die Karikatur von 1911 prophetisch. Nach der Niederlage Japans kamen sich die USA und Japan kulturell wie wirtschaftlich wieder nah. Mit dem ökonomischen Aufstieg Japans in den 1970ern wuchsen jedoch erneut Ängste und Vorbehalte im Westen. Auch in Deutschland sah man die »Preußen in Gelb« (F. J. Raddatz) mit gemischten Gefühlen. Japan rückte sodann in den 1990ern aufgrund seiner nicht mehr bedrohlichen Wirtschaftskraft im Vergleich zu China in einen neutralen Raum und wirkte kulturell eher durch Sushi, Anime und Manga. Ideologisch-politische Vorbehalte konzentrierten sich auf das ökonomisch erstarkende China. Seit etwa 2000 wird die Weltmacht vom Westen zunehmend kritisch betrachtet. Der Erfolg eines sozialistischen Kapitalismus mit all seinen Begleiterscheinungen (wie Überwachungsstaat, technische Übermacht, hegemonialer Umgang mit Tibet und Taiwan, territoriale Ansprüche im Pazifik), verstärkten erneut die unterbewussten Gefühle einer Bedrohung durch eine »Gelbe Gefahr«. In der Corona-Krise von 2020 wurde das Gespenst vollends sichtbar. Jetzt forderten westliche und andere Staaten Transparenz über den Ursprung und den Umgang mit einem Virus, der die Wirtschaft der Welt lahmlegte. Es war, als seien die ältesten Ängste wahr geworden – nur auf ganz andere Weise als je gedacht.

Literatur

Bourn, Jennifer. »Color Meaning: Meaning of the Color Yellow« https://www.bourncreative.com/meaning-of-the-color-yellow/ (Zugriff 23. 1. 2021)

China-Bilder in der populären Kultur:
https://mindthegaps.hypotheses.org/tag/20c/page/2 (Zugriff 23. 1. 2021)
Gelbe Gefahr / Yellow Peril:
https://en.wikipedia.org/wiki/Yellow_Peril#Germany_and_Russia
    (Zugriff 23. 1. 2021)
https://fr.wikipedia.org/wiki/P%C3 %A9ril_jaune (Zugriff 23. 1. 2021)
Gollwitzer, Heinz. *Die Gelbe Gefahr. Geschichte eines Schlagworts. Studien zum imperialistischen Denken.* Göttingen: Vandenhoeck & Ruprecht 1962.
Carl von Linné. *Systema naturae* (1758) https://de.wikipedia.org/wiki/
    Systema_Naturae#Stellung_des_Menschen (Zugriff 23. 1. 2021)
Riese, Brigitte. *Seemanns Lexikon der Ikonografie.* Leipzig: Seemann 2007.
Stoneman, Rod. »Far East Fu fighting: The Yellow Peril – Dr Fu Manchu and the Rise of Chinophobia.« Rezension zu *The Yellow Peril: Dr. Fu Manchu and the Rise of Chinaphobia* by Christopher Frayling. Irish Times *Times*, 8 November 2014. https://www.irishtimes.com/culture/books/far-east-fu-fighting-the-yellow-peril-dr-fu-manchu-and-the-rise-of-chinophobia-1.1988872 (Zugriff 23. 1. 2021)
Witchard, Anne. *England's Yellow Peril. Sinophobia and the Great War.* Melbourne: Penguin Australia 2014.
Yang, Tim. »The Malleable Yet Undying Nature of the Yellow Peril«. http://www.dartmouth.edu/~hist32/History/S22%20-The%20Malleable%20Yet%20Undying%20Nature%20of%20the%20Yellow%20Peril.htm (Zugriff 23. 1. 2021)

Yijing und Dao

Missionar im deutschen Pachtgebiet Tsingtau:
Richard Wilhelm

Ständige Angriffe der Japaner und Briten setzten den Chinesen in Tsingtau (Qingdao) und ihren ausländischen Mitbewohnern stark zu. Seit drei Monaten wurde die Hauptstadt des deutschen Pachtgebietes in der Bucht von Kiautschou (Jiaozhou) belagert. Der 1. Weltkrieg hatte im August begonnen, von September bis zur Kapitulation im Dezember war Tsingtau eingekesselt und wurde vom Wasser und aus der Luft beschossen. Ein deutscher Missionar, der eigentlich keiner sein wollte, und sich der Arbeit in Schule und Krankenhaus widmete, führte Tagebuch über diese schweren Tage.

Das Ultimatum der Japaner für den 23. August wird nicht beantwortet; der Kaiser verlangt, dass Tsingtau bis aufs Äußerste gehalten wird – es ist sein Prestigeobjekt, sein kolonialer Haken im Fernen Ost, an den sich große Erwartungen knüpfen, ein Einfallstor nach China, ein wichtiger Hafen für das Asiengeschwader der Deutschen Flotte. Man liest die Zeitungen über Kriegserfolge in Frankreich, die Japaner bombardieren den Leuchtturm, versenken Schiffe, rücken heran. Die Ortschaften in den Meldungen sind wilhelminische Aufprägungen, es ist als befände man sich in einem fernöstlichen Preußen: Bismarck-Berge, Moltke-Baracken, Germania-Brauerei, Kap Jäschke, Prinz-Heinrich-Berge …

Bald geht das Essen aus, keine Milch mehr, die Eier sind zu Ende. Die Telegraphen- und Bahnverbindungen kommen zum Erliegen. Man verbarrikadiert sich in Schule und Hospital. Am

Abb. 6: Richard Wilhelm

7. November um sieben Uhr hisst man die weiße Fahne der Kapitulation. In all dieser Zeit ist der Missionar weiterhin geistig tätig: Er übersetzt, liest, diskutiert. Im September liest er Paul Deussen über das indische Vedanta. Er bekommt Besuch von Prinz Gung, der das *Yijing* abschreibt. Er bereitet die Übersetzung der Hausgespräche des Konfuzius vor und unterhält sich darüber täglich mit einem chinesischen Freund. Derweilen werden die Prinz-Heinrich-Berge mit Schmierseife eingerieben, damit sie für die Infanterie nicht einzunehmen sind, doch die Japaner haben sie längst mit ihren Strohsandalen erklommen. Ein deutscher Fesselballon steht über der

Stadt und beobachtet die feindlichen Vorgänge. Immer wieder steigt Gunther Plüschow, »der Flieger von Tsingtau«, mit seiner »Taube« auf, um für Unheil hinter den Linien zu sorgen (er hat noch ein abenteuerliches Leben vor sich, als flüchtender Kriegsgefangener, später wird er der »Flugpionier von Feuerland« werden).

Prinz Gung führt derweil ein himmlisches Tagebuch und wartet auf einen Kometen, der das Unheil verkündet. Am Abend des 9. Oktober entdeckt der Missionar unterhalb des Großen Bären einen Kometen. Er hat sich jetzt ein Arbeitszimmer in der Bibliothek eingerichtet, wo ein buddhistischer Stein aufgestellt wird. Der Glanz der Abendsonne spielt mit den Konturen. Am 29. Oktober entziffert man das Tagebuch eines gefallenen japanischen Offiziers: Stimmungsbilder, Abschied, Trauer, Sake, Besuch bei Verwandten, Zufallsbekanntschaften, Wirtshäuser, Kameraden, Mädchen, Preis des Haarschneidens an Bord des Schiffes, das die Soldaten nach China bringt. Wachtfeuer, Namen von Gefallenen. »Bemerkenswert«, so schreibt der Missionar, »ist die vollkommene Abwesenheit jeden Gedankens darüber, warum man in den Krieg zieht, für was man kämpft.« (Wilhelm 2014, 51) Während er übersetzt, schaut er von der Arbeit auf und sieht, wie das Kanonenboot »Tiger« beschossen wird. Abends geht man zum spärlichen Essen ins Hotel, das vom Roten Kreuz belegt ist. »Die bekannten Fürstenbüsten sahen krass weiß von den kahlen Wänden.« Ein Gefühl wie in einem Bahnhofswartesaal. Ein anderer Leser, ein Chinese, liest ebenso kaltblütig weiter im Mengzi (Menzius). Eine Granate fliegt durchs Dach direkt neben ihm, explodiert aber nicht. Der Chinese fasst sie an und sagt, »das ist aber mal heiß« und setzt seine Lektüre fort. (ebd. 58) Das Ende ist Kapitulation, »ohne jede Erhabenheit«, schreibt der Missionar; Gefangenschaft für die Soldaten, die nach Japan transportiert werden. Unter ihnen Karl Joseph Wilhelm Juchheim (1886–1945), der in Japan den ersten Baumkuchen des Landes backen wird und dessen Konditoreikette sich dort bis heute großer Beliebtheit erfreut (und selbst in Frankfurt am Main einen Ableger hat). Es ist nun Schluss mit Deutschlands kolonialen Gelüsten im Fernen Osten, die Südseebesitzungen werden folgen. Der Missionar bleibt noch sechs Jahre in Tsingtau, das erst 1922 von den Japanern an China zurückgegeben wird und dessen Bier bis heute einen gewissen Ruf genießt. Der Missionar ist stolz, in seiner Zeit keinen einzigen Chinesen getauft zu haben.

Richard Wilhelm lernt C. G. Jung kennen

Der Schweizer Carl Gustav Jung hatte sich schon länger mit östlicher Philosophie und Psychologie beschäftigt. Dann jedoch trat das *Yijing* in sein Leben. Wenn man in Krisen steht, greift mancher gerne zu diesem chinesischen Orakel. So auch Jung. 1920 beschloss er, diesem Rätselbuch »auf den Leib zu rücken«. Stundenlang saß er in Bollingen am Züricher See, wo er sich einen Turm erbaut hatte, bei dem er an mythischen Symbolen nicht gespart hatte. Unter einem alten Birnbaum warf er stundenlang Schilfstengel (statt der traditionellen Schafgarbenstengel) und las sich in die Antworten auf die Würfe ein: »Es ergaben sich dabei allerhand nicht zu leugnende Merkwürdigkeiten – sinnvolle Zusammenhänge mit meinen eigenen Gedankengängen, die ich mir nicht erklären konnte.« (Jung 381) Das Buch, das er neben sich liegen hatte, war eine Übersetzung des Orakels aus der Feder des Sinologen und Missionars Richard Wilhelm.

Seit 1911 erschienen im Eugen Diederichs Verlag in Jena eine ganze Reihe bedeutender chinesischer Texte in Übersetzung: die Gespräche des Konfuzius, das *Tao te King* des Lao Tse (*Daodejing*, Laozi), Dschuang Tse (Zhuangzi). Der Übersetzer war Richard Wilhelm, seines Zeichens Missionar und Chinakenner. Wie kein anderer sollte er mit seiner Vermittlung chinesischer Kultur Einfluss auf das deutschsprachige, ja internationale Geistesleben haben. Wilhelms Übersetzungen sind bis heute sehr gut lesbar, vielleicht weil sie sprachlich so klassisch deutsch wirken, so nah an Goethe und Schiller, wie es Entenhausen in der Übersetzung von Dr. Erika Fuchs ist. Aber die Kritik von Sinologen ist laut. Viktor Kalinke etwa, der unter anderem Zhuangzi neu übersetzte, wirft Wilhelm vor, er habe den Text zerstückelt, verstümmelt und neu angeordnet. In die Geschichten des Daoisten habe er zudem babylonische Meeresungeheuer und arabische Märchenvögel hineinprojiziert und so den Text orientalisch-jüdisch-christlich überformt. Die Frage bleibt, ob nicht gerade wegen dieser Hybridisierung das Werk so erfolgreich im Westen sein konnte. Denn durch die untreue Übersetzung kam es zu kulturellen Anschlüssen. Wäre das Werk in seiner Fremdheit erhalten geblieben, authentisch nah am Original, so hätte es vielleicht ein Nischendasein in der deutschsprachigen Kultur gefristet. Das Fremde muss halbwegs vertraut gemacht werden, damit es überhaupt wahrgenommen wird. Der Preis lautet: Entfremdung vom Original.

Wilhelms Übersetzung des *Yijing*, des alten Orakel- und Weisheitsbuches sollte Generationen von Zukunfts- und Selbstsuchern auf ihren Wegen ins Innere dienen. Nach seiner Rückkehr aus Tsingtau und Peking wurde er 1924 Professor in Frankfurt am Main, wo er auch ein China-Institut gründete. Wilhelm bewegte sich in einem Netzwerk von Denkern, die sich um eine Brücke zwischen Asien und Europa bemühten und die das Gefühl hatten, Europa mit seinem Materialismus und seiner Verstandesdominanz brauche dringend eine spirituelle Erneuerung aus dem Osten. So stand er in Kontakt mit Albert Schweitzer und Martin Buber, mit dem weltreisenden Philosophen Graf von Keyserling und Hans-Hasso von Veltheim-Ostrau, allesamt Männer, die entweder ausgedehnte Asienaufenthalte hinter sich hatten oder die indisches und chinesisches Denken in Europa vorstellten. Teilweise überschnitt sich dieses Netz mit dem Eranos-Kreis, der von C. G. Jung und Olga Fröbe-Kapteyn 1933 in Ascona am Lago Maggiore

begründet wurde. Zu den Beiträgern gehörten unter anderen Gershom Scholem, Mircea Eliade, Annemarie Schimmel,
Heinrich Zimmer und George Steiner.

Wilhelms Übersetzung des *Yijing* ins Deutsche war so wir-
kungsträchtig, dass sie auch in andere Sprachen übertragen
wurde und, vor allem im angloamerikanischen Raum und bis
hin zur Hippiebewegung, einen großen Einfluss auf das Bild
Chinas hatte. Jungs sinnvolle Zufallsmuster, die er Synchronizität nannte, zeigten sich immer wieder in seinem geistigen Leben. Als er 1928 das Manuskript eines chinesischen alchemis-
tischen Traktats, *Geheimnis der Goldenen Blüte,* von Wilhelm
erhielt, malte er gerade das berühmte Schloss-Mandala. Und
notierte, dieses alchemistische Schloss sei doch das genaue Ge-
genstück zu dem gelben Schloss in dem Buch, ein Symbol der
Seele, dem Keim der Unsterblichkeit. (Lopez 206) Wilhelm,
so Jung später in einem Rückblick, habe viele schwierige Probleme für ihn gelöst, als er sich dem europäischen Unbewussten gegenübersah. Wilhelm wiederum erkannte chinesische
Denkbilder in der Jung'schen Psychologie.

Die vielen Übersetzungen des *Yijing* nach Wilhelm zeigen,
wie wandelbar das *Buch der Wandlungen* selbst ist – eher ein
Prozess als ein Buch –, doch Wilhelm machte das Werk zugänglich für das westliche Verständnis. Das mag manchmal
verfälschen, so wenn er das chinesische *shengren* als »Heiliger« übersetzt. Wir haben kein gutes Wort für diese Mischung
aus Weisem und praktizierenden Denker (vgl. Pattberg). Ob
man dem authentischen Text dabei näherkommt oder nicht,
es bleibt ein literarisches Werk deutscher Sprache und ist als
solches unbedingt lesenswert. Man sieht hier zumindest den
Ansatz einer Brücke von Ost nach West. Dafür spricht auch die
Tatsache, dass Wilhelm einen chinesischen Mentor bei dieser
Arbeit hatte. Der Meister Lau Nai Süan starb, als die letzte Seite
übersetzt war: »Es war, wie wenn er sein Werk vollendet und
die letzte Botschaft des sterbenden alten China dem Europäer
übermacht hätte.« (Jung 383)

Jung schreibt in seinem Nachruf auf Wilhelm, dass dieser, als er nach Deutschland zurückkam, eine Rückverwandlung durchgemacht habe. Der unbewusste Konflikt zwischen der östlichen und westlichen Seele in ihm habe schließlich auch seine Gesundheit untergraben. »Mein lieber Wilhelm«, hatte Jung ihm einmal gesagt, »bitte nehmen Sie es mir nicht übel, aber ich habe das Gefühl, dass der Westen Sie wieder übernimmt, und dass Sie Ihrer Aufgabe, den Osten dem Westen zu übermitteln, untreu werden.« Worauf Wilhelm entgegnete: »Ich glaube, Sie haben recht, es übermannt mich hier etwas. Aber was tun?« (Jung 383) Während seiner langwierigen Krankheit, die schließlich zum Tode führte, hatte er Jung zufolge viele Träume, die ihn wieder auf die Steppen Asiens zurückführten, in ein verlassenes China hinein.

Die Chinawissenschaften, schrieb einmal ein Sinologe, beherbergen viele Exzentriker: »weltentrückte Forscher, Eroberer geistiger Gipfelwelten und Hohepriester des Fernwehs, die ihr Leben im Wesentlichen damit verbracht hatten, Sumatra-Affen mit Opium gefügig zu machen und Reimwörterbücher aus fernöstlichen Wunderkammern zu übersetzen«. (Marchal 85) Wilhelm war keine Ausnahme. Der Sohn eines Glasmalers fühlte sich eigentlich geschaffen für die Musik; seit den Tübinger Studienjahren verehrte er Goethe und Hölderlin sowie Spinoza. In seinen Träumen fand er sich oft in einem Land, das auf keiner Karte verzeichnet war. (Salome Wilhelm 41) Er wuchs religiös-protestantisch auf, doch wandelte sich seine Religion schon in Schultagen. Wenn er zu spät in die Schule kam, richtete er ein Gebet an die Kirchturmuhr, sie möge nachgehen. Auch praktizierte er schon die Zeichendeutung: Der Flug der Vögel gab ihm Antwort auf Fragen. Das sollte ihm später bei der Interpretation des *Buches der Wandlungen*, des *Yijing* nützen. Er hat den alten Weisheitslehrern aus China eine deutsche Zunge gegeben.

Für Jung drückte Wilhelm damit aber auch den Konflikt zwischen dem Bewussten und Unbewussten aus: China, Asien, der Orient verkörperten dem Psychologen das Unbewusste, eine

Traumwelt, während der Westen für das rationale Bewusstsein
stand, zumindest in seinen hauptsächlichen geistigen Ausfor-
mungen, nämlich der Wissenschaft und Technik. Diese Dichotomie erscheint uns heute etwas platt, zu binär, als dass sie
wahr sein könnte. Zumal Jung selbst überall Archetypen wit-
terte und das Irrationale im Westen am Werk sah, allerdings
eben als wiederkehrendes Unterdrücktes, als Gespenst, Spuk
oder Alchemie. Jung zufolge gibt es zwar fortwährend den
Wunsch nach einer Auflösung dieser Dichotomie, doch bleiben die »größten und wichtigsten Lebensprobleme im Grunde
genommen [...] unlösbar; sie müssen es auch sein, denn sie
drücken die notwendige Polarität, welche jedem selbstregulie-
rendem System immanent ist, aus. Sie können nie gelöst, sondern nur überwachsen werden.« (in Wilhelm / Jung, 21) Das
Wesen von »Xanadu« besteht darin, dass es nie erreicht wird.
Es sind die Wege dorthin, die zählen.

Hermann Hesse entdeckt China

Ein Leben lang hat auch Hermann Hesse an dieser Problematik
gearbeitet. Kein Zufall also, sondern ganz im Sinne der Synchronizität, dass er mit Richard Wilhelm in Austausch trat.
Sympathie empfand er auch deshalb, weil seine eigenen Vorfahren in Asien missionarisch tätig gewesen waren. Hesse hatte
sich schon lange mit chinesischer Literatur und Philosophie
beschäftigt. 1907 lernte er das *Daodejing* in der Übersetzung
von Alexander Ular kennen. Rätselhaftigkeit, metaphysischer
Sinn und Lebensweisheit müssen ihn schnell in Bann gezogen
haben. In einer weiteren kommentierten Ausgabe, die der frühere Stadtpfarrer von Calw, Julius Grill, verfasst hatte, wurden
Parallelen zum Christentum gezogen. Schon Hesses Vater Johannes, ein undogmatischer Pietist, hatte solche Ähnlichkeiten festgestellt und eine Schrift herausgebracht, in der er den

chinesischen Klassiker als »eine Art Vorschule für die Jünger-
schaft Jesu« beschrieb. (Gellner 60)

Richard Wilhelms Umfeld war dem Hesses ähnlich. Er heiratete Salome Blumhardt, die Tochter des bekannten schwäbischen Theologen und SPD-Politikers Christoph Blumhardt, der
oft von den amtskirchlichen Auslegungen abwich und als Rebell
galt. Von seinem Schwiegervater wurde Wilhelm in China oft
brieflich beraten, gerade auch was die (Nicht-)Missionierung
der Chinesen anging. Schwiegersohn und Schwiegervater waren sich einig, wie kontraproduktiv Bekehrungen im kulturellen
Austausch sein können. Wilhelm widmete dem Missionarswe-
sen und -unwesen einige aufschlussreiche und höchst kritische
Seiten in seinem Werk *Die Seele Chinas*. Auch Hermann Hesse
war ein Feind des Bekehrens, wie er in seiner Erzählung »Robert Aghion« in Bezug auf Indien festhielt. Vor der Humanität
und unendlich älteren Zivilisation Indiens oder Chinas kann
der Missionar nur scheitern: Es musste Aghion »als eine unge-
heuerliche Frechheit und Überhebung erscheinen, dass er als
Abgesandter eines fernen Volkes hierher gekommen sei mit der
Absicht, diesen Menschen ihren Gott und Glauben zu nehmen
und einen anderen dafür aufzunötigen.« (Hesse 300)

Nach dem *Daodejing* las Hesse, der ja auch ungemein fleißig
rezensierte, die Nachdichtungen chinesischer Lyrik von Hans
Bethge (*Die chinesische Flöte*, 1907, später vertont von Gustav
Mahler), die *Gespräche des Konfuzius* in der Übersetzung von
Richard Wilhelm und Martin Bubers *Reden und Gleichnisse
des Tschuang-Tse*. Auch Buber hat Zhuangzi verwestlicht, wie
vermerkt wurde. In der berühmten Geschichte vom Schmet-
terlingstraum findet sich in seiner Übersetzung zehnmal das
Personalpronomen »Ich«, im Original dagegen gar nicht. (Kalinke 441) Aber eben dadurch wurde er für westliche Intellektuelle, die eine »Krise des Ich« erlebten, besonders interessant.
Heidegger, Brecht, Max Weber und auch Hesse erlebten hier
die Begegnung mit einem chinesischen Dichter-Denker in ver-
trauten Tönen.

1911 unternahm Hesse die erwähnte Reise nach Indien, die ihn aber nur bis Sri Lanka und dann nach Sumatra führte, nicht nach Indien selbst. Dafür lernte er die Chinesen kennen und schätzen, »die Chinesenstädte von Hinterindien und das chinesische Volk, das erste wirkliche Naturvolk, das ich sah!«. (zit. in Hsia 1981, 58) Eigentlich wollte er in den Urwald, doch stattdessen geriet er in eine Zivilisation, die sich für ihn wie in einem einzigen Körper zusammenballt, ein organisches Kollektiv, in dem alles Individuelle aufgeht, in dem der Einzelne nur »als Zelle mitlebt wie die einzelne Biene im Bienenstaat«. (Hesse 1980, 201) In die Verwunderung, die der Individualist hier zum Ausdruck bringt, mischt sich Furcht vor China als einem starken Mitbewerber auf der Weltbühne, der nützen wie schaden kann. (202) Sein Interesse an Indien, durch die missionarischen Vorfahren angefüttert und durch Schopenhauer vertieft, scheint ihm Ausdruck einer Neigung zu Resignation und Askese zu sein, die ihn in der ersten Lebensphase besonders prägte. Doch schon *Siddhartha*, das er 1919 zu schreiben begann, zeigt Wege aus dieser Askese und ist im Grunde, wie Adrian Hsia gezeigt hat, die Beschreibung eines Weges zum Daoismus. (Hsia 2010, 146–154) Der Fährmann Vasudeva lehrt den Königssohn Siddhartha, das Leben und Schicksal zu akzeptieren, sich dem Fluss anzuvertrauen. Hesse nannte ihn in einem Brief einmal »einen freundlichen alten Trottel, der immer lächelt und heimlich ein Heiliger ist« (zit. in Hsia 2010, 153). In seinem Bericht »Über mein Verhältnis zum geistigen Indien und China« spricht Hesse von einer Wendung nach China hin, vom Asketischen zum bejahend Affirmativen. Als östliche Bücher, die ihm wichtig wurden, nennt er: »Bhagavadgita / Buddhas Reden / Deussens Vedanta und Upanishaden / Oldenbergs Buddha / Das Tao Te King, von dem ich alle deutschen Ausgaben las / Gespräche des Konfuzius / Gleichnisse des Dschuang Dsi.« (Hesse 1980, 260) Eines hat er hier allerdings vergessen: Das *Yijing*.

Literatur

Gellner, Christoph. *Hermann Hesse und die Spiritualität des Ostens.* Düsseldorf: Patmos 2005.

Hesse, Hermann. *Aus Indien.* Frankfurt/M.: Suhrkamp 1980.

Hirsch, Klaus, Hrsg. *Richard Wilhelm. Botschafter zweier Welten.* Frankfurt/M.: Verlag für interkulturelle Kommunikation 2003.

Hsia, Adrian. *Hermann Hesse und China.* Frankfurt/M.: Suhrkamp 1981.

Hsia, Adrian. *China-Bilder in der europäischen Literatur.* Würzburg: Könighausen&Neumann 2010.

Jung, Carl Gustav. *Erinnerungen, Träume, Gedanken.* Hg. von Aniela Jaffé. Zürich: Rascher 1967.

Kalinke, Viktor. »Zhuangzi im Westen«. In Zhuangzi. *Das Buch der chinesischen Weisheit.* Aus dem Chinesischen übersetzt von Viktor Kalinke. Stuttgart: Reclam 2019, 437–447.

Lopez. Donald S., jr. *Curators of the Buddha. The Study of Buddhism under Colonialism.* Chicago: U of Chicago Press 1995.

Marchal, Kai. *Tritt durch die Wand und werde, der du (nicht) bist. Auf den Spuren chinesischen Denkens.* Berlin: Matthes & Seitz 2019.

Pattberg, Thorsten. *J. Shengren. Above Philosophy and Beyond Religion.* New York: LoD Press 2011.

Wilhelm, Richard. *Die Seele Chinas* (1926). Frankfurt/M.: Insel 1980.

Wilhelm, Richard / C. G. Jung. *Geheimnis der Goldenen Blüte. Das Buch von Bewusstsein und Leben.* München: Diederichs 1996.

– *Aus Tsingtaus schweren Tagen im Weltkrieg 1914. Tagebuch von Dr. Richard Wilhelm während der Belagerung von Tsingtau.* (Erstausgabe Berlin 1915). Hg. von Lennart Piro, München 2014.

Wilhelm, Salome. *Richard Wilhelm. Mittler zwischen China und Europa.* Düsseldorf: Eugen Diederichs 1956.

Wilhelm, Bettina. *Wandlungen. Richard Wilhelm und das I Ging.* Ein Film von Bettina Wilhelm 2012.

Das *Yijing* im Westen

Das Buch der Wandlungen geht um die Welt: Yijing

Der amerikanische Science-Fiction-Autor Philip K. Dick war eines Tages ungehalten über ein Orakel, das er zu befragen pflegte. Es schien ihm mit gespaltener Zunge zu sprechen – oder war es gar ein böser Geist, der ihn foppte? Es war aber nur ein Buch, das mit seiner alten Stimme immer noch in die Ohren von Menschen auf der ganzen Welt flüstert.

Für manchen, der sich mit dem *Yijing* (auch *I Ging*), dem *Buch der Wandlungen*, beschäftigt hat, entsteht tatsächlich eine sehr persönliche Beziehung mit dem Orakelspiel. Wie konnte ein uralter Text, der bis ins 3. Jahrtausend v. Chr. zurückreicht, im 20. Jahrhundert weltweit wieder Einfluss erlangen? Man führt das *Yijing* auf eine uralte Praxis der Knochenorakel zurück. Auch der Panzer einer Schildkröte, den man ins Feuer wirft, weist Risse auf, die orakelhaft gedeutet wurden. Daraus wurden Ja/Nein-Antworten herausgelesen, wie Morsezeichen binär codiert. Der legendäre erste Kaiser Fu Xi soll das Prinzip der Hexagramme entdeckt haben: sechszeilige Blöcke von gebrochenen oder durchgehenden Linien, die 64 Kombinationsmöglichkeiten ergeben. Jede dieser Möglichkeiten wird von Kommentaren begleitet, die später hinzugekommen sind:

Dieser Text enthält eine geschlossene, in sich sehr stimmige und durchaus ästhetische Konzeption des Kosmos. Er ist ein Sammelpunkt für die unterschiedlichsten Bilder, Denkweisen und frühesten Erinnerungen der chinesischen Zivilisation, sozusagen ihre Gründungsmythen [...] Im Kern handelt es sich um ein Orakelbuch, mit dessen Hilfe die Menschen der Frühzeit, in Weilern, Dörfern oder Städten in der Nähe des Gelben Flusses in Nordchina sich ihre Welt zu erklären suchten; es will dem Fragenden Zugang verschaffen zu bestimmten, nicht einfach wahrnehmbaren Aspekten seiner Situation. (Marchal 153)

Manchen hat es Entscheidungen in wichtigen Lebenskrisen abgenommen. Philip K. Dick jedenfalls hat sein Leben nach ihm gerichtet. Vielen ist es wie ein Rorschachtest: Man sieht nur das, was man versteht, wie Goethe sagen würde. Insbesondere Künstler haben sich immer wieder dem mysteriösen Buch genähert, Maler wie Mark Tobey, Musiker wie John Cage (*Music of Change*) oder Bob Dylan, ebenso Autoren und Meister der philologisch-musikalischen Intuition wie Jürgen von der Wense.

Hermann Hesse liest das Buch der Wandlungen

Einer der ersten Europäer, die sich intensiv mit dem *Yijing* beschäftigten, war Hermann Hesse:

Dieses Buch der Wandlungen liegt seit einem halben Jahr in meinem Schlafzimmer, und nie habe ich auf einmal mehr als eine Seite gelesen. Wenn man eine der Zeichen-Kombinationen anblickt, sich in Kian, das Schöpferische, in Sun, das Sanfte, vertieft, so ist das kein Lesen und ist kein Denken, sondern es ist wie das Blicken in fließendes Wasser oder in ziehende Wolken. Dort steht alles geschrieben, was gedacht und was gelebt werden kann. (Zit. in Hsia 1981, 305)

Aus einem Brief an Theodor Heuss, Pfingsten 1954, geht hervor, dass er das *Yijing* nicht nur als dichterisch-philosophisches Buch las, sondern auch zur Entscheidungshilfe nutzte.

Der Bundespräsident hatte Hesse in einem persönlichen An-
schreiben den Orden Pour le Mérite angeboten. Nun hatte
der Autor gerade Besuch von seinem Vetter Wilhelm Gundert
(1880–1971) gehabt. Er hatte diesen Ostasienwissenschaftler,
der lange Zeit in Japan gewesen war, seit 24 Jahren nicht mehr
gesehen, und sie hatten sich viel zu erzählen. Eher wohl auf
philosophischer Ebene, denn politisch war Gundert ein Nazi
gewesen. Ihre Gespräche über östliche Weisheit und Dichtung, so Hesse an den Bundespräsidenten, hätten ihn mit einer
zen-buddhistischen »Geringschätzung der Welt und ihrer Güter und Ehren« erfüllt, und so habe er große Zweifel bekommen, ob er die Auszeichnung annehmen sollte. Zwei Gründe
gab es dann doch, es zu tun. Einmal, dass der Bundespräsident
ihm persönlich geschrieben habe. Zum anderen aber habe er
das *Yijing* befragt, und es habe ihm mit dem Zeichen »Tai«
(d. i. Nr. 11: »der Friede«) geantwortet. Ein eindeutiges Urteil:
»Himmel und Erde vereinigen sich. So teilt und vollendet der
Herrscher den Lauf von Himmel und Erde, verwaltet und ord-
net die Gaben von Himmel und Erde und steht so dem Volke
bei.« Hesse jedenfalls verstand die Antwort so: »Ich habe das
Urteil des *I Ging* und damit Ihre Einladung angenommen.«
(zit. in Diederichs 135 f.)

Literarischen Einfluss gewinnt das *Yijing* in seinem letzten
großen Werk, *Das Glasperlenspiel* (1943). Die betulich-deut-
sche Geschichte des Josef Knecht, der sich im Laufe seines
Lebens zu einem Ordensmeister des Glasperlenspiels empor-
arbeitet, um am Ende doch nein zu sagen, wird begleitet von
vielen chinesischen, vor allem taoistischen Bildern. Adrian
Hsia nennt ihn einen »weisen Faust«. (ebd. 299) Mehrmals entscheidet das Orakel des *Yijing*, ob Knecht einen bestimmten
Schritt tun soll. Der ältere Bruder etwa, ein Wahlchinese und
Selbstporträt des Autors, lässt Knecht bei sich wohnen, weil das
Orakel das Zeichen »Jugendtorheit« ergibt. Als er sich auf den
Weg in ein Kloster machen soll, bescheiden ihm die Schafgar-
benstengel das Zeichen »der Wanderer«. Nach dem Studium

des Weisheitsbuchs widmet er sich der chinesischen Musik als
»Urquelle aller Ordnung«. Letztlich möchte Knecht das *Yijing*
und die chinesische Kultur in das Glasperlenspiel einfügen,
was aber nicht gelingen kann. Denn das Glasperlenspiel folgt
einer europäischen Ordnung und hat als Vorbild monastische
Strukturen Alteuropas. Dennoch wird hier ein Versuch der
Synthese unternommen. Wenn Josef Knecht schließlich daran
scheitert, zeigt dies, wie sehr gerade er dem chinesischen Denken verpflichtet ist, das sich hier aber nicht durchsetzen kann.
Aus gutem Grund: Hesses Werk »liefert keine Rezepte und
Heilslehren, denn es verweist und ermutigt jeden zu seinem
eigenen, individuell unterschiedlichen Weg«. (ebd. 319)

Alternative Geschichte: The Man in the High Castle

Auch Philip K. Dick hat nicht nur das Orakel in Lebenskrisen befragt, er hat es sogar als Entscheidungshilfe bei seinem
Schreiben benutzt, und zwar in doppelter Hinsicht. 1962 veröffentlichte er den alternativhistorischen Roman *The Man in
the High Castle*, inzwischen auch erfolgreich als Serie verfilmt.
Darin wird eine Welt gezeigt, in der Deutschland und Japan
den Zweiten Weltkrieg gewonnen haben. Die amerikanische
Ostküste wird von den Nazis beherrscht, an der Westküste sind
die Japaner an der Macht – Sushi hier, Bratwurst dort. In einem
wilden Gebiet der Rocky Mountains aber, in einem Zwischenreich, schreibt der Autor Howard Abendsen an einem Roman
über eine Welt, wie sie gewesen wäre, hätten die Amerikaner
den Krieg gewonnen. Eine fremd anmutende, der unseren
ähnliche Geschichte entsteht daraus.

Alternativgeschichten nach dem Muster »Was wäre, wenn«
gehen meist von kleinsten Verzweigungen des Geschehens mit
großen Auswirkungen im zeitlichen Verlauf aus – also ein
Phänomen, das die Chaostheorie seit den 1970ern beschäftigt.

Dick hat den Roman mit Hilfe des *Yijing* geschrieben und sich manches Mal darüber geärgert, da ihm dies jede Menge Zufälle vor die Füße warf, die er sinngebend in die Fiktion umsetzen musste. Auch in der Erzählung nutzt Howard Abendsen das *Yijing* als Teil der Handlung. Das *Yijing* erschafft eine Meta-ebene, die an Zhuangzis berühmten Traum vom Schmetterling erinnert: Hat der Träumer ihn erträumt oder ist er selbst nur ein Traum des Schmetterlings? Eine selbstbezügliche Spirale, ganz nach dem Geschmack eines Jorge Luis Borges, der sich ebenfalls auf das Yijing bezog, so in der Erzählung »Der Garten der Wege, die sich verzweigen« und in dem Gedicht »Auf eine Lesart des *I Ging*«. Eliot Weinberger, der amerikanische Essayist, hält fest: Das Yijing sei ein Spiegel, der die Erwartungen und Themen des Lesers reflektiere, aber ein Bronzespiegel, der von einer dunkelgrünen Patina bedeckt ist und deshalb gar nicht mehr spiegelt. Daher könne jeder Satz immer aufs Neue anders verstanden werden (Weinberger 151).

In Tsingtau wird übersetzt

Im Winter 1911 versammelten sich acht Menschen im deut-schen Pachtgebiet von Tsingtau; neunmal trafen sie sich im Abstand von je neun Tagen. Es waren vor allem chinesische Beamte, ein Student, ein Geomant und ein Kaufmann, die vor der Revolution geflüchtet waren. Richard Wilhelm war einer von ihnen. Es waren konservative, royalistische Menschen, die entsprechenden Einfluss auf Wilhelms Verständnis des alten chinesischen Denkens gehabt haben dürften. (Hsia 2003, 26) Sie sorgten sich um die Erhaltung der chinesischen Klassiker, des alten Denkens und der konfuzianischen Traditionen. Man fürchtete eine neue Bücherverbrennung, wie sie damals der Kaiser Qin Shihuangdi (259 – 210 v. Chr.) angeordnet hatte: nicht nur die Verbrennung von Büchern, sondern auch die

Bestrafung von Lesern und die Hinrichtung von schreibenden Gelehrten. Chinas Geschichte kennt mehrere Kulturrevolutionen, und hier stand eine weitere vor der Tür. Die kleine Gruppe nannte sich folgerichtig »Konfuzius-Gesellschaft«. Man wollte die alten Schriften bewahren und baute eine Bibliothek, die während der Belagerung der Stadt 1914 zum Schutzhort für die deutsche Gemeinde wurde.

In dieser Zeit hatte Wilhelm einen Traum: »Ein alter Mann mit freundlichen Augen und weißem Bart kam zu mir auf Besuch. Er nannte sich ›Berg Lao‹ und bot mir an, mich in die Geheimnisse der alten Berge einzuführen. Ich verneigte mich vor ihm und dankte.« Es war auch zu dieser Zeit, dass ihm ein befreundeter Chinese empfahl, sich einmal bei seinen Übersetzungen mit einem chinesischen Gelehrten zusammenzutun: »Ihr Europäer arbeitet immer nur außen an der chinesischen Kultur herum. Keiner von euch versteht ihren eigentlichen Sinn und wahre Tiefe.« Deshalb sei es nötig, einen richtigen Gelehrten an der Hand zu haben. »Sie können dann manches übersetzen und selbst schreiben, damit China sich nicht dauernd in der Welt zu schämen braucht.«

Tatsächlich wird ein solcher Gelehrter gefunden. Er kommt mit seiner Familie, man findet eine Wohnung für ihn in Tsingtau. Sein Name ist Lao, seine Vorfahren stammen aus der Gegend um den Berg Lao, und »er glich aufs Haar dem Greis, der mich im Traum besucht hatte«. Hinzu kommt, dass Lao mit einer direkten Nachfahrin des Konfuzius verheiratet ist. Die Familie besitzt sogar ein Schafgarbenbündel vom Grab des Weisheitslehrers und weiß, wie sonst kaum noch Chinesen damals, es richtig zu benutzen, um das Orakel zu befragen. (Wilhelm 1980, 222 f.) Man macht sich nun an die Arbeit und übersetzt das *Yijing*: Lao erklärt den Text auf Chinesisch, Wilhelm notiert mit. Dann übersetzt er ihn für sich ins Deutsche und übersetzt den deutschen Text ins Chinesische zurück, diesmal ohne Blick ins Buch. Es erfolgt eine stilistische Überarbeitung des deutschen Textes, der von Lao in allen Einzelheiten überprüft wird, dann weitere drei bis vier Überarbeitungen. (ebd. 224)

Lao verfasste später einen Bericht über die Ziele der Konfu- zius-Gesellschaft. In diesem heißt es unter anderem: »Der Weg des Heiligen ist der Menschheitsweg, die Bücher des Heiligen sind die Menschheitsbücher. Mensch sein heißt, den Mensch- heitsweg beschreiten; will man aber den Menschheitsweg be- schreiten, so geht das nicht ohne die Bücher des Heiligen.« (zit. in Diederichs 251) Es bestehe die Gefahr, dass der Mensch- heitsweg abreiße. Auch wenn Richard Wilhelm ein Westländer sei, so verstehe er doch den Weg der chinesischen Heiligen. Diese Botschaft Laos wurde in eine eiserne Kassette einge- schlossen und in das Fundament der Bibliothek eingemauert.

Das Dao im Exil

Hannah Arendt schreibt in ihrem Buch *Menschen in finsteren Zeiten* über die deutschen Emigranten in französischen Lagern während des Zweiten Weltkriegs:

Wie ein Lauffeuer verbreitete sich das Gedicht in den La- gern, wurde von Mund zu Mund gereicht wie eine frohe Bot- schaft, die, weiß Gott, nirgends dringender benötigt wurde als auf diesen Strohsäcken der Hoffnungslosigkeit. (Arendt 1989, 277 f.)

Es waren Zeiten, in denen Gedichte manchmal halfen. Die- ses besondere Gedicht stammt von Bertolt Brecht und es war dem Daoisten Laotse (Laozi) gewidmet: »Legende von der Ent- stehung des Buches Tao Te King auf dem Weg des Laotse in die Emigration«. Brecht hatte es im dänischen Exil 1938 geschrie- ben. Es bildet die Kulmination seiner Beschäftigung mit China und dem Daoismus. Schon seit den 1920er hat ihn das Buch *Tao Te King. Das Buch des Alten vom Sinn und Leben* (1921) in der Übersetzung von Richard Wilhelm begleitet. In dem Gedicht greift Brecht eine Legende auf, wie ein alter chinesischer Weiser auf seinem Ochsen mit einem Knaben über die Grenze nach Westen reitet, wo er sein Leben beenden wird. Der Zöllner befragt den Knaben freundlich und erfährt, dass dieser Mann eine Lehre in sich trägt.

> Doch der Mann, in einer heitren Regung
> Fragte noch: »Hat er was rausgekriegt?«
> Sprach der Knabe: »Dass das weiche Wasser in Bewegung
> Mit der Zeit den mächtigen Stein besiegt.
> Du verstehst, das Harte unterliegt.«

Daraufhin bittet der Zöllner den alten Weisen, seine Lehre dem Knaben zu diktieren. Einige Tage später übergeben sie dem Zöllner 81 Sprüche, das *Tao Te King*. Lao Tse ist ein bescheidener Weiser, der dem Zöllner Respekt zollt. Brecht weiß auch warum, denn so endet das Gedicht:

> Aber rühmen wir nicht nur den Weisen,
> Dessen Name auf dem Buche prangt!
> Denn man muss dem Weisen seine Weisheit erst entreißen.
> Darum sei der Zöllner auch bedauert:
> Er hat sie ihm abverlangt.

Dialektik liegt also nicht nur im Buch, das das Wechselspiel vom Weichen und Harten, vom Unsagbaren und Sagbaren, vom Handeln und Nicht-Handeln bespricht, sondern auch in der Art und Weise, wie es angeeignet, ja erst geschaffen werden muss: durch gesellschaftliches Handeln, durch Heiterkeit, Höflichkeit, Mut. Diesen Geist der Freundlichkeit, der dem Gedicht zugrunde liegt, hat auch Walter Benjamin in seinen Kommentaren zu Brechts Gedichten hervorgehoben: Größtes werde hier geleistet, als wenn es ein Kleinstes wäre. Die Heiterkeit in den finstersten Zeiten zu bewahren, das Wissen darüber, dass das Wasser den Felsen besiegen wird, darin schimmerte

Hoffnung für die internierten Flüchtlinge aus Deutschland. Brecht trug ein berühmtes chinesisches Rollbild mit in sein Exil; es zeigt den auf einem Ochsen reitenden Laozi.

Literatur

Arendt, Hannah. *Menschen in finsteren Zeiten*. Piper, München 1989, 2001.

Benjamin, Walter. »Kommentare zu Gedichten von Brecht«, in *Schriften. Bd. II*. Frankfurt/M.: Suhrkamp 1955, 351–371.

Von Sinophilen, Sinologen und Kulturvermittlern

Ein Bretone bedichtet chinesische Stelen: Victor Segalen

Ein Jahr vor seinem Tod erstellte er eine Liste seiner noch zu schreibenden Texte: drei Dramen, zehn Romane, vier Essays, zwei Theorien der Welt, eine Politik, eine Exotik, eine Ästhetik, eine Abhandlung über das Jenseits, eine allgemeine Sammlung unbekannter Dinge, etwa zwanzig unklassifizierbare Arbeiten und 4063 Artikel von 200 bis 2000 Zeilen. Der Autor ist heute unbekannt, trotz seiner sagenhaften Vielseitigkeit und Produktivität – oder ebendeshalb. Im April 1919 fand man den Franzosen in einer bizarren Felslandschaft im Inneren der Bretagne tot auf, neben sich aufgeschlagen ein Exemplar des *Hamlet*. Vielleicht war diese Form des Abschieds inszeniert, dort im mythischen Wald von Huelgoat bei Morlaix in der Bretagne. Ein magischer Ort mit seinen Teufelsgrotten und Silberminen, seinen Menhiren und keltischen Stätten. Die Vorfahren eines anderen Asiensuchers, Jack Kerouac, haben hier gelebt, bevor sie nach Amerika auswanderten. Doch hier geht es um Victor Segalen: Marinearzt, Reisender, Beobachter, Dichter, Archäologe, Bretone. Eine Stele erinnert an die Stelle im Wald, an der er nach einem dicht gefüllten, aber kurzen Leben verstarb. Man kann ihn einen Spurenleser nennen, aber er war auch ein Spurenleger.

Mag sein Werk auch Fragment geblieben sein, so spiegelt es doch bis ins Kleinste die Komponenten seiner angestrebten Projekte wider. Denn was hatte er nicht schon alles geschrieben: Romane, Traktate über den Exotismus und die Ästhetik, okkulte Novellen und vieles, was nicht einzuordnen ist; ein

Libretto für Debussy, ein auf Altfranzösisch geschriebenes Werk über das Einhorn, dazu Anti-Reiseberichte – gegen den Exotismus eines Pierre Loti gerichtet – und einen Aufsatz über die Musik der Maori. Eine poetische Hymne auf Tibet – nie erreicht, immer ersehnt –, gewidmet »dem ewigen Dompteur der Gipfel des Geistes, Frédéric Nietzsche«. Segalen war nicht nur wie Nietzsche ein Nomade im Reich des Geistes, sondern auch der irdischen Wege. Einige nennen es heute »Segalénie«. (Sophie Labatut) Ein ähnliches Phänomen in der deutschen Literatur wäre vielleicht ein Jürgen von der Wense (1894–1966), einer, der ebenso vielgestaltig war und zudem eine Neigung zu chinesischem Denken hatte.

Segalen wurde 1878 geboren, in dem Jahr, in dem Nietzsches *Menschliches, Allzumenschliches* erschien. Der Bretone war zu kurzsichtig, um Kapitän zu werden; so wurde er stattdessen Marinearzt. Kurz nach dem Tod Gauguins kam er nach Tahiti und konnte dort noch ein Bild des Meisters erwerben. »In Polynesien habe ich zwei Jahre vor Freude schlecht geschlafen.« (Segalen 1983, 77) Hier begann sein Nachdenken über den Exotismus als einer Ästhetik des Verschiedenen und Fremden. In der Folge wurde er zum Ethnographen der Maori und des Pazifik, es verschlug ihn schließlich nach China. 1909, ein Jahr nach dem Tod des letzten Mandschu-Kaisers, erreichte er das Land, bereiste es intensiv und spekulierte auch über den leeren Tumulus des legendären Kaisers Qin Shinhuangdi. Er war es auch, der sich die weltberühmte postmortale Terracottaarmee leistete. Die 8000 Krieger, zufällig von Bauern im Jahre 1974 entdeckt, gehören heute zum Weltkulturerbe der UNESCO. 1914 hatte Segalen den Tumulus bei Lintong, 30 km nordöstlich von Xian ausgemacht, ohne zu wissen, was sich darin verbarg. Er war dabei, ähnlich wie einst Schliemann, einem Dichter gefolgt. Der hatte den Ort beschrieben als »drei übereinandergeschichtete Hügel«. Wie Borges faszinierte Segalen dieser Kaiser, der den Büchern eine solch große Macht zuschrieb, dass er sie vernichten musste.

Abb. 7: Victor Segalen in China, 1914

Später sollte Segalen China noch einmal als Archäologe bereisen, auf der Suche nach alten Tierstatuen. In China lernte er auch einen anderen Asienforscher und Schriftsteller kennen – Paul Claudel. Segalen war enttäuscht, dass Paul Claudel kein Wort Chinesisch sprach. Unvorstellbar! Wie konnte man China erforschen, ohne die Sprache zu kennen? Er zumindest hatte sie sich zu eigen gemacht.

Das Reich der Mitte war in dieser Zeit eine Zwischenwelt zwischen dem toten Kaiserreich und der neuen Republik, von Revolutionen und Restaurationen erschüttert. Ein Dämmerreich, das in seiner oszillierenden Rätselhaftigkeit die Sensibilität eines Segalen ansprach. Das Rätsel stellte sich dar in Form von Stelen, die aus einer tiefen Vergangenheit in die Gegenwart hineinragten – unverstanden und stumm. Auf diese unbeachteten Augen der Zeit stieß er am Rand von Wegen, Grabstätten und in Tempelbezirken. Sie zwangen ihn zum Stehenbleiben, mit ihren Inschriften, die an den Krieg und die Liebe erinnerten, an mythische Fürsten und Erzählungen: »Im ruinösen Taumel des Reiches wohnt ihnen allein Festigkeit inne«, schrieb er im Vorwort zu dem Buch, das er Paul Claudel widmete: *Stelen*. Aber haben sie wirklich eine innere Festigkeit? Ist sie etwas anderes als Anlaufpunkt und Sprungbrett, als ein imaginärer Magnet für die vagabundierenden Reflexionen und poetischen Träume Segalens? Vierundsechzig solcher Stelen hat er aufgenommen. Das ist die Zahl der Hexagramme des *Yijing* wie auch die Zahl der Felder eines Schachbretts. Von der 1912 erschienenen Erstausgabe wurden dem Handel 81 Exemplare auf koreanischem Imperialpapier entzogen. 81 ist wiederum die Zweierpotenz der kaiserlichen Zahl Neun und die Anzahl der Fliesen auf der dritten Terrasse des Himmelstempels von Peking.

Das Zahlenspiel zeigt das unsichtbare Feld an, in dem Segalen seine Texte nach Art eines Geomanten platziert. Es ist ein kosmisches, imperiales Feld, voller Querbezüge und Korrespondenzen. Mikrokosmische Spiegelungen des Ganzen und Großen, so wie das Kaisertum gedacht war, Umkehrungen und Anamorphosen: ein Versuch, der Zeitlichkeit zu entkommen, wie es der Kaiser anstrebte mit seinen Mauern, Elixieren und Bücherverbrennungen. Dieser Versuch ist das eigentliche Thema jener Tafeln. Das Feld spiegelt sich in der Aufteilung der Stelen nach Himmelsrichtungen wider. Der Osten steht für die Liebe, der Süden für den Fürsten, der Westen für den Kampf und der Norden für die Freundschaft – ein Kompass der Tugenden und Mächte. Segalen baut aus den Inschriften, ihren Dekreten, Hymnen, Aufrufen und Rätseln eine komplex verschobene Zeichenwelt auf, die sich aus Quellen wie dem *Buch der Lieder*, dem *Buch der Riten* und dem *Buch der Wandlungen* (*Yijing*) speist. Mal nähern sich seine Texte der Logik des Traums (wie auch sein chinesischer Roman *René Leys*), mal der historischen Anekdote oder der philosophischen Abgründigkeit des Daoismus, den er wohl allen institutionalisierten Religionen vorzog.

Auch die chinesischen Zeichen selbst, die jedes dieser Prosagedichte einleiten, werden in den Dienst des imaginierten Reiches genommen, von ferne an Ezra Pounds Gebrauch chinesischer Ideogramme erinnernd. So thronen auf der Stele des Seelenwegs horizontal angeordnete, spiegelbildlich verkehrte Zeichen. Der Gegensinn, der erzeugt wird, soll vielleicht den Toten helfen, ihren Weg durch die Gegenwelt zu finden. Aber ihn reizt auch die reine Materialität der Steine, ihre Bemoostheit, ihre Verwitterung. Ein Stein kann Klänge erzeugen: »Möge man mich anschlagen, all die Stimmen leben in meinem Klangstein.« Segalen erzeugt mit seinen Werken eine poetische Geographie und Ethnologie, die die Arbeiten eines Michel Leiris oder Hubert Fichte vorwegnehmen. Die eigenen Stimmen sind vielfältig. Mal spricht der französische Rationalist, dann der Berauschte, der wie ein Rimbaud nach Afrika, ein Henri Michaux durch ein imaginäres Asien fährt (*Ein Barbar in Asien*, 1933). Wie Michaux hätte Segalen vielleicht, so ihm ein längeres Leben gegeben worden wäre, solche Ausschweifungen zurückgenommen. Michaux sprach 1964 davon, über Völker außerhalb ihrer gelebten Realitäten geschrieben zu haben. Die poetische Ethnographie hat ihre Grenzen, auch wenn sie unendlich inspirierend ist. Das erforschte Reich bleibt so in einer produktiven Schwebe, einem Zwischenzustand, dem allerhand Träume entwachsen, und ist niemals dingfest zu machen. Es wimmelt von unterirdischen Richtern und Dämonen, Kriegsgesänge wechseln mit Liebesliedern. Dieses China ist immer auch ein anderes, traumwandlerisch, voller Neben- und Gegenreiche. Gnadenlos praktiziert Segalen hier seine »Ästhetik des Diversen«, als welche er den Exotismus sah, eine Exotik ohne Palmen und Tropenhelm. Eine Exotik, die die unterdrückten Stimmen der unterdrückten Nationen hörbar macht und sie vom kolonialen Zugriff zu befreien sucht. Das kann nur subjektiv geschehen, in Büchern, in denen »die Grenzen zwischen dem chinesischen Reich und dem Reich des Ich fließend sind ...« (Segalen 1983, 79) So bleiben auch hier die Projektionen greifbar, allerdings in einem anderen Aggregatzustand: Die poetische Weltbeschreibung ist sich ihrer bewusst.

Die Suche nach dem anderen, der Alterität im Exotischen,

und bei Segalen vornehmlich in China, hat ihre Risiken, wie der belgische Sinologe Simon Leys (sic) einmal bemerkte. Nach einem prächtigen Beginn seiner chinesischen Suche, so Leys, sei Segalens Unternehmen schließlich auf traurige Weise gescheitert. Segalen habe kein Ohr für die chinesische Musik gehabt, die chinesische Poesie nicht gekannt, die Malerei ignoriert. Auch habe er nicht die historische Bedeutung der Zeit erkannt, als er in China lebte, die Umwälzungen, die sich vor seinen Augen abspielten. Ähnlich übrigens sieht Leys das Unternehmen eines François Jullien, des französischen Sinologen à la mode, der immer wieder die Alterität Chinas hervorhebe, allerdings im Rahmen eines abstrakten Weltbildes, das nicht von Kenntnissen der realen historischen Gegebenheiten getrübt sei. Eigentlich interessiere ihn China gar nicht, und so könne er behaupten, chinesische Gebildete seien niemals kritische Intellektuelle. Die Aufstände in Hongkong aber hätten das Gegenteil bewiesen. Wie auch immer man Jullien bewerten mag, Leys' Stimme ist ein wichtiges Korrektiv, was unsere Wahrnehmung Chinas angeht. Wir werden ihm wieder begegnen, wenn wir uns dem Maoismus der Gruppe Tel Quel zuwenden. Segalen, der Bretone mit dem Wunsch, ins Exotische einzudringen, steht wie ein Wegweiser an der Kreuzung des 20. Jahrhunderts. Seine Schilder weisen jedoch nicht in eine Richtung und bleiben daher verwirrend und vieldeutig, wie die Poesie. Sie rufen uns zu einer eigenen Lektüre auf.

Literatur

Geiger, Wolfgang. »Victor Segalens Exotismuskonzeption und ihre Bedeutung für die heutige Forschung«. In Wolfgang Kubin, Hg. *Mein Bild in deinem Auge. Exotismus und Moderne: Deutschland-China im 20. Jahrhundert.* Darmstadt: Wissenschaftliche Buchgesellschaft 1995, 43–81.
Leys, Simon. »Connaître et méconnaître la Chine«. In *Le Bonheur des petits poissons. Lettres des Antipodes,* Paris: Lattès 2008, 43–46.
Schenkel, Elmar. »Auf der Fährte eines Spurensuchers. Stromaufwärts

auf dem großen Fluss Verschiedenheit: Victor Segalens *Stelen*. FAZ 22.7.2000, Bilder und Zeiten V. (Teile dieses Textes wurden hier übernommen)

Segalen, Victor. *Die Ästhetik des Diversen. Versuch über den Exotismus. Aufzeichnungen.* Aus dem Französischen übersetzt von Uli Wittmann. Frankfurt/M.: Qmran 1983.

Segalen, Victor. *Stelen.* Hg. und aus dem Französischen übersetzt von Rainer G. Schmidt. Graz: Droschl 2000.

Segalen, Victor. *Malereien.* Hg. und aus dem Französischen übersetzt von Rainer G. Schmidt. Berlin: Gemini 2003.

Die Frau, die China liebte

Hesses dritte Frau, Ninon Hesse, geborene Ausländer, stammte aus Czernowitz, Galizien, Kessel der Poesie, heute ukrainisch, einst österreichisch-ungarisch. Die Namen derer, die hier dichteten, kritisierten, dachten und schrieben, sind Legion: Rose Ausländer, Itzik Manger, Gregor von Rezzori, Paul Celan, Selma Meerbaum-Eisinger, Immanuel Weissglas und Erwin Chargaff. Hesse hielt seine jüdische Frau für »östlich«, wenn auch nicht fernöstlich, aber das Östliche an sich kam ihm entgegen. Es sei hier auch an ihre Bewunderung für die Kunsthistorikerin Stella Kramrisch erinnert, die ihr die indische Welt nahebrachte.

In dieser deutschsprachig-jüdischen, zugleich multikulturellen Enklave kam 1904 auch eine Frau zur Welt, die man eine chinesische Schriftstellerin deutscher Sprache und jüdischer Abkunft nennen könnte: Klara Blum. Dichterin, Kommunistin, die zunächst nach Palästina, später in die Sowjetunion ging und hier, während der schlimmsten stalinistischen Verfolgungen, einen Chinesen kennenlernte. Zwölf Wochen lang sind sie ein Paar, voller Poesie, romantisch-intellektueller Begegnungen, politischer Gespräche, voll der Zukunftsmusik des Sozialismus. Doch dann, mit einem Schlag, ist der Chinese verschwunden. Klara glaubt, er sei für höhere politische Aufgaben nach China zurückberufen worden. Jahrzehntelang wird sie ihn nun suchen, hochhalten, nie ihren Glauben an ihn verlieren. Sie wird ihn in Versen bedichten, aber sie wird ihre Lebensgeschichte auch in einem Roman, der in der DDR erscheint, erzählen (*Der Hirte und die Weberin*, 1951). Erst 1945 kann sie aus der Sowjetunion ausreisen und gelangt 1947 auf abenteuerlichen Umwegen nach China. In Shanghai, wo sie als tapfere Kämpferin gegen den Faschismus in der großen jüdischen Exilgemeinde aufgenommen wird und sich als Ehefrau eines Chinesen ausgibt, beginnt ihre Karriere in China.

Hier sucht sie weiter nach Zhu Xiangcheng, von dem wir wissen, dass er Journalist und Regisseur war. Sie wird Dozentin für Deutsch, Professorin, nimmt die chinesische Staatsbürgerschaft an und wird in China als eine der größten deutschen Autorinnen verehrt. Sie nennt sich erst Klara Plum (Pflaumenblüte), nach einem chinesischen Glückssymbol, und schreibt darüber ein Gedicht, in dem sie den widerständigen Geist der Pflaumenblüte, also des chinesischen Volkes, preist. Schließlich nimmt sie den Namen ihres Geliebten Zhu und Bailan an, was so viel heißt wie »weiße Orchidee«.

1959 aber, aufgrund des Konfliktes zwischen der Sowjetunion und China, erfährt sie, dass ihr Geliebter damals in ein sibirisches Straflager verbannt wurde und dort gestorben ist. Sie, die nie richtig Chinesisch gelernt hat und nur unzulänglich die chinesische Kultur kennt, bleibt glühende Kommunistin, und engagiert sich in der Kulturrevolution. Sie zerschmettert ihre geliebte Schallplattensammlung mit klassischer chinesischer Musik, um das alte Gift des Feudalismus zu zerstören, und preist Mao Zedong lyrisch in der *Roten Fahne*. 1971 stirbt sie »so arm und ungehorsam, wie sie gelebt hatte«, schreibt ihr Biograph.

Literatur

Hsia, Adrian. »Das Leben als Ballade – Liebe, Schaffen und Tod Klara Blums«, in Adrian Hsia. *China-Bilder in der europäischen Literatur.* Würzburg: Königshausen & Neumann 2010, 154–171.

Tim und Struppi in China und Tibet

Von September 1958 bis November 1959 erschien im belgischen Magazin *Tintin* wöchentlich eine neue Folge über Tim und Struppi: Diesmal ging es nach Tibet. Wie in James Hiltons Weltbestseller *Lost Horizon* ein Vierteljahrhundert zuvor beginnt das Abenteuer mit einem Flugzeugabsturz im Himalaya. Tim verbringt gerade seine Ferien mit Struppi und Kapitän Haddock, vermutlich in den französischen Alpen. Ein Zeitungsartikel schreckt ihn auf: In Nepal ist ein Flugzeug abgestürzt. Und darin saß jemand, der auf dem Weg zu ihm nach Europa war: sein alter Freund Tschang. Von Tims Albträumen und Visionen getrieben, reisen die drei nach Nepal und Tibet auf der Suche nach Tschang, von dem Tim glaubt, dass er noch lebt, obwohl alles dagegenspricht. Er findet jedoch Zeichen und Spuren und am Ende wird Tschang aus den (liebenden) Armen eines Yetis befreit. Die Geschichte selbst sollte sich halbwegs in der Wirklichkeit wiederholen; es ist die Geschichte einer Freundschaft über Kulturen hinweg, allerdings auch die einer Enttäuschung. Denn so wie Tim sich auf die Suche nach Tschang in Tibet macht, so wird Hergé, sein Autor – ein Biograph nennt ihn »Tims Sohn« –, den realen Tschang in China suchen.

Hergé (= R. G. = Georges Prosper Remi, 1907–1983) feierte erste Erfolge mit *Tim im Lande der Sowjets* (1929–30), einem Werk, das zwar die grausame Absurdität des Stalinismus erfasst, jedoch auch Klischees über Russland bedient. Hergé stand hier wie auch in seinem nächsten Werk, *Tim im Kongo* (1930–31), noch ganz im Banne seiner katholisch-konservativen Herkunft, die mit dem Antikommunismus auch den Antisemitismus hätschelte. In einer solchermaßen geprägten Zeitschrift begann er seine Arbeit als Zeichner und Autor. Doch das katholische Milieu kannte auch andere Seiten. Da in Hergés Arbeiten schon Chinesen vorgekommen waren mit Zöpfen und unappetitlichen Sitten wie der Verspeisung von Hunden, warnte ihn der Kaplan der Universität Löwen davor, sich solcher Stereotype zu bedienen – als für die chinesischen Studenten Zuständiger wusste er, dass ihnen derartige Klischees gar nicht gefallen würden. Er möge doch bitte einmal Kontakt aufnehmen mit wirklichen Chinesen.

Der Abbé Gosset vermittelt Hergé daraufhin mehrere solcher Studenten, darunter einen gewissen Tschang Tschung-Jen (Zhang Chongjen, 1907–1998). Mit diesem freundet sich Hergé an, und sie beginnen eine Zusammenarbeit für die nächste Folge: *Der blaue Lotos* (1934–35). Vor allem hat die Freundschaft einen erzieherischen Effekt: Hergé greift das Thema Stereotypie selbst im Werk auf. In der folgenden Szene ist Tschang der chinesische Junge, den Tim aus dem Fluss rettet, nachdem die Bahn, mit der er fuhr, durch japanische Sabotage entgleist ist:

– … Warum hast du mich gerettet? Warum? Ich glaubte, alle weißen Teufel seien böse. So wie die, die meine Großeltern getötet haben im Krieg der »Fäuste der Gerechtigkeit« …
– Ah, der Boxeraufstand! Nein, Tschang, nicht alle Weißen sind schlecht. Die Völker kennen einander zu wenig … Viele Europäer glauben noch … dass alle Chinesen gerissene und grausame Menschen sind, dass sie einen Zopf haben und dass sie nichts anderes tun, als faule Eier und Schwalbennester essen … Diese Europäer sind fest überzeugt, dass alle Chinesinnen ihre Füße zusammenschnüren und dass die kleinen Mädchen tausend Qualen ausstehen müssen … Nach der Vorstellung dieser Europäer sind die Flüsse Chinas voll von Babys, deren man sich nach der Geburt entledigen möchte … Siehst du, das ist China in den Augen der Leute …

– Deine Landsleute sind wirklich komisch … (Hergé 2008, 45)
Tim beschützt auch einen chinesischen Kuli, der von einem
Engländer geschlagen wird.

Gleichzeitig nimmt Hergé Stellung zur Politik – ein schwieriges Thema, das ihn sein Leben lang verfolgen wird, denn
im Zweiten Weltkrieg arbeitet er für eine Zeitschrift, die von
der deutschen Besatzungsmacht dirigiert wird. Auch für an-
tisemitische Karikaturen ist er sich nicht zu schade. Hier aber,
in *Der blaue Lotos*, unterstützt er, gegen die vorherrschende
Sympathie für die Japaner in Europa, die chinesische Seite. Der
Mukden-Vorfall, die Sprengung einer Eisenbahnlinie 1931 in
der Mandschurei, wurde den Chinesen von den Japanern zu-
geschoben, die daraufhin China überfielen. Tatsächlich war es
eine false-flag-Aktion, und als solche wird sie auch bei Hergé
dargestellt. In der Serie werden die Japaner aktiv, auch gegen
den Reporter Tim, so wie sie nach Erscheinen gegen Hergé
selbst vorgingen und Beschwerde beim belgischen Außenmi-
nisterium einlegten. Tschang stärkt ihm den Rücken: nicht aufgeben! Außer Tschang hat ihm ein weiterer Geistlicher wichtige Literatur über China zugeschickt, die er gut einzubauen
weiß. In einem Brief bedankt er sich bei Pater Neut und betont,
wie wichtig es sei, das westliche Bild, insbesondere das der Kinder, von China zu ändern. Er entdecke dabei eine echte Sympathie für dieses Volk und einen lebhaften Wunsch, es besser zu
verstehen und zu lieben. (Peeters 146)

Tschang kam aus einer katholischen Familie bei Shanghai,
wollte Schauspieler und schließlich Bildhauer werden und bekam ein Stipendium an der Kunstakademie Brüssel. Während
er nach Marseille übersetzte, begannen die Japaner, seine Hei-
matstadt zu bombardieren. Die Freundschaft der beiden war
vielseitig. Auch im Ästhetischen lernte Hergé von Tschang. Er
glaubte, sein Leben habe eine neue Orientierung gewonnen
durch die Begegnung: »Sie haben mich so vieles entdecken lassen, die Poesie, das Gefühl für die Einheit von Mensch und
Universum.« (ebd. 148) Tschang schenkt Hergé einen Satz chi-

nesischer Pinsel, zeigt ihm, wie man damit einen Stein oder einen Baum zeichnet, ja, er zeigt ihm das Leben dieses Baumes, seine Seele. Viele Schriftzeichen in *Der Blaue Lotos* stammen von Tschang. 1935 ruft die Familie ihren Sohn Tschang zurück nach China. Hergé verspätet sich zur Abfahrt seines Freundes, es ist ein verpasster, trauriger Abschied.

In den 1950ern gerät Hergé in eine Ehekrise und sieht lauter weiße Flächen in seinen Albträumen. Ein Psychotherapeut warnt ihn, er solle nicht weiter an seinem Tibetbuch arbeiten. Doch Hergé lässt sich nicht abhalten, die weißen Flächen werden zu den Hängen und Schluchten des Himalaya. Tim rettet wieder einmal Tschang. Doch der Kontakt zum realen Tschang ist längst abgebrochen. Schließlich kommt die Kulturrevolution, und ein Wiedersehen scheint immer unwahrscheinlicher. Vielleicht ist Tschang auch schon tot. Hergé beginnt in den 1970ern eine Suche nach Zeichen und Spuren, wie Tim es ihm in Tibet vorgemacht hatte. Er durchforstet sogar die chinesischen Restaurants seiner Heimat, stößt auf unwahrscheinliche Zusammenhänge, so wie Tim im Comic einst einen gelben Schal in der Felswand des Himalaya flattern sah. Er geht allen Hinweisen nach, und eines Tages gelingt es ihm, Tschangs Adresse in China auszumachen – sie hat sich seit den 1930ern gar nicht geändert! Aber Tschang sehr wohl.

Nachdem er ein bekannter Künstler geworden war, wurde er in der Kulturrevolution zum Straßenkehren relegiert. Danach konnte er allmählich wieder aufsteigen und wurde Direktor der Kunsthochschule Shanghai. Eigentlich hätte Hergé ihn besuchen können, aber wieder legte ihm die Politik einen Stein in den Weg. 1939 war er von der Witwe Chiang Kai-sheks, des Gegenspielers Maos, nach Taiwan eingeladen worden; 1973 nahm er die Einladung entgegen der Warnung mancher Chinakenner an: Grund für die VR China, ihn nicht mehr ins Land zu lassen. Am 18. März 1981 trifft dann Tschang selbst am Flughafen in Brüssel ein! Presse und Medien bejubeln das Wiedersehen. Es fällt allerdings nicht so aus, wie man es sich vorgestellt hatte. Anfänglich war die Freude groß, doch dann wird klar, dass die Freunde sich nicht mehr allzu viel zu sagen haben: Der Chinese ist noch katholischer geworden, der Belgier daoistisch.

Hergé hatte, auch wegen seiner schweren Krankheit, eine Art kosmischen Glauben an das Dao entwickelt. Er las fasziniert das *Tao Te King* sowie Fritjof Capras Bestseller *Das Tao der Physik*. In einem Interview gab er 1978 an, im Dao das allumfassende Prinzip gefunden zu haben, das alle Widersprüche in sich fasse. Die Belebtheit der Materie, die Einheit von Materie und Geist, das war ihm jetzt wichtig. Nicht so für den alten Freund aus China. So erschien nun Hergé als der Chinese von beiden. Hergé starb 1983. Tschang zog schließlich nach Frankreich um, wo er 1998 in Nogent-sur-Marne starb.

Der blaue Lotos blieb ein lichter Moment in der Beziehung zwischen einem Europäer und einem Chinesen. Und doch gab es ein Nachspiel, in dem wiederum die Politik intervenierte. Als 2001 in China *Tim in Tibet* unter dem Titel *Tim und Struppi im chinesischen Tibet* erscheinen sollte, wurde dies von der Hergé-Stiftung untersagt. Der Dalai Lama bedankte sich 2006 dafür persönlich mit der Auszeichnung *Light of Truth Award*.

Literatur

Hergé. *Tim in Tibet.* Hamburg: Carlsen 1999.
Hergé. *Der blaue Lotos.* Hamburg: Carlsen 2008.
Le Point Historia. *Les personnages de Tintin dans l'histoire.* Paris: Le Point 2011.
Peeters, Benoît. *Hergé, fils de Tintin.* Paris: Flammarion 2006.
Tim in Tibet: https://de.wikipedia.org/wiki/Tim_in_Tibet
   (Zugriff 23. 1. 2021)

Auf der Suche nach der verlorenen Wissenschaft:
Joseph Needham (I)

Eine andere Liebe, die zwischen einer Chinesin und einem Engländer, führte zu einem großen Werk: der ersten umfassenden
Darstellung chinesischer Wissenschaftsgeschichte, Jahrtausende
umspannend und geschrieben für ein nichtsahnendes westliches Publikum: *Science and Civilisation in China.* Autor war der
britische Biochemiker Joseph Needham (1900–1995), zugleich
ein ausgewiesener Sinologe, Anglikaner, Daoist und Frauenheld.
    Needham hatte sich schon als Biochemiker einen Namen ge-
macht und mit dreißig ein Standardwerk zur Chemie der Em-
bryologie verfasst, bevor er sich durch Liebe und wissenschaftliche Neugier China näherte und sich die chinesische Sprache
beibrachte.
    Als Neunjähriger half er seinem Vater, einem schottischen
Arzt, beim Operieren, widmete sich bald der Ornithologie,
dem Schnitzen und der Gärtnerei. Er meditierte und praktizierte Freikörperkultur. Dabei war er enorm sprachbegabt und
beherrschte bald acht Sprachen. Schnelle Sportwagen waren
seine Leidenschaft. Als er 1924 seine britische Kollegin Do-
rothy Mole heiratete, war beiden klar, dass sie in eine offene
Ehe gehen würden. Aufgrund seiner frühen wissenschaftlichen
Arbeit wurde er bald eine internationale Größe. So erhielt er
eines Tages Post von der chinesischen Studentin Lu Guizhen
(1904–1991). Aus der fachlichen Nähe entstand eine Liebes-
beziehung, aus der eine Liebe zu China wurde. Von Lu lernte
er die chinesischen Schriftzeichen, und er begann, die chinesische Kultur zu studieren. »Chinesisch zu studieren«, schreibt
er einmal, »ist eine Befreiung, als ginge man an einem heißen
Tag schwimmen, denn es holt einen vollständig aus dem Gefängnis der alphabetischen Wörter heraus und in die glitzernde
kristalline Welt der ideographischen Schriftzeichen hinein.«
(zit. in Winchester 44) Als Biochemiker hatte er schon einen
großen Ruf, aber von nun an verband man ihn auch mit China.

Zu Beginn des Zweiten Weltkriegs sah man ihn auf einer Demonstration in London, auf der für China und gegen Japan marschiert wurde. Japan hatte begonnen, Städte, speziell deren Universitäten, in China zu bombardieren; fast die Hälfte aller etwa 100 Universitäten waren betroffen. Die Briten wollten den Chinesen in diesem Kampf beistehen. Der Sozialist und Wissenschaftler Needham fühlte sich besonders gefordert. In diesem Moment schien er genau der richtige Mann zu sein, um in China eine schwierige Aufgabe zu lösen: den Wiederaufbau einer wissenschaftlichen Kultur hinter der Front. Die britische Regierung entschied sich, ihn zu entsenden und für ihn aber ging ein großer Traum in Erfüllung.

Am 24. Februar 1943 landete er in der provisorischen Hauptstadt Chongqin. Auf seinen ersten Rundgängen beobachtete er einen Gärtner, der einen Pflaumenbaum veredelte. Dabei fiel ihm auf, dass er die Bäume anders bearbeitete, als sein Vater es getan hatte. Er notierte das gleich in ein Heft. Es war so, als sei ihm, wie einst dem großen Newton, ein Licht im Garten aufgegangen – und auch dieses Licht sollte die Geschichte verändern. Denn Needham bemerkte, dass man in China die Dinge anders machte als im Westen; man stand in einer uralten Tradition des Andersmachens! Und dieses andere wollte er von nun an erforschen, im Verbund mit seiner wissenschaftlich-organisatorischen Arbeit hinter der Front. Zunächst aber ließ er sich eine chinesische Gelehrtenrobe in blauer Seide schneidern.

Ein Niederländer schreibt chinesische Kriminalromane:
Robert van Gulik

In Chongqin logierte die nationalchinesische Exilregierung unter Chiang Kai-shek. Nach den japanischen Bombardierungen und dem Massaker von Nanjing war die Stadt in der Mitte Chinas zu einem Rückzugsort für Exilanten und Ausländer geworden, obwohl auch hier schon japanische Angriffe begannen. Auch die chinesischen Kommunisten hatten in einem Vorort ihr Hauptquartier. In diesem Chaos bewegten sich zahlreiche Europäer, die auf der Flucht waren oder ein Refugium suchten. Unter ihnen ein niederländischer Diplomat, mit dem sich Needham anfreundete: Robert van Gulik. Er war genauso sprachbegabt wie der Brite und liebte ebenfalls die chinesische Kultur in all ihren Facetten, bis hin zu ihren erotischen Geheimnissen. In Java in einer niederländischen Familie aufgewachsen, war er seit seiner Kindheit von Chinesen umgeben. Als Jungen faszinierten ihn die Ladenschilder mit ihren chinesischen Schriftzeichen so sehr, dass er sie immer wieder nachahmend in den Sand der Straße ritzte. Es war, als sprächen sie etwas tief in seiner Seele an.

Als er mit zwölf in die Niederlande kam, beherrschte er schon vier Sprachen. Das reichte ihm nicht, es sollten noch Russisch und Sanskrit dazukommen. Außerdem assistierte er einem Gelehrten bei der Erstellung eines Lexikons der Sprache der Schwarzfuß-Indianer. Und natürlich lernte er Chinesisch. Dafür bezahlte der Schüler aus eigenem Taschengeld einen Lehrer, der ihm die schwierige Sprache und Schrift beibringen sollte. Immer ging er seine eigenen Wege. Man darf sie exzentrisch nennen, doch führten sie in das Zentrum der anderen Kultur. Er studierte chinesisches und japanisches Strafrecht, lernte die chinesische Laute spielen und promovierte schließlich über den Pferdekult in China und Japan. Von der niederländischen Regierung wurde er als Diplomat nach China und Japan geschickt. So kam er auch nach Chongqin und konnte dort mit Needham über die zahllosen Dinge reden, die die chinesische Kultur bot. Van Gulik heiratete seine Chinesischlehrerin und hatte vier Kinder mit ihr. Er war sicher auch ein Melancholiker. Die Gibbon-Affen, die sie sich hielten, munterten ihn auf, er sang gerne ein Abendlied mit ihnen.

Zum Zeitvertreib begann er, Kriminalromane über einen chinesischen Richter zu schreiben. Sie wurden zu einem gro-

ßen Welterfolg. In ihnen konnte er sein ganzes kulturgeschicht-
liches und juristisches Wissen ausbreiten, mit verhaltenem
Humor und in spannenden Plots Bilder eines alten China be-
schwören, in dem er wohl lieber gelebt hätte als in jenem seiner
Zeit. Er starb 1967, im Alter von 57 Jahren. Ein Chinese sagte
einmal über den holländischen Riesen: Hier ist ein berühmter
Geist aus unserer tiefen Vergangenheit wiedergeboren; er hat
beschlossen, mit Humor zurückzukommen.

Er verfasste übrigens auch ein großes Werk über die daoisti-
sche Liebeskunst und das sexuelle Leben der alten Chinesen.
Wie viel davon in den Bereich Fiktion gehört, ist bis heute nicht
ganz geklärt, macht die Lektüre aber nicht weniger interessant.
Arbeiten über die chinesische Laute oder Buchillustrationen
zeigen seine Gelehrsamkeit. Er hatte neben Needham einen
weiteren Freund aus den Tagen in Chongqin: John Blofeld. Der
Brite hatte in seiner Jugend eine Buddha-Statue in London entdeckt und gekauft. Ganz unbewusst, wie es scheint, begann er,
davor zu meditieren und Blumen abzulegen. Später dachte er,
diese Faszination stamme von einer früheren Inkarnation. So
wurde er ein Forscher in Sachen Buddhismus und Daoismus,
reiste zu den heiligen Orten in China und verfasste viele Bücher über diese Themen. Dabei blieb er aber ein praktizieren-
der spiritueller Mensch. Anders als Gulik, über den er schrieb:

Ich kannte Robert ziemlich gut und sah ihn oft zwischen
1943 und 1945, denn ich war damals Kulturattaché der britischen Botschaft in Tschungking [Chongqin], und er war
Sekretär oder hatte irgendeinen anderen höheren Posten
in der niederländischen Gesandtschaft. Was uns verband,
war unser Interesse an chinesischen Dingen; obwohl er,
soweit ich weiß, immer ein echter Wissenschaftler in dem
Sinne blieb, dass er sich für chinesische Religionen allein als
Gelehrter und Künstler interessierte und nicht wie ich aus
einer persönlichen religiösen Überzeugung heraus. Selbst in
jenen Tagen glich sein Zimmer mehr dem Studierzimmer

eines chinesischen Literaten als dem Büro eines Diplomaten. [...E]r ähnelte in vieler Hinsicht einem elisabethanischen Staatsmann, wenn man sich eine solche Persönlichkeit nicht als Gestalt der Renaissance, sondern mit einem östlichen Kulturhintergrund vorstellen kann. [...] Robert beherrschte damals vier erstaunliche Dinge. (zit. in Wetering 48–52)

Blofeld nennt die Beherrschung der chinesischen Grasschrift (freie, fließende Schrift) und das Lautespiel; van Gulik konnte zudem Bücher auf Chinesisch für Chinesen schreiben und Siegel in harten Stein schneiden.

Literatur
Van de Wetering, Janwillem. *Robert van Gulik. Ein Leben mit Richter Di.* Zürich: Diogenes 1992.

Joseph Needham (II)

Needham wurde derweil auf schwierige und gefährliche Missionen durch China geschickt. Einmal las er dabei zufällig einen Aufsatz des Missionars Samuel Wells Williams, der 1853 als Dolmetscher mit dem Commodore Perry nach Japan gefahren war, um das Land für den Westen zu öffnen. Williams hatte behauptet, es gebe gar keine Botanik in China. Diese Ignoranz des Westens empörte Needham. So begann sein anderes Abenteuer, die Reise durch das große Land der chinesischen Wissenschaftsgeschichte und die Entdeckung einer jahrtausendealte Wissenschaftskultur, die vom Westen weitgehend nicht zur Kenntnis genommen wurde. Das Werk, das daraus entstand, sollte eine Art historisches Epos werden, eine Suche nach der verlorenen Wissenschaft. Der Philosoph und Literaturkritiker George Steiner verglich dieses vielbändige Monument tatsächlich mit Marcel Prousts *Auf der Suche nach der verlorenen Zeit* – als Archäologie von verlorenen Erinnerungen und Wissenssystemen, ausgebreitet wie ein Mosaik oder ein Wandteppich. 1954 erschien der erste Band als Einführung und Orientierung, es folgten Bände über die Geschichte der chinesischen Mathematik, Physik, Astronomie, Chemie und Biologie. Bis zum Jahr 2016 waren 27 Bände erschienen, die Reihe wurde sogar nach dem Tod Needhams (1995) weitergeführt. Bis heute bleibt auch das sogenannte »Needham Puzzle«: Warum hat China zwar über Jahrtausende Wissenschaft betrieben und technische Erfindungen vom Kompass bis zum Schwarzpulver gemacht, ist aber dennoch seit dem 16. Jahrhundert hinter die europäische Entwicklung zurückgefallen – bis vor kurzem jedenfalls? Der Marxist Needham sah gesellschaftliche Strukturen, die in China die Anwendung von Erfindungen bremsten, während Innovation im Westen durch den Einsatz von Kapital gefördert wurde. Diese Innovationsförderung im Westen, verbunden mit Expansion und Kapitalismus, habe den Siegeszug westlicher Technik schließlich ermöglicht. Daoismus und Konfuzianismus im Verbund mit dem chinesischen Beamtentum hätten hingegen alle Innovationen in China eingebunden in gesellschaftliche Rituale und institutionelle Rahmen. Nicht alle Kritiker Needhams sind mit dieser Erklärung zufrieden, und sie wird sicherlich noch weiter debattiert werden müssen.

Ein weiterer Beitrag Needhams zur Weltgeschichte des Geistes ist der Buchstabe S in der Abkürzung UNESCO. Dort leitete er von 1946 bis 1948 die naturwissenschaftliche Abteilung und brachte das Wörtchen »Scientific« ins Spiel für den Verband, der zunächst UNECO hieß. So wurde daraus die United Nations Educational, Scientific and Cultural Organisation. Bis in die 1970er Jahre erhielt er Einreiseverbot in die USA; nicht, weil er Marxist war, sondern weil er als Leiter einer internationalen Untersuchungskommission zu dem Schluss gekommen war, dass die Amerikaner im Koreakrieg biologisch-chemische Waffen eingesetzt hatten. Dabei war er allem Anschein nach der nordkoreanischen Propaganda aufgesessen. Sein Biograph Winchester attestiert ihm eine gewisse ideologische Blindheit. Die Chinesen nannten ihn Li Yue-se, was so viel heißt wie: Anordnung, Zither, Pflaume – für einen Chinesen gleich erkennbar als der Name eines Gelehrten. Später nannten sie ihn auch Shi Xin Dao Ren, den Taoisten der 10 Konstellationen und Sheng Rongzhi, den Meister, der die Verwirrungen überwindet. (Winchester 123)

Literatur

Needham, Joseph. *The Grand Titration. Science and Society in East and West.* London: George Allen 1969.

Schenkel, Elmar. »Enigma: Wer waren die beiden? *Forschung und Lehre.* Heft 5 / 19. Okt 2019, 303.

Steiner, George http://thelawsofnightandhoney.blogspot.com/2008/03/georg-steiner-on-proust-and-needham.html (Zugriff 23. 1. 2021)

– *My Unwritten Books.* New York: New Directions 2008, 3 – 31.

Winchester, Simon. *The Man Who Loved China.* New York: Harper Collins 2008.

Eine Brücke: Pearl S. Buck

Bestseller und Literaturpreise können Leistungen auch verschwinden lassen. Man wird dann von Buchklubs vermarktet und in Kunstleder feilgeboten. Neid und Konkurrenz tun das Ihrige dazu. So geschehen mit Pearl Sydenstricker Buck (1892 – 1973), die sowohl Bestseller schrieb, als auch 1938 als erste Amerikanerin den Nobelpreis für Literatur erhielt. Vielleicht, so mutmaßt ihr Biograph Peter Conn, war genau diese Auszeichnung der Grund, warum sie heute kaum noch bekannt ist. Der Preis katapultierte eine zwar erfolgreiche, doch literarisch unauffällige Autorin für kurze Zeit in den Himmel und brachte damit die Kritiker auf den Plan. Sie konnte vielleicht erzählen, hatte aber von Modernismus noch nichts gehört. Ihre Themen waren zu bodenständig, ihr Erzählen zu linear. William Faulkner wollte gar wegen ihr seinen Nobelpreis zurückgeben. Buck gehörte, ja wollte nicht zum literarisch-intellektuellen Establishment gehören. Sie lebte zwischen zwei Kulturen, China und Amerika, und zugleich zwischen den Kulturen ihres eigenen Landes. Hinzu kommt, dass Frauen, die den Nobelpreis für Literatur bekamen, damals argwöhnisch betrachtet wurden; meist erfuhren ihre Werke eine Abwertung: zu seicht, zu lesbar, zu wenig intellektuell (Selma Lagerlöf 1909, Grazia Deledda 1926, Sigrid Undset 1928). Pearl S. Buck zeichnete man aus »für ihre reichen und echten epischen Schilderungen aus dem chinesischen Bauernleben und für ihre biographischen Meisterwerke«.

Heute, da sie so gut wie vergessen ist, lohnt sich erst recht der Blick auf ihr Leben und Werk. Von ihren achtzig Lebensjahren hat sie ungefähr die Hälfte in China verbracht. Kurz nach ihrer Geburt in West Virginia nahmen ihre Eltern sie mit nach Fernost. Der Vater Absalom war presbyterianischer Missionar, knochenstrenger Fundamentalist und misogyn dazu, sprach und schrieb aber gut Chinesisch und brachte unter anderem eine chinesische Grammatik heraus. Die Mutter war karitativ tätig und sehr familienbezogen, zumal Absalom oft auf Missionsreisen war. Vom Glauben sollte sich die Tochter später lösen; auf einem Kongress der Presbyterianer 1932 verkündete sie, zum Skandal der Tagung, dass der Missionarsgedanke für sie gestorben sei. Sie wuchs mit chinesischen Kindern auf, lernte die Sprache wie eine zweite Muttersprache. Das einzige blonde Mädchen unter den Kindern erregte Neugier, leichten Schrecken, auch erschien sie manchen als magisch, wenn nicht dämonisch. Das Kindermädchen erklärte ihr, dass schwarze Haare normal seien und ihre irgendwie nicht ganz menschlich (Spurling 2). Sie fand beim Spielen und Herumstöbern manchmal kleine Hände in der Erde, Skelettteile, Füße – sie stammten von Mädchen, die getötet worden waren; wohl durch Eltern, die sich einen Jungen erhofft hatten. Pearl sammelte sie und legte kleine Grabhügel an. Ihre Amme erzählte ihr wunderbare Geschichten und Mythen, sie las bald darauf chinesische Klassiker (*Der Traum der Roten Kammer* zum Beispiel). Von ihrer Mutter hörte sie andere Geschichten: aus dem ländlichen Amerika, in dem sie aufgewachsen war. So entwickelte sie eine doppelte, ja vielseitige Persönlichkeit, die Kulturen immer von mehreren Seiten in den Blick nehmen konnte. 1929 verließ sie China mehr oder weniger endgültig; die sozialen Unruhen, die Scheidung von ihrem Mann, all das beeinflusste ihre Rückkehr in die USA.

1931 erschien der Roman, der ihr den Nobelpreis einbrachte, *The Good Earth* – eine eindrucksvolle Beschreibung des Lebens der chinesischen Landbevölkerung. Erzählt wird das Schicksal des Bauern Wang Lung und seiner Frau O-Lan, die zunächst erfolgreich wirtschaften, dann jedoch von einer Trockenheit in die Armut getrieben werden. Sie müssen in ihrem Überlebenskampf mit vielen anderen in die Städte fliehen. Hier beginnen Revolten gegen die Ungerechtigkeit der chinesischen Gesellschaft – wir befinden uns im frühen 20. Jahrhundert. Doch dank harter Arbeit, die auch zu harten Entscheidungen führt, und einer besseren Klimalage kann die Familie wieder aufs Land zurückkehren. Dort entwickelt sie einen gewissen Wohlstand, aber es treten familiäre Probleme auf (mit den Kindern, mit einer Konkubine). Die Geschichte des Wang Lung und seiner Nachkommen und Frauen ist nicht zu Ende – *The Good Earth* ist nur der erste Teil einer Trilogie.

Warum Buck für diesen Roman nicht nur den Pulitzer-Preis erhielt, sondern er noch zwei Jahre die Bestsellerlisten dominierte? Vielleicht weil hier erstmals ein Bild vom Inneren Chinas gezeigt wurde, von Menschen, mit denen man mitfühlen konnte, denn die USA erlebten gerade ähnliche Notlagen – Weltwirtschaftskrise, Landflucht, Hunger, Ausbeutung – alles, was sich auch in den Romanen eines John Steinbeck widerspiegelt.

Es scheint zudem, dass ihr Roman Sympathien für China geweckt hat – in einem Land, in dem Chinesen lange als minderwertige Wesen, Kulis, billige Arbeitskräfte behandelt wurden – und so die Allianz im Krieg gegen die Achsenmächte mit beeinflusst hat. Buck wurde reich mit ihren Tantiemen, doch floss viel davon in karitative Projekte. Von ihrem Vater, dem sie eine Biographie widmete, hatte sie Ausdauer und Zähigkeit gelernt, von der Mutter einen Sinn für soziale Ungerechtigkeit. Ihre Bemühungen, China verständlicher zu machen, die Menschen als Menschen zu porträtieren und mit ihnen zu empfinden, gingen einher mit ihren sozialen Anstrengungen: Gleichberechtigung der Frau und der schwarzen Amerikaner, Einsatz für die Bürgerrechtsbewegung eines Martin Luther King oder für das Schicksal asiatisch-westlicher Kinder. Den Ruhm nutzte sie für ihr Engagement. Sie schrieb feministische Essays und wurde doch nie Teil der feministischen Geschichtsschreibung. In der McCarthy-Ära geriet sie in die Fänge des FBI. Der Chef J. Edgar Hoover, ein Feind Martin Luther Kings, ließ sie beobachten wegen ihrer proschwarzen Einstellung. Ironischerweise stammt der erste Fanbrief in ihrem umfangreichen Dossier von ebendiesem Hoover, als er noch jünger war.

Nach dem Krieg war sie Mitbegründerin von Welcome House, einer Institution, die sich um gemischtrassige Kinder kümmerte, vor allem um solche von GIs und Asiatinnen, denn diese Kinder in Korea, China und Japan lebten oft als Waisen am Rande der Gesellschaft, wurden verachtet, ausgesetzt. Sie war befreundet mit chinesischen Schriftstellern wie Xu Zhimo und Lin Yutang. Zu Mao Zedong hatte sie kein gutes Verhältnis. Als Richard Nixon 1972 zu seinem historischen Besuch in China aufbrach, musste sie zu Hause bleiben. Offiziell galt sie in China damals als amerikanischer Kulturimperialistin. Ein Jahrzehnt zuvor hatte sie den Kommunismus in China in einem Roman verdammt. Bis zum Ende ihres Lebens konnte sie nicht mehr in ihre alte, zweite Heimat zurück. In China, so hieß es noch vor einiger Zeit in der *New York Times*, werde sie bewundert, aber nicht gelesen, und in Amerika werde sie gelesen, aber nicht bewundert.

Vielleicht wurde sie im Westen vergessen, weil sie zu viele Bücher geschrieben hat, etwa 80 in der zweiten Lebenshälfte – Romane (auch über Indien, das sie später entdeckte), Sachbücher und Biographien. Zwei Bücher im Jahr! In China wurde sie in den 1930ern breit besprochen, in Hunderten von Artikeln und Rezensionen, so wie sie auch im Westen sehr positive Kritik erhielt. Dann folgte eine lange Zeit des Vergessens und Verschweigens, zumal während der Kulturrevolution. In den 1990ern allerdings entwickelte sich in China ein neues Interesse an ihrem Werk. Man erkannte die sympathisierende Haltung einer Amerikanerin, die sich als Brückenbauerin zwischen Ost und West betätigte. Den befreundeten Kosmopoliten Lin Yutang schlug sie zweimal für den Nobelpreis vor. Jawaharlal Nehru las eines ihrer Kinderbücher, *The Chinese Children Next Door*, dem im Krankenbett liegenden Mahatma Gandhi vor. Und Gandhi lachte.

Literatur
Conn, Peter. *Pearl S. Buck: A Cultural Biography*. Cambridge: Cambridge UP 1996.
Spurling, Hilary. *Pearl Buck in China: Journey to the Good Earth*. New York: Simon & Schuster 2011.

Lin Yutang: ein chinesischer Kosmopolit

Mit 26 Jahren zog Lin Yutang (1895–1976) nach Aufenthalten in den USA und in Frankreich nach Leipzig, um hier seine Dissertation über »Altchinesische Lautlehre« im Fach Sinologie durchzuführen. Ein Chinese, der Sinologie in Deutschland studierte und dann seine Arbeit auf Deutsch verfasste, das war damals viel mehr noch als heute eine Sensation. Auch wenn er in der Folge nicht vorrangig als Linguist berühmt wurde, so hat doch die Sprachwissenschaft, die Sensibilität für sprachliche Fragen, sein ganzes Werk geprägt. Er verfasste nicht nur Wörterbücher, sondern entwickelte auch die erste praktikable Schreibmaschine für chinesische Schrift. Das konnte nur gelingen, weil er die Probleme der Transkription von chinesischer Phonetik in lateinische Schrift so gründlich studiert hatte. Sein sprachlich feines Gehör aber machte er in den Zweigen seiner Tätigkeiten nutzbar, für die er schließlich weltweit bekannt wurde – nämlich als der wichtigste Vermittler chinesischer Kultur im Ausland.

Diese Rolle des Vermittlers zwischen den Kulturen nahm er schon sehr früh ein. Seine Eltern waren chinesische Christen in Südchina, der Vater war presbyterianischer Geistlicher. 1895 in der südlichen Provinz Fujian geboren, ging Lin auf eine Missionsschule in Banzai. Später besuchte er die christliche St. John's University in Shanghai, wo nur auf Englisch unterrichtet wurde. Lin Yutang war also als junger Mensch tief in die westlich-christliche Kultur eingetaucht, sprachlich dort zu Hause wie in der Muttersprache. In seiner Autobiographie schreibt er, er glaube, sein Geist sei ein Produkt des Westens, sein Herz aber sei chinesisch.

Sein Verhältnis zum Christentum veränderte sich mit den Jahren. Zunächst entdeckte er, nach Jahren des Vergessens, die chinesische Welt wieder. Er erkannte das destruktive Wirken der Missionare in China, die die Menschen aus ihren kulturellen Bezügen herauszureißen versuchten. Als er 1916 an einer Universität in Peking Englisch zu unterrichten begann, schämte er sich für den Mangel seiner Chinesischkenntnisse, den ihm die einseitige Bildung in den Missionarsschulen eingebrockt hatte (Yang Liu 52). Das änderte sich mit den ersten Jahren im Ausland, wo er weiterstudierte und sein Sprachwissen ausbaute: Harvard, Paris, Jena und schließlich Leipzig. Deutschland war in den 1920er Jahren ein beliebtes Ziel für chinesische Studenten. Man liebte Goethe und Schiller, auch Nietzsche und Kant. Dank der galoppierenden Inflation war zudem für Studenten mit Zugang zu harten Währungen Deutschland finanziell gesehen ein gutes Pflaster. Das alles änderte sich mit dem Nationalsozialismus. Chinesische Intellektuelle, ob Kommunisten oder nicht, waren entsetzt über den Umschwung in Deutschland, die extreme Brutalität und den Rassismus. Als Lin Yutang 1938 Europa besuchte, machte er einen großen Bogen um Deutschland.

Wie alle Doktoranden musste er in Leipzig ein Bekenntnis unterschreiben, in dem er versprach, die Religion und sittlichen Güter zu verteidigen und für eine edle, freie Denkart zu wirken. Das sollte sich nicht als leeres Versprechen erweisen, denn unter ebendiesen Werten trat er seine Lebenslaufbahn an; sofern man unter »Religion verteidigen« hier verstehen sollte: Verteidigung menschlicher Grundwerte, der Vielheit der Religionen und Kulturen und vor allem der Menschenwürde. Denn diese Maximen finden wir in seinem reichen, auch durch gefährliche Wege geprägten Leben wieder.

Als er nach seinen Jahren im Ausland wieder nach China zurückkehrte, fand er chaotische Verhältnisse vor: bürgerkriegsähnliche Zustände, japanische Aggressionen und Gelüste auf Landgewinn, den Einfluss mächtiger Kräfte von außen, zerstrittene Warlords und den sich anbahnenden Konflikt zwischen Kommunisten und Nationalisten.

Zunächst stand Lin Yutang den Nationalisten nahe, bemerkte aber bald, wie unvereinbar seine Ideale mit den ihren waren. Auch bekleidete er hohe Funktionen an Universitäten. Doch in den 1930ern überzeugte ihn die amerikanische Autorin Pearl S. Buck (1892–1973), ein Buch über sein Land zu schreiben. Mit ihrer Unterstützung zog Lin Yutang in die USA und veröffentlichte seinen ersten Bestseller auf Englisch: *Mein Land und seine Leute* (1935). Der ausgewanderte Autor Ha Jin hält mit Pearl S. Buck dieses Buch für das »umfassendste und bedeutendste Buch, das bis jetzt über China geschrieben wurde«. (Ha Jin 27)

Zwei Jahre später folgte ein weiterer Bestseller, in dem er den Westen mit der chinesischen Weisheit bekannt machte: *Weisheit des lächelnden Lebens*. In den USA wandte er sich wieder dem Christentum zu, durch den Einfluss seiner Frau Liao Tsui-Feng. Sie machte übrigens mit drei Kochbüchern die chinesische Küche in den USA populär. Lin Yutang schrieb seine Bücher, darunter auch Romane, Essays und Reiseberichte, auf Englisch und Chinesisch. Daneben war er ein Erfinder. Jahrzehnte hatte er an der erwähnten Schreibmaschine für die chinesische Schrift getüftelt, bis er schließlich das Patent erhielt. Die Maschine soll im Kalten Krieg eine große Rolle als Vorreiter für die automatische Übersetzung gespielt haben. Bis zu 90 000 Schriftzeichen konnten mit ihr dargestellt werden. Weniger erfolgreich war eine Zahnbürste, die gleich auch die Zahnpasta mitlieferte. 1966 zog Lin Yutang nach Taiwan, wo er heute in der Nähe von Taipeh begraben liegt.

Politisch stand er immer auf der liberalen Seite. Er suchte die Balance, ein Ideal, das man als Leitstern seiner Lebenskunst bezeichnen könnte. Statt eine lange Liste seiner Bücher aufzustellen, verweise ich lieber auf ein einziges Buch, das aber als Summe seines Denkens und Lebens gelesen werden kann. 1960 auf Englisch erschienen, heißt es auf Deutsch: *Glück des Verstehens*. Es ist eine Sammlung von Essays – Lin Yutang hat die große Tradition des chinesischen Essays wiederbelebt – und Gedichten, in der die Lebenskunst gepriesen und gesucht wird von zahllosen Dichtern und Denkern Chinas aus zwei Jahrtausenden: heitere, gelassene Gedanken, ein Lob der Verrücktheit und der Schwäche des Menschen, in dem das Weltall zum Gasthaus wird, und über das Kochen, die Jahreszeiten, den Lärm, das Weinen und die Kunst nachgedacht wird. Hier sammelt und schreibt ein »aufgeknöpfter Mensch«, den Lesern zur Freude und zur Weisheit. Lin Yutang ist wieder sehr populär in China. Es liegt auch daran, »dass ich zu Fremden über China sprechen kann und zu Chinesen über fremde Kulturen«. (zit. in Ha Jin 25)

Literatur
Jin, Ha. *Der ausgewanderte Autor.* Zürich: Arche 2014.
Qian Suoqiao, Hg. *The Cross-cultural Legacy of Lin Yutang: Critical Perspectives.* Berkeley: University of California 2015.

Eine Autorin zwischen China und den USA: Annie Dillard

Die amerikanische Autorin Annie Dillard, die durch ihre Naturessays *Pilgrim at Tinker Creed* (1974) bekannt wurde, reist 1982 mit einer literarischen Delegation nach China. In Peking nimmt sie an einem Bankett teil, und es ist ihr bewusst, dass die meisten chinesischen Gastgeber Opfer der Kulturrevolution sind. Einer der Gastgeber, ein politisch einflussreicher Mann, fällt ihr auf durch sein entspanntes Sprechen, in gutem Englisch. Dann sein Blick – er hält ihrem Blick stand, schaut in sie hinein, ohne jeden Flirtversuch, einfach so, als ob er etwas in ihr prüfe, abmesse. Tief in ihren Brunnen blickt er und schätzt Geist, Herz, Stärke, ihr Engagement bei Aufgaben ein. Später wird sie eine Chinesin fragen, was das war, dieser merkwürdige Blick, der sie vollkommen durchsichtig machte, wie eine geistige Röntgenaufnahme. Ob Dillard chinesische Literatur kenne? Dort geschehe seit tausend Jahren nichts anderes: die Abmessung der menschlichen Seele. Die Chinesen verstehen alles. Menschen aus dem Westen können nichts davon sehen. (Dillard 14 f.)

Man diskutiert über die »menschliche Natur« – aber da lachen viele laut auf. Mao hat gesagt, es gebe keine »menschliche Natur«, es gebe nur die »Natur der Klasse«. Alles andere unterhöhle die sozialistische Moral. Chinesische Autoren, so ihr Fazit, schreiben für ihr Land, sie opfern ihr Individuelles, um dem Land zu dienen. Das entspricht auch ganz der Parteilinie. Was haben die chinesischen Kollegen und Kolleginnen gelesen an westlicher Literatur? Herman Wouk, Ernest Hemingway,

Daphne du Maurier, Jack London, Leon Uris, Ursula Le Guin, Joyce Carol Oates – aber kaum Kafka, Conrad, James, Mann, Joyce oder Proust (Dillard 27). Alle kennen aber Walt Whitman, den Sternegreifenden, den Hymniker und Sänger der wehenden Gräser Amerikas, den demokratischen Liebenden und Preisenden. Aber *Moby Dick* ist unbekannt. All die Anti-Helden und Anti-Plots sind ihnen suspekt. Theater des Absurden? Bewusstseinsstrom? Ebenso Zeitreisen, Wechsel von Raum und Zeit – alles unvertraut. Wir sind Arbeiter im Weinberg der Literatur, das andere ist etwas für die Verrückten im Westen. So zumindest der Tenor, und wir befinden uns noch in den 1980ern. 1982 wurden Intellektuelle von der Partei wieder honoriert. 1983 plötzlich erneut eine Kampagne, um die drei westlichen Übel auszurotten: Humanismus, Existenzialismus und Modernismus. Heute sieht alles wieder anders aus. Was nicht anders aussieht, und das gesteht Dillard auch verschämt ein: Sie und die anderen Amerikaner haben so gut wie keine Ahnung von chinesischer Literatur, ob klassisch oder modern.

Der Schatten der Kulturrevolution legt sich immer wieder über die Konversation, die diese Amerikaner mit ihren chinesischen Kollegen führen. Gewisse Themen werden nicht angesprochen, zu schmerzhaft. Aber zwischendurch auch böse, krasse Geschichten. Wie die von dem chinesischen Intellektuellen, der eine westliche Ausbildung genoss und dem bei seiner Rückkehr vorgeworfen wurde, er liebe doch wohl zu sehr das westliche Tanzen. Daraufhin wurde er gezwungen, stundenlang zu tanzen – mit einer Leiche. (ebd. 41) Viele Leute lesen, in Parks und überhaupt in der Öffentlichkeit. Dillard fragt einmal, warum ein Mann denn Kurzgeschichten lese – er antwortet: Wir lesen nicht zum Vergnügen.

Der Gegenbesuch findet einige Monate später in den USA statt. Dillard skizziert hier einen Kontrast zwischen der chinesischen Autorin Zhang Jie (geb. 1937) und Allen Ginsberg (1926–1997). Zhang Jie ist eine erfolgreiche Erzählerin, die wichtige Preise in China erhielt. Sie ist zwar der Kulturrevolution zum Opfer gefallen, doch stellt sie sich zumindest zu diesem Zeitpunkt in den USA als staatstragend dar. Sie wird als die bestangezogene Frau von Peking gehandelt. Als Studentin wurde sie öffentlich kritisiert, weil sie angeblich zu viel Interesse am Thema Liebe in einem sowjetischen Film gezeigt habe. Aber, so sagt sie nun, Literatur habe sie zu einer Person aus Fleisch und Blut und Emotion gemacht. Der Mensch könne nicht immer objektiv sein. Doch die westlichen Autoren sind ihr zu subjektiv. Vor allem dieser Ginsberg! In seiner Rede spricht er darüber, dass ihn eines Tages in einem lichten Moment William Blake besucht habe. Danach sei er, Ginsberg, für acht Jahre in eine Heilanstalt gegangen. Zhang Jie ist entsetzt. Autoren sollen die Gedanken der Mehrheit wiedergeben, die Gefühle der Massen. Sie knöpft sich Ginsberg vor: »Mr. Ginsberg! Sie sollten nicht immer nur an sich denken. Sie sollten keine Drogen nehmen! Sie sollten verantwortlich sein für sich und die anderen. Ich nehme keine Drogen, und ich bin nicht verwirrt.« Ginsberg zuckt die Schultern: »Ich bin immer verwirrt …« (ebd. 66)

Man besucht Disneyland, und Dillard freut sich über die vielen Missverständnisse, die dabei entstehen. Die Chinesen müssen schlucken, als sie feststellen, dass die meisten Souvenirs in Disneyland aus Taiwan stammen. Man wundert sich, dass Amerikaner wissen, wo ihr Präsident lebt. Man wundert sich, dass viele Amerikaner ehrenamtlich arbeiten, ohne Entgelt. Man wundert sich, dass Amerikaner selten zu Hause kochen. Dem Pluralismus misstrauen sie, Einheit sei das Höchste, sie gebe Sicherheit. In einem Indianerreservat im Westen glaubt ein Chinese, er sei in China – es sei alles sehr ähnlich, abgesehen vom Alkoholismus. Die Chinesen sind geschockt von Verschwendung, Toleranz, Promiskuität, Homosexualität, Drogenmissbrauch, Einsamkeit und Kriminalität in den USA. Unvorstellbar, dass man die alten Leute abschiebt in Heime. Die Felder sind oft unbebaut, unvorstellbar in einem Land wie China, das jeden Quadratmeter für Anbau benötigt. Amerikanische Lieder haben keine Tiefe. Aber am Ende zieht

Ginsberg seine tragbare Drehorgel heraus und dann singen sie, für sich, mit allen gemeinsam – amerikanische Songs. Das Gefälle bleibt.

Literatur
Dillard, Annie. *Encounters with Chinese Writers*. Middleton, CT: Wesleyan 1984.

Chinesische Fragen und Sehnsüchte: Julia Kristeva und die Pariser Maoisten

1974 – die Kulturrevolution wütete noch – machte sich die Delegation einer einflussreichen französischen Zeitschrift für Intellektuelle auf den Weg nach China. *Tel Quel* (nach einem Zitat von Nietzsche benannt) war 1960 mit dem Ziel gegründet worden, die Klassiker der Literatur einer Revision zu unterziehen, doch wurde sie zusehends politischer. Foucault und Derrida gehörten zu den Autoren, ebenso Roland Barthes. Eine Frage, die sie alle umtrieb: Wie kann man sich von den patriarchalisch-logozentrischen Strukturen der Sprache befreien und neue Wirklichkeiten benennen? Unter dem Deckmantel der Sprachkritik vollzog sich so eine Gesellschaftskritik; der Marxismus durchlief eine Enthäutung, ohne doch seine Ziele zu verlieren. Der Strukturalismus erfuhr hier seine Wandlung in den Poststrukturalismus, nahm aber marxistische und freudianische Komponenten auf. Der Stalinismus war durch, es taten sich neue Horizonte im Osten auf, und der bedeutendste war sicherlich China. Und so nahm der Maoismus in Frankreich seinen Lauf.

Mit von der Partie waren der Mitbegründer der Zeitschrift und Autor Philip Sollers, sowie seine Frau, die aus Bulgarien stammende Julia Kristeva, Roland Barthes und noch zwei Weitere. Ursprünglich wollte auch Jacques Lacan mitreisen. Sollers, Lacan und Kristeva hatten sich schon mit der chinesischen Sprache und Kalligraphie beschäftigt; zudem waren die beiden Letzteren bei dem berühmten Exilchinesen François Cheng in die Lehre gegangen. Cheng, Jahrgang 1929, lebt seit 1949 in Frankreich und ist als Schriftsteller und Kalligraph auch in Deutschland bekannt geworden mit Büchern über chinesische Ästhetik und einer poetischen Philosophie.

Dass Poststrukturalisten sich mit einem fremden Zeichensystem beschäftigen, das die alphabetische Kultur des Westens durch visuelle Figuren konterkariert, ist vielleicht kein Wunder. Sicherlich half diese Hinwendung zu einer kritischen Außenperspektive auf das eigene Schriftbild, wie man vor allem bei Kristeva sehen kann: chinesische Schrift und Sprache als die Kultur eines anderen. Lacan hatte so manche Idee über die Analysierbarkeit der Völker und Konfessionen, wie Kristeva in ihrem Schlüsselroman *Les Samouraïs* (1990), das ein Kapitel über die Chinareise enthält, genüsslich und ironisch mitteilt. Engländer seien demnach aufgrund ihrer Sprache (zu fluide!) nicht analysierbar. Katholiken ebenso wenig, denn die Theologie habe sie zu subtil gemacht, selbst schon alles analysiert. Bei den Chinesen dagegen sei das Unbewusste anders strukturiert, nicht als Sprache, sondern als Bild-Schrift. Mit den Japanern habe das wiederum nichts zu tun. Könnte die Psychoanalyse sich in Asien ausbreiten, oder würden die Chinesen sie wegwischen wie nichts?

Alle Teilnehmer waren von Joseph Needhams großem Werk über die Geschichte der Wissenschaften in China tief beeindruckt. Sollers' Interesse an China war von einem Jesuiten geweckt worden, der in sein Gymnasium gekommen war und über die Geschichte des Ordens in China referiert hatte, irgendwann in den 1960ern. Ein weiterer Impuls war von Maria Antonietta Macciocchis Buch *De la Chine* (1971) ausgegangen. Die italienische Kommunistin (1922–2007), die ab 1972 in Paris lehrte, stand mit der italienischen und französischen

KP auf Kriegsfuß. Auf einer ersten Reise nach China 1954 hatte sie Mao Zedong getroffen. 1970 reiste sie für drei Wochen durch das Land und produzierte ein dickes Buch darüber. Es wurde sofort ein großer Erfolg, vor allem bei der Pariser Intelligenzija. Sollers pries es als die »Wahrheit des ›Neuen‹«. Die kommunistischen Parteien der beiden Länder, die stärker zur Sowjetunion hin orientiert waren, verurteilten das Buch. Für die Gruppe um *Tel Quel* war dieses Buch und der Streit darum eine geeignete Vorlage: auf nach China, um die Thesen zu überprüfen, die hier einen neuen Weg zum Sozialismus jenseits des sowjetischen Systems aufzeigten.

Der belgische Sinologe Simon Leys (1935–2014), der eigentlich Pierre Ryckmans hieß und sich sein Pseudonym von einem Roman Victor Segalens geliehen hatte, besaß eine weitaus größere Chinakenntnis und zeichnete das Gegenbild zu Macciocchis Buch in seiner Analyse des Maoismus: *Les Habits neufs du président Mao* (1971, dt. *Die neuen Kleider des Präsidenten Mao*). Seine Kritik erlangte erst 1983 Bekanntheit, als er in einer Fernsehsendung mit der Kontrahentin einen öffentlichen Disput ausfocht. Leys, ein Ideologiefeind wie George Orwell, wurde zum roten Tuch der roten Intelligenzija in Frankreich; er wusste sich zu wehren. Doch wurde ihm nach seinem Buch eine Karriere an einer französischen Universität durch maoistische Katholiken verhindert. Der französischen Delegation, insbesondere Barthes, warf er vor, die Existenz der Gulags und die Massaker der Kulturrevolution unterschlagen zu haben. (Leys 2012)

Julia Kristeva widmete der gut dreiwöchigen Reise zwei Bücher. Der genannte Roman spielt mit Szenen aus der Reise, parodiert und ironisiert sie, so dass man daraus nicht eins zu eins auf die realen Ereignisse schließen kann. Es spielt zu viel Menschliches hinein, zwischen den französischen Reisenden selbst sowie in ihrem Verhältnis zu den Gastgebern. In ihr sachlich gehaltenes Buch *Des Chinoises* (1974) fließen zahlreiche Begegnungen mit Chinesinnen ein. Der deutsche Titel *Die*

Chinesin. Die Rolle der Frau in China (1982) ist daher irreführend. Bei allem ideologischen Wunschdenken nähert sich die Semiotikerin einem Teil der Bevölkerung, der von männlichen Reisenden in ihren Darstellungen kaum beachtet wird. Doch die weibliche Seite der chinesischen Revolution hält Überraschungen bereit. Wir treffen mit Kristeva auf überzeugte Kommunistinnen, die die Ideale des Maoismus verteidigen. Kristeva hat aufgrund ihrer eigenen Herkunft aus dem sozialistischen Ostblock ein feines Gespür für Propaganda und ideologische Vernageltheit. Auch wenn sie immer wieder eine neue Welt zu entdecken glaubt, so ist ihr doch klar, dass ihr Buch nicht mehr ist als eine hingeworfene Skizze, ein »Fragebogen mit vielen offenen Problemen«. (Kristeva 1982, 239) Unter diesem Blickwinkel entwirft sie Bilder aus den neuen chinesischen Frauenwelten. Sie, die äußerlich manchmal für eine Chinesin gehalten wird, arrangiert Begegnungen mit Müttern und ihren Kindern und bekommt Einblicke in das Familienleben. Die Bilder einer Künstlerin erwecken in ihr den Eindruck, »ein alter taoistischer Maler habe geträumt, van Gogh zu sein, bevor er in einer Volkskommune aufwachte«. (ebd. 177) Kristeva trifft Intellektuelle und stellt fest, dass es vor allem Frauen sind, die die Tradition bewahren, Museen leiten, erziehen und die Geschichte erforschen. (ebd.192) Auf jeden Fall habe sich der Status der Frau verbessert. Sie schreibt Kapitel über die Rolle des Matriarchats, das eher dem Daoismus verwandt sei, und dessen Weiterleben sowie über die Kampagne gegen den »frauenfressenden Konfuzius«, den sie weitgehend mit dem Patriarchat identifiziert. Von den Brutalitäten, den Massakern und überhaupt der dunklen Seite der Kulturrevolution fliegen den Text nur leichte Schatten an. Einmal äußert sie Angst vor der Frage, die man ihnen nach ihrer Rückkehr in Frankreich zu den Gulags stellen könnte. Die eigene Blindheit auf diesem Auge streift sie allenfalls – es bleibt eine lauernde Präsenz. Doch möchte sie ihren Blick auf China, »diesen freundschaftlichen, gefesselten, unwissenden und zugleich verweigernden

Blick [...] offen, wach und unbefangen« lassen, »diesen Blick
auf ein Land, in dem noch nichts ausgespielt und noch alles
möglich ist – sowohl das Scheitern, das aber nicht so sein wird
wie bei uns, als auch das Erfinden eines neuen Sozialismus,
der aber erst auf lange Sicht zum Modell werden könnte [...]«.
(ebd. 170)

Auch später hat sie China bereist und sich zu Entwicklungen
geäußert. Bis in ihre letzten Jahre hielt sie an einem Dialog fest,
vor allem zwischen Feministinnen im Westen und China. In
einem Interview von 2009 geht sie noch einmal auf ihre Beobachtungen zum Fortleben matriarchalischer Elemente in
China ein. Sie preist die im Westen weitgehend unbekannte
Entwicklung des chinesischen Feminismus: 1912 beginnend,
in den Aufstand vom 4. Mai 1919 und die Republik mündend
bis hin zu Maos neun Artikel über den Status der Frauen in
China. Auf die Frage, wie sich China und der Westen begegnen
können, zeigt sie auf die Psychoanalyse, das Gebiet, auf dem
sie praktiziert. In der Tat ließ sie sich nach der Chinareise als
Psychoanalytikerin ausbilden. Psychoanalytisches Denken habe
neue Ich-Konzepte hervorgebracht, die das »Ich« als etwas Flui-
des, Instabiles, Heterogenes betrachten. Genau das entspreche
chinesischen Einstellungen zum Ich und Selbst. Hier kommen
Kristevas semiotische Ursprünge zum Vorschein: Dialogizi-
tät im Sinne eines Bachtin, das Gegen- und Miteinander der
Diskurse. Das Ich ist demnach ein Text, der sich durch inter-
textuelle Bezüge verzweigt, auflöst, in Fluss gerät und kom-
muniziert. Prozessualität, auch im Verhältnis der Geschlechter zueinander, ist der Kernbegriff, in dem sie das chinesische
Denken vom Daoismus bis zu Konfuzianismus und Buddhismus wiederfindet und der ihrer Meinung nach bis heute fort-
wirkt. Sie empfiehlt westlichen Feministinnen, sich von der Art
der chinesischen Emanzipation inspirieren zu lassen; ebenso
wie sie den Chinesinnen empfiehlt, sich mittels westlicher
Werkzeuge wie der Psychoanalyse einen neuen Blick auf die eigene Vergangenheit zu eröffnen. Auch der Feminismus werde

von der kulturellen Diversität bereichert werden. Als sie 1974 psychiatrische Einrichtungen sehen wollte, wurde ihr dies von den chinesischen Offiziellen verwehrt: In China brauche man keine Psychoanalyse, es gebe keine verrückten Chinesen. Es stellt sich die Frage, ob nicht Begegnungen erst dann gelingen, wenn sie auch den Wahn des anderen mit einbeziehen.

Literatur
Jardine, Alice. Hg. von Mari Ruti. *At the Risk of Thinking. An intellectual biography of Julia Kristeva.* New York: Bloomsbury 2020.
Kristeva, Julia. *Die Chinesin. Die Rolle der Frau in China.* Berlin: Ullstein 1982.
Kristeva, Julia. *Les Samouraïs. Roman.* Paris: Fayard 1990.
Im Interview: »My Encounters with Chinese Women« (10.6.2012) http://www.kristeva.fr/nanjing-university-2012.html%20 (Zugriff 24.1.2021)
Leys, Simon. »Roland Barthes en Chine.« In *Le Studio de l'inutilité.* Paris: Flammarion 2011, 211–215.

Japan
Einführung: Wo liegt Japan?

Unser Bild von Japan ist von Gegensätzen und Paradoxien geprägt. Man schaue sich nur gängige Buchtitel an, die diese Kultur dinglich zu fassen suchen: *The Chrysanthemum and the Sword* (Benedict), *Spiegel, Schwert und Edelstein* (Kurt Singer), *Lotosblüte und Roboter* (Koestler). Mal abstrakt *Japan: Konkrete Fremde* (Krusche) oder *Japan: Archaische Moderne* (Immoos), mal alliterativ *Götter, Gangster, Geishas* (Buruma). Wenn man das Märchenhafte betonen will, muss der Begriff *Reich* fallen: *Japan: Im Reich der mächtigen Frauen* (Kitamura), *Das Reich der Zeichen* (Barthes) oder gleich daneben: *Im Reich der Sinne* (Oshima). Reisebüros werben mit Kontrasten, etwa dem Shinkansen, wie er pfeilgleich an Kirschblüte und Fujiyama vorbeischießt. All diese Versuche deuten darauf hin: Das Land ist nicht auf den Nenner zu bringen, es lässt sich nur unvollständig und widersprüchlich identifizieren. Japan bleibt eine Herausforderung nicht nur an die Wirtschaft, sondern auch an das metaphorische Leistungsvermögen der Europäer. Es bietet sich an als Ort für Bildprojektionen positiver wie negativer Art, als Ort des Imaginären. Schon Oscar Wilde ließ 1889 in *The Decay of Lying* einen seiner Protagonisten den Verdacht äußern: »In fact, the whole of Japan is an invention.« (Tatsächlich ist ganz Japan eine Erfindung.) Einerseits ist es Symbol kompletter Andersartigkeit, denn es hat sich dreihundert Jahre lang bewusst von westlichen Kräften abgeschirmt, es ist nie kolonialisiert und kaum christianisiert worden. Andererseits ist Japan das erste nicht westliche Land, das den Westen mit seinen eigenen Mitteln technisch und ökonomisch eingeholt hat. Solch eine Ambivalenz sorgt für Unruhe und ständig neue

Bilder, die das Phänomen erklären, die armen Europäer und Amerikaner trösten und ihnen Kompensation, Entschädigung leisten für das angetane Unrecht, nicht verständlich zu sein.

Gegenseitige Entdeckungen

Der verlorene Schlüssel

Für lange Zeit lag Japan östlich von China wie ein Fragezeichen im Großen Ozean, ein Land, dessen Existenz immerhin schon die Römer geahnt hatten. Das geringe Wissen über die Inseln war die ideale Voraussetzung für jahrhundertelange phantastische Projektionen, für die Vorstellung einer antipodischen Welt. 1583 schrieb der italienische Jesuit Alessandro Valignano, die japanischen Sitten und Rituale seien so fremd, dass es scheint, die Japaner wollten unbedingt anders sein als alle anderen Völker. Das Inselreich im Fernen Osten sei genau das Gegenteil von Europa, seine Bewohner ähnelten uns in keiner Weise. (Wilkinson 32)

Der spanische Missionar Francisco Xavier (Franz Xaver) hatte durch die Portugiesen erstmals von Japan gehört, jenem Land, das schon Marco Polo pries, ohne es besucht zu haben, einem Land der goldenen Paläste, einer ungeheuer reichen Insel jenseits von China:

> Cipangu ist eine sehr große Insel, tausendfünfhundert Seemeilen vom Festland entfernt. Es leben dort schöne, weißhäutige Menschen mit gefälligen Manieren. Sie sind Heiden; in völliger Unabhängigkeit regieren sie nur sich selbst und üben keine Herrschaft über andere Völker aus. Die Goldvorkommen auf der Insel sind unbeschreiblich reich. (Polo 277)

Gold war immer ein aufreizendes Stichwort, so auch für Kolumbus, dem diese Textstelle im Kopfe spukte. Für Xavier aber war es das geistige Gold, das hier erworben werden musste – durch Missionierung. In Malakka taufte er den ersten Japaner, einen weggelaufenen Sträfling, der ihm Nachrichten über sein Land und den Buddhismus überbrachte. Ein portugiesischer Kartograph war 1554 der Erste, der Japan auf einer Karte fixierte. Ein anderer Portugiese, Fernão Mendes Pinto, behauptete, 1543 als Erster seinen Fuß auf den Boden Japans gesetzt zu haben.

Am 15. August 1549 betritt Xavier als erster Missionar japanischen Boden auf der südlichen Insel Kyushu. Drei Jahre hält er sich in Japan auf. Sein Versuch, als Pilger zum 105. Tenno von Japan nach Kyoto zu gelangen, scheitert, und er wendet sich nach China. Aber die Japaner gefallen ihm, wie er in seinen Briefen schreibt. Sie seien den Europäern in der Moral wie im Verstand gleich oder gar überlegen: Scharfsinnig seien sie, gelehrig, sie mieden die Lüge und den Diebstahl, sie jammerten nicht und führten ein würdiges Leben. Vor allem ragten sie im Kunsthandwerk hervor. Ihre Kimonos seien wunderbar. Als die ersten Japaner in Portugal gesichtet werden (1582), lässt die Schwägerin des örtlichen Bischofs gleich ein solches Gewand für ihren Sohn schneidern (Kreiner 18 f.). Im 18. Jahrhundert werden auch Studenten Kimonos in Europa tragen. So verbreitet ist die Mode, dass sie bei einer Feierlichkeit in Leiden untersagt werden muss. 1791 trägt Tamino in *Die Zauberflöte* einen »javonischen Rock«. Lackschalen und Lackarbeiten allgemein stoßen auf große Begeisterung in Europa, ebenso das Porzellan, die Netsuke und das Kunsthandwerk im Allgemeinen. Diese Geschichte einer Begeisterung bis in das 20. Jahrhundert hinein hat Edmund de Waal in seiner historischen Erinnerungsarbeit *Der Hase mit den Bernsteinaugen* (2011) nachverfolgt.

Umgekehrt waren Japaner von europäischen Waffen und Rüstungen angetan. In einer entscheidenden Schlacht im Jahre 1600 trug der japanische Fürst Ieyasu eine europäische Rüstung. (ebd. 20) Nach 1630 erfolgte jedoch die große Abschließung Japans. Die Erfahrungen mit den Europäern waren nicht gut gewesen: Man hatte genug von den kolonialistischen und missionarischen Übergriffen. Im Jahre 1640 gab man einem Portugiesen, der bei einer Hinrichtung verschont worden war, folgende Botschaft mit: »Lasst sie [die Portugiesen] nicht mehr an uns denken, gerade so, als wären wir nicht länger in der Welt.« (Krusche 24) Die Niederlande durften eine kleine Handelsstation in Dejima bei Nagasaki betreiben, und das blieb der einzige Ort der Vermittlung zwischen Japan und Europa über gut zwei Jahrhunderte. Zwei Romane sind in den letzten Jahren erschienen, die sich dieser europäischen Enklave in einem höchst andersartigen Land, nähern: David Mitchells *The Thousand Autumns of Jacob de Zoet* (2010) und *Nagasaki, ca. 1642* (2010) von Christine Wunnicke.

Iwan Gontscharow entdeckt Japan

Wenige Wochen später taten es russische Kriegsschiffe unter dem Admiral Putjatin den Amerikanern nach, und zwar im Süden des Landes, bei Nagasaki. Putjatin führte einen literarischen Sekretär mit, der später einer der bedeutendsten russischen Autoren, der Schöpfer der größten Schlafmütze der Weltliteratur, des *Oblomow*, werden sollte. Iwan Gontscharow schrieb von seiner Weltreise mit Putjatin (1852–55) Briefe in die Heimat und arbeitete sie zu seinem Reiseroman um (*Die Fregatte Pallas*, 1858). Wie bei allen Japanreisenden, die kurz nach der Öffnung kamen, war sein Bild Japans von sekundären Quellen abhängig: Kaempfer (1727), Siebold (1841), Charlevoix (1715), Rundall (1850) usw. (Siary 155–170) Am 20. August sichtet man Land:

> Da sind wir also nach zehn Monaten endlich am Ziel unserer mühevollen Reise. Vor uns liegt dieser verschlossene Schrein mit dem verlorenen Schlüssel, das Land, in das so

viele bisher vergeblich hineinblicken wollten und dessen Bekanntschaft sie mit Hilfe von Gold oder mit Waffengewalt
oder politischer Schlauheit zu machen trachteten. Vor uns
befindet sich eine an Zahl erhebliche Menge der Menschen-
familie, die sich dem Joch der Zivilisation geschickt entzieht
und sich erkühnt, nach eigenem Sinne, nach eigenen Gesetzen zu leben, Freundschaft, Religion und den Handel mit
anderen Völkern hartnäckig ablehnt, über unsere Versuche,
sie aufzuklären, lacht und dem natürlichen, nationalen und
jedem anderen europäischen Recht wie auch Unrecht die eigenen willkürlichen Ameisenhaufen-Gesetze entgegenstellt.
Wird es noch lange so bleiben? fragten wir und tätschelten
unsere Sechzigpfünder. (Gontscharow 184)

Man sieht, die amerikanische Kanonenbootpolitik hat ihre
Nachahmer gefunden. Nach diesem vielsagenden Satz folgt ein
Verweis auf die brave wissenschaftliche Neugier:

Wenn die Japaner wenigstens zuließen, dass wir sie studierten und ihre natürlichen Reichtümer kennenlernten! Für
Geographie und Statistik gibt es unter den besiedelten Stellen des Erdballs fast nur noch eine einzige Lücke, und das ist
Japan. (ebd.)

Es kommt zu einigen offiziellen Treffen an Bord und an Land.
Auffällig ist schon hier eine Tendenz, die sich in der späteren
Reiseliteratur verstärken wird: die Ästhetisierung Japans und
japanischer Dinge. Das Bild von Japan ist tatsächlich ein *Bild*,
ein ästhetisches Objekt. Gontscharow sieht die Bucht von Nagasaki und ruft: »Was ist das? Bühnenbild oder Wirklichkeit?«
(ebd. 189)

Zur Ästhetisierung gehört die Betonung der Kleinheit. Japaner, ihre Schiffe, ihre Kanonen, alles ist klein. Wir befinden
uns in Lilliput, das Swift ja tatsächlich in der Umgebung Japans
ansiedelte. Die Minimierung hilft, das Fremde in den Griff zu

bekommen, es als Gegenstand aus der Wirklichkeit herauszuheben.

Ein anderes Problem wirft die Interpretation des japanischen Charakters auf. Japaner sind seltsame Wesen, »weder Mann noch Weib [...] feige, kriecherisch, höflich und weich [...] listig und hinterhältig«. (ebd. 194) Das sind Beschreibungen, die stark an das Profil des europäischen Höflings erinnern. Andererseits aber haben Japaner etwas »Jesuitisches«, das Gontscharow in der gegenseitigen Überwachung ausmacht, sie sind klug, geschickt und kräftig und haben schläfrige, gedankenlose Gesichter, sie sind kindlich, rückständig, aber schlau. Nach einem offiziellen Essen rülpsen sie ohne jede Hemmung.

Ein deutscher Archäologe in Japan: Heinrich Schliemann

Etwa ein Jahrzehnt nach der Öffnung Japans kommt auch Heinrich Schliemann hier an, nachdem er schon China bereist hat. Sein Japanaufenthalt währt nur kurz – vom 1. bis 29. Juni 1865, knappe vier Wochen. Aber es gelingt ihm immerhin, ein halbes Buch daraus zu machen. Es muss leider angemerkt werden, dass Schliemann sich damit nicht an den Ratschlag eines Japankenners dieser Jahre (Sir Gifford Palgrave) hält, der behauptete, acht Wochen Aufenthalt sei genau die richtige Zeitspanne, um ein Buch über das Land schreiben zu können: »Eine kürzere Periode würde mit Sicherheit Oberflächlichkeit hervorbringen, während eine längere Periode eine falsche mentale Vorstellung produziert.« (Chamberlain 252) Es ist sicherlich nur ein Zufall, dass sich dieser Japankenner genau acht Wochen in Japan aufhielt.

Schliemann packt so viel an Ereignissen und Informationen in diese vier Wochen, dass ein Kritiker, der alles nachrechnete, zu dem Schluss kam, es handle sich um die früheste bekannte Täuschung, die Schliemann begangen habe. (Keyser 225) Wie dem auch sei – jedes Genie hat seine Verfolger –, Schliemann hat einiges gelesen. So reproduziert er, wie Chamberlain bemerkt, ein altes, durch zahlreiche Werke hindurch transportiertes Gerücht, wonach japanische Blumen geruchlos seien. (Chamberlain 173). Dieser Basil Hall Chamberlain war im Übrigen seinerzeit der bedeutendste Japankenner des Westens und lehrte japanische Sprache und Kultur an der Universität von Tokyo. Sein *Things Japanese* (1890) ist eine Enzyklopädie des Wissens über Japan; er war mit Lafcadio Hearn befreundet. Während er sich für Japan leidenschaftlich erwärmte, tat dies sein Bruder Houston Stewart für Deutschland und seinen Schwiegervater Richard Wagner. Dieser andere Chamberlain wurde neben Gobineau zu einem Vordenker des nationalsozialistischen Rassismus.

In Japan jedenfalls herrscht noch Misstrauen gegen die Weißen. Schliemann notiert, wie er auf einem Ausflug an einem berühmten Denkmal vorbeikommt, auf dem »in chinesischer Schrift der Befehl der Regierung steht, alle Fremden zu töten«. (Schliemann 75) Als Warnung gereicht dem polyglotten Mecklenburger auch das Grab von Henry Heusken, dem amerikanischen Dolmetscher, der 1860 ermordet wurde, weil er so gut Japanisch konnte und daher zu viel wusste.

Kaufmann, der er ist, rechnet Schliemann, wie schon in China, alles durch, hält Preise und Maße von allem fest, was ihm über den Weg kommt. Dennoch sitzt er nicht sämtlichen Vorurteilen auf und hat manches Gute über die Japaner zu sagen, insbesondere wenn er über ihre handwerklichen Leistungen und, als guter Deutscher, über ihre Sauberkeit schreibt. Am Schluss wägt er ab: Japan sei zivilisiert, was die allgemeine Bildung angehe; im Kunstgewerbe habe man den »höchsten Perfektionsgrad erreicht, der ohne Hilfe der Dampfmaschine überhaupt möglich« sei. (ebd. 115) Aber wenn es um »die höchsten Gefühle und Sehnsüchte des Herzens und die edelsten Anlagen des Verstandes« gehe, dann seien die westlichen Nationen dem Osten weit voraus. (ebd.166) Hier deutet sich etwas an, das die nächsten hundert Jahre wiederholt werden wird: Japan ist äußerlich perfekt, innen aber hohl und leer. Eine Aussage, die schlicht darauf beruht, dass die Interpreten keinen Zugang zur Innenwelt haben, und zwar deswegen, weil sie zumeist kein Japanisch können.

Exotisches Japan: Pierre Loti

Wenige Jahre später betrat der französische Literat und Seeoffizier Pierre Loti Nagasaki. Er schrieb einen Roman, der auf seinen Reiseerlebnissen fußte und das Japanbild Europas immens beeinflusste. Sein impressionistisches Werk *Madame Chrysanthème* (1887) brachte die Geisha in die europäische Phantasie und löste einen wahren Kult japanischer Exotik auf Europas Bühnen aus. So wurde eine Bühnenfassung des Romans zum Vorbild für Puccinis *Madame Butterfly* (1904).

Lotis Buch ist nicht kompliziert. Der Erzähler, wie Loti, nimmt sich schon vor der Ankunft in Japan vor, eine Japanerin zu »heiraten«, d. h. für die Dauer seines Aufenthaltes zu mieten. Man amüsiert sich, geht spazieren, besucht Teehäuser und Gärten, und am Ende löst sich alles wieder auf. Der Offizier kehrt aufs Schiff zurück, Madame Chrysanthème in den Schoß ihrer Familie. Doch während Madame Chrysanthème am Schluss des Romans beim Geldzählen gezeigt wird, nimmt sich Madame Butterfly das Leben. Wir stehen am Beginn einer neuen Gattung: Romane (novel of desertion) über treulose weiße Männer und ihre asiatischen Frauen, die sich bis in den Film hinein fortpflanzen sollten, wo sich so mancher GI oder James Bond mit einer Asiatin kurzzeitig verbindet.

Loti ist ohne den Geist des Japonismus nicht zu denken. Gleich nach der Öffnung Japans begannen Künstler und Kunsthändler, japanische Holzschnitte zu sammeln, unter ihnen die Goncourts und Van Gogh. Kirschblüte, Kimono, Geisha, die

Ansichten des Fujiyama, Brücken, Gärten, fadenförmiger Regen gehörten zu den Motiven, die in die Kunst eines Manet oder Whistler eindrangen. Van Gogh malte gar eine Madame Chrysanthème. Japan war als ästhetische Wunderkammer entdeckt worden. So lassen sich bei Loti verschiedene Darstellungen des Regens finden, die von der Bildlichkeit des Japonismus herstammen. Aber die Künstler, die Loti in Japan am Werk sieht, sind für ihn hohl, ohne spirituelle Substanz. Ebenso Madame Chrysanthème und die anderen Frauen: Sie sind Puppen, mit denen man ein wenig spielt, um sie dann gelangweilt wegzulegen. Die Ästhetik der Oberfläche führt zu einer Entmenschlichung. Eine noch primitivere Technik ist die, den anderen als tierisch darzustellen. Auch darauf versteht sich Loti. Am häufigsten vergleicht er die Japaner mit Affen, immer wieder betont er ihre »gelbe« Hautfarbe. Letztlich seien die Gehirne andersherum gewickelt. (ebd. 87) Die japanische Religion sei finster und vollkommen unverständlich. Der Grund dafür liege in der absoluten Andersartigkeit, die schon die Jesuiten bemerkt hatten (ebd. 164).

Lotis Einfluss war enorm, er beschränkte sich nicht nur auf die Literatur. Nicht unbegründet ist die Vermutung, Lotis Verachtung für Japan habe schließlich die Russen dazu bewogen, Japan nicht ernst zu nehmen, und so zum Russo-Japanischen Krieg von 1904 geführt, in dem Russland eine jämmerliche Niederlage erlitt, die die Welt aufhorchen ließ. (Lehmann 93) Selbst Lafcadio Hearn, ein großer Bewunderer des alten Japan, soll durch seine feinsinnigen Darstellungen der Kultur für die Amerikaner ein solch realitätsfremdes Japanbild geschaffen haben, dass sie das Land fünfzig Jahre später im pazifischen Krieg zunächst unterschätzten. (Ono 21) Literatur kann nützen, aber auch falsche Bilder erzeugen, mit fatalen Auswirkungen auf die Realität.

Literatur

Eine frühere Version dieses Kapitels erschien in: Schenkel, Elmar. »Vom Kleinen zum Nichts: Das Bild Japans in der europäischen Reiseliteratur«. In Horst W. Drescher, Susanne Hagemann, Hrsg. *Scotland to Slovenia. European Identities and Transcultural Communication.* Frankfurt/M., Bern: Peter Lang, 201–215.

Chamberlain, Basil Hall. *Japanese Things: Being Notes on Various Subjects Connected with Japan.* Rutland, Vermont: Tuttle, 1971.

Gontscharow, Iwan. *Briefe von einer Weltreise.* Hrsg. und übers. Erich Müller-Kamp. Zürich: Diogenes, 1982.

Keyser, Paul. »The Composition of La Chine et le Japon: An Introduction to Tendentious Editing.« *Heinrich Schliemann nach hundert Jahren.* Hrsg. William Calder III und Justus Cobet. Frankfurt am Main: Klostermann, 1990. 225–236.

Kreiner, Josef. »Vom paradiesischen Zipangu zum zurückgebliebenen Schwellenland. Das europäische Japanbild vom 16. bis zum 19. Jahrhundert.« In *Japan und Europa 1543–1929. Essays. Zur Ausstellung der 43. Berliner Festwochen.* Berlin: Berliner Festspiele 1993.

Krusche, Dietrich. *Japan: Konkrete Fremde.* München: Meta, 1973.

Lehmann, Jean-Pierre. *The Image of Japan: From Feudal Isolation to World Power, 1850–1905.* London: Allen & Unwin, 1978.

Loti, Pierre. *Madame Chrysanthème.* Paris: Calmann-Lévy, [1887].

Ono, Setsuko. *A Western Image of Japan: What Did the West See through the Eyes of Loti and Hearn?* Genf: Courrier, 1972.

Polo, Marco. Il Milione. *Die Wunder der Welt.* Übers. und hrsg. von Elise Guignard. Zürich: Manesse 1983.

Schliemann, Heinrich. *Reise durch China und Japan im Jahre 1865.* Übers. aus dem Französischen von Franz Georg Brustgi. Konstanz: Rosgarten, 1984.

Wilkinson, Endymion. *Japan versus Europe: A History of Misunderstanding.* Harmondsworth: Penguin 1983.

Lafcadio Hearn und der Japonismus

Lafcadio Hearn (I): Wie man Japaner wird

An einem Septembertag im Jahre 1904 versammelten sich am Kobudera-Tempel in Tokio buddhistische Priester, vierzig Professoren und etwa hundert Studenten, um dem Verstorbenen das letzte Geleit zu geben. Die Familie war in Weiß gekleidet. Die Priester sangen Hymnen, der Sohn zündete ein Räucherstäbchen an, wie es in Japan üblich ist, die Studenten legten einen Kranz nieder. Danach sammelte man die übrig gebliebenen Gebeine des Toten ein und erinnerte sich daran, dass er sie vor nicht langer Zeit noch zum Schwimmen im Meer benutzt hatte. Heute ist das Grab auf dem Zoshigaya Friedhof im Norden Tokios zu sehen. Die Inschrift lautet: KOIZUMI YAKUMO – 1850 – 1904. Dazu kommt sein buddhistischer Name, der so viel bedeutet wie »Gläubiger Mann, ähnlich der reinen blühenden Blume, wie acht aufsteigende Wolken, der im Haus der rechten Erleuchtung wohnt.« (Cott 402–3) Zu Grabe getragen wurde hier ein Japaner, dessen Wurzeln auf einer griechischen Insel liegen, nach der er auch benannt wurde. Sein europäischer Name Lafcadio Hearn, dem er später einen japanischen beifügte, stammt von der ägäischen Insel Lefkada, die heute vor allem als Surferparadies bekannt ist. Von ihren weißen Klippen soll sich einst die Dichterin Sappho aus Liebeskummer gestürzt haben. Auch die Heimat des Odysseus, Ithaka, liegt nur wenige Meilen entfernt. Eine dramatische Insellandschaft, überlagert von Legenden, so wie das Leben dessen, der hier geboren wurde.

Patrick Lafcadio Cassimati Charles Hearn – ein Name, in

dem unterschiedliche Signale einander überlagern wie ein Palimpsest, ein mehrfach beschriebenes Manuskript: Er enthält den Hinweis auf den Ort seiner Geburt, ebenso wie irisch-katholische Anklänge (Patrick). Vorfahren sind darin enthalten, die griechischen Cassimatis und der irische Vater Charles. Später wird er noch einen weiteren Namen annehmen, den eines Japaners. Dann heißt er Koizumi Yakumo und hat die Staatsbürgerschaft seiner neuen Heimat übernommen. Diese Kette von griechischen, irischen und japanischen Klängen ist sozusagen die phonetische Umsetzung seines Lebenslaufes und seiner wandelbaren Identität. Jeder Name ist eine Insel. Er wurde griechisch-orthodox getauft und am Ende seines Lebens nach buddhistischem Ritual bestattet.

Lafcadio Hearn ist in Japan einer der bis heute meistgeliebten und bewunderten Europäer. Man liest ihn in Schulbüchern, man pilgert zu seinen Lebensstätten und legt Blumen an sein Grab. Auch gibt es in Japan eine florierende Sekundärliteratur zu ihm. Im Westen ist er bis auf einzelne Wiederentdeckungen weitgehend unbekannt, vielleicht eine flüchtige Erinnerung. Ganz anders war dies in den Jahren vor dem Ersten Weltkrieg. Damals spielte Lafcadio Hearn eine wesentliche Rolle in der Vermittlung japanischer Kultur in Europa und den USA. Stefan Zweig, einer seiner großen Bewunderer, meinte: Um Japan kennenzulernen, sei zwar ein Besuch des Landes vorrangig, an zweiter Stelle aber stünde die Lektüre des Werkes von Lafcadio Hearn.

Flüchtige Eindrücke

Als Lafcadio Hearn in Japan ankommt, wird er von einem englischen Professor empfangen, es dürfte sich um den Japankenner Basil Hall Chamberlain gehandelt haben, der ihn von nun an betreuen wird. Er ermahnt ihn, seine allerersten

Eindrücke aufzuschreiben, sie seien so vergänglich. Und das tut Hearn in seinem Essay »My First Day in the Orient«. Japan erscheint ihm wie ein flüchtiges Parfüm. Das Schreiben ist wie eine Flasche, in dem er diese Düfte auffangen will, und er wird es tun, für den Rest seines Lebens hier in Japan. Hearn hat alle Sinne weit geöffnet, hört die Geräusche des Landes und saugt die Eindrücke auf. Alles ist verwirrend, neu, zauberhaft. Und überall diese Schriftzeichen, auf den Hemden der Arbeiter ebenso wie vor den Geschäften und Tempeln. Die Zeichen scheinen lebendig zu sein, sie gestikulieren ihm zu, sie grinsen oder lächeln – nicht tot wie die lateinischen Buchstaben des Alphabets, sondern vielmehr ein »Elfabet« aus Elfen, Heinzelmännchen und Kobolden. Er fühlt sich wie Gulliver in Lilliput: Alles ist klein, die Menschen leben in Puppenhäusern. Ihm fällt die Mischung aus alt und neu auf, aus westlichen Erfindungen wie weißen Telegraphenmasten und elektrischen Klingeln in Teehäusern. Aber all dies Neue wird in einem orientalischen Rahmen eingefangen. Der Fremde, der hier gerade angekommen ist, möchte nicht nur das Exquisite kaufen, was man ihm in den Läden anbietet, sondern

den Laden selbst und den Ladenbesitzer und ganze Straßen voll Läden, mit ihren Draperien und ihren Einwohnern, die ganze Stadt und die Bucht und die sie umgürtenden Berge und den weißen Zauber des Fujiyama, der in den wolkenlosen Himmel hineinragt, in der Tat, ganz Japan mit seinen magischen Bäumen und seiner leuchtenden Atmosphäre, mit all seinen Städten und Tempeln und seinen vierzig Millionen der allerliebenswertesten Menschen des Universums. (Hearn 2015, 14)

Dieses fremde Land ist nicht ganz fremd: Er tritt in ebenjene Farbholzschnitte ein, mit denen er aufgewachsen ist. Seht an, hier gehen die Menschen mit den pilzartigen Strohhüten, Regenmänteln und Sandalen eines Hokusai!

Die große Welle von Kanagawa

In den Jahrzehnten vor dem einschneidenden Krieg, der auch so viele kulturelle Bindungen zwischen den Nationen zerstörte, herrschte große Bewunderung für die japanische Kultur in Europa und Amerika. Nachdem die Amerikaner 1853 Japan für den Welthandel geöffnet hatten, tat sich den Besuchern aus dem Westen ein Reich auf, das ihnen kulturell in vieler Hinsicht überlegen war. Zunächst entdeckte man das Kunstgewerbe und die bildende Kunst, während die Musik eher fremd blieb und Literatur mehr Zeit und lesefähige Experten erforderte, um gewürdigt werden zu können. In der Kunst aber fand man Meister vor, die sogleich den Westen beeinflussten, denn dieser war offen für neue Anstöße aus vielen Richtungen.

»Die Große Welle von Kanagawa« von Hokusai aus den »36 Ansichten des Fujisan« zeigt eine Monsterwelle, in der sich Fischer auf einem kleinen Boot zu halten suchen. Ganz im Hintergrund, wie ein Anker, der heilige Berg Japans, der Fujisan. Diese Welle war graphisch und farblich so einprägsam, dass sie zu einer Ikone für Japan wurde und noch für viele andere Themen. Im Angesicht dieses Bildes komponierte Claude Debussy »La mer«. Die gedruckte Ausgabe des Stücks von 1906 zeigt auf dem Umschlag einen Ausschnitt aus Hokusais Holzschnitt. 1911 ließ sich der Komponist mit Igor Strawinsky vor der »Welle« ablichten. Ein japanischer Gelehrter in Frankreich, Graf Kuki Shuzo, diskutierte in einem Vortrag über das Unendliche in der japanischen Kunst (1928) die Parallelen zwischen Debussys Musik und Hokusais Bild. Die Idee, ein Objekt von den unterschiedlichsten Standpunkten aus in den Blick zu nehmen, fruchtete bei Henri Rivières Serie von »36 Ansichten des Eiffelturms« (1888–1890), ebenso wie bei Wallace Stevens' haiku-nahem Gedicht »Thirteen Ways of Looking at a Blackbird« (1917) und Cees Nooteboom, der sich in seinen Gedichten explizit auf Hokusais Ansichten bezieht. Die Welle ist eine starke Metapher, die immer neue Bedeutungen gebiert. Zuletzt

wurde sie im Zusammenhang mit Tsunamis und der Klimaka-
tastrophe gesichtet. Man kann die »Welle« auch als Metapher
für Kulturtransfer nehmen, wie dies Christopher Benfey in seinem Buch über die westliche Entdeckung Japans (*The Great
Wave*, 2004) getan hat. Die »Welle« und alles, was sie an japanischer Kunst repräsentiert, bringt nun nach der Chinoiserie
des 18. und dem Orientalismus des 19. Jahrhunderts eine neue
Tradition ins Spiel: den Japonismus.

Der Japonismus ergriff Künstler und Käufer Mitte des
19. Jahrhunderts. Die ersten japanischen Farbholzschnitte auf
den Weltausstellungen in London (1862) und Paris (1869) hatten große Bewunderung geweckt. Um sich von den Auswüchsen des Naturalismus zu erholen, sehnte man sich nach Verein-
fachung und Flächigkeit. Man formulierte eine Absage an die
Perspektive und suchte das Asymmetrische und vor allem die
lebensfrohe Farbigkeit. Dazu kommt eine gewisse Melancho-
lie, ein japanisches Vergänglichkeits- und Herbstgefühl, das
der Stimmung des Fin de siècle entsprach. Auch der Jugend-
stil sollte sich von japanischen Formen nähren, von fließen-
den Gewändern und pflanzenhaften Dekorationen ebenso wie
von der plakativen Wirkung und Abstraktion des japanischen
Holzschnitts. Der Weg in die Moderne wurde für die europäische Kunst überraschenderweise von einer Insel im Pazifik ge-
ebnet. Hokusai, Utamaro oder Hiroshige wurden zu Größen in
europäischen Kunstkreisen.

Lafcadio Hearn (II): Viele Identitäten

Lafcadio Hearns Kurzsichtigkeit könnte durchaus zu seinem
impressionistischen Stil beigetragen zu haben, dessen Poesie in
einer gewissen Ungenauigkeit, einem Verschwimmen von Ein-
drücken liegt. Andere Sinne wurden dagegen umso schärfer;
so zeigen seine Texte eine akute Wahrnehmung für Gerüche

und Geräusche. Ezra Pound empfahl deshalb dem sehr kurz-
sichtigen James Joyce, Lafcadio Hearn zu lesen. Mit Sicherheit
diente Hearn das Schreiben (und Lesen) bei der Überwindung
seiner eigenen Traumata.

Bevor er nach Japan kam, hatte Hearn schwierige Jahre in
den amerikanischen Südstaaten durchlebt, während derer er
oft am Hungertuch nagte. Mühsam schlug er sich als Reporter und Journalist durch und übersetzte nebenbei aus dem
Französischen. Seine Arbeit führte ihn schließlich auch in die
Karibik. Das lebensfreudige Treiben, der Aberglauben und die
Exotik faszinierten ihn. Hier lernte er seine erste Frau kennen,
eine Kreolin, die ihn durch ihre lebhaften Gespenstergeschich-
ten fesselte.

1890 ging er als Auslandskorrespondent nach Japan – der
Beginn seiner bedeutendsten und letzten Lebensphase. Zunächst verhalf der Japanexperte Basil Hall Chamberlain ihm
zu einer Lehrerstelle in der Küstenstadt Matsue. Es folgten Jahre
in Kyushu, Kumamoto, Kobe und Tokyo, wo ihm wiederum
Chamberlain eine Englischprofessur an der Kaiserlichen Universität verschaffte. Hearn heiratete die Japanerin Koizumi
Setsu, die aus einer verarmten Samurai-Familie stammte, und
nahm eine neue Identität unter dem Namen Koizumi Yakumo
an. Koizumi ist der Familienname (»kleine Quelle«) und Yakumo bedeutet »Acht Wolken« – es ist das erste Wort in dem
ältesten überlieferten Gedicht Japans. Setsu und Lafcadio entwickelten ihre eigene japano-englische Sprache. Vor allem aber
brachte sie ihm die japanischen Legenden und Traditionen
nahe. Ohne sie hätte er sein umfangreiches Werk nicht schreiben können. Die amerikanische Vietnamesin Monique Truong
spricht in ihrem Roman *Sweet Fruits* (2019) in den Zungen
der Frauen, die mit Hearn zusammenlebten oder mit ihm befreundet waren: die vielstimmige Beschreibung einer komple-
xen Persönlichkeit aus weiblicher Sicht; Hokusais Ansichten in
ganz neuer Form.

1896 erhielt Lafcadio Hearn die japanische Staatsbürgerschaft. Er war ein scheuer Mensch. Aber gerade das machte ihn für die Japaner sympathisch, war er doch ganz anders als die sich herrschaftlich gerierenden Besucher aus dem Westen. Die Japaner fühlen sich auch heute durch seine liebevollen Schilderungen ihres traditionellen Lebens geschmeichelt. Zugleich steht Hearn für ihre eigene Nostalgie nach einem vormodernen Japan. Er spiegelt den Bewohnern des Landes Wunschbilder vor, die sie selbst nicht mehr erleben oder ausdrücken können. Und so studiert man in der Schule seine auf Englisch verfassten Essays und Kurzgeschichten über Folklore und Fuchsgeister, über Aberglauben, Gebräuche, geheimnisvolle Orte und bildschöne Landschaften mit kleinen buddhistischen Figuren oder Shinto-Schreinen.

Hearn brachte einen fremden, impressionistischen Blick in die Kultur, der mit seinem Hang für das Schaurige einherging, denn er fühlte sich E. A. Poe und den Symbolisten verwandt. Damit stellte er nicht nur Japanern, sondern auch den orientsüchtigen und nostalgischen Europäern eine Projektionsfläche zur Verfügung, sozusagen eine Camera obscura ihrer tiefsten Wünsche, Ängste und kulturellen Erinnerungen. In seinen Japanbildern schien sich noch einmal das Wunder einer längst verlorenen Antike aufzutun, ein vorchristliches, heidnisches Leben, kindlich, poetisch und unschuldig, wie man sich gerne die Griechen vorstellte. Er war nicht der Einzige, der in Japan die klassische Antike wieder antraf. Auch europäische Philosophen fanden hier ein zweites Athen. So war Karl Löwith, der einen Teil der Nazizeit im japanischen Exil verbrachte, noch 1945 beeindruckt von dem dort »lebendigen echten Heidentum […] wie ich es vorher nur aus Schulbüchern über römische und griechische Kultur kannte.« (zit. in Felsch 79)

Hearns Essays und Reportagen bestechen durch ihren menschlich genauen und empathischen Blick. Bei ihm bekommt etwa ein unbekannter Rikshaläufer ein Gesicht und eine Stimme, selbst wenn man sich kaum verständigen kann. Immer wieder bricht Hearn aus kolonialistischen Wahrnehmungsmustern aus, auch wenn sie ihn nie ganz loslassen. Seine Frau Setsu wurde ihm zu einer wichtigen Quelle, sie erzählte ihm regelmäßig Geistergeschichten. Das Verhältnis war zunächst sicherlich schwierig. Wie sollte eine traditionell erzogene Japanerin diesen Globetrotter und Phantasten verstehen? Manchmal versank er beim Schreiben in eine Trance, die ihr fremd war, und einmal musste sie ihn vor einem Brand retten, der während einer solchen Versenkung ausgebrochen war. Mit der Zeit pendelten sie sich ein. Er entwickelte einen doppelten Blick: den des westlichen Zugezogenen auf Japan und den des Japaners auf den Westen.

Wenige wissen allerdings, dass er gegen Ende seines Lebens desillusioniert und pessimistisch wurde. Trotz Familie blieb er als Europäer einsam. Er las den Evolutionstheoretiker Herbert Spencer, der nicht nur den Sozialdarwinismus befürwortete, sondern sich auch gegen gemischtrassige Ehen aussprach. Evolutionäres Denken verband sich bei Hearn mit buddhistischen Einstellungen. Er sah sich nicht als Individuum, sondern als eine Population von Millionen Individuen (Viren, Bakterien, Zellen?), von Generationen und Äonen. Nietzsches ewige Wiederkehr spukte in ihm: Unzählige neue Kombinationen von Materie würden dazu führen, dass nach Trillionen von Jahren in verschiedenen Dynastien von Sonnen und Galaxien, »das Beste von mir wieder zusammenkommen mag«. (zit. in Cott 403)

Ein Tag ohne Schreiben war ihm eine Qual – darin glich er Kafka. Er war auch desillusioniert von dem Weg Japans in die Moderne, von der Massenware, die das Handwerk verdrängte, der Kommerzialisierung und dem Einzug des Mechanischen. Der russisch-japanische Krieg zeigte neue Gesichter der Kultur: Heldenkult, der sich im Spielzeug wie in der aufkommenden Fotografie spiegelte, wie er 1904 aus Japan schrieb. Im Rückblick klingt es ominös, wenn er schreibt, Japans Potenzial sei auch den besten Experten noch völlig unbekannt. (Hearn 162)

Literatur

Cott, Jonathan. *Wandering Ghost. The Odyssey of Lafcadio Hearn.* Tokyo: Kodansha 1992.

Dawson, Carl. *Lafcadio Hearn and the Vision of Japan.* Baltimore: Johns Hopkins University Press 1992.

Cowley, Malcolm. »Lafcadio Hearn«. In Henry Goodman, Hrsg. *The Selected Writings of Lafcadio Hearn.* New York: The Citadel Press 1949, 1 – 15.

Felsch, Philipp. »Athen-Tokio. Das Japan der Philosophen«. *Idee. Zeitschrift für Ideengeschichte.* Heft XIII / 2 Sommer 2019, 73 – 86.

Guth, Christine M. E. *Hokusai's Great Wave. Biography of a Global Icon.* Honolulu: University of Hawaii Press 2005.

Hearn, Lafcadio. *Writings from Japan. An Anthology.* Francis King, Hrsg. Harmondsworth: Penguin 1984.

Hearn, Lafcadio. *Japans Geister.* Berlin: Die Andere Bibliothek 2015.

Marianne Rumpf. »Emil Orlik (1870 – 1932) und Fritz Rumpf (1888 – 1949) – Deutsche Künstler reisen nach Japan«. In Japanisches Kulturinstitut Köln, Hrsg. *Kulturvermittler zwischen Japan und Deutschland. Biographische Skizzen aus vier Jahrhunderten.* Frankfurt/M. Campus 1995, 178 – 193.

Stempel, Daniel. »Lafcadio Hearn's Translations and the Origins of Imagist Aesthetics«. In Cornelia Niekus Moore, Raymond A. Moody, Hrsg. *Comparative Literature East and West: Traditions and Trends.* Honolulu: University of Hawaii Press 1989, 31 – 37.

Webb, Kathleen M. *Lafcadio Hearn and His German Critics.* Frankfurt/M., Bern: Peter Lang 1984.

Yu, Beongcheon. *An Ape of Gods. The Art and Thought of Lafcadio Hearn.* Detroit: Wayne State University Press 1964.

Amerika entdeckt Japan

Hearn war eine Art kultureller Schiffbrüchiger. Japan war zuvor tatsächlich eine Insel der Schiffbrüchigen gewesen, da man auf der verschlossenen Insel dort lange Zeit nur als ein solcher anlanden konnte. Der Isolationismus des »verschlossenen Landes« (Sakoku) währte etwa 230 Jahre. Im 19. Jahrhundert aber schlugen Wellen von Amerikanern und anderen Nationen unablässig an diese Klippen. Schließlich waren es die vier rauchenden Schiffe der schwarzen Flotte des amerikanischen Commodore Perry, die 1853 eine Öffnung erzwangen und Japan auf eine Rutschbahn in die Moderne setzten. Perry war ein Haudegen, der zuvor schon mexikanische Küstenstädte beschossen hatte. Diesmal richtete er seine Kanonen auf das Küstenstädtchen Uraga und ließ drohende Salven in die Luft abgeben. Dem herrschenden militärischen Diktator, dem Shogun, übersandte er einen Brief mit der Aufforderung zu kapitulieren. In einem Jahr würde er wiederkommen. Japan reagierte mit einem humoristisch-melancholischen Vers:

Die Dampfschiffe
brechen den friedlichen Schlummer
des Pazifik
nur vier Boote sind genug
um uns den Schlaf bei Nacht zu nehmen.

Perry drängte auf ein Abkommen und kam im nächsten Jahr wieder, diesmal mit acht Schiffen. Die Lage wurde bedrohlich, und die japanische Regierung beschloss, das Land zu öffnen.

Keine sechs Jahre später zog die erste Delegation von Japa-

nern durch Manhattan, um einen Vertrag mit den USA zu rati-
fizieren. Amerika reagierte ebenfalls mit Dichtung:

> Über das westliche Meer, hierher aus Niphon gekommen
> Höflich, die dunkelwangigen Gesandten mit ihren zwei
> Schwertern
> Zurückgelehnt in ihren offenen Zweispännern, unbedeckt,
> ungerührt
> Fahren sie heute durch Manhatten
> […]
> Was für ein Gesicht, Manhattan!
> Kameraden Americanos! – endlich kommt der Orient zu
> uns
> […]
> Heute kommen die Antipoden zu uns
> Die Urmutter [Originatress] kommt
> Das Nest der Sprachen, Spenderin von Gedichten,
> Geschlecht von Ur,
> […]
> Sonnengebräunt, Seelenfeuer und Glanz in den Augen,
> Brahmas Geschlecht kommt!
> [Übers. ES]

Walt Whitman preist den Osten

Der Dichter hieß Walt Whitman. »A Broadway Pageant« (dt.
Ein Festzug auf dem Broadway) erschien 1860 als Teil von
Leaves of Grass (dt. *Grasblätter*), seiner Hymne auf die Natur,
die Demokratie und Amerika. Interessant ist, dass die Japaner
hier mit den Brahmanen und Indien als Urmutter assoziiert
werden, wobei mit der Ursprache wohl Sanskrit gemeint ist.
»Ur« stellt zudem eine Verbindung zur Bibel und Mesopota-
mien her. Der »Osten« wird hier zu einem einzigen großen

sprachlich-kulturellen Sandwich, ein Eastburger sozusagen. Er verkörpert sich in der Delegation aus Japan und kommt zum Westen, nachdem er Jahrhunderte Objekt westlicher Erforschung und Kolonialisierung war.

Die japanische Delegation – darunter ein einstiger japanischer Schiffbrüchiger als Dolmetscher – war für Whitman ein Vorbote: Er sah in ihnen alle Nationen und Kulturen des Ostens, ja, der ganzen Welt, kommen, um die Freiheit anzubeten.

Ein japanischer Schiffbrüchiger

Die USA strebten nach weiteren frontiers: Hawaii lag vor der Tür, dahinter Japan, die Philippinen, Samoa. Als Perry seine Fahrt zur Öffnung Japans plante, suchte er einen Berichterstatter. Er wandte sich an den damals berühmt gewordenen Autor Nathaniel Hawthorne. Doch der lehnte ab, war er doch gerade Konsul in Liverpool geworden und hatte zu viel zu tun; aber er verwies auf Herman Melville. Perry ging darauf nicht ein und wählte einen eher farblosen Schreiber. Man stelle sich vor, der Autor von *Moby Dick* hätte die Öffnung Japans durch die Amerikaner beschrieben. Es wäre mit Sicherheit ein subversiver Bericht geworden. (Benfey 33) Dass die Amerikaner sich des traumatisierenden Effekts von Perrys Kanonenbootpolitik bewusst waren, wird noch einmal augenfällig bei der Kapitulation des Inselreiches im September 1945. An dem Schlachtschiff USS Missouri wehte die Flagge des Commodore.

Melville hätte auch unter anderen Umständen in Japan stranden können, denn immer mehr Schiffe kamen von der amerikanischen Ostküste in japanische Gewässer. Der Autor glaubte schon vor Perry an die Öffnung Japans, und zwar durch Walfänger. Manchmal griffen diese schiffbrüchige japanische Seeleute oder Fischer auf, was zu ersten kulturellen Kontakten führte.

Berühmt wurde Nakahama Manjiro, den die Amerikaner John Mung nannten. (Schwebell 89–91) 1841 wird der vierzehnjährige Sohn eines Fischers mit vier anderen Japanern in einem Sturm aufs Meer hinausgetrieben. Nach zwölf Tagen landen sie als Schiffbrüchige auf einer Insel und suchen Zuflucht in einer Höhle. Ein amerikanischer Walfänger kreuzt in der Nähe und findet bei der Suche nach Schildkröten die fünf fast Verhungerten. Der Kapitän setzt sie in Honolulu ab, nimmt aber Manjiro mit in die USA. Dort lässt er ihn die Schule besuchen und das Böttcherhandwerk erlernen. Zehn Jahre später ist der Japaner so von Heimweh gepackt, dass er in die Heimat zurückwill – obwohl jedem japanischen Rückkehrer die Todesstrafe droht. Zunächst geht es aber nach Honolulu, wo Manjiro seine Kameraden sucht. Ein Missionar, der sich um sie gekümmert hat, schreibt einen Artikel und bittet um Kompass, Büchse, Kleidung, Schuhe und einen nautischen Almanach für die Heimkehrer. Kaum landen sie auf einer japanischen Insel, werden sie verhaftet. Der Fürst von Satsuma will alles über Amerika wissen, und sie werden fast zwei Monate lang verhört. Man hält sie für unschuldig, da keine Barbaren an Bord waren, auch unschuldig in Hinsicht auf die »Kiristan-Religion und andere Verbrechen«. Sie werden dennoch weiterhin verhört, in Nagasaki und in Manjiros Heimat, der Provinz Tosa. In seinem Heimatdorf wird er jedoch gefeiert. Der Fürst von Tosa ruft ihn an den Hof und macht ihn zum Lehrer für Englisch und »westliches Wissen«.

Das Christentum kommt nach Japan

Christ zu sein in Japan war gefährlich geworden. 1649 wurden die Portugiesen und Missionare des Landes verwiesen, nachdem das Jahrhundert zuvor als das »christliche« in die Geschichte eingegangen war. Genau 100 Jahre vor dem Verbot hatte der spanische Missionar, der schon in Indien erfolgreich gewirkt hatte, das Land betreten. Informationen hatte er von einem geflüchteten Japaner auf Malakka erhalten. Die Missionare erhielten Zutritt zum Lokalfürsten von Kagoshima, der alles hören wollte über diese neue Religion, die Sitten der Weißen, ihre Waffen, Waren und Schiffe. Die Japaner sind sehr neugierig, und zum ersten Mal erfahren sie nun »von einem Gott, der in sieben Tagen die Welt erschaffen habe, von einem Gottessohn, der Mensch geworden und am Kreuze gestorben sei, von einem Jüngsten Gericht, einem Himmel und einer ewigen Verdammnis«. (Fülöp-Miller 266)

Die erste Begegnung von Europäern und Japanern hatte sechs Jahre zuvor stattgefunden, als Portugiesen in Tanegashima an Land gingen. Die Japaner waren dabei beeindruckt von den europäischen Schusswaffen, die einem ihrer Fürsten später zu einem wichtigen Sieg verhelfen sollten. Portugiesen und Spanier waren allerdings vor allem missionarisch tätig und übten Druck auf die Bevölkerung aus. Als die Engländer und Holländer mit ihnen in Japan zu konkurrieren begannen, bemerkten die Japaner, dass es unter den Christen auch große Kriege und Streitereien gab. Bei einem Volksaufstand 1637 in Südjapan hatten viele christlich getaufte Bauern gegen die Regierung rebelliert. Die Niederschlagung führte zu einer Verschärfung der Christenverfolgung, die schon 40 Jahre zuvor eingesetzt hatte. 1597 wurden 26 Christen in Nagasaki gekreuzigt. Wer nicht verfolgt werden wollte, musste sich vom Christentum lossagen und einen Eid schwören (im Namen von christlichen und buddhistischen Heiligkeiten) und auf ein Bild der Madonna oder des Gekreuzigten treten. Voltaire und Swift erwähnen diese japanische Inquisition, der Japaner Shusaku Endo schrieb einen Roman darüber (*Schweigen*, 1966). Dieses Bildertreten, japanisch fumie, hörte erst 1873 endgültig auf, als das Verbot des Christentums in Japan aufgehoben wurde.

Indianischer Schotte: Ranald Macdonald

1845 lässt sich der Sohn eines Schotten und einer Chinook-Indianerin, der eine Verwandtschaft zwischen Japanern und Indianern vermutet, in der Nähe der japanischen Küste aussetzen. (Schwebell 94–98) Ranald Macdonald wird von den Ainu, den Urbewohnern Nordjapans, höflich aufgenommen. Dieses Volk war noch unbekannter als die Japaner selbst. Ernsthafte anthropologische Studien kamen erst in den 1890ern auf. Allerdings reiste 1878 eine mutige englische Reiseautorin, Isabella Bird, zu ihnen und schrieb erste Eindrücke über dieses Volk nieder.

Macdonald jedenfalls wird dem Gouverneur von Matsumae vorgestellt: »Während ich das Essen verschlang, verschlangen sie mich mit ihren Augen.« Der Gouverneur schenkt ihm Hosen, Gewänder, Süßigkeiten und ein hölzernes Kopfkissen. In Nagasaki wird er dem dortigen Gouverneur vorgestellt. Bevor er ihn trifft, muss er durch eine enge Tür gehen, auf deren Schwelle, erklärt man ihm, der Teufel abgebildet sei. Darauf müsse er treten, um eingelassen zu werden. Er sagt dem Dolmetscher, das sei kein Problem, er glaube ohnehin nicht an Bilder. Als er sich die Bronzeplatte mit dem Teufel anschaut, stellt er fest, dass es sich um eine Madonna mit Kind handelt. Ohne länger zu zögern, tritt er darauf, »denn ich bin ein Protestant«. Er soll sich bei der feierlichen Vorstellung verbeugen, was er jedoch ablehnt, »ich mache vor niemanden einen Kotau«. Und hier kommt nun das Glück der falschen Übersetzung ins Spiel. Dolmetscher können auch Leben retten. Gefragt nach seinem Glaubensbekenntnis, antwortet MacDonald, er glaube an Jesus Christus – da unterbricht ihn der Dolmetscher und sagt, das reicht, das reicht! In den Akten wird daraus folgendes Bekenntnis: »Es gibt keinen Gott, keinen Buddha. Ich trachte nur, meinen Geist und Willen zu entwickeln und den Himmel zu verehren, um klares Verstehen zu gewinnen und Glück zu erlangen.« (ebd. 96)

Im Gefängnis baut Macdonald eine Dolmetscherschule auf und hat schnell 14 Schüler zusammen. Sie können zwar das r und l nicht unterscheiden, sind aber fleißig und lernen gut, während er sich von ihnen Japanisch beibringen lässt. Die Japaner erscheinen ihm als moralisch integer: Auch wenn sie keinen Himmel und keine Hölle kennen, seien sie human, sauber und unschuldig, »viel christlicher als das Christentum«.

Die ersten Japaner erkunden Amerika

Das steht im Widerspruch zu der amerikanischen Propaganda, die die Öffnung vorbereiten soll. Die *American Whig Review* der Republikaner etwa nennt die Japaner

> die uninteressantesten Menschen in der ganzen Welt, ungefähr auf dem gleichen Niveau wie die Fidschiinsulaner der Südsee oder die Eskimos des nördlichsten Kontinents. Wir sind geneigt, sie sogar noch unterhalb dieser minderwertigen Wesen der menschlichen Bruderschaft zu platzieren. (ebd. 102)

Eine erste Möglichkeit, das Bild zu revidieren, oblag einer japanischen Delegation, die 1860 amerikanischen Boden betrat. (Miyoshi 22–43) Sie bestand aus 77 Teilnehmern (alles Männer, darunter ein konfuzianischer Arzt), die von einem Triumvirat angeführt wurden. Ein berühmter Teilnehmer war Fukuzawa Yukichi, der später entscheidend zur Modernisierung Japans beitragen sollte. Der Dolmetscher aber war niemand anders als Manjiro. Bei den Prozessionen und Paraden durch Baltimore und Philadelphia, vor allem aber in New York fanden sich Tausende, ja Hunderttausende von Neugierigen ein, viele waren von weither angereist, um die Asiaten feierlich

einziehen zu sehen. Zehntausend Gäste kamen allein zu einem
Ball zu Ehren der Japaner.

Ziel der Reise war zwar die Unterzeichnung eines Handels-
vertrags mit den USA, doch sollten die Delegierten so viele
Auskünfte wie möglich über das Land einholen. Die Delegation hatte allerdings mit eigenen Hindernissen zu kämpfen.
Manjiro sprach zwar Englisch, doch die übrigen Dolmetscher
sprachen fast nur Holländisch. Das amerikanische Essen mun-
dete den Delegierten nicht, schon gar nicht die fleischreiche
Kost. Sie aßen weder Käse noch Butter oder Milch, auch Brot
ließen sie liegen oder aßen es dick mit Zucker bestreut. Die
Kopfkissen waren ihnen zu weich, als Samurai waren die meisten hölzerne Kissen gewohnt. Als Ersatz nutzten manche die
Nachttöpfe, deren eigentlichen Sinn sie nicht ahnten.

Man wundert sich über die Amerikaner, die, ohne die
Schuhe auszuziehen, auf Teppichen spazieren gehen. Eis im
Champagner ist ihnen fremd, einige spucken es aus, andere
zerbeißen es. Keine Aschenbecher, wohin mit der Asche? Fukuzawa knüllt sie in ein Stück Papier und schiebt es in den
Kimono, der daraufhin zu rauchen anfängt. Aus den Tagebü-
chern von Teilnehmern lässt sich das Bild einer etwas kon-
fusen Begegnung zwischen Ost und West rekonstruieren. In
Washington ist es ihnen vonseiten der eigenen Regierung verboten, aus dem Hotel hinauszugehen. Wenn man denn einmal
hinausdarf, geht man shoppen. Man kauft Uhren, Stoffe aus
Wolle oder Samt. Eine Gruppe, die abends nicht nach Hause
findet, versucht, in einem Bordell zu schlafen; erschrocken
von den Frauen, die wie »Monster« aussehen, fliehen sie. Fukuzawa schreibt, dass die Japaner ihr Lachen unterdrücken
mussten, als sie westliche Paare tanzen sahen: Wie die Herren
und Damen durch den Saal gehüpft seien, das sei doch wirklich komisch! (Fukuzawa 114) Später wird er den technischen
Vorsprung des Westens preisen, aber auch die großen Nachteile benennen, die die westliche Einstellung zum Leben mit
sich bringt. (Macfarlane 37)

Der Dolmetscher

Wie war Manjiro zum Dolmetscher geworden? Der nach Japan Heimgekehrte wurde nach vielen Verhören geehrt und zum Samurai gemacht. Dennoch wurde er weiter in Schutzhaft gehalten – unter Quarantäne sozusagen, wegen seines westlichen Wissens. Ein Beamter schrieb jedoch einen sehr positiven Bericht. Die Barbaren hätten ihm zum Beispiel die Kunst des Rechnens beigebracht. Sie hätten ihm das Leben gerettet und viele Jahre für ihn gesorgt. Seine Dankbarkeit sei also verständlich, doch müsse man aufpassen, dass die Barbaren ihn nicht als Werkzeug missbrauchten, »damit nicht ein junger Drache ausschlüpft, der auf Wind und Wolken reitet, wenn der Sturm ausbricht«. Man könne ihn nach seinem Wissen aushorchen, solle ihn aber nicht in die Nähe der Barbaren, gar auf ihre Schiffe lassen. (Schwebell 128)

Als Perry nun mit den Japanern verhandelte, saß Manjiro hinter einem Vorhang, um gegebenenfalls als Dolmetscher einzuspringen. Der einstige Schiffbrüchige war auf jeden Fall den Fremden gut gesonnen, wie aus seinem Bericht hervorgeht: Sie sind von Natur aus warmherzig, fähig, kräftig und lebhaft, sie sind groß und von heller Hautfarbe, sie zeigen öffentlich ihre Liebe. Sie geben sich die Hände, statt sich höflich zu verbeugen, sie nehmen den Hut ab. Sie sitzen nicht auf dem Boden, sondern auf Stühlen. Alle sieben Tage gehen sie in ihren Tempel. »Der Priester ist nur ein ganz gewöhnlich aussehender Mann, verheiratet, und er isst sogar Fleisch.« Eine Kirche hat einen Turm, und auf dem Turm ist eine Uhr, die die Zeit anzeigt. Sie haben keine Buddhabilder in ihrem Tempel. Die Leute bringen ein Buch mit in die Kirche. »Gewöhnliche Leute trinken wie die einfachen Japaner. Trunkenbolde sind verachtet.« (Schwebell 129)

War er bei diesen Verhandlungen mit Perry noch im Hintergrund, so wurde er zu einem wichtigen Mitglied der Delegation in den USA. Er wusste auch Besseres zu kaufen als seine

Landsleute. In San Francisco etwa eine Daguerrotype-Kamera, mit der er seine Mutter fotografieren wollte – sie hatte ihm übrigens schon ein Grabmal gesetzt, als er verschollen war. Auch eine Nähmaschine erwarb er. Bei der Rückkehr nach Japan jedoch wurde er wieder verhaftet; man hielt ihn für einen amerikanischen Spion. Als die englische Reisende Isabella Bird (*Unbeaten Tracks in Japan*, 1879) ihn bei Tokyo besuchte, traf sie auf einen alten, traurigen Mann, der sein Englisch fast vergessen hatte. 1888 wurde ein erstes No-Stück über ihn aufgeführt. Er war zufrieden damit, weil er wenigstens nicht als Verräter dargestellt wurde. Völlig verarmt starb er 1898 im Alter von 71 Jahren in Tokyo (Benfey 37–42). Der japanische Autor und Nobelpreisträger Kenzaburo Oe bezieht sich in seinem Werk *Der stumme Schrei* (1967) immer wieder auf Manjiro und diese Episoden im ersten Kontakt zwischen den USA und Japan.

Literatur

Benfey, Christopher. *The Great Wave. Gilded Age Misfits, Japanese Eccentrics and the Opening of Old Japan.* New York: Random House 2004.

Fülöp-Miller, René. *Macht und Geheimnis der Jesuiten.* Berlin: Knaur 266.

Fukuzawa, Yukichi. *The Autobiography of Fukuzawa Yukichi. Tr. Eiichi Kyooka.* New York: Columbia UP 1972.

Macfarlane, Alan. *Fukuzawa Yukichi and the Making of the Modern World.* Wroclaw, o.V., 2020.

Miyoshi, Masao. *As We Saw Them. The First Japanese Embassy to the United States.* New York: Kodansha 1994.

Schwebell, Gertrude C. Hg. *Die Geburt des modernen Japan in Augenzeugenberichten.* München: dtv 1981.

Und die Japanerinnen? Die Iwakura Mission

Die erste Welle japanisch-amerikanischer Beziehungen ist männlich. Wo also sind die japanischen Frauen? Dazu gehen wir in das Jahr 1871. Japan ist auf dem Weg der Modernisierung und Verwestlichung, es hat auch einige Aufstände gegen die Wiedereinführung des Tennos gegeben, den sogenannten Boshin Krieg. Prinz Iwakura beschließt, erneut eine Delegation in den Westen zu schicken, die sogenannte Iwakura Mission. Sie soll die ungleichen Verträge zwischen den Amerikanern und Japanern korrigieren (keine Zollhoheit, kein Strafrecht gegen Ausländer und viele andere Nachteile, die ihnen der Westen nach der Öffnung auferlegt hat). Dazu will man beobachten und vom Westen lernen. Die Gruppe besteht aus ca. 100 Mitgliedern, die immerhin gut eineinhalb Jahre zusammen unterwegs sind; allein das ist eine große logistische Leistung. Die Reise führt nach Amerika und Europa. Als offizieller Sekretär wird der konfuzianische Gelehrte Kume Kunitake Tagebuch führen; seine fünf großen Bände sind bis heute die wichtigste Quelle dieser Kontaktaufnahme.

In den USA will es den Japanern nicht gelingen, die Verträge zu verbessern. Daher konzentriert man sich lieber auf die Beobachtung der Verhältnisse: auf die Sitten und Manieren der Amerikaner, die boomende Industrie, die wachsenden Städte, den Lärm und die Dynamik des Verkehrs. Man besucht Rathäuser, Krankenhäuser, Schulen und Museen. Die Japaner sehen Indianer, Schwarze, Chinesen (von denen sie sich abgrenzen, bzw. die Amerikaner sie abgrenzen wollen, denn diese haben einen niedrigeren Status als Billiglohnarbeiter und sind Opfer rassistischer Beleidigungen). In Salt Lake City werden sie durch Schnee aufgehalten und besuchen Brigham Young, den Mormonenführer, der gerade wegen Polygamie unter Hausarrest steht. Die USA beeindrucken sie durch die Dynamik, den wachsenden Reichtum und die politische Macht. In England treffen sie Königin Victoria, in Deutsch-

Abb. 8: Die Iwakura Mission

land dinieren sie mit Bismarck. In der Schweiz notiert Kume, dass man in vielen Häusern drei Jäger abgebildet sieht. Diese würden dort am meisten verehrt. Der mittlere Jäger trägt den Namen Wilhelm Tell. Der Chronist betont das Autonomiestreben und den Patriotismus der europäischen Länder, was ihm wohl für das sich bildende Nationalgefühl in Japan als Vorbild dient. In London bleiben sie vier Monate und schauen sich den Zoo und die U-Bahn an mit ihren Tunneln; sie sind, wie schon in den USA, schockiert von der Kriminalität und Armut. In Deutschland steht Siemens auf dem Programm, eine Porzellanmanufaktur, Sanssouci, eine Sternwarte und das Gefängnis von Moabit. Frankreich, Dänemark, Russland, Schweden, Italien und Österreich werden durchreist, und 1873 geht es über den neuen Suezkanal zurück nach Japan. Aus zehn geplanten Monaten sind 21 geworden.

Es gab schon zuvor eine ganze Reihe von japanischen Delegationen im Westen, beginnend mit christlichen Japanern im 16. Jahrhundert, die unter der Ägide der Kirche Italien und Südeuropa besuchten. Diese zweite große Delegation nach der Öffnung jedoch war besonders, weil sie fünf Mädchen mitführte, zumeist Töchter von ehemaligen Samurais, die nach der Restauration des Kaisertums 1868 entmachtet worden waren. Ein Stipendium für 10 Jahre Aufenthalt war ausgeschrieben worden. Die fünf waren die ersten Töchter der unterlegenen Klasse, die eine Audienz bei der Kaiserin erhielten – ein erstes Zeichen dafür, dass Modernisierung auch einen Schritt hin zur Gleichberechtigung von Frauen bedeutete. Denn man hatte auf zurückliegenden Missionen in den USA beobachtet, wie selbstbestimmt die Frauen dort auftraten.

Diese fünf Mädchen (zwischen sechs und 14 Jahren) wurden auf der Reise von Amerikanern oft als Prinzessinnen bezeichnet. Das nervte sie auf Dauer ebenso wie das ständige Beobachtetwerden und das Anfassen ihrer Kimonos. Sie konnten daher durchsetzen, dass sie ab Chicago westliche Kleider trugen. Im Mai 1872 wurden alle fünf in amerikanischen Familien untergebracht, um eine westliche Erziehung zu erhalten. Schauen wir uns einige Lebensläufe an.

Yamakawa Sutematsu (1860–1919), erlebte als Siebenjährige im Kampf zwischen den alten Shogun-Mächten und der neuen Meiji-Kaiserschaft die Schlacht von Aizu mit. Sie gehörte zu den im Schloss eingesperrten Samuraifamilien, die sich gegen die kaiserlichen Belagerer zur Wehr setzten. In den USA wurde sie in der Familie des Yale-Theologen Leonard Bacon in New Haven, Connecticut untergebracht. Sie freundete sich eng mit seiner Tochter Alice Mabel an. Diese wurde später Beraterin der japanischen Regierung und adoptierte selbst zwei japanische Mädchen. Sutematsu, die sich dann Stematz schrieb, war die erste nicht weiße Studentin am Vassar College. Sie heiratete einen japanischen General, der in der Schlacht von Aizu auf der Gegenseite gestanden hatte und später zum Prinzen erhoben wurde, um schließlich japanischer Kriegsminister zu werden. An seiner Seite wurde sie zur Prinzessin ernannt und beriet nun die Kaiserin in Fragen westlicher Sitten und Manieren. Sie konvertierte zum Christentum. 1919 starb sie an der Spanischen Grippe, die auch Japan erreicht hatte. Sie und ihre Mitreisende Nagai Shigeko (1862–1928) gelten als die ersten Japanerinnen mit Hochschulabschluss.

Nagai war bei der Familie eines populären Historikers und Theologen, J. S. C. Abbot, untergekommen und studierte Musik am Vassar College. Sie wurde zu einer der ersten Klavierlehrerinnen in Japan. Als Baronin kehrte sie 1909 noch einmal an das College zurück, um eine Rede über Frauenbildung in Japan zu halten. Auch ihre Familie gehörte zu den Unterlegenen im Kampf um die neue Herrschaftsform in Japan. Als Kind hatte Nagai 1868 die Schlacht von Ueno erlebt.

Tsuda Umeko (1864–1929), die Tochter eines Pädagogen, war mit sechs Jahren das jüngste Mädchen auf der Reise. Sie blieb bis zu ihrem 18. Lebensjahr in den USA und lebte zunächst in der Familie des Bibliothekars, Regierungsbeamten und Journalisten Charles Lanman, der der amerikanische Sekretär der Delegation war. Tsuda bildete sich in umfassender Weise. Sie brillierte in Mathematik, Musik und Sprachen. Schon bald nach ihrer Adoption wollte sie getauft werden. Die Familie entschied sich für eine nicht konfessionelle Kirche, die Old Swedes Church. Als sie 1882 nach Japan zurückkehrte, hatte sie ihre Muttersprache fast vergessen. Gleichzeitig wurde ihr klar, dass sie die traditionelle Rolle der Frau in Japan nicht mehr akzeptieren konnte. Alice Bacon unterstützte sie in ihren Bemühungen, einen neuen Weg zu finden. 1889 ging sie wieder in die USA, um dort Biologie und Pädagogik zu studieren. Von nun an versuchte sie, auch anderen Japanerinnen das Auslandsstudium zu ermöglichen: Der Weg zu einem modernen Verständnis der Frau ging über das Ausland. Sie sammelte für Stipendien und gründete zusammen mit Yamakawa und Bacon ein College für Frauen in Japan. Nach dem Zweiten Weltkrieg wurde es Tsuda College benannt. Ihr Gesicht wird 2024 auf einer japanischen Banknote (5000 Yen) erscheinen.

Einige der Mädchen trafen sich 1876 auf der Weltausstellung in Philadelphia wieder, wo erstmals das Telefon vorgeführt wurde und man auch den ersten Ketchup probieren konnte. Man stelle sich die Freude dieser in der Diaspora lebenden jungen Frauen vor, die sich seit langem einmal wieder sehen konnten; Erfahrungen gab es genug auszutauschen.

Literatur

https://en.wikipedia.org/wiki/%C5 %8Cyama_Sutematsu
    (Zugriff 30. 7. 2020)

https://en.wikipedia.org/wiki/Tsuda_Umeko (Zugriff 30. 7. 2020)

https://en.wikipedia.org/wiki/Ury%C5 %AB_Shigeko
    (Zugriff 30. 7. 2020)

Janice P. Nimura. *Daughters of the Samurai: A Journey from East to West and Back.* New York: Norton 2015.

Colcutt, Martin. »Pacific Encounter: The Japanese Iwakura Embassy in America in 1872«. https://www.youtube.com/watch?v=S8EXwNj DuLs (Zugriff 30. 7. 2020)

Britische Briefe aus Japan:
Rudyard Kipling und Isabella Bird

Japan im Jahre 1889: eine sich modernisierende, dynamische Gesellschaft. Die Reformen der Meiji-Politiker, die den Feudalismus abschaffen, sind im vollen Gange. Der Tenno als Gottkaiser ist seit 1868 wieder eingesetzt, Armee, Gesundheitswesen, Bildung, Staatsordnung von Grund auf neu geordnet, mit zahllosen Beratern und Vorbildern aus dem Westen. Zwanzig Jahre nach der erzwungenen Öffnung des Landes fahren die ersten Eisenbahnzüge über die Insel.

In dieser Phase des Übergangs betritt ein dreiundzwanzigjähriger anglo-indischer Journalist das Land. Es ist Rudyard Kipling, der künftige Autor von Erzählungen und Romanen über Indien: von *Kim* bis zum *Dschungelbuch*. 18 Jahre später sollte er den Nobelpreis für Literatur erhalten. Was die wenigsten seiner Leser wissen, ist, dass er auf der Reise von Indien nach Großbritannien einen Stopp in Japan machte und von dort 13 Briefe an die Zeitung *Pioneer* ins nordindische Allahabad (heute Prayagraj) schickte. Kipling kommt in ein Asien, das von Indien so weit entfernt ist wie von Europa. Ein Land, das nicht kolonialisiert wurde und sich dem Westen doch rasant, zumindest äußerlich, annähert. Die Expansionsbestrebungen nach China, Korea und in die Mandschurei haben noch nicht begonnen, der Krieg gegen Russland ist noch nicht gewonnen. Man glaubt also, das Land weiterhin aus der westlichen Loge von oben herab belächeln zu können.

So tritt auch Kipling in ein Bühnenbild: das von *The Mikado* (1885) von Gilbert und Sullivan, der große Hit der Londoner Music Hall in jenen Tagen. Hier wird das nachahmende, sich in den Westen tastende Japan nach Strich und Faden verulkt.

Beamte sind korrupt, es wird um die Wette geköpft, und eine Absurdität jagt die nächste. Ort der Handlung ist Titipu, das von Figuren wie Yum-Yum, Ko-ko, Nanki-Poo oder Pooh-Bah bevölkert wird. Ein erstes Aufscheinen des Humors von Monty Python? Sicherlich handelt es sich, neben seinen rassistischen Veralberungen einer fremden Kultur und der Japan-Mode, die seit den 1860er Jahren als Japonismus durch Europa geistert, auch um eine Kritik an der viktorianischen Gesellschaft. Die Operette gehört jedenfalls in das Japan-Bild, das Kipling mit sich trägt. Er findet sich in einer exotischen Szenerie wieder, dem Japan der Lackkabinette und des anmutigen Betragens, das auch als Heuchelei gedeutet werden kann.

Noch vor der Landung tritt ihm ein »abscheulicher Mensch in den Weg, mit einem blassblauen fünfzigseitigen Pamphlet«: Es sei die frisch vom Kaiser verfertigte Verfassung, er solle sie durchlesen. Kipling tut es und kommt zu dem Schluss: »Aus der Nähe untersucht ist es ein schreckliches Ding, denn es ist so jammervoll englisch.« Ein japanischer Zollbeamter ist symptomatisch für den Zustand des Landes und bringt ihm gute Laune:

> mit einer doublierten Chrysantheme an seiner Feldmütze und einer schlechtsitzenden deutschen Uniform an seinen Gliedmaßen [...] Hätten wir uns länger dort aufgehalten, so hätte ich ob seiner geweint, denn er war ein Hybride – teils Franzose, teils Deutscher und teils Amerikaner –, ein Tribut an die Zivilisation. Alle japanischen Beamten vom Polizisten aufwärts scheinen europäische Kleider zu tragen, und diese Kleider passen nie. Ich glaube, der Mikado [Tenno] hat sie zur selben Zeit gemacht wie die Verfassung. Mit der Zeit werden sie schon passen. (Kipling 45)

Im Spott auf die eigene wie die fremde Kultur kündet sich die Ambivalenz der Gefühle an, mit denen Kipling das Land bereisen wird: Japan möge doch bitte Japan bleiben, so wie es sich die Europäer gerne vorstellen. Diese Anweisung aus dem Westen wird uns auch in der Debatte des japanischen Autors Mori Ogai mit seinem deutschen Kontrahenten Edmund Naumann begegnen. Ein solches Ansinnen wollten sich viele Japaner, die sich aus ihrem eigenen Mittelalter befreiten, nicht gefallen lassen. Für Kipling und andere Nostalgiker kann der Versuch, sich an die westliche Moderne anzukoppeln, nur ein groteskes, wenn auch interessantes Spiel sein, das geradezu nach satirischer Bearbeitung schreit – also die intellektuelle Form der Verachtung. Genauso wenig, meint Kipling, wie dem Land die Verfassung, passen den Zöllnern, Polizisten und Soldaten die Uniformen oder den Beamten und den Angestellten die Anzüge im westlichen Schnitt.

Noch hat der Westen also nichts von Japan zu befürchten. Es ist alles Spiel:

> Wahrlich, Japan ist eine große Nation. Ihre Maurer spielen mit Stein, ihre Zimmerleute mit Holz, ihre Schmiede mit Eisen und ihre Künstler mit Leben, Tod und allem, was das Auge aufnehmen kann. Glücklicherweise wurde ihr jene allerletzte Charakterfestigkeit verweigert, die es ihr erlauben würde, mit der ganzen weiten Welt zu spielen. (ebd. 125 f.)

Mit anderen Worten: Japan ist noch ein kindliches Land, so wie es die kindischen Namen in *The Mikado* verraten.

Viktorianische Pfarrerstochter in Japan: Isabella Bird

Für Europäer war Japan damals noch nicht vollständig bereist und erforscht. Erinnert sei an die furchtlose Forscherin, Abenteurerin, Fotografin und Geographin Isabella Bird (1831 – 1904), eine Britin, die nicht nur die Rocky Mountains, Kurdistan, Persien und Indien, sondern auch China, Korea und Japan bereiste und diese nicht erschlossenen Wege 1880 in ihrem Buch *Unbeaten Tracks in Japan* beschrieb. Aufgewachsen als Pfarrerstochter, litt sie an verschiedenen Krankheiten und Schwächen. Da empfahlen ihr die Ärzte zu reisen. Der Ratschlag hätte nicht besser sein können, denn von nun an ritt und kletterte sie um die halbe Welt. Ihr Japan-Buch besteht aus Briefen an ihre Schwester Henriette. Japan war im Begriff, sich zu modernisieren, die ersten Eisenbahnlinien waren gebaut, es gab Fabriken und Banken. Wie Lafcadio Hearn liebte sie doch eigentlich das alte Japan; deshalb war sie ja gekommen. Die Bekanntschaft mit dem britischen Gesandten Sir Harry Parkes und Lady Fanny Parkes (die erste Ausländerin, die den Fujisan besteigen und der Bird ihr Buch widmen würde) war äußerst hilfreich. Sie wurde bestens informiert und erhielt Empfehlungsbriefe. Mit einem Reisepass für Nordjapan, der ihr u. a. das Bekritzeln von Tempeln, das schnelle Reiten oder Feuermachen verbot, und einem japanischen Dolmetscher konnte sie unbehelligt reisen. (Barr 104)

Immer blieb dabei die Suche nach der alten Exotik im Vordergrund. Die neuen Schulen erschienen ihr schon zu europäisch. Wie eine Ethnologin der ersten Stunde ließ sie sich bei der Urbevölkerung, den Ainu im Norden, von Dorfbewohnern über ihren Glauben, ihre Sitten und Denkweisen informieren; doch durfte die japanische Regierung nichts davon erfahren – so jedenfalls die Bitte der Informanten. Erst 2008 wurden die Ainu als indigenes Volk in Japan anerkannt. Als standhafte Christin war Bird von dem Naturglauben der Ainu eher wenig beeindruckt, auch wenn der Bärenkult sie zum Nachdenken bringt. (Bird 273 ff.) Oft fühlte sie sich beobachtet in ländlichen Gasthöfen, und so musste der Wirt auch mal alle Öffnungen ihres Zimmers zukleben lassen. Die Neugier der Japaner war auffällig. Sie wollten alles wissen über diese erste Europäerin in ihren Breiten, über ihr Moskitonetz, ihre Gummibadewanne oder ihr Kopfkissen.

Als sie einmal krank wird, wird ein traditioneller Arzt ge-

Abb. 9: Isabella Bird

rufen. Er behandelt sie mit Nashornpulver, Akupunktur und Kräutern. Dazu erkundigt er sich bei ihr über westliche Medizin. Beim Essen rülpst er sanft und bringt sie fast zum Lachen. Schließlich bietet er ihr eine Tabakpfeife an. Für ihren Verzicht auf das Vergnügen hat er nur eine Erklärung: Es muss ein religiöses Gelübde sein. (Barr 108) Das schwach ausgebildete Verhältnis der Japaner zur Religion im westlichen Sinn irritierte Bird wiederum enorm. Ein Dozent, den sie danach befragt, lacht nur: Wir haben keine Religion, und alle eure Gelehrten wissen, dass Religion etwas Falsches ist. (Barr 112) Japan hat sie am Ende nicht recht fasziniert, es war nur ein »interessantes« Land. Das Land bedankte sich aber mit einer Mangaserie, in der ihre Japanreise erzählt wird (*Fushigi no kuni no Bird*, dt. *Das Wunderland von Bird*, 2018).

Kipling in Kamakura und Nikko

Im Gegensatz zu Bird kommt Kipling von den touristischen Pfaden nicht ab. Die Reise führt von der Hafenstadt Kobe zum tempelreichen Kyoto und zum gigantischen Buddha von Kamakura. Man muss bedenken, dass zu Kiplings Zeiten der Buddhismus in Japan nicht sehr angesehen war; er passte als indisch-chinesische Religion nicht in das Konzept eines sich national erhebenden Volkes. Der Staatsglaube der Stunde hieß Shintoismus. Mit seinem naturnahen Polytheismus, Ahnen- und Reinheitskult sollte zugleich die kaiserliche Institution gestützt werden. Es bedurfte der ausdauernden Arbeit etwa der Reformbuddhisten aus Sri Lanka, Anagarika Dharmapala und der Theosophen um Olcott und Madame Blavatsky, dass auch in Japan der Buddhismus zu neuen Ehren kam. Allerdings sollte auch dieser, besonders in seiner Zen-Form, eines Tages dem Staat anheimfallen. Es gibt im 19. und 20. Jahrhundert neben dem Kapitalismus eben keinen größeren Vielfraß als den Nationalismus. Er verschlingt alles, Sympathisanten wie Gegner, Antisemitismus, Shintoismus, Buddhismus, Sozialismus oder Konsumismus.

Kipling also steht vor dem großen Buddha von Kamakura, wo »jedes Rindvieh gleich welchen Geschlechts seinen oder ihren unwürdigen Namen in die massiven Bronzeplatten« einkratzen muss. Yokohama, Nikko und Tokyo folgen. Kirschblüte ist ebenso angesagt wie die notorische Jagd nach »kuriosen« Antiquitäten – eine wahre Obsession vieler Ausländer in Japan. Kipling aber weiß es besser: »Dinge zu kaufen ist der Fluch des Reisens.«

Im Gegensatz zu anderen Westlern, die sich mit Liebigs Fleischextrakten über Wasser halten, sagt ihm das japanische Essen zu. Landschaft, menschliche Anmut und ästhetischer Sinn erfreuen ihn. Der Einzug westlicher Zivilisation muss auf ihn daher wie später auf Lafcadio Hearn schmerzhaft gewirkt haben. Der japanische Tempel ist ihm eine einzige Meisterleistung: »Es heißt, dass nie ein Mensch vollständige Zeichnungen, Einzelheiten oder Beschreibungen des Tempels von Nikko geliefert habe. Nur ein Deutscher würde es versuchen, und er würde im Geiste fehlen. Nur einem Franzosen könnte es im Geiste gelingen, aber er wäre nicht akkurat.« Und nun beten sie die »große Wurstmaschine der Zivilisation« an! Amerikanische Missionare verpassen den Mädchen Ponyfrisuren, die Deutschen verkaufen Aufkleber für Bierflaschen, und die Engländer »verwüsten Tokyo mit blutroten und grasgrünen Tabakdosen«. Rudyard Kipling ist kein Prophet, den bevorstehenden historischen Siedepunkt erahnt er noch nicht. Darin liegt das Spannende dieser Briefe: dass sie an der Unmittelbarkeit ihrer Gegenwart teilhaben lassen. Noch ist alles offen. Doch zumindest den entstehenden Typus des Fernreisenden oder Touristen, der damals noch Globetrotter hieß, hat er bereits präzise erfasst: »Globetrotter sind extreme Kosmopoliten: Ihnen wird überall schlecht.«

Literatur

Barr, Pat. *A Curious Life for a Lady. The Story of Isabella Bird.* Traveller Extraordinary. Harmondsworth: Penguin 1970.
Bird, Isabella. *Unbeaten Tracks in Japan.* Rutland, Vermont / Tokyo: Charles Tuttle 1973.
Kipling, Rudyard. *Reisebriefe aus Japan.* Übersetzt aus dem Englischen von Gisbert Haefs. München: List 1990.
Ein Teil des Kapitels erschien ursprünglich in veränderter Form als »Im Osten nichts Neues. Rudyard Kiplings Reisebriefe aus Japan«. Stuttgarter Zeitung 28. 12. 1990.

Japan und Europa

Ein japanischer Arzt und Schriftsteller in Deutschland:
Mori Ogai

Das Weihnachtsfest 1885 war gerade vorbei, da saßen zwei Japaner in Auerbachs Keller in Leipzig und philosophierten über Goethe und *Faust*. Schließlich schlug der eine dem anderen vor, das Werk ins Chinesische zu übersetzen. Übersetzt hat er es dann, allerdings ins Japanische, und in Japan ist diese Übersetzung bis heute hoch angesehen. Wie auch sein Übersetzer. Es handelt sich um Mori Ogai (1862–1922). Er sollte noch viele berühmte Autoren übersetzen: Strindberg, d'Annunzio, Schnitzler, Rilke, Clausewitz oder Balthasar Gracían – um nur einige zu nennen. Aber nicht deswegen ist er in Japan bekannt, sondern weil er als Autor zu den Mitbegründern der modernen japanischen Literatur gehört (neben Natsume Soseki). Möglicherweise wäre er das ohne seinen Deutschlandaufenthalt von 1884 bis 1888 nicht geworden. Japan schickte seit der Öffnung seine Elite nach Europa und Amerika, um die dortigen Rechtssysteme, die Verwaltung, das Militär und die Medizin zu studieren und von ihnen zu lernen. In dieser Funktion wurde Mori Ogai entsandt – und zwar als Militärarzt für Hygiene und Sanitätswesen. Er studierte dieses Gebiet – mit vielen praktischen Besuchen bei Manövern, Verwundetentransporten oder in Krankenhäusern – in Berlin, München, Dresden und eben auch Leipzig. Sein Deutschlandtagebuch liest sich heute noch sehr frisch und lebendig. Man spürt den fernöstlichen Blick, die Verwunderung über die seltsamen Sitten der Deutschen, eine gewisse Naivität, gemischt mit Bewunderung und Ablehnung.

Als er in Berlin ankommt, empfehlen ihm seine japanischen Vorgesetzten sogleich, sich nicht so tief zu verbeugen, das tue man hier nicht. Auch solle er die Armeeuniform ablegen. Leipzig kommt ihm sehr industriell vor: »Unter allen Großstädten in Deutschland gibt es wohl keine zweite, die so viele Fabriken hat wie Leipzig.« Er studiert am Leipziger Hygieneinstitut, doch kommt er auch in Sachsen viel herum. Das studentische Duellwesen stößt ihn ab; die großen Mengen Bier, die man hierzulande trinkt, beunruhigen ihn. Er kennt Leute, die es auf 25 Gläser bringen, er selbst muss bei dreien innehalten. Frauen stehen oft mit winzigen Karren da, die von riesigen Hunden gezogen werden, was auf ihn einen komischen Eindruck macht. Sie verkaufen Kirschen in »Duten« aus Zeitungspapier: »Selbst vornehmere Damen pflegen mit einer Tüte in der Hand Kirschen essend auf- und abzuspazieren, ganz gelassen und ohne dabei zu erröten.« Er lernt rudern, um sich vor besagten Damen nicht zu blamieren. Am vereisten Schwanenteich beobachtet er die Schlittschuhläufer, die bei der Musik einer Kapelle ihre Runden drehen, Männer und Frauen Hand in Hand!

Er besucht Manöver der sächsischen Armee an der Mulde bei Machern und schreibt darüber später die Erzählung »Der Bote«. Das Schloss von Machern kommt ihm kriegerisch vor, mit seinen ausgestellten Waffen und Bildern von Drachen und Dämonen. Als er einmal zu einer Sedanfeier bei Grimma eingeladen wird, folgt ihm eine Horde von Kindern: Einen Japaner hatten sie noch nie gesehen. Er ist ein kontaktfreudiger Mensch, lernt andere Japaner und Deutsche kennen, freundet sich mit manchen an und besucht Vorträge. So nimmt er an Veranstaltungen des Allgemeinen Deutschen Frauenvereins teil. Seine Vermieterin (»je höher man wohnt, desto billiger ist die Miete«, schreibt er) ist verwandt mit der Mitbegründerin des Vereins, Louise Otto-Peters. Er notiert seine Bewunderung für Vorträge von Auguste Schmidt (die andere Mitbegründerin) und Henriette Goldschmidt, nach der eines Tages eine Straße in der Nähe seiner Wohnung benannt werden sollte. Wenn abends die jungen Liebenden sich beim Spaziergang anschmiegen, so wundert ihn das bald nicht mehr. Viele Deutsche gehen freundlich auf ihn zu, sind neugierig, wollen japanische Briefmarken haben; andere sind befremdet und füttern lieber ihre Vorurteile. Daran hat sich bis heute nicht viel geändert, trotz aller Globalisierung. Einmal ist er mit Romakindern unterwegs, und man ruft ihnen nach. »Sie konnten«, schreibt er, »nicht zwischen den Zigeunern und Japanern unterscheiden.«

Als Autor von gelehrten Fachartikeln, kulturkritischen Beiträgen und Essays war er sehr produktiv. So stritt er sich lange öffentlich mit dem deutschen Japanexperten Edmund Naumann über das moderne Japan. Er machte die Deutschen bekannt mit japanischer Architektur, dozierte über die Wirkung deutschen Bieres oder über japanische Ernährung. Sein Vortrag über japanische Wohnhäuser war der erste öffentliche Vortrag eines Japaners in deutscher Sprache. In Berlin studierte er bei Robert Koch und besuchte Rudolf Virchow in seiner Wohnung. Als Robert Koch 1908 Japan bereisen sollte, wohnte er bei Mori Ogai. Auch München prägte ihn. Das Schicksal des Königs Ludwig II. von Bayern bewegte ihn, er schrieb darüber Gedichte und die Erzählung »Wellenschaum«, zumal er die Gegend um den Starnberger See gut kannte.

Nach Deutschland ging er mit dem Vorsatz, kein »mechanischer Mensch« sein zu wollen, das heißt sich offen, flexibel und lernbereit zu zeigen – und kam verändert zurück, wie er in seiner berühmtesten Erzählung »Die Tänzerin« (*Maihime*, 1890) beschrieb: »Tatsächlich bin ich, der ich nun nach Osten heimkehre, nicht der Gleiche wie der, der damals nach Westen fuhr.« Von Berlin folgte ihm seine deutsche Geliebte, doch sie wurde in Japan von seinen Eltern abgelehnt, und er heiratete auf Geheiß der Familie eine Japanerin; ein Makel, der ihm sein Leben lang zu schaffen machte und den er in derselben Erzählung versucht zu verarbeiten. Interessanterweise ist es auch die erste Ich-Erzählung der japanischen Literatur. Man hat sie als japanisches Pendant zu Goethes *Werther* gesehen. Letztlich sind in seiner Person und in seinem Lebensentwurf das alte und das neue Japan, traditionelle und moderne Vorstellungen von Ehe und Liebe aufeinandergestoßen. Ein Kulturkonflikt, aus dem er lädiert hervorging.

In Japan stieg er jedoch zum höchsten Militärarzt auf und begleitete den Krieg zwischen Russland und Japan. Den General Nogi Maresuki, der in diesem Krieg zum Helden werden sollte, kannte er noch aus Berliner Zeiten. Nogi sollte 1912, am Tag, als der Tenno zu Grabe getragen wurde, sich mit seiner Frau zusammen umbringen; laut Testament hatte er dies aus Scham getan, weil sein Regiment bei einer Rebellion 1877 eine Standarte verloren habe. Sein Tod wird als symbolisch für das Ende des alten Japan angesehen. Man errichtete ihm und seiner Frau eine ganze Reihe von Schreinen in Japan. Viele Künstler und Intellektuelle kehren immer wieder zu diesem entscheidenden Moment zurück. Er bildet eine Art Gedächtnisschwelle in der kulturellen Erinnerung Japans.

Mori Ogai brachte sich in Misskredit durch eine Fehleinschätzung, als er festzustellen glaubte, dass die Beriberi-Krankheit nicht eine Folge von Vitaminmangel war. Dadurch soll es Tausende Opfer in der Armee gegeben haben. Der Literatur aber blieb er weiterhin verbunden. Zahlreiche Erzählungen und Romane, oft historischer Natur, schrieb er. Sein autobiographisches Buch über die Geschichte seiner Sexualität, *Vita sexualis* (auch auf Deutsch) wird man aus heutiger Sicht eher als verschwiegen bezeichnen. Doch damals sorgte es für Furore. Die Zeitschrift, die es druckte, wurde verboten; der Innenminister persönlich verwarnte den Autor.

Der Titel seines Erzählbandes *Im Umbau* ist auch als Kommentar auf das sich neu aufstellende Japan seiner Zeit zu verstehen. Seine Erzähltechniken sind für seine Zeit innovativ gewesen – Collagen, Rückblicke, Antizipationen, subjektive Erzählhaltung. Mori Ogais Kontake mit dem Westen, mit Berlin, Leipzig und München, haben vielerlei Echos in der japanischen Kultur ausgelöst. In Leipzig erinnert ein Bild des Malers Volker Pohlenz an das denkwürdige Treffen zweier Japaner in Auerbachs Keller. Es trägt den Titel *Mori Ogai erinnert sich an den 27. Dezember 1885 in Auerbachs Keller.* In Berlin wurde eine Mori-Ogai-Gedenkstätte in der Luisenstraße eingerichtet.

Literatur

Mori Ogai, *Deutschlandtagebuch.* Hg. und aus dem Japanischen übersetzt von Heike Schöch. Tübingen: konkursbuch Verlag Claudia Gehrke 2008.

Mori Ogai, *Im Umbau. Gesammelte Erzählungen.* Ausgewählt, aus dem Japanischen übersetzt und erläutert von Wolfgang Schamoni. Frankfurt/M.: Insel 1989.

Galina Dmitrievna Ivanova, *Mori Ogai.* Aus dem Russischen übersetzt von Peter Raff. Tokyo: OAG Deutsche Gesellschaft für Natur- und Völkerkunde Ostasiens 2014.

Streit über Fossilien und Kulturen

Ein aus Meißen gebürtiger Naturwissenschaftler sollte der sogenannte Vater der japanischen Geologie werden. Edmund Naumann (1854–1927) wird in Japan heute noch verehrt als Entdecker der Fossa Magna, einer Erdbebenzone, die sich von Tokyo quer durch Japan nach Nordwesten zieht. Und nach ihm hat man einen mammutartigen Elefanten benannt. Von 1875–1880 lehrte er Geographie an der Universität Tokyo. Mit seinem Gespür für Erdgeschichte ging er einmal durch Tokyo und entdeckte fossile Muscheln in der Nähe des Bahnhofs Ueno. Könnte es sich um einen früheren Strand handeln?

Einen jungen deutschen Japanforscher, Heinrich von Siebold, setzte er auf die Spur, der Archäologe solle da doch bitte mal nachgraben. Siebold war nicht nur Archäologe, sondern auch Dolmetscher und Sammler von japanischen Artefakten. Vor allem aber war er der Sohn des berühmten Japanforschers und Arztes Philipp Franz von Siebold, der Japan schon vor der Öffnung des Landes erkundet hatte – ab 1823 von der niederländischen Kolonie Dejima aus. Siebold jun. fand nun am Ueno-Bahnhof tatsächlich eine dicke Fossilschicht von Muscheln, dazwischen Keramik und Knochen. Doch auch ein amerikanischer Konkurrent, Edward Sylvester Morse, hatte bei einer Zugfahrt diesen Muschelhaufen gesehen und wollte ihm den Fund streitig machen; er war schließlich offizieller Zoologe der Kaiserlichen Universität Tokyo und ein bekannter Experte für Mollusken und Fossilien. Erbittert steigerte man sich in einen Prioritätsstreit hinein. Wie auch immer: Der Molluskenhaufen von Omori war für die Wissenschaft höchst ergiebig. Siebold ging zumindest als Sammler japanischer Kunstobjekte in die Geschichte ein. Einen großen Teil seiner Sammlung vermachte er dem Wiener Museum für Völkerkunde, seine Münzen gingen nach Weimar; der Rest wurde 1909 verkauft und zerstreute sich in alle Welt.

Jede Geschichte führt zu fünf neuen Geschichten … warum nicht noch von seinem Vater sprechen, der bei seiner Abfahrt von Japan das Schiff mit Sammelobjekten gefüllt hatte. Im August 1828 wurde die *Cornelius Houtman* von einem Sturm zurückgetrieben und musste entladen werden. Dabei kamen die Schätze zum Vorschein, die Siebold sen. hatte mitgehen lassen: eine Katastrophe für ihn und seine Helfer. Er wurde mit einem lebenslangen Verbot belegt, Japan wieder zu bereisen (das später aufgehoben werden sollte).

Der Konkurrent seines Sohnes um den Muschelhaufen von Ueno, Edward S. Morse, war erfolgreicher mit seiner großen Sammlung japanischer Keramik. Sie kam in das Museum of Fine Arts von Boston und ein berühmter Japanologe, Ernesto Fenollosa, erstellte den Katalog dazu. Fenollosa wiederum … Und so könnte man weitererzählen und fühlt sich, gerade was Japan betrifft, nicht selten im Reich der Matrjoschka, deren

Ursprung in Japan vermutet wird und die um 1890 von einem russischen Maler und einem Schnitzer russifiziert, d. h. zu einer verschachtelten Puppe gemacht wurde, um dann zu einer nationalen Ikone zu werden.

Zurück zu Edmund Naumann, der ein scharfes Auge für tektonische Linien und alte Elefanten hatte. Nach seiner Rückkehr aus Japan hielt er Vorträge und schrieb Beiträge für Zeitungen über das Land. Er setzte sich, bei aller Bewunderung, kritisch mit dem Zustand Japans auseinander. So glaubte er, dass Japan zu sehr den Westen nachahme und seine eigene Kultur verlöre. Naumann warnte vor der reflexionslosen Nachahmung des Westens durch Japan. Darin wurde er in der nächsten Generation von japanischen Intellektuellen bestärkt, nicht jedoch von Mori Ogai.

Bei Mori Ogais Position handelt es sich nicht zuletzt um den Versuch, sich von kolonialer Bevormundung zu befreien, auch wenn seine Argumentation nicht ganz schlüssig ist. Ogai verteidigt den Buddhismus – er sei doch frauenfreundlicher, als Naumann das behaupte. Er ist entsetzt, wenn Naumann über die Nacktheit der Japaner auf dem Lande schreibt; er sieht nicht ein, dass die Ainus von den Japanern diskriminiert werden und will nicht an polygame Verhältnisse bei den Fürsten Japans glauben. Nicht mal einen eigenen Schönheitssinn attestiert er dem eigenen Volk. Hier hat also, wie der Philosoph Karl Löwith 1938 in seinen »Randbemerkungen zu R. Mori« (Rintaro Mori, Mori Ogais ursprünglicher Name) schreibt, ein Japaner sich vielmehr das Wertesystem des Westens zu eigen gemacht und in gewisser Weise sich selbst kolonisiert. Der Deutsche dagegen habe in Bezug auf Japan viel japanischer gedacht als der Japaner. So verdreht können koloniale Ansichten sich entwickeln: Selbstbeobachtung mit dem Blick des Fremden.

Literatur
Löwith, Karl. »›Die Wahrheit über Japan‹. Randbemerkungen zu R. Mori.« In *Die Wahrheit über Japan.* Idee. Zeitschrift für Ideengeschichte. Heft XIII / 2. Sommer 2019, 5 – 15.
Schamoni, Wolfgang. *Mori Ogai. Vom Münchener Medizinstudenten zum klassischen Autor der modernen japanischen Literatur.* Ausstellungskatalog München 1987.

Unglücklich in London: Natsume Soseki

Während Mori Ogai zum obersten Arzt der japanischen Armee avancierte, begab sich ein weiterer japanischer Autor nach London. Natsume Soseki (1867 – 1916), der neben Mori Ogai als einer der Gründer der modernen japanischen Literatur angesehen wird. Er ist auch Lieblingsautor von Haruki Murakami. Natsume studierte Englische Literatur, unter anderem bei dem Shakespeare-Experten William J. Craig. Nach anfänglicher Euphorie wurde er schwermütig. Innerlich unsicher, von Minderwertigkeitsgefühlen kultureller und individueller Art geplagt, zweifelnd an sich und an der Umgebung, waren ihm die zwei Jahre im Ausland die unangenehmste Zeit seines Lebens. Ja, der angehende Anglist wurde geradezu anglophob. Er konnte sich leider, wie er sagte, nicht als englischer Gentleman ausgeben oder auch nur ein gutes Beispiel für orientalische Höflichkeit abgeben. »In der Tat war ich auf Order der Regierung dort, nicht aus eigenem Willen. Wenn ich die Wahl gehabt hätte, wäre ich nicht in England gewesen« (Natsume 1992, 13). Eigentlich hatte er Architekt werden wollen, und zwar im japanischen Stil. Ein Freund riet ab: Wie könnte man jemals mit der erstaunlichen Architektur Europas, z. B. der St. Paul's Cathedral, konkurrieren? Dann vielleicht Chinesisch studieren? Nein, das würde ihn zurückwerfen in die Geschichte. Man musste den Gegner, Europa, vor allem England, bei den Hörnern packen und die englische Sprache erlernen, die Kultur des (vorläufigen) Siegers. Also begann er, das zu studieren, was er eigentlich ablehnte – ein für ihn und seine Romanfiguren typisches Paradox. Auch wenn sein Schulenglisch sehr schlecht war, mauserte er sich doch zu einem ausgezeichneten Kenner der Sprache und Kultur Englands. Er wurde der erste Anglist Japans, der mit einem offiziellen Stipendium nach England geschickt wurde.

Anders als Mori Ogai ist er kontaktscheu, hat keinen Kontakt mit der kulturellen Elite des Landes und muss gegen rassistische Vorurteile ankämpfen. Ein Engländer, der nicht mal weiß, dass Robinson Crusoe eine fiktive Gestalt ist, schaut ihn nur abschätzig an, wenn er über sein Heimatland redet – nichts als Fabeln und erfundene Geschichten! Er fühlt sich körperlich klein und hässlich gegenüber den Europäern. Er lässt sich einen teuren Anzug schneidern, aber hat immer dieses dumme Gefühl, als Japaner in westlichem Kostüm zu posieren. Unter seinen japanischen Landsleuten kursiert das Gerücht, er sei verrückt geworden.

Diese Engländer verstehen ihn nicht. Einmal wird er ausgelacht, weil er jemanden einlädt, mit ihm den Schnee zu bewundern. Als er anderen erzählt, dass die Japaner vom Mond fasziniert sind, stößt er auf Desinteresse. Hätte er diese Ansichten in einem Londoner literarischen Zirkel verbreiten können, wäre es ihm vermutlich besser ergangen. Denn dort begann man, sich für japanische Literatur, Haiku und No, zu interessieren.

Von all dem konnte Natsume Soseki noch nichts ahnen. Drei Gründe hatten ihn in die britische Hauptstadt geführt: London ist groß, es ist gut für Theaterabende, und es hat viele Antiquariate. Die langen Listen seiner dort gekauften Bücher sind erhalten. Doch der Japonismus des Fin de siècle in Paris, Berlin und London schien an ihm vorübergegangen zu sein. Mehr beschäftigten ihn das Wetter und das unverdauliche Essen, er hatte großes Heimweh nach der Familie in Japan. Mit japanischen Landsleuten scheint er kaum in Kontakt getreten zu sein. In Japan hatte er einen Haiku-Freund, der krank war. Ihm schickte er Tagebuchnotizen über seine ersten Radfahr-übungen. Das war damals gerade modern, und er wollte an dieser Mode teilhaben – aber es gelang ihm nicht. Trotz der Hilfe seiner Vermieterin bei den ersten Fahrversuchen stürzte er manches Mal und scheint es dann aufgegeben zu haben.

Reisen unternahm er fast keine. In Schottland besuchte er Mr. Dixon, der einen japanischen Garten hatte und dazu acht japanische Gärtner, die sich darum kümmerten. Dort gefiel es ihm. Obwohl er Shakespeare studierte, ging er nicht einmal nach Stratford-upon-Avon. Einmal fuhr er kurz nach Cambridge, um zu sehen, ob es sich lohnt, dort zu studieren. Nein, es lohnte sich nicht, die Studenten waren ihm zu aris-tokratisch, zu snobistisch. Es reichte, wenn er selbst ein Snob war, jedoch anderer Art: ein widerborstiger Einzelgänger. Man trifft solche Gestalten immer wieder in seinen Romanen an. In *Botchan* (1906) zeichnet er einen Mathematiklehrer – auf-brausend, kämpferisch, rebellisch, zugleich eine ehrliche Haut. Der Roman wird bis heute in Japan gern gelesen. In *Wagahai wa neko de aru* (1905, dt. *Ich der Kater*) wird, ähnlich wie in E. T. A. Hoffmanns *Kater Murr,* die Welt aus der Sicht eines Ka-ters beschrieben. Der schwarze Kater ist heute zu einem Logo geworden, man entkommt ihm nicht, wenn man das Natsume Soseki Museum in Tokyo besucht. *Kokoro* (1914, dt. *Herz*) ist womöglich sein bekanntester Roman – eine Art proustiani-sche Bewusstseinsanalyse, durchaus im Umfeld des moder-nistischen Bewusstseinsstrom anzusiedeln, der im Westen von James Joyce, Virginia Woolf und anderen praktiziert werden sollte.

Einzelgänger war Natsume Soseki auch in anderer Hin-sicht. Er schrieb 1906 mit *Shumi no ide* (dt. Erbschaft des Ge-schmacks) ein Buch gegen den russisch-japanischen Krieg und überhaupt gegen den Krieg. Sein Gesicht zierte den 1000-Yen Schein in den 1980ern, in London wurde ebenfalls ein Museum für ihn eingerichtet. Dem Tower von London widmete er eine unheimliche Geschichte. Er besichtigte ihn nur einmal und stellte danach fest, man dürfe ihn nicht öfter aufsuchen. Stattdessen evozierte er in der Erzählskizze »The Tower of London« die Schicksale der Hingerichteten im Turm – Jane Grey, Cranmer, Wyatt, Sir Walter Raleigh. Der Text wandert zwischen Phantasie und Bericht und zeigt besondere Empathie, wenn er die eingekratzten Inschriften der vor der Exekution stehenden Häftlinge kommentiert. Ein ganz anderes England wird hier sichtbar, das der königlichen Despotie: »Die Geschichte der englischen Königsfamilie ist in der Tat eine voller Elend.«

Die kleine Erzählung lässt uns mitfühlen, wie ein Japaner um 1900 in einer europäischen Großstadt lebt:

> Ich fühle mich wie ein Hase vom Lande, geboren und am Fuße des Fuji-Berges aufgewachsen, losgelassen mitten auf die Nihonbashi, das japanische Gegenstück zur London Bridge. Auf der Straße hatte ich Angst, dass ich von der wabernden Masse weggeschwemmt werden könnte. In meinem Zimmer hatte ich Angst, dass ein Eisenbahnwagen in die Wand krachen könnte. Tag und Nacht konnte ich keine innere Ruhe finden. Ein zweijähriger Aufenthalt unter so vielen Menschen könnte, so fürchtete ich, meine Nerven in den Zustand eines heißen Klebstoffs verwandeln. Wie wahr, dachte ich, war der Kommentar von Max Nordau über eine solche Lage in seinem Buch *Entartung*! (Natsume 1992, 23; Übers. ES)

Der einsame Student mied bei seinen Wanderungen durch London auch das Verkehrssystem – U-Bahn, Droschke, Omnibus; es kam ihm wie ein Spinnennetz vor, in dem man sich nur verfangen konnte. Als er sich zum Tower aufmachte, war es dunkel, und er wusste nicht, woher er kam und wohin er ging: »Ich war einfach wie ein Zen-Buddhist.« Nach seiner Rückkehr aus England übernahm er als Professor für Englische Literatur den Lehrstuhl von Lafcadio Hearn. Hearn wurde 1903 von seiner Professur verdrängt, weil er Ausländer war. Natsume kam bei den Studenten aber nicht gut an, und sein literarischer Erfolg erleichterte es ihm, Abschied von der Universität zu nehmen.

Im Herbst 1909, vier Jahre nach der Niederlage Russlands gegen Japan, unternahm er eine Reise in die Mandschurei und nach Korea, die von Japan besetzt waren. Es herrschte nationale bis nationalistische Aufbruchsstimmung im Lande, nachdem der »Großvater« China im Russisch-Chinesischen Krieg und das eher westliche Russland von einer aufstrebenden, sich modernisierenden asiatischen Nation besiegt worden waren. Und doch bleiben, jedenfalls bei Natsume Soseki, Minderwertigkeitsgefühle gegenüber dem Westen erhalten. In dem Roman *Sanshiro* (dt. *Sanshiros Wege*, 1908) sagt ein Japaner: Sind wir nicht armselige Wesen – wir können zwar die Russen schlagen, aber sind immer noch dieselben Schwächlinge wie vorher. Das Schönste an Japan sei der Fujiyama, aber das sei eben nur ein Naturobjekt, und »das haben wir nicht gemacht«. (zit. in Natsume 2000, 15)

Der jugendliche Held des Romans ist schockiert über diesen verarmten, kosmopolitischen Japaner; er war ja »fast kein Japaner mehr!« Anderswo hätte man solche Leute verprügelt oder eingesperrt! Auf seiner Reise durch die besetzten Länder mit der legendären Südmandschurischen Eisenbahn, die Japan 1906 aufgebaut hatte, lässt er sich über den Schmutz chinesischer Orte aus. Gleichzeitig misst er sich immer wieder an westlichen Reisenden. Gespräche auf Englisch kommen nicht zustande, er scheint das vermeiden zu wollen. Vielleicht würde man ihn, den berühmten Professor für Englisch an der berühmten Universität von Tokyo, gar nicht verstehen? Charakteristischerweise spricht er nur einmal mit einem Briten, aber nur, weil dieser fortwährend niest.

Buddhismus und Meditation scheinen ihn angezogen zu haben. In seinem Roman *Mon* (1910, dt. *Das Tor*), den Murakami besonders schätzt, zieht der unglückliche Protagonist sich für einige Zeit in ein Kloster nach Nordjapan zurück. Der Autor selbst tat dies auch, er ging in das Engaku-ji Kloster in Kamakura, nicht weit von Tokyo, dort, wo der große Buddha draußen sitzt. Hier meditierte zur selben Zeit der Mann, der im 20. Jahrhundert wie kein anderer den Zen im Westen verbreiten sollte: Daisetsu (meist »Daisetz« geschrieben) T. Suzuki. Die beiden hatten nicht nur denselben Lehrer, Soen Shaku (1860–1919). Sie arbeiteten auch zusammen. Suzuki übersetzte gerade für den Meister einen Text ins Englische. Soen Shaku war mit drei anderen buddhistischen Priestern zum Weltparlament der Religionen 1893 nach Chicago eingeladen worden. Sein Englisch war kaum vorhanden: Suzuki hatte zwar Englisch gelernt und unterrichtet, aber als er später nach Amerika kam, verstand ihn niemand. Deshalb traf es sich gut, dass Natsume Soseki gerade sein Studium des Englischen – einer Sprache, die er gar nicht mochte – abgeschlossen hatte. So half er ihm bei der Übersetzung des Textes, der zum ersten Mal die außerjapanische Welt mit dem Zen-Buddhismus bekannt machen sollte.

Literatur

Nakayama, Etsuko, »Natsume Soseki in England. The Meaning of his Encounter with the West.« https://www.jstage.jst.go.jp/article/hikaku/32/0/32_228/_pdf/-char/en (Zugriff 25.1.2021)

Natsume, Soseki. *The Tower of London.* Übersetzt aus dem Japanischen, herausgegeben und kommentiert von Peter Milward und Kii Nakano. Brighton: In Print Publishing 1992.

Natsume, Soseki. *Rediscovering Natsume Soseki. Travels in Manchuria and Korea.* Übersetzt von Inger Sigrun Brodey und Sammy I. Tsunematsu. Folkestone, Kent: Global Oriental 2000.

Suzuki, Daisetz T. »An Autobiographical Account«. In Masao Abe, Hg. *A Zen Life. D. T. Suzuki Remembered.* New York, Tokyo: Weatherhill 1986, 13–26.

https://www.ucl.ac.uk/library/sites/library/files/sosekipamphlet.pdf (Zugriff 25.1.2021)

Synthesen in der Kunst

Ein Amerikaner schreibt ein Haiku: Ezra Pound

Die Kunst und Ästhetik Japans waren seit einer Generation in Europa angekommen, da machte sich um 1910 ein Interesse für die japanische Literatur bemerkbar. Angeregt wurde es von einem in Europa lebenden amerikanischen Lyriker, Ezra Pound. Als erste Form dieser neu entdeckten Literatur verbreitete sich das Haiku; ein siebzehnsilbiges Gedicht, das einen kurzen Moment der Erleuchtung oder inneren Berührung festhält, meist in Bezug auf Landschaft oder Jahreszeit. Pound, der alle paar Jahre neue Bewegungen anstieß, nahm das Haiku als Inbegriff für seine neue dichterische Richtung auf, den Imagismus. Eines seiner berühmtesten Gedichte, »In a Station of the Metro« (1913) übertrug japanische Sensibilität und Haikuform auf die Großstadt Paris:

> The apparition of these faces in the crowd;
> Petals on a wet, black bough.

> In einer Station der Metro
> Das Erscheinen dieser Gesichter in der Menge:
> Blütenblätter auf einem nassen, schwarzen Ast.
> (Übers. Eva Hesse)

Interessant scheint mir, dass sich Eva Hesse für einen Doppelpunkt entschieden hat, den Pound in seiner letzten Version von 1916 durch ein Semikolon ersetzt hatte (Ellis). Die Übersetzerin entscheidet sich so für eine noch größere Verschmelzung der Gesichter mit den Blütenblättern, von Stadtwelt und Natur. Unwillkürlich fragt man sich, wie denn wohl das japanische Original ausgesehen haben könnte, wenn es das denn gäbe. Jahreszeit und Landschaft sind angedeutet. Die städtische Umwelt jedoch zeigt einen Transfer an, den Haikus im 20. Jahrhundert zunehmend leisten werden angesichts einer wachsenden Herrschaft menschlicher Strukturen über die Natur.

Pound war ein großer Bewunderer des amerikanischen Malers James Abbott McNeill Whistler (1834–1903), in dessen Gemälden, etwa in den Themsedarstellungen, sich japanische Elemente verbergen. Seine Innendekoration »Harmony in Blue and Gold: The Peacock Room« (1876–77), die sich in Kensington befand und heute in Washington D.C. bewundert werden kann, gilt als Höhepunkt des britischen Japonismus. Der Ästhetizist Whistler verhalf Pound zu einer anderen Wahrnehmung japanischer Kunst. Es ist die bildende Kunst, die seine Poesie beeinflusste. Pound scheint bei seinem Gedicht einen konkreten Farbholzschnitt vor Augen gehabt zu haben, den er in der British Library, die er täglich aufsuchte, gesehen haben soll: Suzuki Harunobus »Frau, Pflaumenblüten bei Nacht bewundernd«.

Er selbst hat sich zur Gedichtwerdung dieses möglicherweise ersten europäischen Haikus geäußert. Drei Jahre vor der Niederschrift trat er aus der Metrostation Concorde in Paris heraus und sah plötzlich ein schönes Gesicht, und noch eins und noch eins … Er suchte den ganzen Tag nach Worten, um die Bedeutung dieser Erscheinung zu erfassen, und erst abends fand er einen Ausdruck – und zwar nicht in Worten, sondern in plötzlichen Farbklecksen, »splotches of colour«. Für ihn war es der Beginn einer neuen Sprache in Farben. Er schrieb ein Gedicht mit 30 Zeilen und verwarf es wieder. Sechs Monate später folgte ein halb so langes Gedicht und ein Jahr später wurde daraus nur noch der obige Satz. (Miner 114–5)

Der Vorgang passte in seine damalige poetische Findungs-
phase, denn er suchte nach Möglichkeiten, mit der Sprache
Dinge zu tun, die eigentlich der Kunst angehörten. In diesem
Fall ging es ihm um die Überschichtung zweier Bilder, um ein
Drittes zu erzeugen. Die Imagisten, unter ihnen Hilda Doo-
little, D. H. Lawrence, Amy Lowell und T. E. Hulme griffen
diese Anregung bald in ihren Gedichten auf. Zugleich ging
es Pound um Verdichtung – ein Prinzip des Imagismus, das
er später auch bei der radikalen Kürzung von T. S. Eliots *The
Waste Land* anwenden würde.

Lyrische Erkundung des Fernen Ostens: Amy Lowell

Viele der avantgardistischen Lyriker waren von japanischer
Ästhetik fasziniert, insbesondere die Amerikanerin Amy Lowell (1874–1925). Um sich ihr zu nähern, sollte man sich ihren
Bruder anschauen. Percival Lowell hatte zwei Begeisterungen:
die Beobachtung des Planeten Mars und die Erforschung Japans, das er auch bereiste. 1888 war sein Buch *The Soul of the
Far East*, eine Art Anthropologie des Fernen Ostens, erschienen. Lafcadio Hearn, der von den Imagisten viel gelesen wurde,
bewunderte Lowells Werk. Dessen Schwester aber setzte dieselbe Japanbegeisterung in Poesie um, auch lange noch, nachdem der Imagismus verwelkt war. Manche ihrer Gedichte sind
lyrische Übersetzungen von japanischen Farbholzschnitten
(*Pictures of the Floating World*, 1919). Schon ihr Bruder hatte
geschrieben, japanische Bilder seien in Wirklichkeit Gedichte.
(Percival Lowell 55)

In »Guns and Keys« (1919) beschreibt sie den Moment der
ersten Begegnung Japans mit der modernen Welt im Jahr 1853,
als die amerikanischen Schiffe des Commodore Perry die Öffnung erzwangen. Ihr Werk, zu dem auch Bearbeitungen chinesischer Gedichte gehören, steht generell unter dem Stern-

zeichen der Begegnung zwischen Asien und dem Westen. Im Vorwort zu dem Gedichtband *Pictures of the Floating World* schreibt sie:

> Der Gang der Völker geht immer zum Westen hin, weshalb, da die Erde ja rund ist, der Westen bald wieder der Osten sein wird. Ein erstaunliches Paradox, aber es erklärt das große Interesse und die Inspiration, die Dichter und Maler in der östlichen Kunst finden. (zit. in Miner 165, Übers. ES)

Pound, Fenollosa und die chinesischen Schriftzeichen

1913 übergab Mary McNeill Fenollosa, die Witwe des Japanologen und Wirtschaftswissenschaftlers Ernest Fenollosa, auf einer Künstlerparty in London den Nachlass ihres Mannes an den damals achtundzwanzigjährigen amerikanischen Dichter Ezra Pound. Dieser hatte sich schon einen Namen als poeta doctus gemacht, auch war er bekannt als ungemein gebildeter Meister der Vernetzung, Anreger und hilfsbereiter Kollege.

Fenollosa (1853–1908) hatte in Japan gelebt, dort als Professor gelehrt und sich unter anderem mit Lafcadio Hearn befreundet. Er hatte Kunstwerke gesammelt und war nach Boston zurückgekehrt, wo er aufgrund seiner großen Kenntnisse asiatischer Kunst zum Kurator der Orientalischen Abteilung des Bostoner Museums der Bildenden Künste ernannt wurde. Als er die Stelle verlor, weil er sich von seiner ersten Frau trennte und sogleich wieder heiratete, zog er noch einmal nach Japan, wo er aber nicht recht wieder Fuß fassen konnte. Dort liegt heute seine Asche in dem Kloster, in dem er zum Buddhisten geweiht worden war.

Seine Witwe war selbst literarisch tätig und hatte Romane

mit japanischem Hintergrund geschrieben (*The Dragon Pain-
ter*, 1906) und über japanische Kunst publiziert. Sie hatte ein
Gespür dafür, dass die nachgelassenen Aufzeichnungen ihres
Mannes eher für einen Literaten mit fernöstlichen Interessen
taugten als für Sinologen oder Japanologen. Die Übergabe
dieser Papiere zur chinesischen Dichtung und zum japanischen No-Theater erwies sich als Glücksfall für den Modernismus. Pound bezog aus dem Material nicht nur Inspiration
für seinen Imagismus, sondern auch für seine Übersetzungen
chinesischer Poesie und für die Verarbeitung von chinesischen
Zeichen in seinem späteren Hauptwerk *The Cantos* (1917 ff.).
Er strebte ein ökonomisch-poetisches Epos an, in das er zahlreiche Kulturen verwob, so auch die chinesische mit vielen
Bezügen zu Konfuzius erzeugte. Konfuzius ist ihm der Garant
von Ordnung in einer verwirrten Welt. Aus dem fernen China
kommt eine Stimme, die für Klarheit und Prinzipien sorgt. Bei
Pound jedoch gewinnt dieser Ordnungsgedanke zusehends fa-
schistische Züge.

Die chinesischen Schriftzeichen im Text sind für den Laien
beeindruckend, doch nicht von wirklicher Kenntnis getragen.
Pound gehörte, und das verbindet ihn mit Fenollosa, zu jenen, die glaubten, die chinesischen Schriftzeichen seien Bilder
und trügen ihre Etymologie auf dem Mantelaufschlag – etwa
das Zeichen für Haus / Familie, das ein Dach zeigt mit einem
Schwein darunter. Doch was immer das Zeichen oder seine
Vorform einst bedeutet haben mag, es kann ohne große Um-
schweife neu codiert werden. Pound macht hier denselben
Fehler wie in seinen poetologischen Bemerkungen, wo er behauptet, das deutsche Wort »dicht« hänge mit »dichten« zusammen (»dichten« kommt aber vom lat. »dictare«, vorsagen,
verfassen).

Fenollosa hat in seiner von Pound herausgegebenen Schrift
The Chinese Written Character as a Medium for Poetry (1918)
postum viele dieser Fragen reflektiert. Die Schrift wurde von
dem Vater der deutschen Konkreten Poesie, Eugen Gomrin-

ger, übersetzt (*Das chinesische Schriftzeichen als poetisches Medium*, 2019), und nicht ohne Grund. Denn Fenollosa nähert sich den chinesischen Schriftzeichen von einer poetischen Warte. Er sieht eine visuelle Poesie am Werk, die die Dynamik der Rede und des Denkens selbst widerspiegelt. Das Bildzeichen macht Realität ganz anders lebendig, als es Sätze vermögen. Dabei nutzt er als Beispiele Zeichen, die er als »Stenogrammbild natürlicher Vorgänge« (Fenollosa 18) ansieht, etwa »Mann sieht Pferd«. Die chinesischen Zeichen sind hier sehr einfach: Zwei Striche stehen für die zwei Beine eines gehenden Menschen, das Sehen wird durch die schematische Darstellung eines Auges auf Beinen gezeigt, und im Zeichen für *Pferd* sieht man die vier Pferdefüße. Diese Ansicht hat tatsächlich mindestens einen Pferdefuß; nur eine kleine Menge von Zeichen ist von der Sache her motiviert (wie etwa Lautmalerei bei uns).

Die Natur kennt keine Sätze, sagt Fenollosa, ja, nicht einmal Grammatik. Oder höchstens so: »Der typische Satz in der Natur ist der Blitz.« (ebd. 25) Das sind Aussagen, die ihn für Pound sympathisch machen, denn Blitze, flashes, sind genau das, was er in seiner imagistischen Phase suchte. Bilder können sich zudem überlagern, und auch dazu findet Pound bei Fenollosa Möglichkeiten, nämlich in den chinesischen Komposita. Wenn eine Sonne hinter einem Baum steht, so bedeutet das »Osten«; »Reisfeld plus Kampf« heißt »männlich«. (ebd. 21) Genau diese Methode der Überlagerung von Bildern wird Pound dann in seinen Gedichten anwenden, wie etwa im genannten Haiku. Eugen Gomringer sieht hierin geradezu den Beginn der Konkreten Poesie. (ebd. 75)

Was immer man über Pounds und Fenollosas Ansätze denken mag, sie haben auf jeden Fall die chinesische Schrift in das Bewusstsein des Westens gebracht – als Medium von Poesie. Damit haben sie die chinesische Dichtung, die im Westen so lange scheel angesehen wurde, auf Augenhöhe mit der eigenen Kultur gebracht. Schön ist auch dieser Gedanke von Monika

Motsch: »Die chinesischen Schriftzeichen werden die Menschen in West und Ost weiter bezaubern durch die Eleganz ihrer geschwungenen Linien und die kalligraphische Vielfalt ihrer Formen.« (zit. in Fenollosa 95)

Literatur

Ellis, Steve, »On ›In a Station of the Metro‹« https://www.modernamericanpoetry.org/criticism/steve-ellis-station-metro (Zugriff 25. 1. 2021)

Fenollosa, Ernest. *Das chinesische Schriftzeichen als poetisches Medium.* Übers. von Eugen Gomringer. Berlin: Matthes & Seitz 2019.

Lowell, Amy. *Selected Poems.* Hg. von Melissa Bradshaw und Adrienne Munich. New Brunswick: Rutgers University Press 2002.

Lowell, Percival. *The Soul of the Far East.* Teddington / Middlesex: Echo Library 2007.

Miner, Earl. *The Japanese Tradition in British and American Literature.* Princeton, NJ: Princeton University Press 1966.

Philosophische Teestunde

Der Tee vereint: Okakura Kakuzo

»Asia is one«, schrieb 1903 Okakura Kakuzo. Auch wenn der Himalaya Trennungen aufwirft, Asien sei geeint durch die Liebe zum Äußersten und Universalen. (1903, 1) Der Kosmopolit und Pan-Asiat hatte Ernest Fenollosa als Dolmetscher gedient, mit ihm eine Studienreise durch Europa und die USA unternommen und war schließlich Direktor der Abteilung für Ostasien im Kunstmuseum von Boston geworden. In Indien besuchte er Tagore, er wirkte auf Vivekananda und Heidegger, ebenso wie auf Ezra Pound. Weltbekannt wurde er aber durch sein *Buch vom Tee* (1906), das er auf Englisch schrieb. Damit verteidigte er die klassische japanische Kunst vor der Welt und wehrte sich gegen die totale Verwestlichung der japanischen Kultur. Der Westen nenne Japan erst zivilisiert, »seit es begann, auf den mandschurischen Schlachtfeldern Massenmord zu begehen«. (Okakura 1981,12) Barbarisch und kindlich dagegen erscheine Japan dem selbstgefälligen Durchschnittseuropäer, wenn es um die schönen Künste des Friedens gehe.

Eine solche Friedenskunst breitet er nun in dem Buch aus. Er zeigt die Verwurzelung des japanischen Teekults in der chinesischen Kultur – die Geburt des Teeismus aus dem Taoismus sozusagen –, ja, er führt ihn noch bis Indien zurück: auf »die süße Sprödheit des Konfuzius, die Schärfe des Laotze, den ätherischen Duft des Sakyamuni« (ebd. 11). Fürwahr Panasiatismus in der Teeschale. Teegeräte, Teehäuser, die Zeremonie, all dem wird bis in die feinsten ästhetischen Verästelungen nachgespürt. So entsteht ein sehr poetischer Klassiker der Teekultur, der bis heute lesbar ist und das eigene Teetrinken anreichern mag. Er ist aber auch zu lesen als Aufforderung zu größerem gegenseitigen Verständnis: »Die Kontinente sollten doch aufhören, sich gegenseitig Epigramme zuzuwerfen.« (ebd. 15)

Tee und Zeit: Graf Kuki Shuzo zwischen den Kulturen

Kaffee mag ein Stimulans sein, Tee aber dient der Bedächtigkeit, dem Nachsinnen nach dem Flüchtigen. Wo das eine in die Zukunft weist, ruft das andere Vergangenes auf. Der größte Erinnerungszyklus der Literatur, Marcel Prousts *Auf der Suche nach der verlorenen Zeit* geht auf eine Tasse Lindenblütentee zurück, in die eine Madeleine getaucht wurde. Ein frankophiler Japaner, Graf Kuki Shuzo, der sich mit der Zeit, ihrer Dauer und Flüchtigkeit beschäftigte, wurde von Prousts Werk angeregt, japanische Haikus zu interpretieren. Bei Basho Matsuo, dem Dichter des 17. Jahrhunderts, der die kleine Gattung so berühmt machte, fand er eine ähnliche Zeitstruktur:

Oh, Tachibana-Blüten!
Wann? Es war auf den Feldern.
Horch, der Kuckuck!

Eine einzige Minute, so schrieb der Japaner, die aus der chronologischen Fessel der Zeit entlassen ist, setzt in uns etwas frei, so dass wir diese Minute noch einmal erleben dürfen. Eine dritte Art, der Zeit zu entkommen, wie Christopher Benfey notiert: nicht die Verneinung, wie es die Buddhisten halten, nicht die Bejahung des Willens über die Zeit, wie es die Samurai tun, sondern die Erinnerung. (Benfey 289)

Ein Gespräch von der Sprache: Heidegger und ein Japaner

An diesen Japaner erinnert sich Martin Heidegger in seinem »Gespräch von der Sprache« zwischen einem Japaner (J) und einem Fragenden (F):

J: Sie kennen den Grafen **Shuzo Kuki**. Er hat mehrere Jahre bei Ihnen studiert.

F: Dem Grafen Kuki gehört mein bleibendes Andenken.

J: Er ist zu früh gestorben. Sein Lehrer Nishida hat ihm die Grabinschrift geschrieben und über ein Jahr lang an dieser höchsten Ehrung für seinen Schüler gearbeitet.

F: Zu meiner großen Freude besitze ich Aufnahmen von Kukis Grab und von dem Hain, darin es steht.

J: Ich kenne den Tempelgarten in Kyoto. Der Garten wurde Ende des zwölften Jahrhunderts von dem Priester Honen auf dem östlichen Hügel der damaligen Kaiserstadt Kyoto als Ort der Besinnung und Versenkung gegründet.

F: So bleibt denn dieser Tempelhain der gemäße Ort für den früh Verstorbenen.

J: Galt doch all seine Besinnung dem, was die Japaner iki nennen.

F: Was dieses Wort sagt, konnte ich in den Gesprächen mit Kuki stets nur aus der Ferne ahnen. (Heidegger 83 f.)

Der Japaner, Graf Kuki Shuzo (1888–1941), gehörte zu jenen Kulturvermittlern, die zwischen Frankreich, Deutschland und Japan wechselten und diese Kulturen bereicherten, hierin ein getreuer Schüler seines Lehrers und angeblichen Vaters Okakura Kakuzo.

Kukis Mutter, einst Geisha, hatte sich einmal in den Ästheten und Philosophen verliebt; seither hält sich das hartnäckige Gerücht, Kuki sei ihr uneheliches Kind mit ihm. Okakura jedenfalls gab Kuki gute Voraussetzungen für ein Leben zwischen den Sprachen und Kulturen mit. 1911 ließ Kuki sich katholisch taufen. Acht Jahre hielt er sich in Europa auf, studierend und schreibend; auch war er wohl, ähnlich wie Mori Ogai, sozial und kommunikativ und machte viele literarische und philosophische Bekanntschaften. In Heidelberg studierte er den Neo-Kantianismus bei Heinrich Rickert. Sein Tutor hieß Eugen Herrigel, den wir noch als Bogenschützen kennenlernen werden.

In Paris begegnet er Henri Bergson, dessen Philosophie über die Zeit ihn fasziniert. Er schreibt Prosagedichte, die an Baudelaire und das alte Japan erinnern. Denn Japan lässt ihn nicht los: Er schreibt an einem Traktat über den Begriff des *iki* – eines jener schwer greifbaren japanischen Konzepte (vergleiche wabi-sabi) – eine Form von Stilsicherheit, die direkt und spontan, aber auch verhüllt und angedeutet sein kann. Er studiert ab 1927 wieder in Deutschland, diesmal in Freiburg, wo er Heidegger kennenlernt – im Haus von Edmund Husserl. Auch Karl Löwith, der Heidegger-Schüler, gehört zu seinem Freundeskreis. Während der Nazizeit wird Kuki dem Emigranten eine Stelle in Japan verschaffen.

Die Bezüge zwischen Heidegger und Japan sind vielfältig und komplex. In keinem anderen Land der Welt wird der Philosoph so verehrt und studiert. Heidegger selbst verdankt einige Ausdrücke – etwa »In-der-Welt-Sein« – der japanischen Kultur, wenn auch nur in deutschen Übersetzungen, in diesem Fall wohl aus Okakuras *Buch vom Tee*. In seinem »Gespräch von der Sprache«, in dem er sich an den Grafen erinnert, werden weitere ostwestliche Unterschiede und Gemeinsamkeiten in der Begrifflichkeit besprochen. Interessant ist, dass man auch über einen Film spricht: *Rashomon* (1950) von Kurosawa Akira. Darin geht es um die Frage: Was ist Wahrheit, wenn wir nur verschiedene Perspektiven auf eine Tatsache kennen? Es geht auch um Schuld, Scham und Gerechtigkeit. Der Film wühlte die Welt damals auf, nicht nur aufgrund der großartigen Kameraführung, sondern auch weil es um die Verarbeitung von Gewalt ging, also indirekt um den Zweiten Weltkrieg.

Martin Buber war einer jener, die von dem Film tief berührt waren. Der Regisseur Kurosawa sollte im Übrigen zu einem Meister der ostwestlichen Verständigung mit den Mitteln des Films werden. Man denke an seine *Macbeth*-Verfilmung (*Das Schloss im Spinnwebwald*, 1957), die auf den Westen ebenso zurückwirkte wie seine *Sieben Samurai* (1954).

Das Gespräch des Fragenden und des Japaners driftet jedoch in eine andere Richtung,:

> J: Die filmische Vergegenständlichung ist bereits eine Folge der immer weiter vorausgreifenden Europäisierung.
> F: Ein Europäer wird nur schwer begreifen, was Sie sagen. (Heidegger 106)

Wir kommen also wieder in das Haus der Sprache, der Bedeutungen und der Begriffe zurück. Am Ende heideggert es gewaltig, und man möchte dieses so vielversprechende Gespräch beiseitelegen.

Graf Kuki in Frankreich

Der bei Heidegger gern erinnerte Graf Kuki, dessen Betrachtungen zum *iki* ihm nie ganz klarwurden, setzte seine Reise durch das Europa der zwanziger und dreißiger Jahre fort. Er kehrte nach Frankreich zurück, wo er sein Französisch aufbessern wollte, um Autoren wie Paul Valéry oder Alain zu lesen, große Essayisten also, denn der Essay war sein wahres Genre. Er nahm sich wieder einen Tutor, und diesmal war es kein Geringerer als Jean-Paul Sartre, der gerade sein Studium beendete. Sartre machte er wiederum aufmerksam auf Heidegger. Als Sartre 1933 Heidegger in Deutschland besuchte, hatte er einen Empfehlungsbrief von Kuki in der Tasche. (Benfey 283) Kukis Name war in Frankreich nun bekannt geworden, er wurde zu den berühmten Treffen von Pontigny eingeladen – in die Abteikirche des Klosters, das einst einem Thomas Becket als Zuflucht vor dem englischen König diente. Von 1910 bis 1939 versammelte hier der Schriftsteller Paul Desjardins in den »Dekaden von Pontigny« die Hautevolee der europäischen Literatur und Philosophie zu zehntägigen Gesprächen.

Als Kuki seine zwei Reden über die Zeit hielt, lauschten ihm André Gide, Nikolaus Berdjajew und Ernst Robert Curtius. Kuki nimmt hier, wie Benfey bemerkt, auf unheimliche Weise Ideen von Albert Camus vorweg. Zwanzig Jahre, bevor der Existenzialist die Figur des Sisyphos in ihrer Absurdität und ihrem Edelmut als Grundfrage menschlichen Daseins thematisiert, widmet Kuki dem Mythos ähnliche Gedanken. Ebenso der Frage des Freitods, die für beide Denker zentral ist. Kuki, wie könnte es anders sein, bezieht sich wieder auf den Selbstmord des Generals Nogi im Jahre 1912, auf den auch Mishima Yukio zurückkommen wird. In seinem zweiten Vortrag, diesmal über die Unendlichkeit in der japanischen Kunst, redet er unter anderem über japanische Musik und verbildlicht sie mit der berühmten Welle Hokusais. Und er liefert den Hinweis, dass Claude Debussys »La mer« sich auf dieses Bild bezieht und daher Gemeinsamkeiten mit der japanischen Musik und Kunst habe. Debussy stand dem Salon Japonais in Paris nahe, in dem man sich intensiv mit japanischer Kultur beschäftigte. Paul Claudel, der Asienkenner, seine Schwester, die Bildhauerin Camille Claudel und Stéphane Mallarmé gehörten dieser Gruppe an. Debussy und Camille Claudel schauten sich gemeinsam gerne Hokusais Holzschnitte an. Man fühlte sich von den Farbtönen angerührt wie von einem Musikstück. (Guth 92)

Es gibt Zeiten, in denen der Kulturtransfer sich wellenartig bewegt, so groß ist die Euphorie, die Erwartung neuer Einheiten und Verschmelzungen, der Jubel über Fremdheit und Ähnlichkeit zugleich. Doch es ist nur ein Moment. Wir wissen nicht, was mit den Fischern in ihren Booten auf dem Bild im nächsten Augenblick passieren wird. Auch das ist Kultur-transfer, mit allen Risiken und Hoffnungen. Vor diesem Hintergrund darf man Graf Kuki durchaus als einen japanischen Wellenreiter bezeichnen.

Literatur

Benfey, Christopher. *The Great Wave. Gilded Age Misfits, Japanese Eccentrics and the Opening of Japan.* New York: Random House 2003.

Heidegger, Martin. »Aus einem Gespräch von der Sprache. Zwischen einem Japaner und einem Fragenden« in *Unterwegs zur Sprache.* Pfullingen: Neske 1971, 83–155.

Guth, Christine M. E. *Hokusai's Great Wave. Biography of a global icon.* Honolulu: University of Hawaii Press 2015.

Okakura, Kakuzo. *The Ideals of the East.* London: John Murray 1903.

– *Das Buch vom Tee.* Übersetzt von Horst Hammitzsch. Frankfurt/M.: Insel Verlag 1981.

Bogenschießen, Zen und Politik

Zen in der Kunst des Vergessens: Eugen Herrigel

Ein deutscher Philosophieprofessor namens Eugen Herrigel, ein Neukantianer mit einem starken Interesse an der Mystik, kommt 1924 mit seiner Frau nach Japan, um an der Universität Sendai Philosophie zu lehren. Seine Frau stirbt wenige Monate nach der Ankunft. Der Philosoph, der ein Jahr darauf wieder heiratet, ist auf der Suche nach einer Übung mystischer Art. Wo kann er das, was er über Japan gehört hat, ausüben? Seine Beschäftigung mit der europäischen Mystik stieß immer wieder an die Grenze, die Übung heißt. Gegenüber den sprachlichen Wundern eines Meister Eckharts, gar der philosophischen Reflexion darüber, verblasste das Tun selbst. Es ist in Asien, insbesondere Japan, wo dieses Tun einen Namen hat: Zen. Mit dem Zen, so scheint es dem Philosophen, müsste es einen Übungsweg geben mit Stationen. Zeremonien und Rituale könnten hilfreich sein. So helfen ihm die neuen Kollegen in Nordjapan auf den Weg. Warum nicht Bogenschießen? Das könnte auch seine Frau mitpraktizieren, denn in Japan ist das traditionelle Bogenschießen auch für Frauen gedacht. Seine Frau könnte sich zudem in der Kunst des Blumensteckens, des Ikebana, und der Tuschemalerei üben – auch eine Form des Zen, wie man glaubt. Der Philosoph ist's zufrieden, er hat ja Erfahrung im Pistolen- und Gewehrschießen, das müsste doch eine gute Voraussetzung sein!

Aber das war es nicht, im Gegenteil. Sein Meister lehrte ihn das Schießen und Treffen und Zielen zu vergessen, sich selbst zu vergessen. Sein Ich auszulöschen, in einem langsamen, qualvollen Prozess, der sich über Jahre hinzieht. Wie erniedrigend, immer wieder auf einen Strohsack in ein paar Meter Entfernung zu schießen! Für einen deutschen Philosophen und Sportschützen dazu! Aber Eugen Herrigel beugt sich dem Reglement, er übt, lernt, überwindet Hindernisse, scheitert, steht wieder auf, schießt weiter. Allein die körperliche Kraft, die aufzuwenden ist, um einen ordentlichen japanischen Bogen zu spannen. Ein alter, knöcherner, fast muskelloser Greis kann das, er aber nicht.

Es gibt eine ganze Reihe von handwerklichen Griffen zu lernen, von Schritten über Haltungen bis zu Atemtechniken. Der Atem ist zu bewältigen, man muss sich dessen bewusst werden, man muss ihn wirken lassen, so dass die Muskelkraft gar nicht mehr nötig ist. Der Atem muss einen, muss uns atmen. Nicht ich schieße, sondern etwas schießt. *Es* schießt, so wie *Es* durch mich atmet. All das muss sich automatisieren, so dass es, wie es ihm nach fünf Jahren dann scheint, wie ein Tanz vollzieht, mühelos, unbewusst, dem Tänzer gleich in Kleists »Über das Marionettentheater«. Jahre später schreibt der Philosoph ein kleines Buch über seine Erfahrungen mit dem Bogen, *Zen in der Kunst des Bogenschießens* (1951). Es wird ein Weltbestseller, und vor allem in den USA, an der Westküste, avanciert es zu einem Kultbuch. Allein die Tatsache, dass das Buch neue Titel über die Jahre und Jahrzehnte gebiert, ist ein Zeichen seines Erfolges: *Zen in the Art of Motorcycle Maintenance* (ein Roman von Robert M. Pirsig, 1974), *Zen in the Art of Dressage* (Pferdedressur), Ray Bradburys *Zen in the Art of Writing* (1973), Zen in der Liebeskunst, im Businees oder in der Kunst der Kaffeezubereitung. Zen ist alles, Zen ist nichts. Man kann damit Motorräder reparieren oder Ballett tanzen, Schweine schlachten oder Lego spielen. Jedenfalls wurde das Buch zu einer Bibel für viele, die nun wissen, dass man viel üben muss, bevor man Meisterschaft erreicht. Erleuchtung ist kein Konsumartikel, sie muss hart erarbeitet werden. Eine Erkenntnis, die protestantische Ethik und deutschen Fleiß anspricht, aber auch alle in der

Abb. 10: Japanischer Kyudo-
Bogenschütze

Welt, die sich auf einem Weg zu einem besseren oder höheren
Selbst machen wollen. Herrigels Buch trug so mancher immer
bei sich, wie zum Beispiel der Altmeister der Marionettenkunst,
einer der großen Puppenspieler der Welt, Albrecht Roser. Ihm
wurde es eine Bibel, wie so vielen anderen Künstlern.

Kyudo und Nationalismus

Herrigels Aufenthalt in Sendai von 1924 bis 1929 fällt in eine
Zeit, als Deutschland sich wieder Japan zuwendet. Nachdem
die beiden Länder im Ersten Weltkrieg verfeindet waren,
nahm man 1920 neue diplomatische und kulturelle Beziehungen auf. Deutschland und Japan, das war über die Jahrhunderte hinweg ein gegenseitiges Beobachten, zum Teil Lernen
voneinander, zum Teil geprägt von Missgunst und Hochmut

auf deutscher Seite. Zwar gab es auch in der Vergangenheit immer wieder Fürsprecher für die ferne, exotische Nation, im deutschsprachigen Raum etwa Hugo von Hofmannsthal oder Stefan Zweig. Aber Japan blieb doch fremd. Zu den wenigen Literaten, die Japan in diesen Jahrzehnten erreichten und beschrieben, gehörte Max Dauthendey (1867–1918), ein heute weitgehend vergessener Impressionist, den es um die Welt trieb und der schließlich in Java starb. Japanische Kunst hatte ihren Weg über Frankreich auch nach Deutschland gefunden. Politisch allerdings waren die Beziehungen viel wechselhafter. Mal sympathisierten die Deutschen mit der japanischen Modernisierung, mal bauten sich Ängste auf vor einer weiteren »Gelben Gefahr« in Fernost, mal belächelte man den kindlichen Charakter der Japaner und betonte, dass sie doch alles nur nachahmten und keine originale Kultur hervorgebracht hätten. Insbesondere war man stolz, dass Japan das preußische Militär als Vorbild genommen hatte, wobei man gerne davon ausging, dass Japan eigentlich das meiste überhaupt Deutschland verdanke.

Gegen solche Ansichten gab es vereinzelten Widerstand, etwa vonseiten des Theologen J. Witte, der *Japan zwischen zwei Kulturen* (1928) schrieb. Witte sah, dass Japan sich zerrieb zwischen den Ansprüchen der alten und der westlichen Kultur. Der Geopolitiker Karl Haushofer, der sich von 1907 bis 1910 in Japan aufhielt, warnte davor, die fernöstliche Insel zu unterschätzen; man solle vielmehr die Gemeinsamkeiten zwischen deutscher und japanischer Mentalität suchen. In einem Werk über die Geopolitik des pazifischen Raumes gibt er Japan eine Vormachtstellung. Haushofer (1869–1946) gehörte zu jenen, die den Begriff »Lebensraum« für die Nationalsozialisten aufbereitet haben; er war ihnen durch Rudolf Heß lange Zeit verbunden (allerdings gehörte sein Sohn Albrecht zum Widerstand und wurde in der Folge des 20. Juli 1944 hingerichtet). Seine engen Verbindungen zu Japan verhalfen der Achse zu vielen Formen der Kooperation. Grundlage war die Hochachtung vor der japanischen Mentalität und Effizienz, wie vor der Kultur des Landes überhaupt. Eine Zeitlang also hatte das »Preußen Asiens« gute Karten bei der deutschen Regierung.

Hakenkreuz und Herrigel

Am 25. Februar 1936 wehte die Hakenkreuzfahne über dem Bau der Deutsch-Japanischen Gesellschaft in Berlin. Damit zelebrierte man einen Vortrag mit dem Titel: »Die ritterliche Kunst des Bogenschießens«. Der Referent hieß Prof. Dr. Eugen Herrigel. Herrigel war 1929 aus Japan zurückgekommen und war zum Professor für Philosophie an der Universität Erlangen ernannt worden. In seinem Vortrag berichtete er über seine Erfahrungen in Japan als Schüler eines Kyudomeisters, die zahllosen Übungen und den Wunsch nach Erleuchtung. Es war eine Kurzfassung des Buches, das einmal seinen Ruhm begründen würde. Zwei Jahre später trat er in die NSDAP ein und wurde Prorektor seiner Universität. Im letzten Kriegsjahr sehen wir ihn noch als Rektor. Wie weit hat er sich mit den Nationalsozialisten gemein gemacht? Inwiefern war das Bogenschießen eine Vorbereitung auf den Faschismus? Arbeit, Übung, Anstrengung sind deutsche und japanische Werte. Der Wille, sein Selbst zum Wohl des Volkes zu opfern, eine gewisse Kamikazementalität findet sich auch in beiden Kulturen. Das Bogenschießen ist die Summe solcher Werte, führt aber nicht zwangsläufig in eine politisch regressive Form. Wie alle Fähigkeiten kann auch diese als Waffe wie Werkzeug gebraucht werden. Ähnlich äußerte sich einmal der mit Herrigel befreundete Daisetz T. Suzuki: Zen kann alles werden, gut und böse. Eine weitere Frage, die sich bei Herrigels Klassiker stellt, lautet: Wie genau gibt sein Buch das Bogenschießen als Zenübung wieder?

Der Schuss: Lost in Translation

Als Herrigel über die christliche Mystik zum Zen-Buddhismus gelangte, zeigte sich seine Bereitschaft, das Vertraute im Fremden zu suchen. Der japanischen Kulturkritiker Shoji Yamada sieht darin jedoch auch eine Falle, in die man gerne tappt, wenn man sich zwischen den Kulturen bewegt. Bei Herrigel sieht er mehrere solche Trittfehler: Der Philosoph konnte kein Japanisch und brauchte einen Dolmetscher. Diesem Umstand geschuldet sind Übersetzungsprobleme, die sich dann kulturell im Westen fortpflanzten. Herrigels Meister Awa gehörte nicht in eine anerkannte Kyudohierarchie. Seine Behauptung, Kyudo und Zen seien essenziell identisch, gilt als fragwürdig. Grundsätzlich kann man beobachten: Zen wird per Kyudo in den Westen exportiert, mutiert dort und kehrt zurück als ein Bild, das für die Japaner zum Inbegriff des Japanischen wird: die enorme Bedeutung des Zen für die japanische Kultur, die sich in Zengärten, Kampfkünsten, Teezeremonie oder Ikebana zeigte. Herrigels Frau Gusty hat mit ihrem Buch *Zen in der Kunst des Blumen-Weges* ebenfalls diese Verwandtschaft aufgezeigt. Auch Herrigels Freund Daisetz Suzuki, der genau diese national getönte Sicht verbreitete, hat die Identifizierung von Zen mit Japan oft bestätigt.

Am Beispiel der Übersetzung eines Ausrufes beim Bogenschießen kann man kulturelle Differenzen ermessen. Wenn ein Schuss gelang, soll Meister Awa gerufen haben: »Sore desu!«, was so viel heißt wie: »Das ist's!« oder »That's it!« Der Dolmetscher aber sagte: »›It‹ shot.« – »›Es‹ hat geschossen.« Dieses *Es* ist der kulturelle Dreh- und Angelpunkt einer Begegnung zwischen Ost und West, in diesem Fall einer Begegnung zwischen zwei sehr entfernten Sprachen. Das Japanische kennt keine Entsprechung zum deutschen »Es«, das wir als unpersönliches Pronomen gebrauchen, z. B. wenn wir sagen: »es regnet« oder »es ist kalt«. (Yamada 53) Für Herrigel fand aber gerade durch dieses linguistische Missverständnis eine Begegnung zwischen

Ost und West statt. Er sah darin das mystische Es eines Meister Eckhart, die Ablösung vom Ich. Der christliche Mystiker habe diese zwar gepredigt, doch habe er nicht zeigen können, welche konkreten Übungen auf einem solchen Weg notwendig sind. (ebd. 67)

Herrigel kehrte 1929 nach Deutschland zurück, um seine Professur in Erlangen anzutreten. Zwischen 1941 und 1943 sollte er noch einmal in Sendai unterrichten, unterließ dies aber wegen der Kriegsbedingungen und der gefährlichen Überfahrt. Japan war seine große Liebe. Doch der Krieg scheint ihn vom wissenschaftlichen Arbeiten und auch vom Bogenschießen abgehalten zu haben. Ein geplantes Buch über Meister Eckhart konnte er nicht mehr schreiben. Im Sommer 1944 brachte die Universität Erlangen einen Feldpostbrief von Herrigel über »Das Ethos der Samurai« heraus. Deutscher Soldat und japanischer Samurai, die sind ihm nun eins geworden: Der Sinn des Daseins eines Soldaten sei, sich für sein Vaterland zu opfern, moralisch werde »das Sterben gelehrt«. (Obereisenbuchner 7)

Von 1944 bis April 1945 war Herrigel Rektor der Universität Erlangen. Es folgte die Zeit des Entnazifizierungsverfahrens, bei dem er betonte, nicht freiwillig in die NSDAP eingetreten und kein Antisemit gewesen zu sein; die Universität Erlangen habe er vor Schlimmerem bewahrt. Rassenhass und Rassenideologie verwerfe er grundsätzlich. Er wurde 1948 rehabilitiert, doch gleichzeitig auch emeritiert. 1955 starb er mit 71 Jahren.

Von Japan in den Schwarzwald: Karlfried Graf Dürckheim

Deutsche Zenenthusiasten standen oft dem Nationalsozialismus nahe. Nicht anders der Philosoph, Therapeut und Meditationslehrer Karlfried Graf Dürckheim (1896–1988). Dürckheim erarbeitete sich einen guten Ruf mit seiner »initiatischen

Therapie« in seinem Meditationszentrum in Todtmoos / Rütte. Hier hatte er Schüler aus der ganzen Welt und praktizierte die meditative Umsetzung zen-buddhistischer Techniken für den Westen. Erst bei genauerem Hinsehen fallen weniger ansprechende Aspekte auf, die seine Vergangenheit betreffen. Man muss sie, ähnlich wie bei Herrigel, zur Kenntnis nehmen, ohne das Kind Zen mit dem Bade auszuschütten. Es gilt aber darauf zu achten, dass Zentechniken (Todesverachtung, Aufhebung des Selbst, Konzentration, Energie) nicht instrumentalisiert werden für egoistische und ideologische Zwecke gleich welcher Provenienz. Da Zen und das Irrationale, das nicht Berechenbare eng verwandt sind, neigen politische Richtungen, die das Irrationale zu ihrer Legitimation benutzen, besonders zu einer Allianz mit dieser Form des Buddhismus.

In den Jahren nach dem Ersten Weltkrieg lebte in München noch der Impuls weiter, der in der Boheme vor dem Krieg begonnen hatte. Damals trafen sich Okkultisten, Graphologen oder Schauspielerinnen mit Lebensphilosophen und Malern – wunderbar persifliert in Franziska Gräfin zu Reventlows Roman *Herr Dame* (1913). Der kosmisch-exzentrische Überschwang lebte fort in künstlerisch-philosophischen Kreisen, in denen man Rainer Maria Rilke, Else Lasker-Schüler oder Ludwig Klages weben und reimen sah, oder auch den Sinologen Richard Wilhelm. Nina Kandinsky erwähnt in ihren Erinnerungen *Kandinsky und ich* (1967), dass in der von Henry van de Velde erbauten Villa der Familie Dürckheim Bauhausmeister immer willkommen geheißen wurden. Der junge Graf Karlfried, Jahrgang 1896, hatte mit 18 noch am Ersten Weltkrieg teilgenommen, war unverwundet geblieben (trotz Verdun) und schloss sich nach dem Krieg den rechten Freikorps an. Um 1920 lernte er seine erste Frau kennen, Enja oder Eva Maria von Hattenberg. Einmal besuchten sie einen Maler und Enja setzte sich auf einen Tisch. Neben ihr lag das Buch eines chinesischen Philosophen, Laozi. Wie nebenbei schlug Enja das Buch auf und las den Elften Spruch aus dem *Tao Te*

King. Es dürfte die Übersetzung Richard Wilhelms gewesen sein:

Dreißig Speichen treffen die Nabe,
aber das Leere zwischen ihnen erwirkt das Wesen des Rades …

Dürckheim bekennt in seinen Erinnerungen, dass dieses Bild der Leere bei ihm wie ein Blitz einschlug. Er erfuhr es als »schaffende Wesenheit«: »Der Vorhang zerriss, und ich war erwacht. Ich hatte ES erfahren … unendlicher Kraftgewinn und die Sehnsucht zur Verpflichtung – auf was hin?« (zit. in Wehr 96, 38)

Ja, auf was hin? Dürckheim studierte Nationalökonomie und Psychologie und widmete sich der Mystik des Meister Eckhart. Hier ist er wieder: der Ruf nach Asien über den Weg mittelalterlicher Mystik. Nach verschiedenen Stationen in München und Kiel kam er nach Leipzig und wurde Assistent des Gestaltpsychologen Felix Krueger, der auf dem Lehrstuhl für experimentelle Psychologie Nachfolger des großen Wilhelm Wundt war. Ganzheitlichkeit wurde hier großgeschrieben, die Einheit von Erfahrung und Theorie, ein lebensphilosophischer Ansatz. Das war ganz nach dem Geschmack Dürckheims, dessen Dissertation in eine ähnliche Richtung wies (*Erlebnisformen – Ansätze zu einer analytischen Situationspsychologie*). Hier lernte Dürckheim seine spätere, zweite Frau Maria Hippius kennen, die zunächst aber den Balten Rudolf Hippius heiratete, einen Kollegen des Grafen am Lehrstuhl. Dieser Rudolf Hippius wurde in der Nazizeit forschend tätig. Unterstützt von seiner Frau beschäftigte er sich mit dem »völkischen Resonanzraum« und untersuchte die Voraussetzungen für eine »Umvolkung« polnischer Gebiete, um diese mit »Germanen« zu besiedeln. Völkerpsychologie (die ja schon Wilhelm Wundt betrieben hatte) und Rassismus gingen hier Hand in Hand und bereiteten die künftigen ethnischen Säuberungen und Massaker vor.

In den 1940ern stand Hippius Heydrich in Prag zur Seite und setzte dessen NS-Politik gegen die tschechische Bevölkerung als SA-Obersturmführer mit um. Er starb 1945 in einem sowjetischen Gefangenenlager. Dürckheim und Maria Hippius trafen sich drei Jahre später wieder in Todtmoos/Rütte im Schwarzwald, wo Hippius eine graphologisch-psychotherapeutische Schule aufbaute. 1985 heirateten sie.

Zurück zu Dürckheims früher Karriere. 1927 bis 1930 arbeitete er in Leipzig, dann zwei Jahre als Dozent am Bauhaus in Dessau. Während sein Lehrer Krueger sich für die NSDAP stark machte – später sollte er allerdings von den Nazis unter Druck gesetzt werden wegen judenfreundlicher Äußerungen –, begab sich der Schüler in den Dienst der nationalsozialistischen Außenpolitik. Reichsminister des Auswärtigen Joachim von Ribbentrop gefielen sein Report über seinen Besuch in Südafrika ebenso wie seine guten Verbindungen zu Großbritannien. Nun kam aber heraus, dass Dürckheim ein sogenannter »Vierteljude« war, seine Großmutter war Jüdin. Ribbentrop entließ ihn, doch fand er eine Stelle für ihn in der Presseabteilung des Auswärtigen Amtes. Man suchte jemand, der sich für die Auslanddeutschen in Japan einsetzte, und da kam der weltgewandte Adlige Dürckheim recht. So wurde er zweimal nach Japan gesandt, 1938–39 und 1940–45. Seine Aufgabe bestand darin, Propaganda für den Nationalsozialismus zu machen, die Achse zu stärken und die geistigen Verbindungen zwischen Japan und Deutschland zu vertiefen. Als er nach Japan kam, war er schon ein ausgewachsener Nazi. Auf der Schiffsreise nach Südafrika hatte er etwa seinen Tageslauf notiert: Um halb acht am Schreibtisch und erst mal eine halbe Stunde *Mein Kampf* lesen, »das gibt die Einstellung für den Tag«. (zit. in Wehr 78) In Japan hielt er zahlreiche Vorträge, in denen er den Nationalsozialismus pries und die Verbundenheit deutscher Tugenden mit japanischen Werten völkisch untermauerte.

Betreut wird er von seinem japanischen Begleiter Yanasigawa, der auch Sekretär von Daisetz Suzuki ist. So führt ihn

allmählich der Weg zum Zen. Auch den Bogenlehrer von Herrigel lernt er kennen – Herrigel selbst ist ja inzwischen wieder
in Deutschland und dort ebenfalls im Sinne des Nationalsozialismus tätig. Wie Herrigel nimmt auch er Unterricht im Kyudo.
Dürckheim kommt so den Mysterien des Zen näher, lernt die
Teekunst kennen und meditiert in Klöstern. Seinem anderen,
politischen Selbst – oder ist es dasselbe? – scheint dies keinen
Abbruch zu tun. Er ist einfach hingerissen davon, dass Japan
jetzt ganz Südostasien beherrscht, das ist einfach gewaltig!
1944 erhält er das Kriegsverdienstkreuz Zweiter Klasse und redet über einen »völkischen«, aber zugleich »übervölkischen«
Satori.

Sein Biograph Gerhard Wehr sieht hier erste Anzeichen für
einen Durchbruch in eine andere Wirklichkeit jenseits der üb-
len Politik, deren Diener Dürckheim bis dahin war. (Wehr 120)
Dürckheims Kritiker wie die Trimondis oder Bieber wollen
und können diese Schizophrenie nicht erklären, und vielleicht
ist sie ja keine. Sie wollen auch nicht seine meditative Phase,
den Erfolg seiner initiatischen leibbezogenen Therapie und
seine Rolle als westlicher Zenlehrer thematisieren. Das ist eine
mögliche Einstellung, und sie war auch notwendig, aber inzwischen scheint sie mir nicht mehr ausreichend, weil sie auf eine
andere Weise ebenfalls verdrängt und sich nicht dem Phänomen des problematischen und doch inspirierenden Menschen
als Ganzem stellt. Eine Verdrängung, die unter umgekehrten
Vorzeichen vom Meister selbst praktiziert wurde, der in seiner Festschrift zum 80. Geburtstag alle seine Publikationen in
der Bibliographie zwischen 1933 und 1945 unterschlagen ließ.
(Bieber 60) Später behauptete er gern, ein Nazi sei er nicht gewesen, aber auch kein Anti-Nazi (Wehr 66).

Mitunter dringt in Gesprächen mit seinem Anhänger Alphonse Goettmann etwas durch die Fassade. So redet er über
den Schein, den jede Person aus Selbsterhaltung pflegen
müsse. Im Psychodrama sei ihm klar geworden, dass wir oft zu
einer Verlogenheit im äußeren Erscheinungsbild gezwungen

seien. (Dürckheim 1985, 115) Wie C.G. Jung ging es Dürckheim in seiner Therapie um die Integration des Schattens, der
jedem Menschen eigen ist. Seine Anhänger jedoch wollen seinen Schatten nicht wahrhaben. Wehrs taktvolle Biographie,
die die biographisch dunklen Seiten nicht auslässt, kam nicht
bei jedem gut an. »Schattenkräfte erzeugen gifte [sic] Dämpfe,
die über der ganzen Atmosphäre eines Menschen, seiner Ausstrahlung liegen«, sagt Dürckheim im Interview. (ebd. 113)
Es ist, als sei diese Atmosphäre manchmal in seiner Sprache
erkennbar, im Jargon der Eigentlichkeit, den er pflegt, in den
vielen Forderungen nach Transzendenz, Transparenz und We-
sentlichkeit; überhaupt *west* es heftig in seinen Formulierungen. Sein Sprachduktus ist schwer verdaulich und zeigt eher
Spuren von Selbsttherapie oder Selbstverschleierung. Als Therapeut scheint er jedoch erfolgreich gewesen zu sein, was viele
seiner Anhänger in aller Welt bezeugen können.

Sicherlich sprach er auch in eigener Sache, als er sagte, der
»Augenblick, in dem ein Mensch sich der Verdrängung seines
Wesens bewusst wird und die Wesenlosigkeit seiner bisherigen
Daseinsform erkennt, kann den Anfang eines neuen Lebens
kennzeichnen, des Lebens auf dem initiatischen Weg.« (ebd.
114)

Zen – eine unendliche Geschichte: Michael Ende

Paulo Coelho ist nicht der einzige Autor von Bestsellern, der
seine Affinität zu Herrigel, zum Bogenschießen und Zen be-
kundet hat. In seiner Botschaft ist dem Brasilianer ein deutscher Autor vergleichbar: Michael Ende. Seine Zivilisati-
onskritik speist sich ebenfalls aus Romantik und ökologischem
Denken. Ende hatte eine enge Beziehung zu Japan, zumal er
von 1989 bis zu seinem Tod im Jahre 1995 mit einer Japanerin
verheiratet war. 1983 stellte er ein Lesebuch mit seinen Lieb-

lingstexten für den S. Fischer Verlag zusammen. Darin finden sich neben Texten von Autoren wie Rudolf Steiner, Goethe, den Gebrüdern Grimm, Dostojewski, Kafka, Tanja Blixen, Rilke und Borges auch zwei Auszüge, die den Fernen Osten repräsentieren: zum einen die berühmte Geschichte vom Philosophen, der nicht wusste, ob er den Schmetterling träumt oder dieser ihn (Zhuangzi); zum anderen ein Auszug aus Herrigels Buch über *Zen in der Kunst des Bogenschießens*. Es geht dabei um die absichtliche Absichtslosigkeit, ein Schießen auf ein Ziel, aber doch ohne Ziel. Kein schießendes Ich, sondern ein Ich, das geschossen wird. »Wenn die Spannung erfüllt ist, muss der Schuss fallen, er muss vom Schützen abfallen wie die Schneelast vom Bambusblatt, noch ehe er es gedacht hat.« (Herrigel 60)

Mit dieser Einstellung scheint Ende selbst seine wichtigsten Werke geschrieben zu haben. Zu *Jim Knopf* schrieb er zunächst nur einen Satz nieder: »Das Land, in dem Lukas der Lokomotivführer lebte, war nur sehr klein.« Alles Weitere ergab sich daraus, ähnlich wie bei Tolkien, der eines Tages auf den Rand einer zu korrigierenden Studentenarbeit den Satz schrieb: »In a hole in the ground there lived a hobbit.« Damals wusste er selbst noch nicht, was ein Hobbit war und wohin das alles führen sollte. Für Ende folgte dann ein Satz auf den anderen, sie entstanden aus der Logik des Materials, wie beim Malen. Vielleicht inspirierte ihn sein Vater Edgar Ende, »Deutschlands einziger Surrealist« (wie Samuel Beckett 1937 schrieb) zu solchen Prozessen. In der Bibliothek des Vaters fand er auch die Werke von Lafcadio Hearn, vermutlich in der schönen, von Emil Orlik illustrierten sechsbändigen Ausgabe (1905–1910) im Rütten & Loening Verlag. Die Übersetzerin Berta Franzos war Österreicherin und mit dem galizischen Autor Karl Emil Franzos verwandt. Sie übersetzte auch noch einen anderen Klassiker über Japan, Percival Lowells *The Soul of the Far East* (1888), das 1911 als *Die Seele des Fernen Ostens* bei Diederichs erschien, einem Verlag, der sich besonders für asiatische Philosophie einsetzte. Ich erwähne das, weil es zeigt, welche Schwingungen der Jahrhundertwende in die Jugendzeit Michael Endes hineingehen, denn er hatte diese Bücher alle schon als Kind gelesen.

Auch Bücher über japanische Kunst waren ihm zugänglich und eben Eugen Herrigels Buch über das Bogenschießen. (Shigematsu 125). In einem Gespräch mit dem japanischen Zenpriester und Professor Soiku Shigematsu, der Endes Buch *Momo* auf seine Zenechos hin abklopfte, bekennt sich der deutsche Autor zum Zen. Es habe ihn in hohem Maße beeinflusst. Dabei gehe es um ganz natürliche und alltägliche Erfahrungen, etwa wenn er einen italienischen Töpfer beobachtet habe, der tagtäglich dieselben Töpfe aus Ton geformt und gebrannt hat. Und er habe immer die richtige Menge Ton genommen, nichts musste dazu- oder weggetan werden. Ende sieht hier den zenhaft richtigen Griff zur rechten Zeit, die richtige Bewegung im Augenblick bei Jongleuren, Seiltänzern oder Pianisten, und es war sein Ziel, so schreiben zu können: »dass man nichts weglassen muss und nichts hinzufügen muss« (ebd. 127). Zen hat er sich nicht angelesen, sondern die spätere Lektüre, sei es Herrigel, Suzuki oder andere haben ihm nur bestätigt, was er als Kind schon wusste und was er Momo sein lässt: ein Mensch in seiner natürlichen Art, im richtigen Moment das Rechte tuend. Es ist charakteristisch, dass die Rezeption von Zen, und hier insbesondere Herrigel, durch seine Dekontextualisierung (sowohl von japanischen als auch deutschen Kontexten) die Komplexität von Texten abschleift und auf ihre Brauchbarkeit hier und heute reduziert. Es handelt sich hier um Vorgänge, bei denen kein Platz für langwierige Überlegungen über die jeweiligen Bedingungen politischer und historischer Art mehr bleibt. Ob Herrigel nun den richtigen Lehrer hatte und wieweit welche Zensekte nationalistisch geprägt war – das fällt alles mit den Jahren und der räumlichen Entfernung unter den Tisch. Übrig bleibt eine Lebensanweisung, die sich anwenden und gegebenenfalls verkaufen lässt, weil in der aufnehmenden Kultur des Westens der Resonanzboden gegeben ist.

Zu Herrigels problematischer politischer Einstellung würde Michael Ende vielleicht mit einer Frage geantwortet haben. Sie findet sich unter den »Vierundvierzig Fragen an den geneigten Leser« zu Beginn von *Mein Lesebuch*: »Erwartet man zu Recht von einem Maler, der ein gutes Christusbild malt, dass er selbst eine Art Christus sein sollte?« (Ende 1983, 8)

Manche Japaner waren übrigens davon überzeugt, dass *Momo* von einem Japaner geschrieben worden war. Ende machte dies glücklich, und er hielt es für ein gutes Zeichen. (Shigematsu 133) Warum dies? Es ist der Traum von einer großen Gemeinsamkeit, einer Ebene, auf der sich asiatisches und europäisches Denken treffen sollten. Im Zeitalter der Globalisierung sah Ende allerdings auch die Gefahr einer breiartigen Vermengung aller Kulturen. Stattdessen hoffte er, fern von Nationalismus und Rassismus, dass alle Kulturen ihr jeweilig »Bestes und Wertvollstes einbringen« könnten, »ohne Identitätsverlust«. (ebd. 133)

Literatur

Benz, Ernst. *ZEN in westlicher Sicht. Zen-Buddhismus – Zen-Snobismus*. Weilheim, OBB: O. W. Barth.

Bieber, Hans-Joachim. »Das Spannen des völkischen Bogens. Graf Dürckheim in Japan.« Idee. Zeitschrift für Ideengeschichte, Heft XIII / 2 Sommer 2019, 53–61.

Dürckheim, Karlfried Graf. *Mein Weg zur Mitte. Gespräche mit Alphonse Goettmann*. Freiburg: Herder 1985.

Ende, Michael. *Mein Lesebuch*. Frankfurt/M.: S. Fischer 1983.

Faust, August, Hrsg. *Zen. Der lebendige Buddhismus in Japan*. Ausgewählte Stücke des Zen-Textes. Übersetzt und eingeleitet von Ohasama Shūei. Mit einem Geleitwort von Rudolf Otto, Gotha: Perthes 1925.

Gülberg, Niels. »Eugen Herrigels Wirken als philosophischer Lehrer in Japan«. Waseda Blätter 4 / 5 (1997 / 98) 41–66, 44–60. http://www.f.waseda.jp/guelberg/publikat/herrigel.htm (Zugriff 24. 1. 2021)

Herrigel, Eugen. Zen in der Kunst des Bogenschießens. Frankfurt/M.: S. Fischer 2003.

Obereisenbuchner, Matthias. »Eugen Herrigel und der westliche Blick auf die fernöstliche Philosophie« (Vortrag 2005, Garmisch-Partenkirchen): http://kyu-do.de/download/Herrigel_Kyudo.pdf (Zugriff 25.1.2021)

»Herrigels Zen und das Bogenschießen.« In: Bernhard Scheid (Hg.), Religion-in-Japan: Ein Web-Handbuch. Universität Wien, seit 2001 (Stand: 25.2.2020). URL: https://www.univie.ac.at/rel_jap/an/Grund begriffe/Stereotype/Herrigels_Zen?oldid=74427 (Zugriff 25.1.2021)

Pekar, Thomas. »Held und Samurai. Zu den ideologischen Beziehungen zwischen Japan und Nazi-Deutschland«. Archiv für Kulturgeschichte 90 (2008) H. 2, S. 437–448.

Sharf, Robert H. »The Uses and Abuses of Zen in the Twentieth Century«, in Inken Prohl/Hartmut Zinser (Hg.): Zen, Reiki und Karate – Japanische Religiosität in Europa, Münster/Hamburg/London: Lit Verlag, 2002, 143–154.

Shigematsu, Soiku. MOMO erzählt Zen. Aus dem Japanischen von Michael Weissert. Zürich: Theseus 1991.

Trimondi, Victor und Victoria. Hitler – Buddha – Krishna. Eine unheilige Allianz vom Dritten Reich bis heute. Wien: Ueberreuter 2002, 194–213.

Wedemeyer, Bernd. »Von Asien nach Europa: Aspekte zur Rezeptionsgeschichte fernöstlicher Körperpraktiken«, in Prohl/Zinser, 249–266.

Wehr, Gerhard. Karlfried Graf Dürckheim. Leben im Zeichen der Wandlung. Freiburg: Herder 1996.

Zotz, Volker. Auf den glückseligen Inseln. Buddhismus in der deutschen Kultur. Berlin: Theseus 2000.

Prophet des Zen im Westen: Daisetz T. Suzuki

Auf dem Weltparlament der Religionen in Chicago war er noch fast unsichtbar. Anwesend war er einzig durch eine Übersetzung, in der erstmals der japanische Buddhismus als Zen einer Weltöffentlichkeit vorgestellt wurde. Der Zenpriester Shaku

Soen aus dem Kloster Engakuji hatte ihn dazu gebeten, denn er, der mit einigen anderen Japanern 1893 nach Chicago ging, um eine kurze Rede zu halten, sprach kein Englisch.

Ein halbes Jahrhundert später war dieser japanische Übersetzer eines einzelnen Textes *der* Übersetzer des Zen-Buddhismus für den Westen überhaupt geworden. Sein Werk wurde ein Tunnel, durch den sich westliche, vor allem amerikanische Intellektuelle bewegten, um den Geist des japanischen Zen in sich aufzunehmen. Kein anderer Interpret des Zen konnte sich, zumindest nach der Auflagenzahl seiner Bücher, mit ihm messen; keiner hatte einen solchen Einfluss auf westliche Literatur, Philosophie und Psychologie.

Daisetz (wie er sich statt *Daisetsu* schrieb) Taitaro Suzukis Werke fanden sich in jedem gepflegten Hippiehaushalt und westlichen Selbstfindungsregal der 1950er bis 1980er Jahre. Seine Einführungen in den Zen-Buddhismus sind bis heute weltweit die bekanntesten. Eugen Herrigel schrieb das Vorwort zur deutschen Ausgabe von *Leben aus Zen* (1955, übersetzt von Ursula von Mangoldt, Nichte von Walther Rathenau und Mitarbeiterin von Karlfried Graf Dürckheim). Er stellt die immer wieder richtige Frage: Wie kann man über etwas reden und schreiben, wenn sich doch dieses Etwas, die Erfahrung der Erleuchtung, satori, eben nicht zur Sprache bringen lässt? Um dieses Paradox dreht sich eigentlich das gesamte Werk dieses Gelehrten. Vor allem ist er ein Vertreter der Koan-Schulen (der Rinzai-Sekte), das heißt, im Mittelpunkt seiner Lehre stehen Rätsel und Paradoxe, die den Mönchen von ihren Meistern gegeben werden und die sie lösen müssen. Es ist wie bei *Alice im Wunderland*: Das Nicht-Rationale in Form von Tieren und Fabelwesen stellt die Logik auf den Kopf und löst Denkprozesse aus oder blockiert das Denken, um einer anderen Logik Platz zu machen. Im Zen geschieht dies mit Sprache, aber auch nonverbal.

Der Buddhismus im Ganzen ist voll solcher Geschichten, die die Unaussprechlichkeit aussprechen. Hat der Hund eine

Buddha-Natur? Antwort: Mu! Im Koan, in den auch alte literarische Sprachspiele eingehen, die uns Abendländern gar nicht vertraut sind, kommt die Unaussprechlichkeit zur Blüte. We are all mad here, könnte man mit der Cheshire-Katze im Wunderland sagen. Christliche, jüdische und islamische Mystik drehen sich ebenfalls um das Unsagbare. Suzuki muss diese Unmöglichkeit angetrieben haben, seine vielen Bücher zu schreiben und die vielen Übersetzungen buddhistischer Schriften aus dem Chinesischen, Japanischen und dem Sanskrit zu erstellen. Seine japanische Ausgabe umfasst an die 30 Bände, die englische Ausgabe ist noch gar nicht beendet. Unübersehbar sein Einfluss auf Literatur, Philosophie und Psychologie, insbesondere die Gestaltpsychologie. Kein Zenforscher kommt an ihm vorbei: Alan Watts, Paul Reps, Heinrich Dumoulin, Hubert Benoit oder Pater Enomiya-Lassalle. Übrigens eine Frage, die sich angesichts dieser Liste stellt: Wo sind die Frauen, die sich mit Zen beschäftigt haben? Ist es vornehmlich eine männliche Domäne oder gibt es keine Medien, die über sie berichten?

Schon früh stellt Suzuki sich religiöse Fragen, wie er in einem autobiographischen Bericht festhält. (Suzuki in Abe 3 f.) Als Junge will er von dem Zenpriester des Tempels in seinem heimatlichen Kanazawa wissen, was es mit diesem Zen auf sich hat. Doch der ist wenig gebildet und kann oder will nicht antworten. Ein christlicher Missionar gibt dem Jungen später die Bibel, er solle *Genesis* lesen. Aber die Bibel scheint ihm sinnleer und gibt keine Antworten auf seine Fragen. Warum sollte ein Gott überhaupt eine Welt erschaffen? Wozu? Der Missionar kann es ihm nicht erklären, auch nicht, wer denn Gott erschaffen habe. Außerdem trägt dieser Christ immer so ein großes Bündel mit Schlüsseln herum – was hat er nur zu verschließen, hier in dem dörflichen Ambiente, wo alle Türen aufstehen? Ein erster Besuch bei einem Zenmeister entmutigt ihn, denn der behandelt ihn unwirsch. Er wird Englischlehrer an einer Schule für Adlige, die von niemand anderem als General Nogi geleitet wird, jenem Helden des russisch-japanischen Krieges. Suzuki heiratet eine Amerikanerin, was ihm viele Feinde einbringt und zu seiner Kündigung vom Schuldienst führt. Während des Studiums (westliche und asiatische Sprachen) in Tokyo nimmt er Zenunterricht in Kamakura. Hier lernt er Shaku Soen kennen, für den er den Redetext übersetzt. Shaku Soen hatte unter anderem noch bei dem Reformator Fukuzawa Yukichi studiert, den wir als Teilnehmer der ersten japanischen Delegation in den USA gesehen haben.

Meister Soen traf in Chicago mit dem Deutsch-Amerikaner Paul Carus (1852–1919) zusammen, und daraus entwickelte sich eine Freundschaft. Carus war ein religiöser Freigeist mit Hang zum Buddhismus. Er schrieb philosophische und theologische Bücher (u. a. über Kant, Nietzsche und Goethe) und sah sich als Vorkämpfer für eine interreligiöse Bewegung. Man darf ihn mit dem Monismus assoziieren, er fühlte sich auch Spinoza und dessen Pantheismus verwandt und nannte sich einen Atheisten, der Gott liebte. Als ein solcher verfasste er eine Darstellung der Lehre Buddhas: *The Gospel of Buddha.* Soen hatte die Idee, seinen Schüler Suzuki mit ihm in Kontakt zu bringen. Er sollte Carus bei der Übersetzung von Laozi helfen. So lebte Suzuki einige Jahre in Chicago bei Carus und unterstützte diesen bei seinen publizistischen Arbeiten.

Nach seiner Rückkehr nach Japan avancierte er zum größten Vermittler von Zen im Westen. Wie so oft, fand in diesem Prozess der Aneignung des Fremden eine Dekontextualisierung statt: Zen musste westtauglich werden. Suzuki konnte helfen, denn er war nicht nur mit dem Buddhismus, sondern auch mit westlicher Philosophie und Mystik vertraut, so mit Meister Eckhart oder Emmanuel Swedenborg, den er einmal einen »Buddha des Nordens« nannte. In diesem Zuge verliert der Zen bei Suzuki seine spezifischen historischen Komponenten aus der buddhistischen Tradition und kann sich als nicht religiöse Botschaft vielen Zwecken und Medien andienen – von der Therapie bis zur Politik. Der Psychologe Erich Fromm organisierte 1957 in Mexiko eine Tagung über Psychoanalyse und Zen-Buddhismus, zu der Suzuki einen gewichtigen Vortrag beitrug. Auch haben sich christliche Priester oder Mönche von diesem konfessionslosen Zen inspirieren lassen wie der deutsch-japanische Jesuit Hugo Enomiya-Lassalle oder der amerikanische Trappist Thomas Merton.

Allerdings hat man Suzuki vorgeworfen, mit seiner Einstellung zum Zen den japanischen Nationalismus der Kriegszeit und den deutschen Faschismus unterstützt oder geduldet zu haben. (Victoria 208 ff.) Sein Freund Graf Dürckheim war ihm in dieser Hinsicht jedoch weit voraus. Für solche Nähe zum Totalitarismus wurde Suzuki etwa von Arthur Koestler in die Schranken verwiesen. Suzukis Propaganda eines »Krieger-Zen«, der die japanische Expansion in Asien sowie den Krieg mit Amerika unterstützte, ist dokumentiert worden, vor allem durch den Zenpriester und Buddhologen Brian Victoria aus Auckland. Er behauptet, dass Suzuki in der Zeit des Nationalismus seinen Zen an die militärisch-politischen Ziele des Landes anpasste – auch, um weiterhin schreiben und lehren zu können. Allerdings sollte man auch die präzise und quellengesättigte Kritik an Victoria zur Kenntnis nehmen. Andere Kritiker behaupten, Suzuki hätte auch während des Krieges abweichende Meinungen geäußert. (Sato) Ein letztes Wort ist in dieser Frage noch nicht gesprochen.

Im Westen galt Suzuki nach dem Krieg jedenfalls als weiser, gütiger Mensch, der wie kein anderer die Zentradition verkörperte. Daher ist es interessant zu lesen, dass die ersten Amerikaner, die nach dem Krieg aus spirituellen Gründen Kontakt mit ihm aufnahmen, Mitglieder des Internationalen Kriegstribunals in Japan waren, das die Kriegsverbrechen Japans im Fernen Osten untersuchte. Später wurden sie selbst große Zenlehrer: Philip Kapleau (*The Three Pillars of Zen*, 1965) und Richard de Martino. Kapleau war einer der Hauptberichterstatter in den Nürnberger Prozessen und wurde später nach Tokyo gesandt, um dort ebenfalls zu berichten. Für beide war

die Frage nach Suzukis Verhältnis zu den Kriegsverbrechen
wichtig. Er scheint sie aber in seiner Haltung so überzeugt zu
haben, dass sie seine Schüler wurden. Erich Fromm, der Psychologe und jüdische Emigrant in Mexiko, wusste möglicherweise nichts von Suzukis früheren Äußerungen. Er nahm ihn
als bescheidenen, selbstlosen Mann wahr, der nur allzu gerne
seinen chassidischen Geschichten lauschte (in Abe, 127–130).

Zen Beat

Gary Snyder, einer der Kumpanen von Ginsberg und Kerouac,
las Suzuki erstmals 1951 beim Trampen in der Wüste Nevadas.
Er hatte *Essays in Zen* kurz zuvor in einem »metaphysischen«
Buchladen in San Francisco entdeckt: »Die Größe des Raumes
und der Mangel an Autos gaben mir viel Zeit, darin zu lesen«.
(in Abe 207) Später traf er Alan Watts, einen weiteren Zenguru
und Schüler Suzukis, und so begann allmählich das Zenfieber
der Beats. Man las chinesische Gedichte in Arthur Waleys
Übersetzung, Ezra Pound und die Zenbücher von R. H. Blyth.
Religion und Ökologie, Liebe und Natur wurden hier auf den
Punkt gebracht und Teil einer Absage an die moderne, indus-
trialisierte Welt mit ihren verkorksten, leistungszentrierten Le-
bensentwürfen. Suzuki machte Zen in seinem hervorragenden
Englisch lebendig. Dieser Zen, der in Japan von Intellektuellen
nicht mehr geachtet wurde, erlebte seine Wiederauferstehung
im Westen. Buddhismus, Taoismus, Gandhis Pazifismus, Thoreaus ziviler Ungehorsam oder Kropotkins Anarchismus vereinigten sich mit Zen-Buddhismus. (ebd. 208) Suzukis Schriften
waren ein Grund dafür, dass Snyder schließlich Chinesisch
und Japanisch studierte und eine Zeitlang in einem Zenkloster
lebte. Enttäuscht war er allerdings, dass die schönen Gespräche mit japanischen Literaten und Dichtern immer dann ver-
ebbten, wenn die Rede auf Zen kam. Sie assoziierten diesen

eben mit Autoritätsdenken, Militarismus und feudal-patriar-
chalischem Denken. Dennoch: Snyder blieb Suzuki treu, den
er 1961 besuchte, weil er ihm Zen durch einen schöpferischen
Sprung trotz aller historischen Verschränkungen wieder zugänglich gemacht hatte. (ebd. 209) Wenn die eine Kultur das
Kind mit dem Bade ausschüttet, was verständlich und vielleicht zeitweise notwendig ist, so kann die andere Kultur das
Kind retten und neue Bäder dafür suchen.

Der Streit um Zen geht weiter. Es gibt Kritiker, die ihn mit
der nationalistischen Ideologie identifizieren, andere, die
ihn freisprechen oder diese Verbindung relativieren. (Victoria 319–325) Der amerikanische Abt eines Zenklosters, John
Daido Loori, sagt, eine Erleuchtung ohne Moral sei keine Erleuchtung. (Victoria 325 f.) Wenn es eine Wiedergeburt des
Zen geben soll, dann, so Brian Victoria, müsse man ihn auf
die Lehre des Buddha zurückführen. Kurz gesagt: »Unterlasse
alles Böse. Tue Gutes, wann immer du kannst. Und handle zum
Wohl aller fühlenden Wesen.« Das sind die Verse, die man in
Zenklöstern zu den Mahlzeiten rezitiert. (Victoria 336, 386)

Literatur

Abe, Masao. *A Zen Life: D. T. Suzuki Remembered*. New York und
Tokyo: Weatherhill 1986.
Fromm, Erich, D. T. Suzuki, Richard de Martino. *Zen-Buddhismus und
Psychoanalyse*. Frankfurt/M.: Suhrkamp 1972.
Dumoulin, Heinrich. *Zen im 20. Jahrhundert*. Frankfurt/M.: S. Fischer
1993.
Sato, Kemmyo Taira. »Brian Victoria and the Question of Scholarship«,
The Eastern Buddhist 41 (2), 2010, S. 139–166.
https://web.archive.org/web/20141129205714/http://web.otani.ac.jp/
EBS/Brian%20Victoria%20and%20the%20Question%20of%20Scho
larship.pdf (Zugriff 25. 1. 2021)
Suzuki, Daisetz T. *Leben aus Zen. Eine Einführung in den Zen-Buddhis-
mus*. Bern: O. W. Barth 1990.
Victoria, Brian. *Zen, Nationalismus und Krieg. Eine unheimliche Allianz*. Berlin: Theseus 1999.

Japan als Traumland und Exil

Philosoph im japanischen Exil: Karl Löwith

Als sich Karlfried Graf Dürckheim in den nationalsozialistischen Kreisen Japans tummelte, dürfte er wohl kaum Kontakt zu den anderen Deutschen gehabt haben, für die Japan ein temporärer Fluchtort vor dem Naziregime war. Deutschland übte zwar zunehmend Druck auf Japan aus, auch dort antijüdische Maßnahmen durchzuführen, aber es gab zeitliche Verzögerungen, die Schutzräume ermöglichten. So war der Zwillingsbruder von Katja Pringsheim, der Frau von Thomas Mann, als Komponist und Dirigent seit 1931 in Tokyo und musste seinen Aufenthalt in der Nazizeit verlängern. Als jüdischer Musiker war er eine Zeitlang geschützt, denn für die Japaner spielte in dieser Kunst das Judentum keine Rolle. 1937 wurde er jedoch entlassen, später interniert und ausgebürgert, schließlich aber nach dem Krieg wieder in Japan als Professor an der Musikakademie von Tokyo tätig. Viktor Klemperer erhoffte sich über den Kontakt mit Pringsheim eine Stelle in Tokyo, um Nazideutschland zu entfliehen. Doch deutsche Romanisten wurden dort nicht gebraucht, eher Germanisten und Philosophen.

Karl Löwith war Philosoph, Schüler von Edmund Husserl und Martin Heidegger, er lehrte in Marburg. 1933 musste er mit seiner Frau emigrieren, da er jüdischer Herkunft war. Zunächst half ein Rockefeller-Stipendium in Italien. 1936 kamen sie nach Japan. Graf Kuki Shuzo kannte ihn noch aus seinen Freiburger und Marburger Zeiten und vermittelte ihm eine Professur in Sendai, wo zuvor ja schon Eugen Herrigel gelehrt

hatte. Kuki war ihm »die personifizierte Vornehmheit, Aufmerksamkeit und Zurückhaltung und wahrhaft freundschaft-
lich für meine Zukunft in Japan bedacht.« (Löwith 2001,90) Im
selben Jahr wurde auch der Pädagoge Eduard Spranger als Kul-
turbotschafter nach Japan gesandt. Sprangers Verhältnis zum
Nationalsozialismus war ambivalent – zunächst eher positiv,
später kritisch. Löwith sah hier einen Zeitgenossen, der sich
in seinen Vorträgen in Japan noch dem System andiente, etwa
mit Vergleichen zwischen dem japanischen Ritterideal und
dem germanischen Ehrenkodex, zwischen Samurai und preu-
ßischem Offizier »und andere Torheiten mehr« (Löwith 1989,
113). Gleichzeitig fand er bei Spranger einen »verblasenen
Idealismus«, der gegen die Rohheit der neuen Zeit nicht mehr
gewappnet sei.

In Japan lernte Löwith andere Emigranten kennen – einen
deutschen Juristen etwa, der leidenschaftlich nazifeindliche
Zeitungen las sowie »zwei deutsche Lehrer, die nicht im nationalsozialistischen Lehrerbund waren: einen witzigen Sachsen
und den sechzigjährigen Dr. P., der sich mit der Gesandtschaft
und allen Nazis verkracht hatte«. (ebd. 117) Vor allem aber traf
er auf offizielle Vertreter des deutschen Regimes, so auf Dr. D.,
der in Japan als »Kulturwart der NSDAP Landesgruppe Japan«
agierte. Dabei handelte es sich um den Japanologen Walter
Donat, der nach dem Krieg vor allem als Übersetzer japanischer Gegenwartsliteratur bekannt wurde. Andere hatten von
Rudolf Steiner zu Adolf Hitler gefunden. 1938 marschierten
dreißig Mann Hitlerjugend durch Japan, um es den Japanern
mal zu zeigen, wobei einer der Regimegegner meinte, das sei
eine Heilsarmee, der man durch Marschieren das Denken
austreibe. Löwith konnte dem nur zustimmen; die Vorträge
des Dr. D. über das Heldische und anderes würden diese Aus-
löschung des Denkens noch weiterbefördern. Als er einmal an
einem Vortragsraum vorbeiging, hörte er Parolen wie Kame-
radschaft, Ehre, Treue, Disziplin und Kriegserlebnis. (ebd. 119)
Japan diente ihm nicht nur als Exil, er befasste sich auch ein-

gehend mit der Kultur des Landes. In einem erst kürzlich aus dem Nachlass publizierten Manuskript kommentiert er Mori Ogai und dessen Kritik an Eduard Naumann, der Japans Modernisierungseifer kritisiert hatte. Löwith verteidigt Naumann und führt an, dass dieser japanischer denke als sein japanischer Kritiker, denn Naumann warnte vor einer kritiklosen Anpassung Japans an den Westen. Das wollte der nach Westen ausschauende Mori Ogai damals aber nicht hören. (Löwith 2019, 11)

Im neuen Exil um 1942–43, in den USA, versucht sich Löwith noch einmal an Japan, das nun Feindesland ist, und verfasst einen Essay über den japanischen Geist, als »Porträt der Mentalität, die wir verstehen müssen, wenn wir siegreich sein wollen«, wie der Untertitel lautet. Darin skizziert er eine amphibische Kultur: »Die Japaner tragen zwei Arten von Kleidung – Kimonos daheim und Anzüge im Büro.« (Löwith 2013, 21) Die Verwestlichung sieht er skeptisch. Wenn ein Philosoph die Hegel'sche Dialektik in der japanischen Götterwelt anwende und die drei Geschenke der Göttin Amaterasu an den Tenno – Schwert, Spiegel und Juwel – als Anwendung von These, Antithese und Synthese ansehe, zeige dies doch eine Form von Überanpassung. Japan sei archaisch und primitiv, zugleich aber sehr zivilisiert – vom Essen bis zum Wohnen. Deutsche Nationalsozialisten in Japan seien immer etwas neidisch auf dieses Volk, weil der Führerkult dort schon so lange und gleichsam natürlich verankert sei und Gehorsam gegenüber dem Kollektiv und der Familie die Grundlage des Zusammenlebens bilden.

Löwiths sicherlich auch problematische Vereinfachungen (»Kultur des Fühlens«, »Humorlosigkeit«) enthalten einen interessanten Verweis, den wir immer wieder bei deutschen Emigranten in Japan finden: Sie fühlen sich an die griechisch-römische Antike erinnert, der in Japan aber ein modernes Kleid übergestülpt wurde. Das waren sicherlich auch Versuche der Emigranten, mit Hilfe ihres bildungsbürgerlichen

Hintergrunds eine Art von geistiger Heimat in einer total andersartigen Fremde zu finden. Dafür waren Brücken notwendig, auch wenn sie nur metaphorisch waren. Schon Lafcadio Hearn sah in vielen Phänomenen der japanischen Kultur Antikes aufleuchten, das ihm von Europa her vertraut war, zumal er ja griechische Wurzeln hatte. So nun auch Löwith. Ahnenkulte, Bräuche, der Familienschrein, das erinnerte ihn an die frische, vorchristliche Antike. (ebd. 55)

Antike im Exil: Bruno Taut und Kurt Singer

Ähnlich argumentierte ein anderer Emigrant, der Architekt Bruno Taut (1880–1938), der in Deutschland als »Kulturbolschewist« verfolgt wurde. Auch er war in Sendai tätig, drei Jahre bevor Löwith dort ankam, und entwickelte mit jungen Designern Stühle und Gebrauchsgegenstände im Sinne des Deutschen Werkbundes. (Speidel 2011, 34) Taut hatte früh schon eine Beziehung zu Japan entwickelt. Sie begann am Choriner See, kurz nach der Jahrhundertwende, als ein japanischer Forstlehrling einem Künstlerkreis die japanische Kunst vorstellte. (Speidel 1990, 207)

Als Taut 50 wurde, schenkten ihm die japanischen Gastgeber einen Ausflug zu einem berühmten Bauwerk, der kaiserlichen Villa Katsura in Kyoto. Das Gebäude aus dem 17. Jahrhundert faszinierte ihn, er zeichnete es und schrieb darüber seine Gedanken nieder. Für seine Architekturtheorie wurde der Bau enorm wichtig, weil er in so vieler Hinsicht seiner auf Einfachheit und klaren Proportionen beruhenden Ästhetik gerecht wird – vergleichbar mit der Rolle der Villa Rotonda von Vicenza für die europäische Architektur. In seinem Buch *Nippon mit europäischen Augen gesehen* (1934), das in Japan sehr erfolgreich war, projiziert auch er Winckelmann'sche Vorstellungen der griechischen Antike auf ein fernes Gebäude:

»Unschuld der Form, Reinheit des Materials, Transparenz und völlige Offenheit der Struktur«. (zit. in Ruprechter 223) Taut war Demokrat und von antifaschistischer Gesinnung. Für ihn stellte das klare und transparente Katsura eine Art Manifest auch seiner politischen Einstellung dar. Dennoch wurde seine Schrift vom japanischen Kultusminister für die Schullektüre empfohlen. 1939, da war Bruno Taut schon in Istanbul gestorben, druckte man seine mit Japan sympathisierenden Artikel als Buch unter dem Titel *Die Wiederentdeckung der japanischen Schönheit* und gab es den Soldaten in einer Auflage von 400 000 mit an die Front. (Speidel 1990, 222)

Ebenso griechisch orientiert war der Wirtschaftswissenschaftler Kurt Singer (1886–1962), ein dem George-Kreis nahestehender Denker, der wegen seiner jüdischem Abstammung nicht mehr nach Deutschland zurückkonnte. Fasziniert von japanischer Kultur, war er schon seit 1931 im Lande, zunächst als Dozent an der Kaiserlichen Universität in Tokyo. Später, als die Repressalien gegen Juden auch in Japan zunahmen, wurde er Deutschlehrer an einem Gymnasium in Sendai. Dort lernte er Karl Löwith kennen, der ihn sehr schätzte und sich freute, mit diesem klugen und angenehmen Menschen ähnliche geistige Voraussetzungen zu teilen. (Löwith 2001, 93) 1939 musste er wieder emigrieren, diesmal nach Australien. Er sollte schließlich in seinem geliebten Griechenland sterben. Auch Singer, der ein bedeutendes kulturanthropologisches Buch über Japan schrieb, nahm Bezug auf die oben genannten Geschenke der Göttin, indem er den Titel *Spiegel, Schwert und Edelstein* (postum 1991) wählte. Singer fühlte sich in der japanischen Volkskultur an griechische Maskenzüge, an Dionysien und minoische Symbole erinnert. Den Japanern wünschte er, sie möchten erst einmal Griechen werden, um dann richtig Japaner sein zu können, wie Walter Ruprechter seine Botschaft zusammenfasst. (ebd. 225)

Heimat in diesem fernen Land wurde für alle drei Emigranten über den Umweg Griechenland / Antike überhaupt erst

wieder denkbar, denn mit dem Griechenland von Winckelmann, Goethe, Hölderlin oder Schiller waren sie alle aufgewachsen. Das Griechenlandmotiv bot ihnen einen kleinen Halt
in den unsicheren Zeiten des Exils.

Literatur

Löwith, Karl. *Mein Leben in Deutschland vor und nach 1933.* Frank-
furt/M.: S. Fischer 1989.

– *Von Rom nach Sendai. Von Japan nach Amerika. Reisetagebuch 1936
und 1941.* Hrsg. Klaus Stichweh, Ulrich von Bülow. Mit einem Essay
von Adolf Muschg. Marbach: Deutsches Literaturarchiv 2001.

– *Der japanische Geist.* Berlin: Matthes & Seitz 2013.

– »›Die Wahrheit über Japan‹. Randbemerkungen zu R. Mori [d. h.
Mori Ogai]«. Idee. Zeitschrift für Ideengeschichte. *Die Wahrheit
über Japan.* Heft XIII / 2, Sommer 2019, 5 – 15.

Ruprechter, Walter. Griechisches Japan: Heimatsuche der Japan-Exilan-
ten Bruno Taut und Kurt Singer. In Thomas Pekar, Hrsg. *Flucht und
Rettung. Exil im japanischen Herrschaftsbereich (1933 – 1945).* Berlin:
Metropol 2011, 218 – 228.

Speidel, Manfred. »Bruno Taut (1880 – 1938) ›Ich liebe die japanische
Kultur‹«. In Japanisches Kulturinstitut Köln, Hrsg. *Kulturvermittler
zwischen Japan und Deutschland.* Frankfurt/M.: 1990, 205 – 224.

»Von Weltreisenden zum Emigranten: Bruno Taut und Erica Taut,
1933 – 1948«. In Thomas Pekar, Hrsg. *Flucht und Rettung. Exil im
japanischen Herrschaftsbereich (1933 – 1945).* Berlin: Metropol 2011.
229 – 243.

Ein Semiotiker im Reich der Zeichen:
Roland Barthes in China und Japan

Im Jahre 1970 erschien in Paris das elegant hingezeichnete
Werk eines Vordenkers des Poststrukturalismus, das Japan
zum Thema hatte, Roland Barthes' *L'empire des signes* (dt. *Das
Reich der Zeichen*). »Japan zum Thema« ist eigentlich nicht

ganz richtig, denn Barthes war sich sehr wohl bewusst, dass er eine Collage produzierte, die sich mit dem realen Japan nicht zu decken brauchte. Im Grunde nimmt Barthes Oscar Wildes Vorschlag, Japan sei eine Erfindung, wörtlich und erfindet sich sein eigenes Japan, ein Muster von Signifikanten, die ohne Signifikat bleiben: Er stellt sich ein imaginäres Volk vor, wie in einem Roman, aus dessen Zeichenwelt (Schrift, Gestik usw.) er ein System erschafft mit dem Namen Japan. (ebd. 7)

Manchmal hat man den Eindruck, dass Barthes der Ferne Osten als solcher nicht interessiert, sondern ihm vielmehr als Reservoir von Charakterzügen dient, die beliebig spielerisch kombiniert werden können. Wie ein japanischer Rezensent bemerkte, ist Barthes' Japan eine Phantasiewelt, genau wie in Gilbert und Sullivans viktorianischer Musikkomödie *The Mikado*, die für Japaner nichts Japanisches an sich hat. (Ishiguro) Aber wir wissen auch, dass Roland Barthes Japan liebte und es gerne besuchte. Anders als etwa China, das zwar bei seinen Freunden in den 1970ern hoch im Kurs stand und das er, wie wir sahen, mit Kristeva, Sollers und anderen aus der Gruppe um die Zeitschrift *Tel Quel* bereiste. (Samoyault 624 f.)

Der postmoderne Tross setzte sich in Bewegung, aber es wurde eine offizielle von Funktionären und Agenten begleitete Tour. Roland Barthes' Aufzeichnungen darüber sind kaum enthusiastisch. Die individuelle Unfreiheit war ihm gehörig zuwider, sie spiegelte sich in der Phrasensprache, im fehlenden körperlichen Kontakt. Keine Überraschungen sind hier zu haben. Fragen nach dem alten China werden als reaktionär abgebürstet. Mode, dieses phantastische Zeichensystem, gibt es gar nicht. Alle Frisuren sind gleich, die Gangart ist überall dieselbe. Immerhin kauft er sich schöne Pinsel und Papier zum Kalligraphieren. Außerdem schlägt er vor, dass man sich Mao-Anzüge schneidern lässt. Als man nach Paris in dieser Uniform zurückkommt, gibt es ein großes Hallo beim Empfangskomitee.

Japan dagegen hatte etwas Exquisites für Roland Barthes, auch weil er sich hier sinnlich-sexuell besser entfalten konnte.

Die Zeichensprache des Essens, der Gesten und der Schrift faszinieren ihn sein Leben lang. Er begann, Japanisch zu lernen und zu kalligraphieren. Er las, wohl unter dem Einfluss von Georges Bataille, die Bücher von Suzuki über Zen und Herrigels *Zen in der Kunst des Bogenschießens* (ebd. 537 f.).

Roland Barthes besuchte Japan zunächst einige Wochen lang im Jahre 1966, um ein Seminar zu halten. Japanische Ästhetik hatte für französische Denker immer schon eine besondere Anziehungskraft. Anthropologen wie André Leroi-Gourhan forschten in Japan, Michel Foucault und Claude Lévi-Strauss nahmen das Land in den Blick. Roland Barthes kam mehrmals nach Japan, wo er bald als Theoretiker der Postmoderne gefeiert wurde. Sein Buch zeigt allerdings wenig Spuren des Reisecharakters. Erlebnisse sind nicht tagebuchartig festgehalten, Begegnungen bleiben anonym, Besichtigungen werden heruntergespielt. Er widmet sich einzelnen Phänomenen wie der Sprache, den Essstäbchen, dem Pachinko-Glücksspiel oder der Verpackungskunst.

Das Paradoxe in diesem Buch jedoch ist, dass es sich bei Barthes' Japan nicht um eine reine Erfindung handelt; vorgeführt wird nicht ein reines Phantasiespiel wie etwa in Calvinos *Unsichtbaren Städten* oder gar ein Betrug wie Psalmanazars Formosa. Der Autor, von dem man weiß, dass er souverän mit den Diskursen umgeht, ersann sich ein Zeichensystem, das letztlich doch auf den Diskurs des westlichen Orientalismus zurückführt. Barthes verfällt, wie inzwischen von verschiedenen Kritikern festgestellt wurde, umso leichter ebendiesem Diskurs, als er sich von ihm befreit glaubt – und zeigt damit eine Schwäche, die generell dem Poststrukturalismus anhängt.

Auch er ist nicht vor den Klischees des Essenzialismus gefeit. Themen wie Ästhetisierung und Kleinheit verlocken einfach zur Stereotypisierung. Bei einer Meditation über das Essen bemerkt er, dass die westlichen Speisen durch ihre majestätische Erscheinung beeindrucken wollen, durch ihre Würde, Aufgeblasenheit und Aufhäufung Prestige verkünden, Überfluss – während die orientalische Speise in die andere Richtung drängt, zum unendlich Kleinen und Minimalen. (ebd. 24)

Den Eindruck der Kleinheit, den Europäer von Japan haben, erklärt er damit, dass jedes Objekt, jede Geste »eingeschlossen« (encadré) erscheint. (ebd. 57) Dahinter wird schnell der Vorwurf des Konformismus hörbar, gegen den Japaner aber, nach Barthes, auch Strategien wie Mobilität oder Nichtfixierbarkeit entwickelt haben. (ebd. 58)

Alle seine Beobachtungen – vom Spielautomaten bis zur Schrift – sind von einer Leitidee geprägt, die wie alle Leitideen zur Ideologie werden kann. Diese Leitidee ist bei Barthes nicht mehr nur die Kleinheit, sondern das Nichts, die Leere: eine Kette von Signifikanten ohne Bezug zum Signifikat. Mit anderen Worten: Die Zeichen sind leer. Sei es im Stadtplan Tokyos das leere Zentrum, das den Kaiserpalast umgibt, sei es das Leere, das Fast-Nichts, das in jeder schönen Verpackung als Geschenk überreicht wird. Oder in der Sprache selbst. Und hier stoßen wir an die Grenzen des spielerischen Spiels. Wir wissen, dass Barthes nur wenig Japanisch konnte, sich aber von Informanten Einzelheiten zutragen ließ, die er kunstfertig in seinem Baukasten unterzubringen wusste. Aus diesen Fragmenten sowie dem Klang und dem Sprachgestus schließt er: Das Japanische mache aus dem Subjekt einen großen leeren Umschlag, frei von der Sprache, und habe eben nicht den vollen Kern, der bei uns die Sprache lenke. Das Japanische benenne Eindrücke, mache aber keine Feststellungen. (ebd. 12) Da fragt man sich verwundert, wie denn ein Land zur führenden Wirtschaftsmacht der Erde werden konnte, wenn seine Sprache nur aus Impressionen besteht. An solchen Stellen drängt sich die Impression auf, dass Barthes' Spielkasten sehr zerbrechlich ist. Erstens verwendet Barthes Erkenntnisse anderer ›Japankenner‹, die in die Tradition des Orientalismus gehören. Zweitens wird hier die Konstruktion des anderen erkennbar: Das System Japan muss auf Biegen und Brechen als Gegensystem zu Europa konstruiert werden, wobei die Rückschlüsse für Europa aus postmoderner Sicht immer schlecht ausfallen. Absenz von Sinn ist gut, Präsenz, Fülle sind ideologisch, da logozentrisch. Mit anderen Worten: ein umgekehrter Rassismus, der hier im 20. Jahrhundert Auferstehung feiert als Wiederkehr des romantischen Exotismus und des Edlen Wilden, der nun als fernöstlicher Postmoderner figuriert.

Alterität ist bei Barthes auch physiognomisch verankert. In einem der letzten Kapitel reflektiert er über die Augen der Japaner. Europäische Augen, so Barthes, wölben sich oder liegen in einer Höhle, sie sind Teil einer Skulptur; japanische Augen dagegen ordnen sich der Fläche ein, wie Schriftzeichen. Daraus zieht er den gewagten Schluss, das japanische Gesicht kenne keine moralische Hierarchie. So hatte schon Pierre Loti argumentiert: Wo alles klein ist, muss auch die Moral schäbig sein, verkümmert – das Gewissen als Bonsaibaum. Weil das westliche Auge aber Tiefe aufweist, sei es, nach Barthes, ideologisch besetzt von einer Mythologie der Seele. (ebd. 135) In Japan gibt es also nur Oberfläche, was für den Postmodernen natürlich eine famose Sache ist. Jahrzehntelang hat man sich abgemüht, das Subjekt, den Autor, den Menschen abzuschaffen als Zentrum von Sinngebung, da kommt man nach Japan und darf feststellen: Donnerwetter, die haben diese Fiktionen gar nicht erst eingeführt! Würde man Barthes' Wertungen umkehren, käme man auf die wildesten Blüten des Rassismus zurück, auf einen Cesare Lombroso vielleicht, dessen Verbrechergalerie auf der Messung von Ohren und Schädel beruht. Die Kritik ließe sich fortsetzen (vgl. Pollack). So bleibt ein poetisches Buch, das aus Impressionen Feststellungen macht.

Die englische Reiseautorin Lesley Downer, die auf den Spuren des Haikudichters Matsuo Basho (1644 – 1694) wanderte, unterhielt sich mit einem alten Japaner über die Haikus. Der bedeutete ihr aber, dass sie Basho gar nicht verstehen könne, denn sie sei keine Japanerin. Nur Japaner könnten Basho verstehen. Downer wehrt sich: Nein, es gibt nicht nur die eine Bedeutung, jeder Blick, gerade der fremde sei berechtigt (Downer 256). Darin stecken viele Erfindungen, was aber nicht heißt, dass Japan eine Erfindung sei. Es sind vielmehr die verschiedenen Blickrichtungen, wie in Kurosawas *Rashomon*, die sich ergänzen, widersprechen, überlagern und die schwankende Vorstellung eines Landes namens Japan ermöglichen.

Literatur

Barthes, Roland. *L'empire des signes*. Paris: Gallimard, 1970.
– *Carnets de voyage en Chine*. Paris: Bourgois 2009.
Downer, Lesley. *On the Narrow Road to the Deep North: Journey into a Lost Japan*. 1989. London: Sceptre, 1990.
Ishiguro, Hide. »The Idea of the Orient.« Times Literary Supplement 12. August 1983: 853.
Pollack, David. »Modernism Minceur: Or Is Japan Postmodern?« *Monumenta Nipponica* 44. 1 (1989): 75 – 97.
Samoyault, Tiphaine. *Roland Barthes. Die Biographie*. Frankfurt/M.: Suhrkamp 2015.
Wilde, Oscar. »The Decay of Lying.« *De Profundis and Other Writings*. Harmondsworth: Penguin, 1973.

Ein Poststrukturalist meditiert: Michel Foucault

1978 war ein turbulentes Jahr für Michel Foucault. Die iranische Revolution begann und sollte Chomeini, der 1979 vom *Time Magazine* zum »Mann des Jahres« gewählt werden sollte, an die Macht bringen. Foucault zeigte Sympathie für diese Revolution. Zuvor aber, im April des Jahres, besuchte er zum zweiten Mal Japan, und diesmal, wie um Kraft zu sammeln, das Kloster Seionji in Uenohara, westlich von Tokyo. Der Archäologe der westlichen Kultur beschäftigte sich zu dieser Zeit mit der Disziplin und Askese in christlichen Klöstern, eine nicht unerhebliche Frage für die Geschichte der Sexualität, die er in diesen Jahren entwickelte. Schon länger interessierte er sich für buddhistische Philosophie, wollte aber jetzt wissen, wie die Praxis genau aussieht und welche Regeln und Abläufe in den Zenklöstern gelten. Eines seiner Gespräche mit Abt und Mönchen wurde aufgezeichnet.

Man fragt ihn, ob er, da seine Werke ja fast vollständig ins Japanische übersetzt seien, auch verstanden werde. Foucault scherzt, sein Name sei für Japaner schließlich leichter auszusprechen als Heidegger (Fuko vs. Haidegeru). Ob er verstanden wird, kann er nicht beurteilen. Er ist offen für alle Interpretationen. Aber interessiert er sich denn ernsthaft für Japan? Nicht dauernd, erwidert er. Es geht ihm darum, die Grenzen westlicher Rationalität zu erforschen, und daher ist Japan ein interessantes Rätsel für ihn. Er hat den Eindruck, dass diesmal die westliche Rationalität von einem nicht westlichen Volk kolonialisiert werde. Und Zen? Zen, so Foucault, ist ja nichts originär Japanisches, es kommt aus China, ja sogar aus Indien. Der Gründer der Rinzai-Sekte ist Meister Lin Chi aus China, gestorben 867. Und den schätzt er sehr. Zen ist aber, so Foucault weiter, ganz anders als christliche Mystik. In der christlichen Mystik sucht man die individuelle Beziehung zum Absoluten, man sucht »zu ergreifen, was auf dem Grund der Seele des Individuums liegt«. (Foucault 621) Sage mir, wer du bist – darin liegt die ganze Spiritualität des Christentums. Im Zen aber geht es um eine nicht individuelle Liebe zwischen dem Individuum und »Gott«. Nun will Foucault von den Mönchen wissen, ob man denn Zen vom Buddhismus trennen könne (eine Frage, die sich schon Suzuki stellte). Die Antwort lässt beides zu: Man könne Zen traditionell buddhistisch betreiben oder ihn frei annehmen, gleich von welcher religiösen Konfession aus. Zen sei universell. Ein Mönch will wissen, ob der Osten den Westen spirituell retten könne. Foucault betont, dass er versucht, von eurozentrischen Lösungen fortzukommen (daher auch seine Sympathie für die iranische Revolution). Eine neue Philosophie könne erst nach dem Zusammenbruch des europäischen Imperialismus entstehen, und sie werde entweder von außerhalb Europas kommen oder sich in einem Zwischenraum zwischen Europa und Nicht-Europa entwickeln. Und ob der Marxismus eine Zukunft hat? Foucault erwidert, die kommunistischen Parteien, die in der Welt regieren, seien gar nicht mehr marxistisch.

Ein Mönch sagt zum Abschluss, wie glücklich er sich schätze, dass ein so großer Philosoph in seine kleine Stadt gekommen sei.

Foucault: »Ich bin kein großer Philosoph. Ich fühle mich geehrt durch die Einladung und dass ich an dem Fest für die vor der Geburt gestorbenen Kinder teilnehmen durfte.« Er bedankt sich für den warmen Empfang, denn die Tempel, die er bislang besucht hat, erschienen ihm kalt und verschlossen.

Literatur

Foucault, Michel. »Michel Foucault et le zen: un séjour dans un temple zen«. In *Dits et écrits 3*. Paris: Gallimard 1994, 618–624 [Zitate in meiner Übersetzung].

Ein Niederländer im Zenkloster:
Janwillem van de Wetering

Janwillem van de Wetering erinnert in seinen Interessen und Arbeiten stark an den Sinologen Robert van Gulik. Kein Zufall, dass er ihm eine gewitzte Biographie widmete. Nicht nur waren beide Niederländer, sondern de Wetering konnte ebenfalls neben seinen ostasiatischen Erfahrungen Kriminalerzählungen vorweisen. Sie bringen Zen, Schamanismus, Ritual und Traum in das Genre und ihre asiatische Färbung sticht kontrastreich hervor, denn sie sind zumeist in Amsterdam lokalisiert. De Wetering hatte ein wildes Leben hinter sich, bevor er sich dem Schreiben ganz zuwandte: Drogen, Motorradgang in Südafrika, Meditation. Ein kurzes Studium in London auch, wo ihm der berühmte Philosoph A. J. Ayer vorschlägt, sich einmal mit Zen zu beschäftigen. Das führt ihn nach Japan, wo er in Kyoto zu meditieren beginnt. Nach zwei Jahren verschlägt es ihn nach Australien und schließlich nach Amsterdam, wo er das Textilgeschäft eines verstorbenen Verwandten übernimmt. Gleichzeitig arbeitet er nun als Streifenpolizist. In dieser Profession, mit der er seine Flucht vor dem Armeedienst als junger Mann bezahlt, bringt er es zum Inspektor. Sie erlaubt ihm auch, Erfahrungen im Milieu zu sammeln. Hinzu kommt, dass er sein Französisch aufbessern will, um die Geschäfte mit Frankreich zu verbessern. Dafür liest er neben Sartre auch Georges Simenon. Dessen Krimis inspirieren ihn, und er erfindet bald seine eigenen – mittendrin der lebensweise Commissaris in Amsterdam, der bei seinen Ermittlungen an fernöstlichen Hinweisen nicht spart.

Die Weisheit hatte de Wetering aus einem japanischen Zenkloster, dem berühmten Daitoku-ji in Kyoto mitgebracht, wo er sich über ein Jahr als Zenstudent übte – mit vielen kopfzerbrechenden, moralverstörenden Koans. Das Buch, das daraus wurde, heißt *Der leere Spiegel* (1972). Der Spiegel bleibt tatsächlich leer, am Ende bestellt der heimreisende Mönch sich ein kühles Bier. »›Der leere Spiegel‹, sagte er, ›wenn du das wirklich verstehen könntest, dann gäbe es für dich nichts mehr zu suchen.‹« (van de Wetering 1986, 6) Es ist ein erfrischendes und aufrichtiges Buch, das keine Tabus auslässt und vor allem den Zenadepten als einen malt, der alles andere als ein Heiliger wird. So schreibt er über den religiösen Fanatismus, den er bei der Begegnung mit einem deutschen Jesuiten an sich selbst feststellt. Eigentlich hatte er nur noch Verachtung für diesen Glauben, den ein Mensch in Italien der Welt als Dogma verkündet, für das Zölibat, für die Legenden um einen vagen Erlöser, der vor 2000 Jahren lebte. Der Jesuit vertrat doch eine Glaubensfirma, die dem Untergang geweiht war! Nein, van de Wetering hielt sich inzwischen für etwas Besseres, der Katholik war doch nur bedauernswert. Nur ein paar Worte wechselte er mit ihm, erfuhr aber später, dass auch die Jesuiten meditieren oder sich geißeln, wenn sie in den Exerzitien nicht bei der Sache sind. Die Zenmönche sahen gar einen Heiligen in dem Katholiken, der oft private Gespräche mit dem Zenmeister selbst führte. Alles nicht so einfach! Also half ihm die Geschichte von dem alten Meister im nördlichen Hokkaido, der nie zur Schule gegangen war. Eines Tages erklärten die Mönche diesem, dass es noch andere Religionen gäbe. Davon wusste der Alte bislang nichts und ließ sich eine Bibel aus der Stadt bringen. Ein Mönch las ihm nun daraus vor. Es war die Bergpredigt. Danach sagte der Meister: »›Ich weiß nicht, wer es geschrieben hat, aber wer es auch war, er war entweder ein Buddha oder ein Bodhisattva. Was du mir da vorgelesen hast, ist der Kern von all dem, was ich euch beizubringen versuche.‹« (van de Wetering 1981, 61)

Meine Rowohlt-Ausgabe von 1981 wirbt im Anhang mit Titeln, die das New Age eingeläutet haben. Sie sprechen für sich, auch ohne Autorennamen: *Dies ist Es, Handbuch der spirituellen Wege, Die tanzenden Wu-Li Meister – der östliche Pfad zum Verständnis der modernen Physik: vom Quantensprung zum Schwarzen Loch, Das unvollendete Tier, Das I-Ging für das Wassermann-Zeitalter, Wiederverzauberung der Welt, Nada Brahma – Die Welt ist Klang, Der Zauber von Findhorn.* Hintergrundgeräusche für die neuen Welten, die sich damals auftaten und in die die Bücher von van de Wetering passen, wenngleich sie viel nüchterner und skeptischer sind.

Auch van de Weterings zweites Zenbuch wird dort angekündigt: *Reine Leere*, Untertitel: *Erfahrungen eines respektlosen Zenschülers*. Hier schreibt er über die Zeit nach dem Zen, das er in Japan gelernt hat. In den USA geht er in eine Zengruppe, doch verlässt sie bald wieder. Was er dann mit den unterschiedlichsten Zenjüngern erlebt, fällt in die Kategorie mystische Exzentrik und ist Ausläufer der Hippiekultur, die Asien an die kalifornische Westküste geholt hatte, wie Umberto Eco einmal festgestellt hat.

»Es gibt eine Menge Konkurrenz auf dem Gebiet der Religion. Auch Neid.« So hebt das Buch an, geht weiter mit Gesprächen über die Zenerfahrungen, die verschiedene Adepten in
Japan gemacht haben. Im Zentrum stehen Koans. Mit Ben,
einem Amerikaner, war van de Wetering im selben Kloster gewesen: »Wie ich blieb Ben ein paar Jahre in dem japanischen
Zen-Tempel, erhielt das Mu-Koan, löste es nie und reiste ab.«
(ebd. 8) So ging es vielen der Ehemaligen. Koans können einen
in den Wahnsinn treiben. Durch das lange Sitzen im Zazen
hatte der Autor Hämorrhoiden bekommen. Nun ist er also
auf dem Weg zu jenem Ben, der neuerdings Pagoden an der
amerikanischen Ostküste errichtet. Der indische Guru, den er
auf dem Flughafen in Boston trifft, hält allerdings nicht viel
von den Koans. Sie seien überschätzt. Er hat sie sich einmal
näher angeschaut und kam zu der Erkenntnis, dass sie zwar
geistreich, aber auch gekünstelt und »auf jeden Fall unzurei-
chend« seien.

Was ist ein Koan? Ein Rätsel? Ein Paradox? Was ist der Ton
einer klatschenden Hand? Van de Wetering sieht es so: »Es sind
Rätsel, die absichtlich unklar formuliert sind. Teile fehlen. Kein
Zen-Schüler, weder vor zweitausend Jahren in China noch vor
tausend Jahren in Japan noch heute in den Wäldern von Maine
[…] kann ein bestimmtes Koan verstehen, wenn der Lehrer
nicht vorher ein paar Erklärungen gibt. Und das wird er nicht
tun. Er will, dass man sich in seiner Dummheit windet.« (ebd.
23)

Eine Form des Sadismus also? Selbst Zenlehrer bekommen
Schweißausbrüche bei bestimmten Koans. 1916 erschien ein
Buch mit 281 Koans und ihren korrekten Antworten. Mehrere
Zenmeister sollen es aufgekauft und vernichtet haben, doch
neue Auflagen wurden weiter gedruckt. Aber Koans sind keine
Kreuzworträtsel. Die Antworten dürften immer anders aus-
fallen, je nach Zeit, Ort und Personen. Selbst wenn dieselbe
Antwort käme wie in dem Buch, so wäre es doch eine andere.
Koans sind nicht nur Rätsel, sie produzieren auch weitere. Van

de Wetering ist hin- und hergerissen in diesem Buch, in seinen Büchern überhaupt. Ein Meister kann absolute Macht haben, wenn ich mich ihm ausliefere oder seinem Koan-Verständnis unterwerfe. Und damit beginnt die Sekte. Für einen aufgeklärten, meist rational denkenden Mitteleuropäer wie den Autor ist dies unannehmbar. In-Frage-Stellen heißt das westliche Koan. Gleich macht er sich wieder klein: »Ich wurde, und werde noch immer vom ›großen Zweifel‹ angetrieben, einer Heimsuchung, der kleine Kinder, Betrunkene, Narren und Schizophrene ausgesetzt sind. Es ist ein Fluch, unfähig zu sein, positive Antworten in Bezug auf das ›Wozu‹ und ›Warum‹ zu akzeptieren.« Ein anderer Freund erklärt ihm, warum japanische Meister sich gerne weiße, insbesondere amerikanische Schüler zulegen: Sie wollten einen Krieg gewinnen, den sie militärisch verloren haben – eine neue Art von Imperialismus: »Japanisches Zen wird den Weltraum erfüllen. Das Universum wird sich verneigen, Hai [Ja] sagen und Sushi servieren.« (55)

Tatsächlich fehlt van de Wetering der Respekt vor hochheiligen Traditionen. Lieber als strenge Meister sind ihm Säufer und Exzentriker. »Es muss eine Zeit gegeben haben, da Zenschulung Spaß machte.« (73) Und so zählt er die Lebensläufe von schrägen Zenvögeln auf: von den zwei chinesischen Weintrinkern, die händehaltend über die Berge hüpften und von den Einwohnern versorgt wurden; von dem Zendichter, dem ein Diener seinen Alkohol hinterhertrug zusammen mit einer Schaufel. Sie diente dazu, das Grab des Dichters auszuheben, sollte er bei seinen Trinkgelagen einmal umkommen. Außerdem strippte eine kaiserliche Konkubine für ihn im Mondlicht. Oder Meister und Schüler, die sich gegenseitig ohrfeigten, wenn sie sich Erkenntnisse mitteilen wollten. Buddha war Toilettenpapier, oder besser ein »Scheißstock« und das Universum ein Witz. Wo waren nur all diese jazzigen Philosophen geblieben? (73 f.) Das ist die Grundstimmung in diesem Buch, das allen, die hier Erleuchtung suchen, eine Ohrfeige gäbe, um dann gemeinsames Gelächter anzustimmen.

Literatur

Van de Wetering, Willem. *Der leere Spiegel. Erfahrungen in einem japanischen Zen-Kloster.* Reinbek / Hamburg: Rowohlt 1986.

– *Reine Leere. Erfahrungen eines respektlosen Zen-Schülers.* Reinbek / Hamburg: Rowohlt 1999.

Henry Wessels, »The Philosophical Exercises of Janwillem van de Wetering, http://www.avramdavidson.org/wetering.htm (Zugriff 25. 1. 2021)

Epilog:
Nachrichten über unsichtbare Städte

In Calvinos Buch *Die unsichtbaren Städte* berichtet Marco Polo dem Kublai Khan von den Städten, die er besucht haben will. Es gibt die Städte der Erinnerung, der Wünsche, der Zeichen, Städte, die für Austausch stehen, die andauern oder flüchtig sind. Städte mit Augen, Städte, die durch ihre Namen existieren und sonst nicht, verborgene Städte. Städte, die nie eins sind, sondern sich immer ausfalten, manchmal ins Unendliche. Unterirdische Doppelgängerstädte. Städte, die man erst im Alter erreicht (Isidora), die man verlässt, ohne sie entdeckt zu haben (Tamara). Auf Bauci gelangt man nur mit Leitern. Irene wird anders, sobald man sich ihr nähert. Es gibt utopische Städte, in Fragmenten, und dystopische. Viele Städte sind wie Zwiebeln angelegt, in denen andere, alternative Formen eingehüllt sind.

Dies will mir auch als das Ergebnis meiner Reisen durch das Zwischenreich erscheinen, das sich über die Jahrhunderte zwischen Asien und dem Westen aufgetan hat. Die Begegnungen sind vielfältig und lassen sich nicht auf einen Nenner, auch nicht den des Orientalismus oder Okzidentalismus bringen. Der koloniale Blick, die arrogante Einstellung sind oft im Spiel, aber auch die schlichte Neugier auf beiden Seiten, Liebe, Abscheu oder der Wunsch nach Wissen, was die Menschheit in ihren verschiedenen Ausgestaltungen ticken lässt. Bewunderung und Befremdung, Überraschung und Befreiung von eigenen Vorurteilen, Projektionsflächen, die mehr über die Projizierenden aussagen.

In den Begegnungen zwischen Indien und dem Westen sehen wir einen Fokus auf spirituelle Fragen, wobei dieser Fokus wiederum von meinen eigenen persönlichen und kulturellen

Voreinstellungen geprägt ist. (»Jedesmal, wenn ich dir eine
Stadt beschreibe, sage ich etwas über Venedig«, sagt der Venezianer einmal zum Khan.) Der Weg führt von der Theosophie
über die Gurus bis hin zu den Physikern, die sich von einem
Swami anregen lassen.

Bei der Darstellung des Verhältnisses zwischen China und
dem Westen überwiegt das Interesse am Philosophieren: Welches Bild der menschlichen Gesellschaft machen sich die Kulturen?

In Bezug auf Japan tritt ein ästhetisches Relief hervor: vom
Japonismus bis zum Haiku. Doch interessieren mich hier auch
die ersten gegenseitigen Wahrnehmungen – von der diploma-
tischen Kontaktaufnahme bis hin zu den Erfahrungen japanischer Autoren im Westen. Die politische Verwicklung von
japanischen Zentechniken auf beiden Seiten ist zudem ein auf-
fälliges Merkmal.

Zen, Dao, Yijing, Qi Gong, Yoga, Ayurveda sind die klangvollen Namen, mit denen nun viele Menschen im Westen ver-
trauter werden. Es ist meist nicht zu ihrem Nachteil, sondern
vielmehr eine Bereicherung. Die asiatischen Einstellungen
und Techniken deuten auf ein über Jahrhunderte entstandenes
Defizit in westlichen Lebensweisen und könnten helfen, die
schlimmeren Auswüchse zu überwinden oder abzumildern.
Auch wenn die Rettung für den Planeten nicht aus dem Osten
kommen wird, so hilft doch ein Lernen, das aber gegenseitig
sein sollte, auf Augenhöhe. Die hier gezeichneten Begegnungen zwischen Ost und West, mal auf hohen Bergpässen, mal
in Tunneln, auf Schiffen, Straßen oder in Wäldern, sind bei all
ihrer Problematik auch Übungen gewesen, ein solches Lernen
zu ermöglichen.

Am Vorabend zu Pfingsten im Jahre 1254, so berichtet Wilhelm von Rubruk (ein früher Marco Polo), lud Manghu Khan
zu einer Religionsdebatte ein. Der Khan, Bruder und Vorgänger
von Kublai Khan, war der Streitigkeiten zwischen den Muslimen,
Christen und Buddhisten müde. Er selbst hatte diesen Glauben:

»So wie Gott der Hand verschiedene Finger gab, so gab er auch den Menschen verschiedene Wege, die Seligkeit zu finden.« Er forderte eine gesittete Debatte und bestellte drei Schiedsrichter. Wer zum Tumult aufrufe oder andere beleidige, werde mit dem Tode bestraft. Man diskutierte also über die Anzahl der Götter, ihre Stärken und Schwächen, über den einen Gott und die Dreieinigkeit, die Geschichte bis zum Jüngsten Tag und über das Böse in der Welt. Man belehrte einander, man hörte einander zu. Schließlich begann man zu singen. Die Tagung endete in einem Trinkgelage. Mir scheint, das war ein guter Anfang.«

Abbildungsnachweis

Abb. 6 Richard Wilhelm
© Bundesarchiv, Bild 147–0208 / CC-BY-SA 3.0